KB117697

효기심의 권력으로 읽는 세계사

한중일 편

※ 이 책에 실린 모든 사진들은 저작권 확인을 거쳤습니다. 혹시 저작권 확인이 안 된 사진을 발견하시는 독자께서는 콘텐츠개발본부로 연락 부탁드립니다.

효기심의 권력으로 읽는 세계사: 한중일 편

초판 1쇄 인쇄 2023년 12월 4일
초판 4쇄 발행 2024년 9월 5일

지은이 효기심
펴낸이 김선식

부사장 김은영
콘텐츠사업본부장 임보윤
책임편집 김상영 **책임마케터** 이고은, 양지환
콘텐츠사업8팀장 전두현 **콘텐츠사업8팀** 김상영, 김민경, 장종철, 임지원
마케팅본부장 권장규 **마케팅2팀** 이고은, 배한진, 양지환 **채널2팀** 권오권
미디어홍보본부장 정명찬
브랜드관리팀 오수미, 김은지, 이소영, 서가을 **뉴미디어팀** 김민정, 이지은, 홍수경, 변승주
지식교양팀 이수인, 염아라, 석찬미, 김혜원, 박장미, 박주현
편집관리팀 조세현, 김호주, 백설희 **저작권팀** 이슬, 윤제희
재무관리팀 하미선, 윤이경, 김재경, 임혜정, 이슬기, 김주영, 오지수
인사총무팀 강미숙, 지석배, 김혜진, 황종원
제작관리팀 이소현, 김소영, 김진경, 최완규, 이지우, 박예찬
물류관리팀 김형기, 김선민, 주정훈, 김선진, 한유현, 전태연, 양문현, 이민운

펴낸곳 다산북스 **출판등록** 2005년 12월 23일 제313-2005-00277호
주소 경기도 파주시 회동길 490 다산북스 파주사옥
전화 02-704-1724 **팩스** 02-703-2219
이메일 dasanbooks@dasanbooks.com
홈페이지 www.dasan.group **블로그** blog.naver.com/dasan_books
종이 스마일몬스터 **인쇄** 민언프린텍 **코팅 및 후가공** 제이오엘엔피 **제본** 다온바인텍

ISBN 979-11-306-4925-2 04910
979-11-306-4212-3 (세트)

효기심의 권력으로 읽는 세계사

한중일 편

효기심
지음

다산초당

들어가는 글

세계사를 다룰 때 아마도 한국에서 가장 예민하게 받아들여질 역사는 단연 동아시아의 역사일 것이다. 일제강점기라는 뼈아픈 과거의 경험 때문에 한일 간 역사 갈등은 현재까지 계속되고 있으며, 2002년부터 중국이 동북공정 작업을 벌이면서 한중 간 역사 문제 역시 한국인들 사이에서 뜨거운 감자로 떠올랐으니 말이다. 심지어 여기에 유튜브와 SNS가 기름을 끼얹고 있다. 수많은 유튜버 및 인플루언서들이 예민한 역사적 문제를 두고 국민들의 비위에 맞는 소리만 하면서 그저 사람들의 감정만 달아오르게 만들고 있다. 이 과정에서 국뽕으로 점철되어 왜곡된 역사 정보가 퍼진다. 이런 정보를 믿은 사람들은 자신과 다른 생각을 가진 자들을 무자비하게 공격하기도 한다.

이와 같은 모습을 보고 있자면 너무나도 안타깝다는 생각이 들면서 동시에 미래에 대한 걱정이 머릿속을 채운다. 왜곡된 정보들이 퍼지고 있는데, 이를 바로잡으려고 시도만 해도 욕을 들어먹는 분위기가 조성되면 분명 사회적인 문제가 발생할 테니 말이다. 나부터 중국 대륙과의 조공책봉의 역사, 일본의 한반도 침략으로 이어지는 일본 권력의 역사를 다루기에 부담을 느낀다. 그러나 무작정 주변 국가들을 욕하기 전에 우린 먼저 알아야만 한다.

왜 중국은 한반도 국가들을 괴롭혔는가?

왜 일본은 한반도를 침략했는가?

중국대륙과 일본열도의 국가들이 정신이 나가서, 전쟁에 미쳐서, 그냥 천성이 나빠서 한반도를 괴롭혔다고 말하기에는 너무나 복잡한 역사적 배경이 바탕에 깔려 있다. 그들의 행동에도 분명 나름대로의 원인이 있다는 것이다. 중국과 일본의 과거 사정을 이해하자는 것이 곧 그들의 과오를 인정해주자는 것은 아니다. 그들의 행동 요인을 정확히 파악한 후에 비판할 부분에 대해서만 비판을 해도 늦지 않다는 것이다. 나는 그들이 왜 그랬는지 '권력'이라는 키워드를 이용해 이번 《효기심의 권력으로 읽는 세계사》 2권에 담기로 했다. 그런데 여기서 고민거리가 하나 생겼다.

'아시아 이야기를 한 권으로 압축해서 써도 될까?'

기존에는 아시아 대륙 전역의 역사를 한 권으로 출간하려 했다. 그러나 세계에서 가장 큰 대륙인 아시아의 역사를 단 한 권으로 담아내는 게 쉬운 일이 아니라는 생각이 들었다. 특히 중국과 일본의 경우 분량도 방대한데 우리와 밀접하게 관련도 있으니 한 권 내에서 몇 개의 챕터만 할애해서 다룰 경우 책 내용도 협소해지고 불필요한 오해를 낳을 수도 있겠다 싶었다.

때문에 《효기심의 권력으로 읽는 세계사》 2권은 '아시아'가 아닌 '한중일' 편으로 출간하게 되었다.

나는 이번 책에서 가장 먼저 한반도 국가들과 중국대륙 국가들의 관계를 중점적으로 다루고 싶었다. 그 이유 중 하나는 중국대륙 국가들과 조선 사이의 '조공책봉관계'에 대한 성역화 때문이었다. 한국에서는 '조공무역' 또는 '동아시아의 특수한 외교관계'라는 말까지 써가며 조선을 주권과 독립성을 갖춘 국가였다고 평가하여 애써 굴욕적인 면을 감추려는 분위기가 있다. 이 책에서는 '조공책봉관계'가 도대체 어쩌다 생겨났고 시대에 따라 그 양상이 어떻게 변해왔는지, 결과적으로 명나라, 청나라와 조선이 실질적으로 무슨 관계였는지, 그리고 그 관계가 어떤 원인으로 인해 형성되었는지 다룰 것이다.

일본 역사 역시 가능한 상세히 설명해보려고 노력했다. 한국은 그 어느 국가보다 일본과 가까운 위치에 있지만 그들의 역사, 문화에 대한 이해도가 상당히 낮다. 아마도 국민적인 반감 때문일 것이다. 하지만 일본의 역사를 알지 못하면 일본에 '천황'이라는 특수한 자리가 왜 있는지, 일본의 권력층이 대륙을 침공한 이유가 무엇인지를 정확히 파악하기 어렵다. 때문에 《효기심의 권력으로 읽는 세계사 : 한중일

편》에서는 8장부터 10장까지 총 세 장에 걸쳐 일본의 권력사를 훑어 볼 것이다.

덧붙여서 '한중일 편' 집필을 어렵게 만드는데 일조한 '표기법'에 대해서도 언급하고자 한다. 동아시아는 한자문화권이기에 과거에는 중국과 일본의 인명, 지명 등을 주로 한국식 한자음으로 표기했다. 북경, 모택동, 동경, 풍신수길처럼 말이다. 하지만 요즘에는 중국어 및 일본어 고유명사를 현지 발음에 최대한 가깝게 표기하다 보니 경우에 따라서는 과거의 표기방식을 고수하면 상당히 낯설게 느껴지는 경우가 꽤 많다. 특히 일본어 고유명사는 거의 일본식으로 표기를 하는 경우가 많다. 예를 들어 도요토미 히데요시를 풍신수길이라고 말하는 사람이 현재는 거의 없다. 반대로 중국 역사에 등장하는 고유명사는 기존처럼 한국식 한자음으로 표기하는 게 독자들의 이해를 돕는 데 유리할 것 같다. 리우뻬이, 차오차오, 쑨취엔이 각각 유비, 조조, 손권이라는 걸 곧바로 떠올리기 어려우니 말이다. 이 때문에《효기심의 권력으로 읽는 세계사 : 한중일 편》에서는 최대한 우리에게 친숙한 표기 방법대로 고유명사들을 표기하되, 한문 및 일본어를 병기하기로 했다.

역사를 바라보는 시각에 정답은 없다고 생각한다. 역사 문제를 두고 첨예한 논쟁이 생기는 건 아마도 이 때문일 것이다. 다만, 현재 한국에서는 다소 소모적이기만 한 논쟁만 벌어지는 경우가 많은 것 같다. 하나의 정답이 있다는 생각에 사로잡혀 다른 관점은 전혀 거들떠보지도 않은 채 특정 국가가 잘했느니 못하느니 하는 말들만 늘어놓는 것이다. 한반도 주변 국가의 과거 행적들을 무조건적으로 옹호하거나 비판하는 것은 우리들에게 아무런 도움이 되지 않는다. 그들이 '왜' 그렇게 행동했는지 알고, 한반도 국가들은 '왜' 그렇게 대응했는지를 알아야 비로소 진정으로 과거의 역사, 나아가 주변국과 한국 간의 관계를 제대로 바라볼 수 있게 될 것이다. 《효기심의 권력으로 읽는 세계사 : 한중일 편》이 여기에 작은 도움이 될 수 있길 바란다.

2023년 12월

효기심 씀

차례

제1장

도대체 중화사상이 뭐야?

중화사상의 시작

'중국' 하면 중국인들의 중화사상 때문에 거부감을 느끼는 분들이 계실 겁니다. 오늘날 이 중화사상은 세계 곳곳에서 중국인들과 다른 나라 사람들 간의 갈등을 일으키곤 하죠. 쉽게 말해 중화사상이란 중국인이라는 민족이 먼 옛날부터 우월하고 월등했다는 '인식'이자 '문화'입니다. 먼 옛날 중국대륙에서 최초로 발명된 종이나 나침반, 아시아를 넘어 전 세계를 호령했던 초패권국가로서의 위치 등 과거 중국대륙이 만들어낸 유산과 역사 모두가 우월감의 근거로 활용되고 있으며, 나아가 오늘날 중국이라는 국가의 정체성을 형성하고 있습니다. 이러한 중화사상은 한국 인터넷 용어로 '국뽕'[1]이라는 단어로 표현되기도 합니다. 국가에 대한 과도한 자부심으로 인해 사리분별

[1] '국가'와 마약의 일종인 '필로폰(히로뽕)'을 결합한 단어로 일상에서 사용하기에 적합한 단어는 아니다.

을 아예 하지 못할 지경에 이르는 것을 의미하는 단어죠.

물론 이것이 중국만의 문제는 아닙니다. 전 세계 어디에서든 자국의 역사, 문화, 국력에 과하게 빠진 사람들이 존재하죠. 한국 유튜브에도 '한국이 해외에서 최고로 인정받는다'는 식의 제목을 내건 가짜 뉴스가 끊임없이 생성되고 있습니다. 위서로 판명된 《환단고기桓檀古記》를 신뢰하는 사람들도 아직 꽤 많이 존재하죠.

다만, 중국은 그 정도가 지나친 감이 있습니다. 국가권력이 주도적으로 나서 중국인들에게 중화사상을 주입하고 있기 때문이죠. 국가에 대한 과도한 자부심, 나아가 선민사상과도 유사한 중화사상은 중국인들이 '세계인들'과 소통할 수 있는 창을 아예 막아버리고 있습니다. '중국은 위대하다'라는 생각에 과하게 취한 중국인들은 다른 나라의 관점, 문화, 역사를 이해하고 받아들일 수 있는 관용의 미덕을 상실하고 있습니다. 실제 현대의 많은 중국인들은 자신들의 문화에 대한 자부심으로 인해 다른 국가들이 당연히 중국을 우러러보며, 대우해줄 것이라는 근거 없는 자신감까지 갖고 있습니다. 위대한 중국의 문화를 누구나 상식적으로 응당 알고 있어야 한다는 인식까지 형성되어 버렸죠.

특히 시진핑習近平 집권 이후 중국 정부는 외교 정책마저도 중화사상과 연결 지으려는 경향을 보입니다. 외교적 실리보다는 중국인들 사이에서 중화사상을 고취시키는 방향으로 외교 활동을 설계하죠. 이것 때문에 설령 국제사회에서 중국에 대한 이미지가 실추될지라도 중국인들이 국가에 대한 자부심을 느끼게 해주어 민심을 달래고, 나아가 지지율까지 끌어올리는 게 더 중요하다고 판단하는 겁니다.

실제 '국뽕'에 취한 중국인들은 자신들의 조국을 아낌없이 사랑하고 있습니다. 그러나 너무 사랑해서 문제가 되고 있는 거죠. 주변 아시아 국가들의 전통문화와 역사까지 모두 다 중국 것이라고 우기고, 중국에 대해 '나쁜 태도'를 취하는 해외 기업을 보이콧하는 것으로도 모자라 해당 기업의 매장을 물리적으로 공격하는 일까지 벌이기도 합니다. 대한민국이 사드를 설치하자 중국의 초등학생들까지 단체로 카메라 앞에 서서 한국을 비난하는 영상을 촬영하기도 했죠.

이처럼 극단적으로 애국심을 앞세운 중국인들의 모습 때문에 국제사회에서 중국은 비호감 국가가 되었습니다. 국가를 위한다는 중국인들의 애국심이 실제로는 국가에 위해가 되는 것이죠. 하지만 중국 정

사드 배치를 반대하는 중국 초등학생들. 출처 중국 웨이보

부는 이제 이러기도 뭐하고 저러기도 뭐한 상황이 되었습니다. 중국의 내부정치를 위해 지속적으로 국민들이 국가에 대한 자부심을 느낄 수 있도록 정책을 펼쳐야 하는데, 그러자니 외교적인 문제가 발생할 수도 있는 자충수에 빠져 있는 거죠.

이러한 중화사상은 어쩌다가 형성된 것일까. 그리고 현재까지 중국대륙에 깊숙이 뿌리박히게 된 이유는 무엇일까. 이것을 이해하기 위해선 중국이 지난 5000여 년간 자신들이 세상의 중심이라고 주장해온 역사 전반을 살펴봐야 합니다.《효기심의 권력으로 읽는 세계사: 한중일 편》 제1장에서는 현재 중국 중화사상의 기원이 되는 고대 중국의 '화이사상'에 대해 설명하도록 하겠습니다.

중국의 첫 시작, 상商나라? 은殷나라?

사실 전 세계 역사를 통틀어, 자신들의 역사를 직접 기록한 '고대'국가는 그다지 많지 않습니다. 흔히 알려져 있는 국가들 중에는 고대 이집트, 고대 그리스와 로마 정도가 있죠. 한반도 역사의 시작으로 알려져 있는 고조선의 경우에도 역사기록이 거의 없습니다. 얼마 없는 기록조차 고조선이 멸망하고 한참 뒤에 작성된 것들이죠. 때문에 고조선이 실제로 기원전 2333년에 건국되었는지도 명확하지 않습니다. 기록에 따라 고조선의 건국 시점 또한 다르게 적혀 있죠. 예를 들어《동국통감東國通鑑》의 기록을 기준으로 삼으면 고조선은 기원전 2333년에 건국된 걸로 계산되지만,《삼국유사三國遺事》의 기록을 토대로 계산하면 고조선의 건국 시점은 기원전 2284년이 됩니다.❶

한국의 고조선처럼 중국의 시작이라고 할 수 있는 하夏나라❷는 고조선과 달리 기록은 꽤 있는 편입니다. 하지만 기록의 신빙성이 낮고 고고학적

❶
고조선 건국을 계산하는 기준점은 '요堯임금의 즉위년도'이다. 요임금은 하나라 이전에 중국대륙을 다스렸다고 전해지는 전설 속 군주이다.《동국통감》의 저자 서거정徐居正은 요임금이 기원전 2357년에 즉위했으며 그로부터 24년 뒤인 2333년에 고조선이 건국되었다고 보았다. 반면《삼국유사》를 쓴 일연一然은 요임금의 즉위는 기원전 2333년에 이루어졌고, 고조선은 49년 뒤인 기원전 2284년에 건국되었다고 주장했다. 왜 24년, 49년의 차이가 있는지는 현재까지도 불분명하다. 유념할 점은 두 저자 모두 전설 속 인물인 요임금이 실존한다는 전제로 두고 계산한 것이기 때문에 우리들이 고조선 건국시기를 2333년, 2284년이라고 말하는 순간 중국의 요임금이 진짜 존재했다고 믿는 꼴이 된다는 것이다.

인 증거가 전무해 전 세계 학계는 하나라의 존재 자체를 의심하고 있죠. 일반적으로 중국의 최초 국가로 받아들여지는 국가는 **상**商**나라**(기원전 17세기~기원전 1046년)입니다. 중국 역사에 관심 많으신 분들에게는 **은**殷**나라**[3]로도 잘 알려져 있는 국가죠. 상나라는 갑골문자로 유명한 나라입니다. 갑골문자는 종이가 존재하지 않던 시절의 사람들이 거북이의 배딱지, 짐승의 뼈에 새겨서 남긴 문자죠. 갑골문자가 기록된 상나라 시기 유물은 상당량 발굴된 바 있습니다. 물론 문자 해석 작업이 학자들에게 다소 어려움을 주고는 있지만, 국가의 존재 여부를 증명하기에는 충분할 정도죠. 그래서 주류 역사학계도 하나라와 달리 상나라가 존재한다는 사실에는 대부분 동의하는 겁니다. 즉, 중국사에서 국가의 역사는 '상나라'부터 시작된다고 보는 것이 합리적일 것 같습니다.

중국 상나라와 관련해서 주지육림酒池肉林이라는 유명한 사자성어가 있습니다. 상나라 마지막 왕이었던 **주왕**紂王(재위: 기원전 1075년~기원전 1046년)과 관련된 일화에서 나온 사자성어죠. 주왕은 매우 사치스럽고 방탕한 폭군으로 알려져 있는데, 술로 연못을 만들고 고기로

[2] 기원전 2070년경부터 기원전 1600년경까지 하나라가 실제로 존재했었을 가능성이 있다는 주장의 상당수는 현재 중국 역사학계에서 나오고 있다.

[3] 상나라를 '은나라'로 표현하는 이유에 대해서는 여러 가설이 있다. 그중 하나는 상나라의 마지막 수도 '은허殷墟'와 관련이 있다는 설이다. 상나라를 멸망시키고 등장한 주나라가 은허의 첫 글자를 따와서 상나라를 '은'이라고 비하하듯 불렀다는 게 해당 가설의 골자다. 예를 들어 고려를 뒤엎고 건국된 조선이 고려를 고려라 부르지 않고 고려의 수도였던 개경의 첫 글자만 따와서 '개나라'라고 불렀다는 느낌인 것이다.

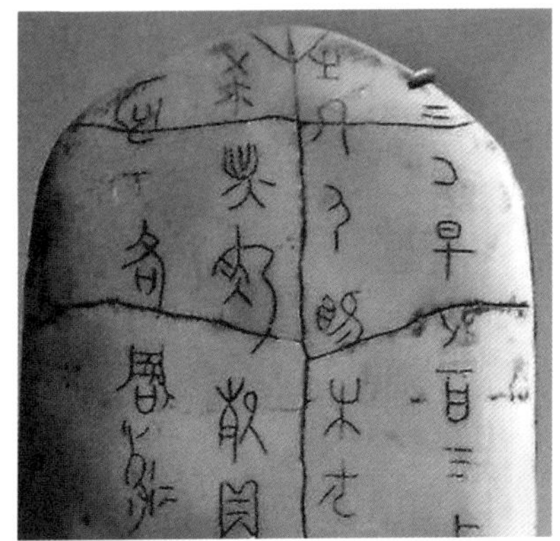

상나라의 갑골문자

숲을 조성해서 잔치를 열기도 했다고 합니다. 때문에 주왕처럼 사치스러운 삶을 사는 것을 두고 주지육림이라고 표현하기도 하죠.[4]

상나라에는 여러 '**제후**'들이 있었습니다. 제후는 쉽게 말해 낮은 등급의 왕으로, 한 국가의 왕에게 일정한 영토를 받아서 통치하는 자들입니다. 예를 들어 중국대륙에 A라는 국가가 등장했다고 가정해봅시다. 그런데 A국가는 많은 인구와 식량, 게다가 강력한 군사력까지 갖추어 주변 부족들을 정리하고 영토를 넓혔죠. 그런데 영토가 너무 넓어진 겁

[4] 물론 주왕이 폭군이었다는 기록은 상나라가 멸망한 후 탄생한 주나라의 입장에서 기록된 후대의 기록이다. 역사는 승자의 기록이라는 말이 있듯, 후대 사람들(승자)은 자신의 이해득실에 따라 이전의 역사를 어떻게든 축소 및 비하하거나, 반대로 더 치켜세워 기록하기도 한다. 이런 이유로 역사기록을 분석할 때는 최대한 신중한 태도로 접근해야만 한다.

니다. 때문에 A국가의 왕은 자신이 직접 다스리는 지역 외의 지역을 친인척이나 믿음직한 부하에게 나누어주고 알아서 다스리게 했죠. 점령한 지역의 기존 우두머리가 충성을 맹세할 경우 그대로 해당 지역을 다스리게 허용하기도 했습니다. 이렇게 왕으로부터 영토를 할당받아 지배하던 사람들을 **제후**라고 하며, 그들이 다스리는 국가는 **제후국**이라고 부르는 겁니다.

상나라의 주왕

상나라의 제후국들 중에는 주周족이 살던 지역이 있었습니다. 주족은 상나라가 혼란스러운 틈을 타 쿠데타에 성공해 나라를 세워버리죠. 주족의 국가, 즉 **주周나라**(기원전 1046년~기원전 256년)라는 새로운 국가가 중국대륙에 등장하게 된 겁니다.

그런데 주나라는 훗날 탄생될 '유교'에서 어마무시하게 칭송되고 유교를 공부한 유학자들의 워너비 국가로 찬양받게 됩니다. 왜냐하면 주나라의 통치 시스템이 유교사상에 딱 걸맞은 방식으로 운영되었기 때문이었죠.

상나라의 세력 범위

중국 왕=하늘의 아들=천자?

주나라는 쿠데타를 일으킬 가능성이 적은 왕족과 최측근 신하들이 왕과 가까운 지역, 즉 수도 주변 땅을 다스리게 했고, 먼 친척일수록, 측근이 아닐수록 수도로부터 멀리 떨어진 변방 쪽 땅을 다스리게 했습니다. 전국시대戰國時代(기원전 403년~기원전 221년)에 살던 사상가 순자荀子(기원전 310년?~기원전 238년?)에 따르면 주나라에는 71개의 제후국이 있었는데, 그중 무려 53개의 제후들이 주나라 왕족의 성씨였던 '희姬'씨 성을 가지고 있었다고 합니다.

그런데 주나라의 왕은 자신을 '하늘신의 아들', 즉 '**천자**天子'라고 주

순자의 모습

장했습니다. 주나라의 왕이 천자 드립을 치기 시작한 건 주나라 이전에 존재했던 상나라 때문이었습니다. 앞서 설명했듯 주나라는 상나라의 제후국이었지만, 중국대륙의 주인이 되고자 쿠데타를 벌였습니다. 그런데 상나라의 왕은 자신을 '하늘신의 아들=천자'[1]라고 주장하고 있었습니다. 주나라 왕 입장에서는 상나라를 치는 순간 신의 아들에게 덤비는 꼴이 될 수밖에 없었죠. 그래서 주나라 왕은 자기도 하늘신의 아들이라는 소리를 한 겁니다. 원래 하늘신이라는 애가 지자손들 중에 상나라 왕에게 지상을 잘 다스리라고 명했다고 합니다. 그런데 주지육림으로 유명한 마지막 상나라 왕이 나라꼴을 개판으로 만든 겁니다. 하늘신이 이 꼴을 보시곤 상나라 왕실 가문을 쳐내고 주나라 왕인 자신에게 상나라 대신 지상을 다스리라고 명령했다는 주장을 펼친 것이죠.

[1] 상나라의 왕은 스스로를 상제(하늘신)의 자손이라고 여겼다. '천자'라는 단어는 주나라 때 생겼다.

여기서 나오는 천자, 즉 하늘신의 자손은 진짜로 하늘신과 혈연으로 연결된 존재로서, 하늘신의 명령을 받아 지상세계의 인간들을 다스리는 신적인 존재입니다. 그러다 죽으면 하늘로 올라가 하늘신 곁으로 가서 지상에 있는 자기 아들과 하늘신 사이를 연결해주는 역할을 맡죠. 그래서 중국에서 하늘과 조상에 제사를 지내는 게 중요한 겁

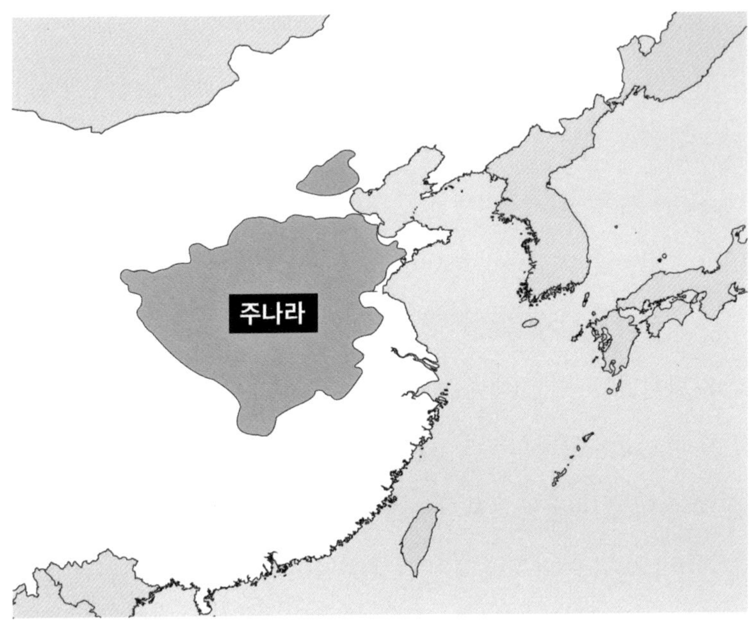

주나라의 영토

니다. 혹시나 하늘신께서 화가 나셔서 달래드려야 하는 경우, 하늘신과 직통으로 연결된 천자가 제사를 지내야만 한다고 만백성을 상대로 가스라이팅했죠. 조선에도 비슷한 사례가 있었습니다. 조선시대 왕들은 가뭄이 심할 때면 기우제를 지냈습니다. 모든 만백성이 왕의 제사(기우제)가 잘 먹혀들기만을 기대했죠. 만약 기우제가 실패할 경우 모든 원망은 왕에게로 향했습니다. 그러나 언젠가는 비가 내리기 마련이죠. 그럼 '역시 하늘도 알아봐주는 위대한 왕이구나!'라며 왕을 신뢰하게 됐을 겁니다. 결국 이 모든 것은 만백성이 오로지 '왕'만 쳐다보고 있게 하려는 정치적 설계였습니다. 이런 설계가 수천 년 전 중국대륙에서부터 시작됐던 거죠.

상나라에선 종교처럼 하늘신을 섬기고 있었습니다. 그런데 상나라를 쿠데타로 멸망시키고 새로운 나라를 세운 주나라의 왕을 백성들이 신뢰하도록 만들기 위해선 상나라의 왕들이 했던 것과 똑같이 주나라의 왕들도 하늘신의 후손이라는 것을 강조해야 했던 겁니다. 과학과 이성적 논리가 중요한 현대사회와 달리 신화 및 종교적 요소가 힘을 발휘했던 고대시대에는 권력자들이 하늘신 드립으로 일반 백성들을 현혹하여 권력을 획득했던 거죠. 주나라가 만든 저 권력 시스템은 중국 역사 내내 필수 레퍼토리가 되어갔습니다. 이 설계는 실제로 잘 먹혀들어갔습니다. 수많은 백성들 사이에서 왕=천자라는 사상이 퍼져 나간 이후에는 누군가 쿠데타를 일으키면 백성들은 감히 신의 아들을 공격하려는 쿠데타에 쉽게 동조할 수도 없고, 동조하지도 않았죠. 쿠데타를 일으키기 위해서는 힘뿐만 아니라 본인도 천자가 될 자격이 있다는 까다로운 명분이 필요하게 된 것입니다. 주나라가 힘을 잃은 후로도 오랫동안 명맥을 이어갈 수 있었던 비결이 여기에 있습니다.

주나라는 기원전 771년 이민족의 침입으로 수도를 옮기게 됩니다. 원래 수도였던 호경鎬京❶에서 낙읍洛邑❷으로 수도를 옮기죠. 호경은 낙읍에 비해 서쪽에 있었기 때문에 주나라의 수도가 서쪽에 있던 시대를 '**서주시대**(기원전 1046년

❶ 오늘날 중국 시안西安(서안)에 있었다. '장안의 화제'라는 말에 나오는 '장안'이 바로 이곳이다.

❷ 현재의 중국 뤄양洛陽(낙양)

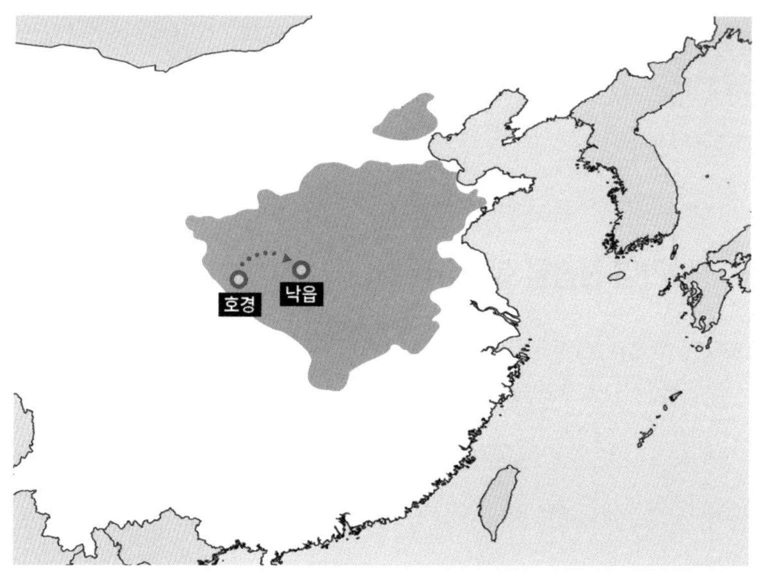

호경과 낙읍의 위치

~기원전 711년)'라고 표현하고, 주나라가 수도를 동쪽의 낙읍으로 옮긴 시점부터 멸망할 때까지의 시대를 '**동주시대**(기원전 770년~기원전 256년)'라고 부르죠. 수도를 낙읍으로 옮긴 주나라는 그 이전보다 영토도 줄어들고, 군사력도 형편없어졌습니다. 그러나 주나라에게는 믿을 구석이 남아 있었죠.

——— 주나라 왕 = 하늘신의 아들=천자

앞서 설명한 것처럼 주나라의 제후국들은 아무리 주나라 중앙 왕실의 힘이 약해졌어도 백성들이 믿고 따르는 '천자'를 함부로 공격할 수 없었습니다. 오히려 주나라의 제후국들은 힘이 약해진 주나라를 이용하여 자신들의 권력을 확장하겠다는 기발한 생각을 하게 되죠.

주나라의 진정한 동반자는 나다!

주나라의 힘이 약해지고, 주변 제후국들의 힘은 강해졌습니다. 하지만 제후국들은 힘이 빠진 주나라 왕을 공격하지 않고 자기들끼리 싸우며 서로 땅을 빼앗거나 속국화하기 시작합니다. 여기서 중요한 것은 '주나라'는 내버려두고 '제후국'들끼리만 티격태격 싸웠다는 거죠. 그들은 중앙정부를 공격하지 않고, 왜 자신들끼리만 싸웠던 것일까.

바로 백성들 때문이죠. 주나라 중앙정부의 힘이 약화되기는 했지만 백성들은 여전히 '주나라의 왕이 천자'라고 믿고 있었습니다. 주나라의 왕을 공격하는 순간 왕좌에 앉을 명분도 사라지고, 민심도 전부 잃게 되는 상황이었던 겁니다. 그랬으니 제후국들은 주나라의 왕과 같은 편이 되어 백성들의 민심을 잃지 않으면서 자신에게 걸림돌이 되는 다른 제후국을 쳐들어가 영토와 힘을 키워갔죠. 반면 주나라 중앙정부는 자신이 살아남기 위해 역으로 제후국에게 의지해야 하는 상황이 벌어집니다. 실제로 쿠데타 각을 보는 제후국이 등장하자 주나라가 다른 제후국들의 도움으로 제압한 적도 있었죠. 왕의 존재가 종교화되어버리니 이런 상황이 벌어지게 되었던 것입니다.

한편 제후국들끼리만 싸우는 것이 아니었습니다. 주나라 중앙권력이 약해진 틈을 타 많은 이민족들이 침입하기 시작했죠. 이때 강한 제후국들은 앞장서서 **존왕양이**尊王攘夷, 즉 '이민족과 맞서 싸워 천자를 지켜야 한다'는 명분을 들먹이기도 했습니다. 왜냐하면 "이제부터 내가 천자를 지켜야 하니까 제후국들 다 내 밑으로 집합해!"라는 말이거든요. 다른 제후국들에게 이래라저래라 간섭하기 위해 천자를 지키겠다는 명분을 내세운 것이죠.

그런데 **초**楚**나라**(기원전 1030년경~기원전 223년), **오**吳**나라**(기원전 12세기경~기원전 473년), **월**越**나라**(?~기원전 306년)와 같은 이민족 국가들이 기존의 주나라 영토 안까지 파고들어오며 막강한 세력으로 성장하기 시작합니다. 당시 상황은 매우 혼란스러웠습니다. 주나라의 제후국들과 이민족 국가들까지 서로 싸워댔으니 말이죠. 이 시기를 우린 '**춘추**

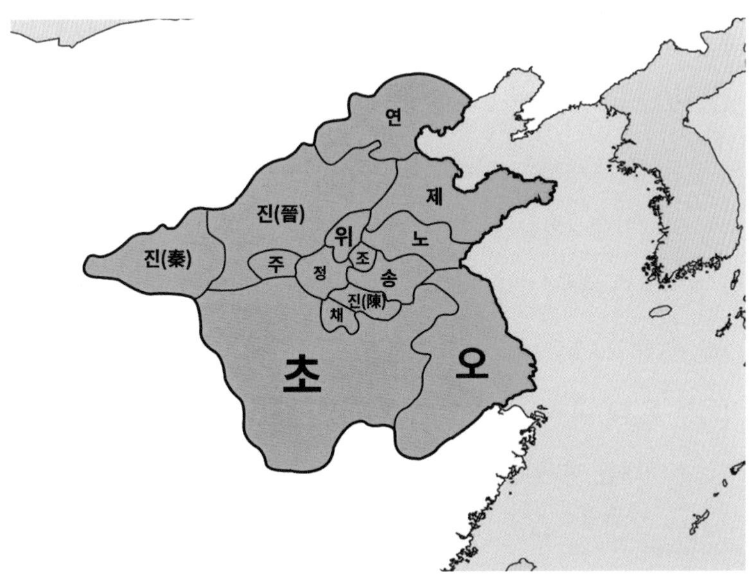

춘추시대 중국대륙의 세력도

시대春秋時代(기원전 771년~기원전 403년)라고 얘기합니다. 흔히들 '춘추전국시대'라고 부르는 시대는 지금 설명한 '춘추시대'와 그 후에 이어지는 '전국시대'를 합해 부르는 명칭입니다.

대혼란의 서막

주나라 중앙정부의 국력이 약화되고, 제후국들의 힘이 강력해짐과 동시에 이민족의 침입이 한창 벌어지는 춘추시대가 시작됐습니다. 몇몇 이민족들의 국가도 강성해지기 시작했죠. 그런데 여기서 큰 문제가 발생합니다. 주나라의 중앙정부가 그나마 권위를 갖고 간신히 목숨은 부지할 수 있게 만들어주던 '천자'라는 아이템이 이민족에게는 별 소용이 없던 겁니다. 이민족 국가들은 '천자'의 권위 따위는 신경쓰지 않고 계속 전쟁을 벌였죠. 이 과정에서 주나라의 '천자' 아이템도 점점 힘을 잃어가고 제후국들도 반복되는 이민족들과의 전쟁 때문에 위태위태해져갑니다. 결국 '천자' 아이템으로 굴러가던 주나라의 권력 시스템은 점차 중국대륙에서 흐릿해집니다. 급기야 천자에 의해 책봉되지 않은 제후들도 제후 행세를 하고 다니기 시작하죠. 이 시기를 **전국시대**戰國時代(기원전 403년~기원전 221년)라고 부릅니다.

춘추시대를 거쳐 전국시대로 접어들자 세상은 그야말로 아수라판이 아닐 수 없었습니다. 하루가 멀다 하고 새로운 국가가 탄생되고 사라졌으며 전쟁은 끊임없이 일어났습니다. 잠시 머릿속으로 상상만 해

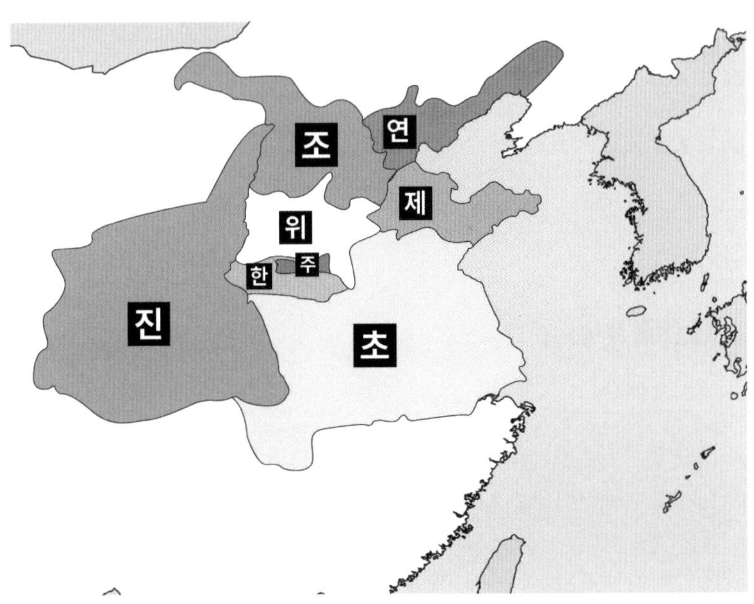

전국시대 중국대륙의 세력도

봐도 끔찍한 시대였을 것 같습니다. 백성들은 배고픔을 견디며 전쟁터로 끌려가 싸워야 했고, 쉴 새 없는 전쟁 속에서 벌레만도 못한 최후를 맞게 되었을 테니 말이죠. 항복한 전쟁포로 수십만 명을 생매장하는 일도 있었을 정도죠. 매일같이 수많은 사람들이 무참히 살해되고, 오늘의 왕이 내일은 죽어 있고, 새로운 왕과 새로운 국가가 등장하는 상황에서 사람들은 이런 고민을 하게 됩니다.

—— **도대체 왜 이렇게 세상은 혼란스러운 것일까?**

—— **질서와 평화가 있는 세상을 만들려면 어떻게 해야 할까?**

이와 같은 혼란기를 잠재우기 위해 수많은 사람들이 고민을 거듭했습니다. 그 결과 다양한 학자들과 사상, 철학이 탄생되죠. 이걸 **제자백가**諸子百家라고 부릅니다.

제자백가-법가

오늘날 우리는 흔히 혼란스럽거나 어지러운 상황을 보고 '춘추전국시대 같다'라고 표현하곤 합니다. 춘추전국시대는 중국의 유례없는 대혼란기였습니다. 그 혼란기에 우리가 중국 철학 하면 떠올리는 공자孔子(생몰: 기원전 551년?~기원전 479년?), 묵자墨子(생몰: 기원전 470년?~기원전 391년?), 한비자韓非子(생몰: 기원전 280년?~기원전 233년), 맹자孟子(생몰: 기원전 372년?~기원전 289년?), 순자(생몰: 기원전 298년?~기원전 238년?), 손자孫子(생몰: 기원전 545년?~기원전 470년?) 등등 셀 수 없이 많은 사상가들이 세상에 모습을 드러냈죠. 수많은 학자들과 다양한 학파, 즉 제자백가가 등장한 겁니다. 여러 학문과 여러 스승이 출현하게 된 것은 좋은 일이겠지만 당시가 엄청난 혼란기였기에 출현하게 되었다는 점은 참 아이러니한 것 같습니다.

물론 모든 제자백가의 사상과 학자들이 주목받았던 것은 아닙니다. 춘추전국시대는 주나라라는 국가를 중심으로 돌아가던 기존의 질서 및 시스템이 붕괴되면서 시작된 야생의 시기였습니다. 이 새로운 시대 분위기 속에서 권력자의 입맛에 맞거나 백성들의 마음을 움직일 수 있는 제자백가 학자들과 사상이 좀 더 주목받게 됩니다. 그렇게 유명세를 얻게 된 사상들이 유가(유교), 법가, 묵가, 도가입니다. 사실 현대사회에서는 적잖은 사람들이 지루하고, 고리타분하고, 허황된 소리 정도로 여기는 사상들이죠. 그러나 제자백가가 마냥 뜬구름 잡는 소리만 했던 건 아닙니다. 오히려 정반대였죠. 실제로 눈앞에 보이는 혼란스러운 세상을 평화롭게 만들기 위해 직접적이고 꽤 구체적인 정치적 해결책을 제시했던 겁니다.

유가	공자, 맹자, 순자
도가	노자, 장자
법가	상앙, 한비자
묵가	묵자
병가	손자

제자백가의 주요 사상가들

실제로 권력자들이 제자백가의 사상을 토대로 나라를 운영하기도 했습니다. 대표적으로 춘추전국시대를 종식시키고 중국대륙을 통일한 **진시황**秦始皇(생몰: 기원전 259년~기원전 210년)이 한비자의 법가를 채택했었죠. 한비자는 인간이란 존재를 오로지 사리사욕만을 챙기는 존재라고 생각했습니다. 즉, 성악설을 믿던 사람이었죠. 한비자는 부모가 아들을 낳으면 축하하는데 딸을 낳으면 낙담을 한다고 얘기하며 부모와 자식의 관계도 이해득실로

진시황의 모습

규정된다고 주장했습니다(물론 그가 고대시대 사람이었다는 것을 간과해선 안 되겠지만 말이죠). 한비자는 이런 사리사욕에 미쳐 있는 인간을 다스리기 위해선 군주가 절대 권력을 쥐고 국가 전체를 관리해야 하며, 관리 기준은 명확하고 강력한 법이어야 한다고 주장했습니다. 탄탄하고 세세한 법을 통해 군주가 수많은 사람들을 혼란으로부터 지켜야 한다고 봤던 거죠.

하지만 법가 사상에는 한계성이 있었습니다. 왕 한 명에게 너무 큰 권력을 몰아준다는 거죠. 한비자는 정신없고 혼란스러운 춘추전국시대를 빨리 안정시키려면 왕에게 모든 권력을 몰아줘야 한다고 생각했습니다. 나라를 강력한 법으로 통솔하고 빨리 부국강병을 이루어 전국을 통일해야 평화가 온다는 생각이었죠. 문제는 너무 왕의 권한이 강하다 보니 왕이 제멋대로 정치를 할 경우 그를 처벌할 기준이나 처벌 수단을 마련한다는 게 현실적으로 매우 어렵다는 겁니다. 그렇다고 혁명을 일으키자니 그것도 법에 따른 행동이 아니기에 법가에서는 혁명을 인정해주지 않죠.

또한, 법가 사상에 따르면 사사로운 죄까지도 강력한 처벌로 다스려야 했는데, 이는 곧 공포정치를 의미했습니다. 예컨대 한비자는 은나라 시대에는 길거리에 재를 함부로 버리는 사람이 있으면 손목을 잘라버렸다며 이걸 본받아 강력한 처벌로 응징해야 한다고 얘기할 정도였죠.

제자백가-유가(유교)

사실 법가 이전에 중국대륙의 학자들 사이에서 인기 있었던 제자백가 학파는 단연 유가였습니다. 흔히 춘추전국시대에 공자의 가르침을 따르는 학파를 '유가'라고 부르고, 세월이 흘러 한나라 시기 사상적으로 체계화되고 국가의 주요 학문이자 종교가 된 이후부터 '유교'라고 부르죠. 다만, 《효기심의 권력으로 읽는 세계사 : 한중일 편》에서는 우리들에게 익숙한 '유교'라는 단어를 사용하겠습니다.

유교라는 사상을 탄생시킨 사람은 노魯나라(기원전 11세기~기원전 249년?)에 살던 공자였습니다. 공자는 주나라가 약해지고 춘추전국시대가 한창이던 기원전 6세기경에 태어나 혼란스러운 세상을 직접 보고 느꼈고, 이 혼란을 잠재우기 위해 주나라의 시스템이 필요하다 여겼습니다. 천자와 제후 간의 기강, 천자를 향한 제후들의 충성심으로 돌아가던 주나라의 '질서'가 사라졌기에 혼란이 찾아왔으며 그 질서를 회복해야 세상이 평안해진다 믿었던 거죠.

군군신신부부자자君君臣臣父父子子

1) 임금은 임금답고

2) 신하는 신하답고

3) 아버지는 아버지답고

4) 자식은 자식다워야 한다.

공자의 모습

공자는 질서를 위해 누구든 OO다워야 한다고 얘기했습니다. 즉, 각자에게 주어진 역할에 충실히 살아서 그 역할을 맡은 사람'답게' 살아야 한다는 거죠. 현대인의 시각으로 보면 '정해진 역할이란 게 어디 있냐?', '사람이 어떻게 정해진 대로만 사냐?'는 의문이 들 수도 있겠습니다. 공자라는 사람이 그저 숨 막히고 딱딱한 꼰대처럼 느껴질 수도 있죠. 그러나 춘추전국시대 같은 혼란기라는 걸 감안하면 공자의 발상은 이상할 것도 없었습니다. 공자 입장에서는 비록 정해진 질서와 원칙대로 사는 게 딱딱하게 느껴질지라도, 왕부터 백성들까지 모두가 사회의 질서와 원칙을 배워 잘 따르면 세상의 질서가 회복될 수 있을 것 같았기 때문이죠.

백성은 예禮를 지키고 부모를 공경하고
아랫사람은 윗사람을 공경하고
천자의 신하들은 천자를 잘 보필하고
천자는 하늘의 명령대로 국가를 잘 다스려야 한다.
모두들 인仁, 예, 효孝와 같은 '덕망'을 갈고 닦아야 한다.

여기서 유교가 말하는 질서는 법전에 적혀 있는 게 아니었습니다.

유교에서는 사람들이 도덕과 양심에 따라 행동하면 사회질서가 바로 잡힌다고 봤습니다. 오히려 법가에서 주장하듯 법으로 사람들을 처벌하는 것만 강조하면 사람들이 그저 법망을 피해 가려고만 할 뿐 근본적인 혼란을 없앨 순 없다고 봤죠. 도덕심과 양심을 키워서 수치심, 죄책감 같은 걸 느끼게 해줘야 사람들이 범죄를 안 저지른다고 본 겁니다. 실제로 유교를 공부한 유학자들은 스스로의 '양심'을 아주 중요하게 생각했죠. 2021년 12월 방영을 시작했던 KBS 드라마 〈태종 이방원〉을 보면 유교를 공부한 이성계의 아들들이 자신의 아버지 이성계에게 '양심에 위배되는 행동을 해선 안 된다'라며 큰소리치는 장면이 여럿 나옵니다. 왕위를 찬탈하려는 행위가 도덕과 양심에 위배되는 짓이라는 말이죠.

한편, 유교를 이야기할 때 절대로 빠져선 안 되는 사람이 한 명 더 있습니다. 공자의 사상을 연구하고 수정 및 보완한 맹자죠. 맹자는 공자의 사상을 배운 후배 사상가였지만 그가 주장하는 바는 공자와 약간 달랐습니다. 애초에 두 사상가가 살았던 시대부터가 달랐죠. 공자는 춘추시대,[1] 맹자는 전국시대에 살았습니다. 춘추시대도 전쟁이 끊이진 않았지만 여전히 제후국들의 중심에 주나라가 존재하는 시대였습니다. 어느 정도 질서가 형식적으로나마 남아 있던 시대였죠. 때문에 공자는 제후국들이 주나라의 '천자(=왕)'를 다시 제대로 받들고 질서를 회복시키기 위해 노력해야

[1] 사실 춘추시대라는 명칭부터도 공자와 관련이 있다. 공자가 집필한 것으로 알려져 있는 《춘추春秋》라는 역사서의 제목에서 따온 것이기 때문이다.

한다고 생각했습니다. 그러나 전국시대는 주나라를 중심으로 한 질서 자체가 거의 사라진 시기였습니다. 주나라의 왕을 천자로 추앙하던 제후국들도 거의 사라졌고, 천자 시스템을 받아들이지 않던 이민족들이 중국대륙으로 물밀 듯 들어와 자신들만의 국가를 세우고, 사라지기를 반복하던 시대였죠. 때문에 공자가 사망한 후 약 100년 뒤에 태어난 맹자는 '쿠데타'를 합리화해줬습니다.

왕이 제대로 통치하지 않으면 하늘신이 새로운 명을 내려 새로운 천자를 정해줄 것이다. 아무리 천자라도 하늘의 명을 똑바로 받들고 국가를 운영해야 한다.

맹자는 공자처럼 '질서'를 중요하게 여기긴 했지만 국가 운영을 게을리하는 왕이 있다면, 하늘이 새로운 천자, 즉, 새로운 왕을 선택하게 될 것이라고 얘기했습니다. 마치 주나라가 상나라를 멸망시키며 하늘신이 상나라 대신 주나라를 선택했다는 드립을 친 것처럼 말이죠. 더 나아가 하늘이 천자를 선택하는 기준은 백성들의 민심에 있다고 주장했습니다. 왕들에게 백성들 민심 안 살피고 멋대로 하면 하늘이 왕을 갈아치울 테니 처신 똑바로 하라고 얘기한 거죠.[2]

맹자의 모습

위에서 설명한 유교의 여러 사상들은 공자, 맹자, 그리고 이후 수많은 후배 학자들의 손을 거쳐 수정, 보완 및 발전되어갔습니다. 혼란스러웠던 춘추전국시대를 지나 2023년을 살고 있는 현대인들에게까지도 지혜를 주는 사상이 탄생한 겁니다. 효기심이 보기에도 유교가 강조하는 도덕과 양심은 여전히 인간 사회에서 중요한 가치입니다.

> **2**
> 쿠데타(역성혁명)를 합리화하는 맹자의 사상으로 인해 이후 수많은 동아시아 국가들이 맹자의 사상을 이용해 쿠데타를 합리화하기도 했다.

문제는 백성을 생각하며 탄생된 이와 같은 유교의 사상들조차 훗날 권력자들이 써먹기 좋은 도구로 전락했다는 것입니다.

내가 왕이 되기에 딱 좋은 멘트가 있는 사상이네?!

분명 공자는 주나라의 봉건질서를 회복하자며 가르침을 설파하고 다녔지만, 후대의 권력자들은 유교의 가르침 중에 듣고 싶은 말만 골라들으며 유교를 중앙집권의 도구로 써먹게 됩니다. 유교가 후대에 어떻게 이용되었는지에 앞서 우선 종교 얘기부터 해보죠.

《효기심의 권력으로 읽는 세계사 : 유럽 편》 앞부분에서 효기심은 종교(기독교)와 고대 유럽 권력자들의 관계를 설명했습니다. 유럽의 권력자들에게는 백성들이 자신을 신이 인정한 사람이라고 믿게 만드는 게 너무나도 중요했죠. 고대 중국에서도 종교는 중요했습니다. 사실 제자백가도 철학과 정치사상적인 면모만 부각되었을 뿐 종교와 명확히 구분하긴 힘들었죠. 공자도 하늘과 조상님께 제사를 지내야 한다고 강조했고, 맹자 역시 민심을 받아들여 천자를 바꾸는 것은 결국은 하늘신이라고 주장했던 것이니 말이죠.

앞서 살펴본 바와 같이 주나라 왕실의 권위는 왕이 하늘신의 아들이라는 '신앙'을 통해 정당화되었습니다. 즉, 주나라 왕실이 신성한 '혈통'을 갖고 있었다는 게 중요했던 것이죠. 춘추전국시대에 와서도 왕들의 혈통과 조상신이라는 존재가 매우 중요했습니다. 그런데 춘추전국시대의 권력자들은 자신들의 족보를 보다 신성하게 만들기 위해 다른 신들도 건드리기 시작합니다.

족보가 꼬여버린 중국의 신, 삼황오제

고대 중국대륙의 종교는 크게 두 가지로 구분될 수 있겠습니다. 먼저 일반 백성들이 믿던 민간신앙이 있었죠. 주로 농사 잘 되게 해달라거나 재앙을 피하게 해달라며 온갖 자연신과 정령들에게 빌던 종교입니다. 두 번째는 조상신 숭배입니다. 여기서 조상신은 아무나 모실 수 있는 게 아니었습니다. 고귀한 혈통과 성씨를 갖고 있는 유력한 가문들만이 조상신을 가질 수 있었기 때문이죠. 제일 대표적인 조상신이 바로 상나라와 주나라 권력자들이 내세우던 하늘신입니다. 하늘신은 곧 왕실의 먼 조상신이었고, 주나라 왕실은 하늘신의 피를 물려받은 신성한 혈통이자, 지상을 통치할 자격을 갖춘 유일한 가문이었던 것이죠.

주목할 점은 권력자들의 조상신들이 민간신앙의 신들이나 심지어 다른 가문의 조상신들을 흡수하는 경우가 생겼다는 거죠. 예를 들어 상나라와 주나라의 조상신은 만물을 지배하는 최고신이 되어 백성들이 섬기던 자연신이나 농업신의 역할을 겸하게 됩니다.

이런 현상은 이후 춘추전국시대에 이르러 더 빈번히 발생하게 됩니다. 각 지역의 권력자들은 다른 지역을 점령한 후 그 지역의 종교를 흡수하기 시작한 거죠. 물론 무조건 흡수한 건 아닙니다. 정무적 감각을 발휘하여 자신의 권력 유지에 별 도움이 안 되는 잡신은 그냥 버리고, 도움이 될 만한 컨셉을 가진 신이라면 민간신앙의 신뿐만 아니라, 해당 지역을 다스리던 유력 가문의 조상신마저 흡수해버렸죠. 이때 잘 먹혔던 명분 중 하나는 '혈연'이었습니다.

—— **"너네 믿는 신 있지? 그거 우리 조상신의 친척이야! 그러니까 우리도 다 한 가족이네? 잘 지내보자. ㅎㅎ."**

생판 남이 쳐들어와서 갑자기 지배자로 군림하겠다고 하면 당연히 백성들의 반발이 어마무시했을 겁니다. 하지만 중국대륙의 권력자들은 종교를 이용해 '우리가 남이가?' 전략을 펼쳤죠. 이건 이민족들도 써먹을 수 있을 정도로 매우 유용한 전략이었습니다. 북쪽에 살던 이민족들이 중국대륙으로 쳐들어온 후 중국대륙의 백성들이 믿던 '북쪽의 신'을 거론하며 자신들이 섬기는 조상신이 바로 그 북쪽 신의 형제라거나, 아예 자신들이 그 북쪽 신의 자손이었다고 하는 거죠. 이런 과정이 반복되면서 중국 신화에는 족보가 개판이 되어버린 신들이 생기기 시작했습니다. 그게 바로 **삼황오제**三皇五帝죠.

추상적인 형태	삼황	천황+지황+인황 또는 태황
	오제	적제+청제+백제+흑제+황제
구체적인 인격과 서사가 있는 형태	삼황	복희+신농+여와/공공/축융/수인/황제 중 1명
	오제	복희/신농/황제/소호/전욱/제곡/당요/우순 등등 중에서 5명

삼황오제는 세 명의 황皇과 다섯 명의 제帝를 의미합니다. **삼황**의 경우 하늘에서 지상으로 내려와 인간을 창조하여 인간들에게 불을 사용하는 방법과 농사짓는 법을 알려주는 신적인 인물로 전해집니다. **오제**[1]는 상나라가 있던 시기보다도 훨씬 이전에 중국대륙을 다스렸다는 전설적인 다섯 임금이죠. 한국사가 단군왕검의 이야기라는 '신화'로 시작되듯이, 중국 고대사도 삼황오제 '신화'부터 시작된다는 식으로 설명되곤 합니다. 삼황오제가 지상을 다스린 후에, 하나라가 건국되고, 하나라는 상나라로 이어지는 식인 거죠. 이런 중국의 고대 신화는 춘추전국시대에 와서야 정립되기 시작했습니다.

[1] 현재 중국에서는 오제를 전설 속 신화적 존재가 아니라 실제로 존재했던 역사적 인물들로 간주하기도 한다. 중국 고대사를 다룬 가장 유명한 사서인 《사기史記》에서도 '삼황'은 빠져 있지만 '오제'와 '하나라'는 역사로 기록되어 있다. 물론 고고학적 근거는 아직 발견되지 않았다.

그런데 위의 표를 보면 알 수 있듯 삼황오제에 속하는 인물들의 라인업이 딱 부러지게 정해져 있지 않습니다. 천황+지황+인황(또는 태황), 적제+청제+백제+흑제+황제처럼 하늘신, 땅신, 붉은 임금, 푸른 임금 같이 두루뭉술하게 표현될 때는 그나마 라인업이 확실한 편인데, 구체적인 이름과 서사를 갖추게 되면 수많은 캐릭터들이 너도나도 삼황오제에 포함되려고 하고 있죠. 학자들은 이게 춘추전국시대의 흔적이라고 분석하고 있습니다. 권력자들이 땅따먹기를 하면서 점령한 지역의 신들을 흡수하다가 벌어진 일이라는 거죠. 예컨대 A지역에서는 복희를 삼황에 포함시키고 B지역에서는 오제에 포함되는 것으

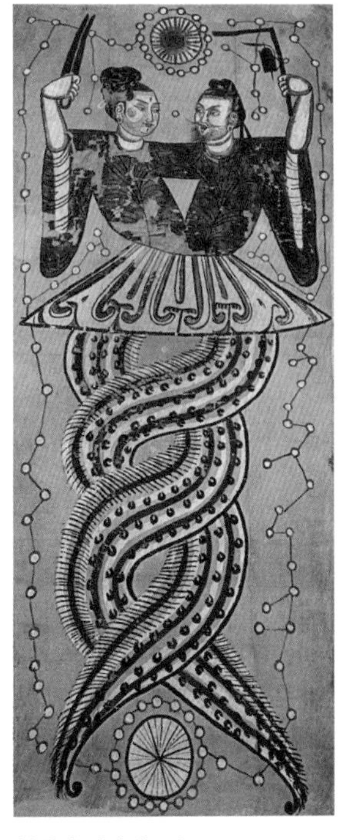

복희와 여와의 모습

신농의 모습

로 컨셉을 잡았던 거죠. 또한, C지역에서는 복희+신농+황제+소호+전욱을 오제의 라인업으로 선택했다면, D지역에서는 소호+전욱+제곡+당요+우순을 오제로 모시는 일이 벌어지는 식이었던 겁니다.

이렇게 완전 개족보가 된 삼황오제 중에서도 유독 권력자들에게 잘 써먹힌 신이 있었습니다. 바로 오제 중 한 명인 **황제**黃帝죠.

황제黃帝와 황제皇帝

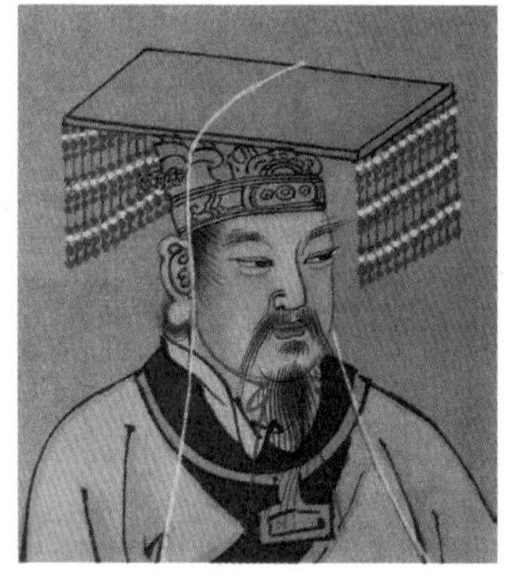

황제의 초상

삼황오제를 두고 혈연관계를 조성하던 권력자들의 작업질은 점점 오제 중 **황제**에게 집중됩니다. 황제가 어떤 인물이었는지는 전승마다 다르지만, 종합해보면 산림을 개척해서 길도 뚫고, 역법을 연구해서 연, 월, 일이라는 개념도 만들고, 농사짓는 법도 개발하고, 각종 도구도 만든 인물로 그려집니다. 한마디로 인간 문명 자체를 황제가 만들었다는 거죠.

그런데 중국대륙의 권력자들은 이렇게 만능 사기 캐릭터인 황제가 다른 네 제帝들(소호, 전욱, 제곡, 당요, 우순 등등)의 아버지, 할아버지, 증조할아버지라는 소리를 합니다. 황제가 제일 어르신이라는 거죠. 여기에 더해서 권력자들 스스로도 황제의 후손이라는 드립을 치기 시작했죠. 마치 상나라와 주나라가 하늘신의 아들 드립을 쳤듯 말이죠. 이 드립은 꽤 중국에서 흥하게 됩니다. 이민족들마저도 자신들을 황제의 후손이라고 주장하면서 중국대륙을 지배했을 정도죠. 그만큼 정치적 명분을 만들어 민심을 사기에 너무나도 좋은 드립이었던 겁니다.

황제 드립은 이후로도 중국 역사 내내 이어집니다. 심지어 시간이 한참 흐른 후인 청나라 말에 가면 아예 '한족=황제의 자손'이라는 민족주의로 발전하기도 하죠. 그러다 보니 오늘날 중국에서도 황제를 중국인의 조상으로 여기는 경우가 많습니다. 마치 우리나라 사람들이 단군할아버지를 한국인의 조상으로 여기듯 말이죠.

여기서 **황제**黃帝라는 말을 보고 로마의 카이사르 같은 **황제**皇帝, 영어로 Emperor라고 번역되는 단어를 떠올리시는 분이 계실지도 모르겠습니다. 이 두 단어는 다른 단어입니다. 한자를 보면 단번에 알 수 있죠. 그런데 사실 황제Emperor라는 단어도 삼황오제와 관련이 있습니다. 기원전 221년, 중국대륙 전역이 혼란의 도가니였던 춘추전국시대가 끝났습니다. 진秦나라의 왕(재위: 기원전 247년~기원전 221년)이 중국대륙을 통일한 겁니다. 그런데 진나라의 왕은 자신이 통일이라는 대업을 이루었는데 고작 '왕'으로 불리는 게 영 마음에 들지 않았습니다. 그래서 새로운 호칭을 고안해내기로 하죠. 이때 왕의 눈에 들어온 게 바로 삼황오제입니다. 당시 수많은 백성들이 믿던 삼황의 황, 오제의 제를 따와 '황제'라는 어마무시한 단어를 만들어냈죠. 그만큼 자신이 중국대륙에서 가장 높고 유일무이한 권력 및 권위를 가진 사

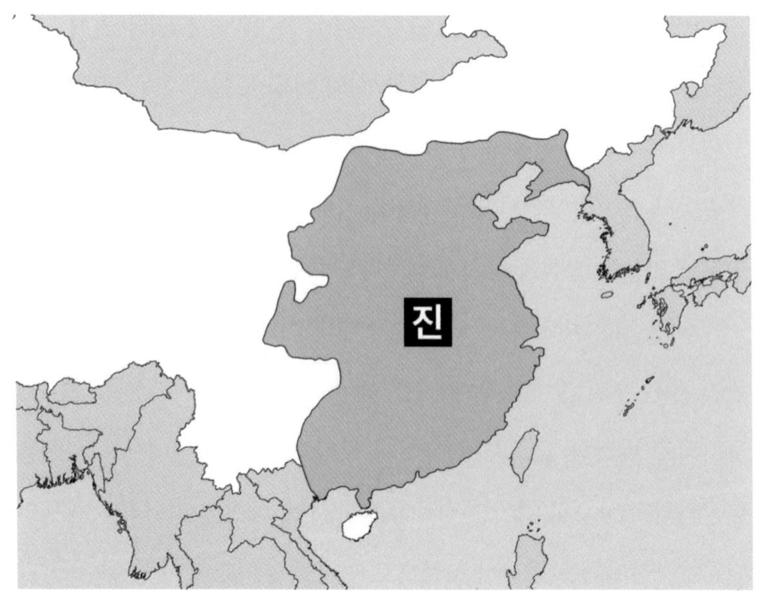

진시황이 통일한 중국대륙

람이라고 선포했던 겁니다. 그리하여 진나라 최초의 황제이자 중국 최초의 황제인 **진시황**(재위: 기원전 221년~기원전 210년)이 탄생합니다. 그러나 그토록 엄청난 호칭의 무게감과 걸맞지 않게 진나라는 그리 오래가지 못합니다. 진시황이 사망한 후 고작 4년 만에 사라졌으니 말이죠.

진시황 사망 후 4년 만에 사라진 진나라

춘추전국시대라는 엄청난 혼란기를 정리하고 중국대륙을 통일한 진시황, 그는 모든 것을 통일하려고 했습니다. 일단 주요 국가통치 이념으로 법가를 채택하여 하나하나 법으로 정해가기 시작했죠. 도로도 깔고, 화폐나 도량형, 수레 규격 같은 것도 법으로 정해서 중앙이 모든 걸 철저히 관리할 수 있게 했습니다. 또한, 왕의 친인척이나 측근들을 제후로 임명해 알아서 지방을 통치하게 했던 기존의 봉건제 시스템을 싹 갈아엎어버립니다. 군주가 법에 따라 임용한 관리들을 각 지역으로 파견해서 군주가 직접 통치를 했죠. 강력한 중앙집권 시스템을 도입하려고 한 겁니다.

하지만 너무 빡세게 통일성을 밀어붙이면서 문제가 발생합니다. 백성들을 보듬어준다는 생각은 거의 하지 않고 그저 억압만 오지게 했던 거죠. 예컨대 백성들 입장에서 농사짓다 필요하면 알아서 수레도 만들고 살았을 텐데 강제로 정해진 규격대로만 수레를 만들게 하고 규격을 안 지키면 엄벌을 내리니 불만이 있을 법도 하죠. 또 진시황은 자잘한 사상들이 난립해서 국가 통치의 기반을 흔들고 있다면서 수많은 제자백가의 서적을 불태우고 이에 대해 반발하는 학자들은 산 채로 묻어버렸습니다. 이른바 분서갱유焚書坑儒를 벌였던 겁니다.

대규모 토목공사도 민심을 악화시켰습니다. 진시황은 북쪽의 흉노족의 침략을 대비하여 국방력을 튼튼히 한답시고 만리장성을 건설하라는 오더를 내렸습니다. 게다가 자신을 위한 엄청난 크기의 무덤까지 지었습니다. 보통 진시황릉이라고 하면 병사, 전차, 말 모양으로 만들어진 병마용이 가득 차 있는 갱도를 떠올리시는데, 이곳은 일종의 진시황릉의 별관입니다. 진짜 메인 진시황릉은 갱도에서 서쪽으로

1킬로미터 정도 떨어진 곳에 있죠. 이곳은 내성과 외성으로 이루어져 있는데 내성의 둘레는 2.5킬로미터이고, 내성을 둘러싸고 있는 외성은 둘레가 6.3킬로미터죠. 진시황릉과 병마용갱까지 다 합치면 면적이 무려 2.44제곱킬로미터(약 74만 평)에 달합니다. 서울 여의도 전체 면적이 약 2.9제곱킬로미터이니, 여의도보다 약간 작은 크기인 거죠.

강력한 중앙집권을 이룩하려던 진시황의 정책들은 당연히 민심을 박살 내고 있었습니다. 그나마 카리스마가 있던 진시황이 기원전 210년에 사망하자마자 그동안 쌓여왔던 백성들의 울분이 폭발합니다. 결국 4년 뒤인 기원전 206년에 진나라는 수많은 쿠데타로 뒤집어지면서 지도에서 영영 사라져버리게 되죠. 문제는 진나라가 망하자 중국

병마용갱의 모습

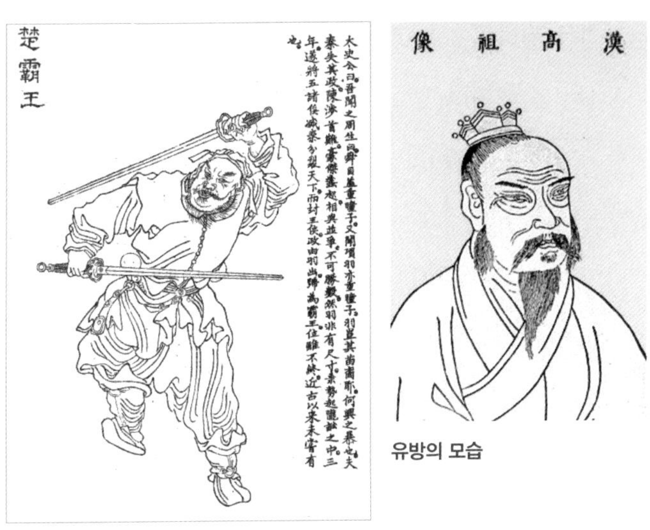

유방의 모습

항우의 모습

대륙에서 제2의 춘추전국시대가 열릴 뻔했다는 겁니다. 사방팔방에서 새로운 국가가 건국되고 사라지는 일이 다시 재현되었죠. 이때 소설《초한지楚漢誌》의 주인공으로도 유명한 **항우**項羽(생몰: 기원전 232년~기원전 202년)와 **유방**劉邦(생몰: 기원전 256년?~기원전 195년)의 이야기가 시작됩니다.

중국 한漢족의 시작, 한나라

반란 세력들이 여기저기서 들고 일어나 결국 진나라는 무너졌습니다. 이때 두 명의 반란 주모자들이 유명했으니 항우와 유방이었죠.

이 둘은 함께 진나라를 무너뜨린 후 중국대륙의 패권을 차지하기 위해 서로 전쟁을 벌입니다. 약 4년간 이어진 이 전쟁을 초한전쟁(기원전 206년~기원전 202년)이라고 하죠. 여기서 유방이 승리하고 황제로 추대받으면서 중국대륙에는 **한**[漢]**나라**(기원전 202년~기원후 220년)라는 국가가 탄생합니다. 저 한나라의 **한**[漢]이 현재 중국의 다수 민족인 '한족'의 '한'입니다. 한나라는 중국 역사상 진시황의 진나라에 이어 두 번째로 중국대륙을 통일한 왕조였습니다. 그런데 중국대륙을 통일했던 진나라가 기원전 221년부터 기원전 206년까지 고작 15년 만에 무너졌던 것과 달리, 한나라는 기원전 202년부터 기원후 220년까지 무려 422년간 통일왕조를 유지합니다.

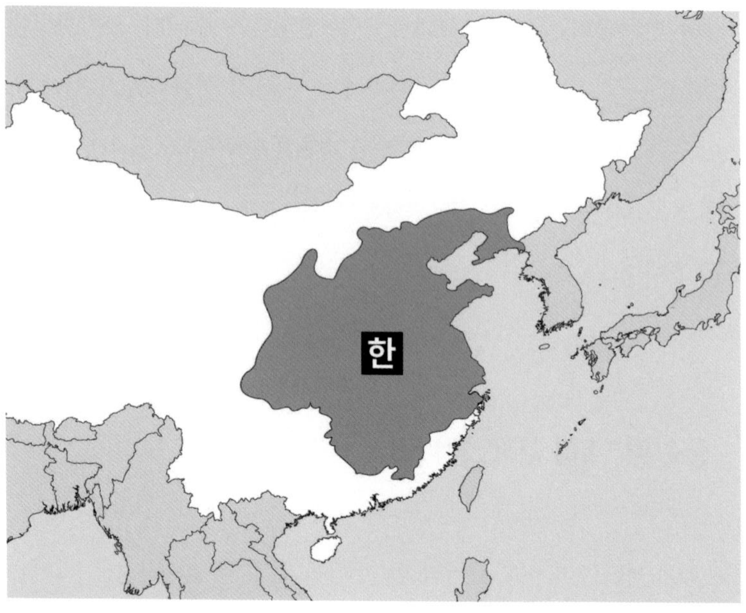

기원전 195년 한나라의 영토

한나라의 장수 비결은 진나라에게 있었다고 해도 과언이 아닙니다. 한나라는 단명했던 진나라를 보고 많은 교훈을 얻어 좀 더 나은 정책을 펼쳤기에 가능한 일이었던 거죠. 일단 한나라는 선배 통일국가였던 진나라의 국가 운영 노하우를 수용합니다. 단, 필요에 따라 수정할 건 수정하고 보완하기도 했죠. 제일 대표적인 게 형법 시스템이었습니다. 진나라의 형벌은 워낙 가혹해서 조정에 대해 싫은 소리만 해도 사람들 보는 앞에서 참수를 당했죠. 이런 빡센 사법 시스템의 부조리를 잘 알았던 유방은 황제가 되기 전부터 개혁을 예고했습니다. 진나라를 상대로 반란을 일으켰던 유방이 진나라 군대를 박살 낸 후 백성들에게 약속했죠.

"백성 여러분! 넘나 빡빡한 진나라 법률 때문에 그동안 고생 많으셨죠? 저는 딱 법률 세 가지만 정할 게요. 살인한 놈만 사형하고, 사람들을 다치게 하거나 도둑질한 놈은 저지른 죄에 걸맞게끔만 처벌할 게요. 이거 말고 다른 진나라 법령은 완전히 폐지하겠습니다. ㅎㅎ."

법을 딱 세 개로 정한다는 유방의 공약(줄여서 약법삼장約法三章)을 들은 백성들은 너무나도 기뻐하며 온갖 고기와 음식을 갖고 와서 유방에게 선물했다고 하죠. 이후 한나라에서는 진나라의 법령에서 몇 가지를 더 가져와서 총 아홉 가지의 법으로 구성된 구장률九章律을 만들었습니다.

또한, 한나라는 국가 통치 방향에 도가[1]사상을 일부분 적용하기도 합니다. 도가는 아주 쉽게 말해 자연의 순리에 따라 알아서 흘러가는 것이 좋다는 내용을 담고 있는 사상입니다. 진나라가 인위적으로 사회 전체를 관리한다면서 너무 억압만 했으니 이제는 너무 때려잡지만 말고 자연스럽게 물 흘러가듯 순리대로 사회 발전을 이뤄보자는 메시지가 담겨 있었던 거죠. 흥미로운 것은 도가 쪽 사상 중에서도 **황로黃老사상**을 받아들였다는 점입니다. 황로의 황은 삼황오제의 황제黃帝를, 로는 도가의 대표 사상가인 노자老子를 의미하기 때문이죠. 즉, 한나라에서도 전설 속의 황제를 숭상하여 통치 수단 중 하나로 삼았던 겁니다.

지방 통치 방식에 있어서도 한나라는 진나라의 방식을 조금 개선하는 방향을 선택했습니다. 진나라는 제후를 아예 두지 않았었지만, 한나라는 중앙정부가 관리할 수 있는 지역까지 관리를 파견했고, 그 외의 지역은 제후를 파견했죠. 주나라와 진나라의 시스템을 짬뽕시킨 겁니다.

1
도가는 대표적인 동양 철학 학파이고, 유가와 마찬가지로 정치사상의 면모가 있으나 시간이 지날수록 종교적인 색채가 강해지면서 도교라는 종교로 변모하게 된다. 신선이나 옥황상제가 대표적인 도교 쪽 관념이다. 도가의 사상은 고대 중국인들에게 큰 영감을 주었는데, 법가의 대표 주자로 알려져 있는 한비자도 사실 유가와 함께 도가의 사상도 많이 흡수했다. 단지, 한비자가 생각한 '자연스러움'은 '군주가 법으로 군림하는 것'이었을 뿐이다.

노자의 모습

한무제의 모습

동중서의 모습

하지만 7대 황제인 **한무제**漢武帝(재위: 기원전 141년~기원전 87년)가 제후국들을 껍데기만 남겨놓고 진나라 때처럼 관리들을 파견해 다스리는 체제로 돌려놓죠. 앞선 여섯 명의 황제가 통치하는 동안 지방 제후들의 반란 때문에 나라가 혼란스러워지는 걸 보고 한무제가 국가의 기강을 바로잡기로 했던 겁니다.

한무제는 국가 통치의 기본 방향성에도 변화를 주기로 결정합니다. 자연의 순리를 따르자는 도교의 사상으로는 기강을 잡는 게 어렵다고 본 거죠. 이때 그의 눈에 들어온 사상이 있었습니다. 바로 **동중서**董仲舒(생몰: 기원전 176년?~기원전 104년?)라는 사람이 재해석한 유교였죠.

국교가 된 유교

공자는 《춘추春秋》라는 책을 쓴 것으로 알려져 있습니다. 노나라의 역사에 대한 기록을 보고 공자가 자신의 가치관을 담아 새로 엮은 것이었죠. 쉽게 말해 공자가 봤을 때 누구는 착하고, 어떤 사건은 옳거나 그르다는 식의 내용이 담겨 있는 책인 거죠. 문제는 공자가 쓴 책의 내용이 매우 난해하고 어렵다는 것이었습니다. 때문에 공자의 제자들은 세대를 거듭하며 책에 담긴 공자의 사상을 해석하고 또 해석하고, 토론에 토론을 거듭하면서 공자의 가치관과 철학을 정리해나갔

공자와 제자들의 그림. 《전윤두서필 십이성현화상첩傳尹斗緖筆 十二聖賢畵像帖》, 국립중앙박물관 소장

죠. 이 과정에서 유학자들은 공자의 가르침을 설명해주는 해설서들도 만들곤 했는데, 그중 하나가《춘추》의 내용을 해석한《**공양전**公羊傳》이었습니다. 유학자들 중에는《공양전》의 내용을 추종하는 자들이 있었는데, 그중 한 명이 바로 동중서였습니다.

──── 대일통大一統=모든 것을 하나로 합쳐야 한다.

대일통은《공양전》의 첫 문장에 등장하는 말로, 모든 것을 하나로 합쳐야 한다는 뜻이었죠. 동중서는《공양전》을 해석하면서 대일통이 하늘의 뜻이며, 정치에 있어서도 하나로 통일되는 게 필요하다고 보았습니다. 그래야만 평화로운 세상이 온다는 거였죠. 이를 위해서는 천자이신 황제皇帝께서 만백성을 하나로 모아 다스려야 한다는 논리로 이어집니다. 한무제는 바로 이 점이 딱 마음에 들었고, 적극적으로 유교를 한나라의 주요 통치 사상으로 수용하기 시작합니다. 아예 유교를 한나라의 국교로 삼을 정도였죠.

이때부터 한무제는 온 백성들이 태어나자마자 기본적으로 유교를 뇌에 탑재한 후 살아가도록 만들려고 노력합니다. 유교 교육을 위한 교육기관인 태학을 설립하고, 유교를 공부한 학생들(유생)을 정부의 관료로 등용하는 등 국가 전반 곳곳에 유교 페인트를 칠하기 시작한 거죠. 한나라가 유교를 도입한 이후 중국대륙에는 유학을 공부한 유생들과 유학자들이 넘쳐나기 시작했고, 시간이 지나면서 주변의 다른 동아시아 국가들도 유교라는 사상을 접하게 됩니다.

그런데, 동중서가 '대일통'이라는 개념을 중심으로, 한나라 황실을 중심으로 해석한 유교 사상이 화이사상의 근거가 되어버립니다.

중화사상의 시작, 화이사상

한나라 얘기는 잠시 접어두고 앞에서 설명했던 주나라[1] 시절로 되돌아가보겠습니다. 이미 설명했듯 주나라는 중국대륙 최초 국가였던 상나라를 쿠데타로 전복시키고, 제후들에게 각 지역을 관할하도록 했었죠. 이때, 주나라의 왕실은 왕실과 제후국들을 **화**(華), 침략을 해오는 이민족을 **이**(夷)[2]로 분류했죠. 여기서 이(夷)라는 글자를 한국에서는 '오랑캐 이'라고 부르고 있습니다. 이렇게 '우리 민족과 다른 민족', '중국대륙과 그 외 지역', 즉 '화와 이'로 구분 짓던 걸 두고 화이사상華夷思想이라고 합니다.

[1] 앞에서 설명했던 중국 고대국가들을 순서대로 나열하면 아래와 같다.
1) 상나라 2) 주나라 3) 춘추전국시대 4) 진나라 5) 한나라

[2] 이미 상나라의 갑골문에서도 이민족을 의미하는 **戎(병장기 융/오랑캐 융)**과 **夷(오랑캐 이)**가 발견된다.

화이사상: 문명수준이 높고 천자를 섬기는 화(華)와 천자를 몰라보는 오랑캐 이(夷)를 구분하는 사상

물론 '우리 집단'과 '느그 집단'을 구분 짓는 건 사실 인간사회에서는 너무나 당연한 일입니다. 문제는 화이사상에는 선민사상이 강하게 녹아 있다는 거죠. 이건《공양전》에서 잘 드러납니다.

夷狄也, 而亟病中國。

이적들(오랑캐들)이 중국을 빠르게 병들게 하고 있다.

《공양전》의 내용을 보면 저자의 선민사상이 어마무시합니다. 무지몽매한 야만족 오랑캐들은 중국대륙의 주인이자 하늘신의 아들인 천자를 못 알아보고 감히 천자의 나라를 쳐들어오는 족속이며, 오랑캐들의 침략 때문에 춘추전국시대가 시작되어 중국대륙이 혼란의 도가니에 빠진 것이라는 식의 주장을 했죠. '문명화된 중국대륙(화) VS 우매한 이민족(이)'라는 이분법으로 세상을 바라봤던 겁니다.

중국인들은 오랑캐의 종류도 디테일하게 분류했습니다. 동서남북 네 방향의 오랑캐들이라면서 각각 **동이**東夷, **서융**西戎, **남만**南蠻, **북적**北狄이라고 불렀죠. 간혹 한국에서 동이족이 '활을 잘 쏘는 동방의 민족'이라는 의미라면서, 중국 입장에서 한반도의 한韓민족을 일컫던 말이라며 왜곡해서 얘기하는 사람들이 있는데, 사실 동이족은 중국을 기준으로 동쪽에 있던 모든 이민족들을 가리키던 말이었습니다. 상나라 때는 산동반도 일대에 살던 민족들을 의미했지만, 산동반도가 중국의 영역이 된 후론 만주, 한반도, 그리고 일본열도에 사는 민족을 가리키는 말로 동이족의 범위가 확대되어갔던 거죠. 애초에 기원전까지

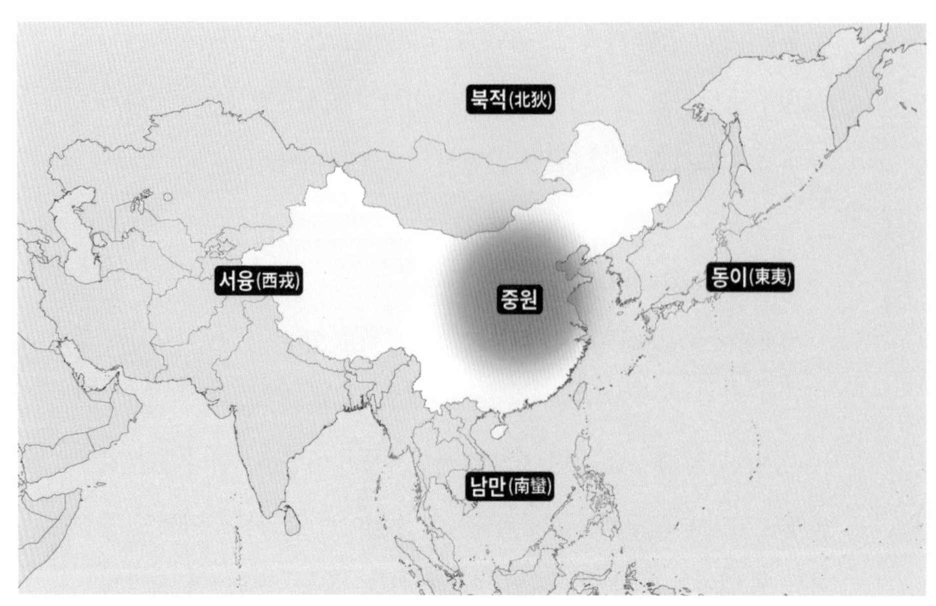

중국 국가들은 중원을 중심으로 두고 방위를 기준으로 동서남북 지역을 오랑캐 취급했다.

만 해도 중국대륙 국가들은 한반도라는 지역에 대해 관심도 별로 없었죠. 어찌됐든 우리들 입장에서는 상당히 기분 나쁜 단어입니다. 그 이유는 오랑캐란 결국 중국대륙 입장에서는 물리쳐야 할 대상이었기 때문이죠. 《공양전》에도 **존왕양이**尊王攘夷 사상이 담겨 있습니다. 왕을 받들어 모시고 오랑캐는 물리쳐야 한다는 거죠.

화이사상은 고대 중국 국제관계의 기본 전제가 되었습니다. 이윽고 점차 국가들 간에 조공을 바치고 책봉을 해주는 행위로 표현되기 시작합니다. 화이사상과 조공책봉이 결합된 중국의 외교 방침은 한반도와 같은 중국 주변 지역에도 지대한 영향을 끼치게 됩니다.

제2장

고구려도 조공을 바쳤다

고대 한반도와 중국대륙

효기심은 한국인입니다. 한국에서 태어나 한국인들 사이에서 자랐고, 가정, 학교, 직장, 카페, 지하철 등등 온갖 장소에서 한국인들의 문화와 관습을 체험했죠. 그렇게 효기심은 지극히 한국인의 관점으로 세상을 바라보게 되었습니다. 효기심뿐만 아니라 인간이라면 누구나 자라온 환경에 영향을 받을 수밖에 없죠. 그래서인지 간혹 이런 말을 하는 사람들이 보이곤 합니다.

———— **"중국이 항상 우리를 쳐들어왔다."**

———— **"우리는 평화를 사랑했지만, 그들은 침략만 일삼았다."**

한국에서는 과거 한반도 국가들이 항상 침략받기만 했고, 그것에 맞서 방어만 했으며, 전쟁을 원치 않았고, 평화만을 사랑했던 백의민족의 국가이자 동방예의지국이라는 것을 부각해서 얘기하려는 경향이 있습니다. 이 모든 것은 한국이라는 국가의 교육 시스템이나 언론 등이 국민들에게 만들어준 일종의 '관념'이죠. 물론 국가가 국민들에게 특정한 관념을 심어주는 게 한국만의 일은 아닙니다. 전 세계 사람 대부분이 학교 교과서나 방송을 통해 배운 '관념'을 통해 역사와 주변 국가를 바라보며 살아가죠.

그렇다면 그 관념에서 벗어나 중국대륙과 한반도의 관계를 바라보면 과연 어떤 모습일까. 두 지역에 있었던 고대 국가들의 관계를 좀 더 폭넓게 이해하기 위해 앞서 제1장에서는 중국대륙의 천자와 화이사상이 탄생한 과정에 대해 살펴봤습니다. 중국대륙을 이해하는 데 중요한 키워드인 것은 확실하지만 우리가 알아둬야 할 게 아직 더 남았습니다. 바로 '조공朝貢'과 '책봉冊封'이죠. **조공**의 사전적 의미는 **"예전에, 속국屬國이 종주국에게 때맞추어 예물을 바치는 일**"이지만, 단순히 예물을 바치는 것 이외에도 속국의 군주가 종주국의 조정에 찾아가서(조정에 들어간다는 의미로 흔히 입조入朝라고 합니다) 고개를 숙인다는 의미도 내포되어 있습니다. **책봉**은 종주국이 조공을 바친 국가의 우두머리에게 관직이나 작위를 내려주는 것입니다. 마치 왕이 신하에게 관직이나 작위를 주듯 말이죠.

고대, 중세, 근대까지 이어지는 역사 속에서 한반도의 국가들은 중국대륙에 있던 국가들에게 조공을 바치고 책봉을 받아왔습니다. 그럼 국어사전이 풀이해놓듯 한반도의 국가들은 중국대륙 국가들의 속국이었던 것일까. 과연 중국대륙의 국가들은 항상 한반도 국가들의 종주국이었던 것일까.[1] 사실 한반도 국가들과 중국대륙 국가들 사이의 조공책봉 관계는 시대마다 그 양상이 매우 다릅니다. 특히 고대시대의 중국대륙과 한반도 국가 간의 조공책봉관계는 조선이 명나라 및 청나라와 맺은 관계와는 상당히 다르죠. 2장에서는 고대 중국대륙의 조공책봉이 어떻게 이루어졌는지에 대해 설명하겠습니다.

[1] 《고려대 한국어대사전》에서 규정하는 '속국'과 '종주국'의 의미는 다음과 같다.
- 속국: 법적으로는 독립국이지만 실제로는 정치, 경제, 군사, 문화의 면에서 다른 나라의 지배적인 영향을 받는 나라.
- 종주국: 종속국에 대하여 종주권宗主權을 가진 나라.

초기의 조공책봉

과거 중국대륙의 국가들은 자신들을 전 세계의 중심이라고 주장하면서 마치 자신들 말고는 제대로 된 문명이 하나도 없는 것처럼 여기기도 했습니다. 하지만 전 세계에는 이미 수많은 인류가 살고 있었죠. 특히나 중국대륙 북쪽에서는 다양한 이민족들이 고대시대부터 중국대륙을 괴롭히고 있었습니다. 그중 고대시대에 가장 중국대륙 사람들을 피곤하게 만들었던 민족은 **흉노족**입니다. 중국대륙을 통일했던 진시황도 그들을 막기 위해 만리장성까지 쌓아봤지만 흉노족을 저지하는 게 쉽지 않았죠. 한나라 또한 흉노족 세력을 억제하기 위해 전쟁을 했지만, 기원전 200년 흉노족에게 박살 나게 됩니다.

위기를 느낀 한나라는 흉노족에게 화친을 제의하는데, 화친의 조건으로 이것저것 퍼주겠다고 합니다. 한나라 황실의 공주를 당시 흉노족의 군주[1]였던 **묵돌**冒頓(재위: 기원전 209년~기원전 174년)의 후궁으로 보내고[2], 황금과 비단, 곡물 등 공물도 해마다 바치겠다고 했죠. 여기에 더해서 한나라는 황제의 '문안 편지'도 같이 보냈습니다. 문안 편지라고 말을 돌려서 표현했으나 결국 한나라 황제가 선우한테 '문안을 올린다'는 것이었죠. 군주에게 가서 문안을 드린다는 게 바로 조공의 '조朝'입니다. 즉, 한나라는 흉노족에게 공물도 바치고 문안까지 올리는 '조공'을 했던 거죠.[3]

[1] 흉노족의 군주는 '선우單于'라고 부르기 때문에 묵돌을 묵돌선우라고 칭하기도 한다.

[2] 한나라 황태후가 공주를 보내는 것에 크게 반발하여, 결국 일반 백성의 딸을 골라서 공주라고 속여 묵돌에게 시집을 보냈다. 이때의 황태후가 중국의 3대 악녀 중 하나로 꼽히는 여후呂后(고황후高皇后)다.

[3] 서길수, 〈한과 흉노의 화친에 관한 연구(1)〉, 141쪽.

한나라의 조공을 받은 묵돌은 이제 한나라 황제와 형제라면서 한나라에 대한 약탈을 멈췄습니다. 하지만 말만 형제관계였을 뿐 흉노족은 한나라를 상대로 갑질을 시작합니다. 기원전 176년 묵돌은 당시 한나라 황제였던 **문제**文帝(재위: 기원전 180년~기원전 157년)에게 글을 보내면서 첫머리에

——— "하늘이 세운 흉노대선우가 삼가 황제에게 무고한지 안부를 묻는다."

라고 적었습니다. 자신이 마치 천자이고 한나라 황제는 그냥 황제일 뿐이라는 느낌이 드는 문장이죠. 10년 뒤에는 더 거창한 문구를 적었습니다.

―――― "하늘과 땅이 낳고 해와 달이 (임무를) 맡긴 흉노대선우가 삼가 한의 황제에게 무고한지 안부를 묻는다."

심지어 한나라에 국서를 보낼 때는 꼭 이 문장을 첫 줄에 적는 걸 작성규범으로 삼아버리기까지 합니다. 게다가 세월이 좀 흐르자 약탈도 다시 시작하면서 공물을 더 바치라고 요구했죠. 흉노족이 한나라보다 위에 있다는 거죠. 한나라는 흉노족에 진절머리가 나서 흉노족을 억제하기 위해 노력하지만 쉬운 일이 아니었습니다. 때문에 전술을 바꿉니다.

―――― "공격이 아닌 방어로 가즈아!!!"

한나라는 공격이 아닌 방어로 전략을 바꿉니다. 토벌을 보내던 군대들도, 전방에 있던 군인들도 모두 국경 안쪽으로 들어오게 하고 흉노족에게 공물을 바치지 않기로 결정하죠. 한나라의 공물이 끊기자 흉노족도 먹고살기 힘들어졌던 모양입니다. 흉노족 내부에서는 분열이 일어났고, 쿠데타가 끊이질 않게 되었죠.

한나라는 흉노족 내부의 분열이 일어났던 시기 기회를 놓치지 않았습니다. 당시 한나라의 황제였던 **한무제**는 북쪽의 흉노를 정벌하기 시작합니다. 이 과정에서 이른바 실크로드로 이어지는 지역(오늘날 신장 위구르 지역 일대)까지도 한나라의 군대가 나아갔죠. 또한 한무제는 남쪽으로는 남월南越[1](기원전 204년~기원전 111년), 동쪽으로는 고조선(?[2]~기원전 108년)으로도 쳐들어가 두 국가를 멸망시켜버립니다.

> [1] 중국대륙 남쪽부터 인도차이나반도 동쪽 해안까지 차지했던 고대 왕조
>
> [2] 고조선의 건국년도는 미상이다.

한나라는 더 이상 흉노족에게 조공을 하던 나약한 국가가 아니었습니다. 사방팔방으로 영토를 확장하면서 주변 국가들에게 조공책봉관계를 요구하기 시작한 거죠. 실제로 여러 국가 및 부족들이 한나라와 조공책봉

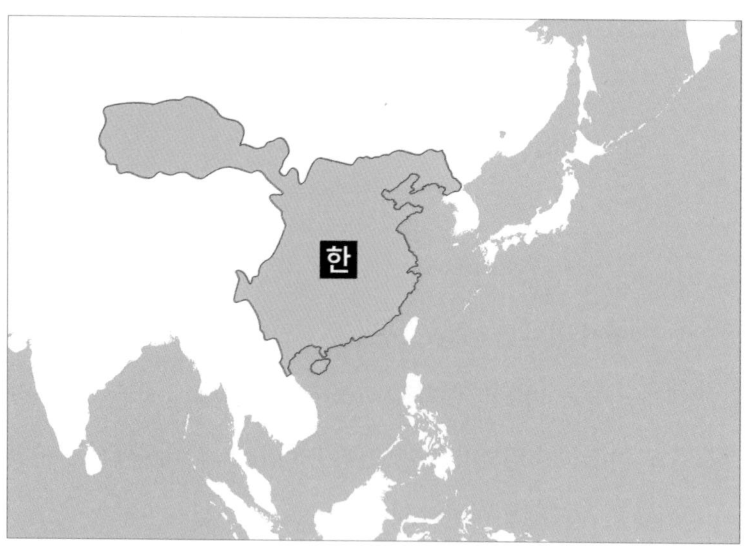

기원전 2세기 한나라의 영토 확장

관계를 맺었습니다. 각 지역의 왕이나 부족장이 한나라에게 진기한 물품들을 바치면, 한나라는 그들에게 적당한 관직과 작위를 내려주어 주변국들을 한나라 정치체제 안으로 포함시켰죠. 당초 한 국가 내에서 이루어지던 주나라의 조공책봉 시스템이 이제는 다른 국가와의 관계에까지 적용되기 시작한 겁니다.

그런데 한나라, 그리고 이후 중국대륙에 탄생하는 수많은 국가들은 도대체 왜 주변 국가들에게 조공책봉관계를 계속 요구했던 것일까. 주변 국가들에게서 충성 서약을 받아내는 의도도 있었겠지만, 효기심이 볼 때는 국내정치 선전용으로도 조공책봉이 딱 안성맞춤이었기 때문일 것 같습니다. 중국대륙 주변의 수많은 국가들이 보내온 조공품과 사신 행렬을 본 중국대륙 내 백성들은 자신들의 황제를 더욱 존경하게 됐을 겁니다.

——— **"와! 역시 주변 약소국, 오랑캐들이 우리 국가의 천자(황제)를 알아보고 저런 진귀한 물건들을 바치는구나!"**

국가와 황제의 위신을 높이기 위해 조공을 이용했다는 것이죠. 심지어 황제를 더 대단해 보이게 만들기 위해 사실을 왜곡하기도 했습니다. 이미 고대시대부터 중국대륙 국가들은 조공과 관련된 일들을 자신들에게 유리하게 기록하기 시작했죠. 외국에서 보내온 일반적인 '선물'을 두고도 마치 약소국이 자신들에게 '조공'을 바친 것처럼 과장해서 기록했던 겁니다. 예컨대 **고대 로마**의 황제 **안토니누스 피우**

안토니누스 피우스의 흉상

스Antoninus Pius(재위: 138년~161년)는 중국 **후한**後漢(25년~220년)에 베트남 지역의 희귀한 물건들을 선물로 주며 서로 무역을 시작하면 좋겠다고 접근했던 적이 있습니다. 그런데 후한의 자료에서는 이걸 두고 로마의 왕이 공물을 바쳤다고 표현되어 있죠.

至桓帝延熹九年, 大秦王安敦遣使自日南徼外**獻**象牙, 犀角, 玳瑁, 始乃一通焉。其所表貢, 並無珍異, 疑傳者過焉。

환제 연희 9년에 이르러, 대진왕 안돈(로마제국의 황제 안토니누스)은 일남(북베트남)에서 상아, 코뿔소 뿔, 거북을 **바치도록** 사절을 파견하여, 비로소 연결되었다. 그 **공물**은 진귀한 것이 아니니, 의심하고 퍼뜨리는 자가 과하다.

–《후한서後漢書》 권88 서역전西域傳

후한 이후의 국가들도 이런 조작을 많이 했습니다. 예컨대《송사宋史》[1]에는 인도반도나 아라비아반도에 있던 국가들이 중국대륙 국가들(후주後周, 북송北宋)에 다양한 물건들을 바치러 왔다거나 조공하러 왔다고 기록해놨죠.[2] 중국대륙에서 멀리 떨어져 있는 국가들이 굳이

구태여 조공을 바치려 한 것은 상식적으로 잘 이해가 되지 않습니다. 자신들의 안보를 위해, 국가의 존속을 위해 중국 대륙 국가에게 반드시 의지해야만 했던 국가들도 아니었고 말이죠. 이 때문에 조공으로 기록은 되어 있으나 실제로는 단순히 무역을 위한 성의 표시, 선물 정도였을 것으로 추정하는 학자들도 있습니다.

물론 중국 주변 국가들은 중국에 열심히 조공을 바쳤죠. 한나라는 황제의 권위를 드높이기 위해 조공을 받아야 했다면, 한나라에 조공을 바친 주변 국가들은 다들 저마다의 이유가 있었습니다. 예를 들어 안보를 위해 조공을 바치던 국가들이 있었죠. 오늘날의 신장 위구르 지역과 중앙아시아 일대에 위치하고 있던 오손烏孫, 강거康居, 대월지大月支와 같은 유목민족 국가들은 흉노족에게 시달리고 있었습니다. 이때 동쪽에서 흉노족을 때려잡는 한나라와 접촉하게 되었고, 한나라와 조공책봉관계를 맺으며 같이 흉노족을 견제했죠. 특히 오손의 경우 한나라에 공주까지 바치며 왕실 간에 혼인관계를 맺자고 요청하기도 했습니다.

1
송나라(북송+남송) 시대에 대한 역사서이며 원나라 때 집필되었다.

2
周廣順三年, 西天竺僧薩滿多等十六族來**貢**名馬。
주나라 광순 3년(953년), 서천(인도) 승려 등의 16부족이 명마를 **바치다.**
-《송사》 권490
열전249 외국6 천축

開寶元年, 遣使來**朝貢**。四年, 又貢方物, 以其使李訶末為懷化將軍, 特以金花五色綾紙寫官告以**賜**。
개보 원년에 **조공**을 위해 사자를 파견하였다. 4년에 또 방물을 바쳐 이호말을 회화장군으로 삼고 금화오색 능지로 벼슬을 써서 **하사하였다.**
-《송사》 권490
열전249 외국6 대식국

〈양직공도梁職貢圖〉(6세기). 한나라를 방문한 여러 국가의 조공사절단 그림. 페르시아와 같이 먼 국가에서도 방문했다.

경제적 이유로 한나라의 조공책봉 시스템에 합류한 국가들도 있었습니다. 당시 한나라는 동아시아에서 군사 강대국이었을 뿐만 아니라, 문화, 기술, 경제적으로도 가장 앞서 있었죠. 주변국들 입장에서는 한나라와 교류하고 무역을 하는 게 이득이었던 겁니다. 이를 위해 주변국들은 머리를 굽힐 수밖에 없었죠. 특히 유목민족의 우두머리들의 경우에는 한나라에 더욱 의존적일 수밖에 없었습니다. 유목민들 사이에서 권력자가 되기 위해서는 유목민들이 생산할 수 없는 물품들, 특히 농민들이 생산하는 곡식, 차, 옷감 등을 잘 확보해서 분배해줄 수 있는 능력이 있어야만 했죠. 그래서 몽골 초원의 유목민들은 실크로드의 소국들이나 중국대륙의 왕조를 상대로 공물을 받거나, 교역을 하거나, 약탈을 해왔습니다. 강력한 유목국가의 경우 농민들을 납치해 자신들이 지배하는 땅에서 농사를 짓고 공예품을 생산하도록 했죠. 한마디로 유목민족이 스스로 생산할 수 없는 재화를 외부세계에서 가져와야 했다는 겁니다. 유목민들에게 있어서 재화수급에 용이한 외부 세계는 한나라였고, 유목민을 이끌던 자들은 뛰어난 경제력

을 가진 한나라와 무역을 해서 돈이든 음식이든 옷이든 뭔가를 얻어 올 구멍을 만드는 게 중요했죠. 약탈 각이 서지 않으면 한나라에게 머리를 숙일 수밖에 없었던 겁니다.

한나라 때부터 본격적으로 채택되기 시작한 조공책봉 시스템은 이와 같은 과정을 거치며 중국대륙의 주요 정치 및 외교 수단이 됩니다.

섬서성 건릉 벽화(706년). 가운데 삭발한 사람이 오손과 강거 등이 있는 지역에서 온 서역인이다.

덕분에 동아시아에서는 주변국들이 천자에게 조공하고, 천자는 주변국 통솔자에게 한 자리씩 책봉해주는 게 점차 당연해지는 분위기가 조성됩니다. 우리가 사람을 만나면 인사하는 것이 당연하듯, 동아시아에서 국가와 국가 간 힘의 우위가 있을 경우 조공책봉관계를 맺는 게 기본적인 외교 시스템으로 자리 잡게 된 겁니다. 심지어 중국대륙을 침략한 이민족들의 우두머리도 자신을 천자라 칭하며 주변국과 조공책봉관계를 맺으려 들었죠.

이민족도 배운 조공책봉

한국인들에게 가장 익숙하고 유명한 중국 역사는 아마도 《삼국지三國志》의 배경이 되는 삼국시대(220년~280년)일 것 같습니다. 위魏, 촉蜀, 오吳의 여러 영웅들이 활약했던 시대죠. 최종적으로는 진晉나라(265년~420년)[1]가 삼국을 통일하지만, 얼마 지나지 않아 중국대륙은 다시 분열됩니다. 5개의 이민족(오호五胡)이 침입했고 16개의 국가(십육국十六國)가 난립했던 **오호십육국시대**五胡十六國時代(304년~439년)[2]가 시작된 거죠. 과연 이민족이 날뛰던 시대에 조공책봉 시스템은 어떻게 돌아갔을까.

[1] 진나라는 4세기에 망했다가 1년 뒤에 다시 건국된다. 새로운 진나라는 이전보다 동쪽에 위치했기 때문에 '**동진**', 동진 이전의 진나라는 '**서진**'이라 칭하기도 한다.

우선 중국대륙 북쪽의 흉노족을 살펴보겠습니다. 흉노족은 중국대륙에 자신들의 나라를 세운 뒤 진나라(서진西晉, 265년~316년)의 수도를 함락시키며 오호십육국시대의 문을 열었죠. 이 국가의 이름은 **조趙나라**, 흔히 **전조前趙**(304년~329년)[3]로 많이 알려져 있습니다. 그런데 조나라의 원래 이름은 '**한漢**'이었습니다. 이민족이 과거 멸망한 한족 국가의 이름을 사용했던 거죠. 심지어 흉노족 지도자들은 처음에는 자신들을 한나라의 왕이라고 하다가 308년부터는 "나도 천자고 황제다!"라는 드립을 치기 시작했죠.

[2] 중국대륙 국가들은 자신들의 시각으로 다양한 민족을 5개의 오랑캐 민족으로 요약하고, 국가 또한 16개로 축소해서 불렀다. 변방의 이민족을 동서남북 4개의 지역으로 나눠 서융, 북적, 남만, 동이족으로 대충 부르던 것처럼, 오호십육국시대도 대충대충 나눠 부른 것이다.

[3] 319년에 또 다른 흉노족이 건국한 국가의 이름도 '조나라'이기 때문에 두 국가를 서로 구분하기 위해 먼저 건국된 조나라는 '전조', 뒤늦게 건국된 조나라는 '후조'라고 부른다.

흉노족들이 한족 국가인 한나라를 자신들이 계승한다고 주장하는 근거가 상당히 흥미롭습니다. 앞서 한나라가 흉노족한테 탈탈 털려서 흉노족과 화친을 맺었고, 한나라의 황제와 흉노족의 선우가 서로 형제관계로 엮인 과정을 살펴봤었습니다. 흉노족들은 바로 이 사건을 들먹였던 거죠. 흉노족들은 위나라와 진나라(서진) 모두 반란군 정권이기 때문에 싹 다 쳐내고 자신들이 위대한 '형제 국가' 한나라를 부활시키겠다는 주장을 합니다. 그러면서 한나라(전한, 후한, 심지어 유비의 촉한蜀漢까지)의 모든 황제들에게 제사도 올렸죠.

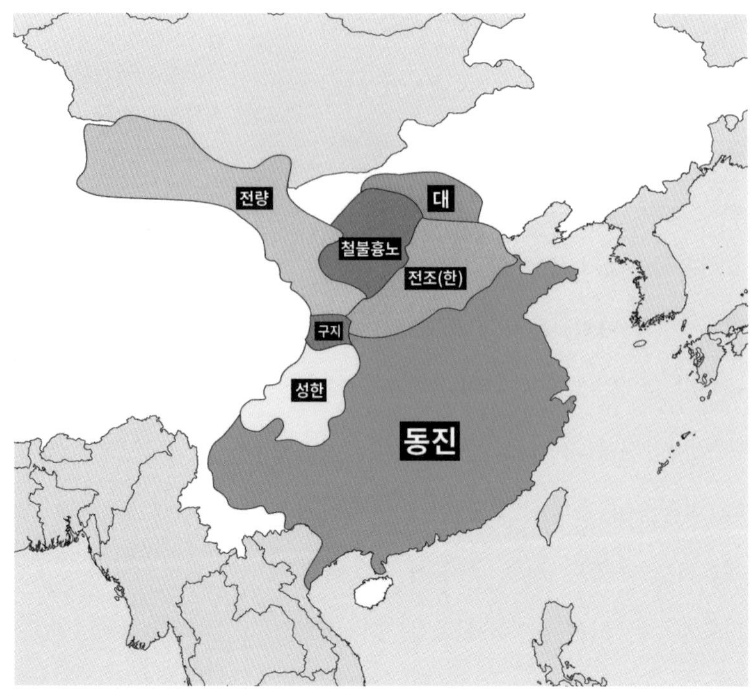

동진 건국 직후의 중국대륙

흉노족이 천자 드립을 치며 중국대륙의 황제가 되자 다른 이민족들도 비슷한 짓을 벌이기 시작합니다. 대표적으로 중국대륙 북동쪽에서 활동하던 **선비족**들이 그랬죠. 오호십육국시대가 본격적으로 시작되기 전, 서진은 **모용외**慕容廆(생몰: 269년~333년)라는 자를 책봉하려 했습니다. 그는 중국대륙 북동쪽 일대의 선비족을 다스리던 우두머리였죠. 그런데 모용외는 서진의 요구를 순순히 받아들이지 않았습니다. 진나라를 상대로 전쟁을 벌이면서 버텼죠. 결과는 모용외의 패배였습니다. 모용외는 서진에 머리를 조아렸고, 서진은 선비족 모용외를 '도독都督'[1]으로 책봉하여 선비족을 다스리도록 합니다. "너는 왕이 아니고 서진의 신하이며, 황제께서 신하에게 관직을 하사한다!"는 의미에서 말이죠.

[1] 한 지역의 군대를 통솔 및 감독하는 관직을 의미하며, 시대에 따라 지방 행정까지 관리하기도 했다.

심지어 모용외는 서진의 국력이 약해진 이후에도 서진과의 조공책봉관계를 유지했습니다. 서진은 아까 살펴본 흉노족의 전조에 의해 멸망(316년)하고, 잔존 세력이 동쪽으로 가서 다시 진나라, 즉 **동진**東晉(317년~420년)을 세웠습니다. 모용외 입장에서는 국력이 약해진 진나라(동진)에 더 이상 고개 숙일 필요가 없었죠. 이제는 국경을 맞대고 있지 않았으니 상종할 필요도 없었던 겁니다. 그럼에도 불구하고 모용외는 동진과의 관계를 끊지 않았습니다. 심지어 이젠 도독 정도가 아니라 요동군공遼東郡公이라는 작위를 받게 됐죠. 군사령관이 아니라 어엿한 제후로 책봉되었다는 겁니다. 모용외가 동진과의 책봉관계를 이어갔던 이유는 민심 때문이었던 것으로 알려져 있습니다. 당시 모용외가 다스리는 지역에는 선비족뿐 아니라 '한족'도 많이 살고 있었죠. 만약 모용외가 한족 국가인 동진과 손절하는 모습을 보여주면 한족들의 민심이 나락으로 갈 게 뻔했던 겁니다. 서진 시대에는 국력 차이 때문에 조공책봉관계가 이루어졌다면, 동진 시대에 와서는 민심을 잃지 않으려는 선비족 내 정치적인 이유로 조공책봉관계가 이어진 거죠.

그런데 모용외의 뒤를 이어 선비족의 우두머리가 된 **모용황**慕容皝(생몰: 297년~348년)은 동진과의 조공책봉관계를 끊어버립니다. 동진

> **1**
> 선비족은 많은 연나라를 건국한다. 그중에서 제일 먼저 건국된 모용황의 연나라를 전연이라 부른다.

의 그늘에서 완전히 벗어날 가능성을 보았던 것 같습니다. 모용황은 **연나라**(전연前燕, 337년~370년)[1]를 건국하고, 왕위에 오르죠. 모용황의 아들 **모용준**慕容儁(재위: 348년~360년)은 한 걸음 더 나아가 자신을 하늘신의 아들, 즉 천자라고 칭하기 시작했습니다.

재밌는 점은 이 전연이라는 나라의 황제가 다른 나라의 군주를 책봉해주었다는 겁니다. 한족 황제에게 책봉을 받던 이민족이 스스로 황제 자리에 올라 또 다른 이민족을 책봉해주었던 거죠. 심지어 전연

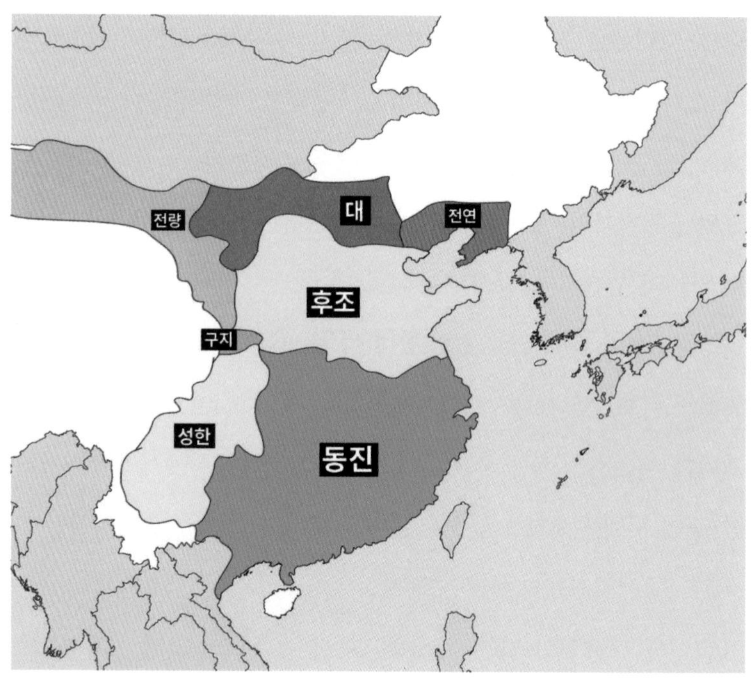

전연이 등장할 무렵의 중국대륙

과 조공책봉관계를 맺었던 나라는 바로 '**고구려**(기원전 37년~기원후 668년)'였습니다.

형이 왜 거기서 나와?

고구려라고 하면 일반적으로 고대 한반도의 최강 국가라는 생각을 많이 하실 겁니다. 5세기 전성기를 맞이하는 고구려의 국력은 어마무시했죠. 그러나 고구려도 건국 초기부터 동아시아의 강력한 국가는 아니었습니다. 4세기만 하더라도 우리가 알던 것과 다른 고구려의 약한 모습을 찾아볼 수 있죠.

342년, 전연은 고구려의 **고국원왕**故國原王[1](재위: 331년~371년)과 전쟁을 벌여 승리를 거둡니다. 패배한 고국원왕은 전연에 조공을 바치기 시작하죠. 그런데, 전연은 전쟁 도중 고국원왕의 아버지인 **미천왕**美川王(재위: 300년~331년)의 묘를 파헤쳐 시신을 훔쳐가고, 고국원왕의 어머니와 아내까지 끌고 갔습니다. 전쟁이 끝나고 1년 뒤인 343년, 고국원왕은 자신의 친동생을 전연에 사신으로 보내 아버지의 시신과 아내를 되찾아오죠. 하지만 어머니는 바로 모셔오지 못했습니다. 355년까지 무려 12년간 전연에 조공을 바친 후에야 고국원왕은 어머니를 고국으로 모셔올 수 있게 되죠. 이와 함께 전연은 고국원왕을 기특한 신하라며 **정동대장군 영주자사 낙랑공 고구려왕**征

[1] 고국원왕은 광개토대왕의 할아버지이다.

東大將軍 營州刺史 樂浪公 高句麗王으로 책봉합니다.

사실 전연이 고국원왕의 어머니, 왕후, 심지어 아버지의 시체까지 인질로 잡아뒀던 이유는 따로 있었습니다. 지도를 보면 당시 전연은 중국대륙의 여러 나라들과 전쟁을 앞두고 있었습니다. 서쪽과 남쪽으로 진출해야 했던 전연 입장에서는 등 뒤에 있던 고구려가 갑자기 뒤통수를 때리지 못하도록 대비할 필요가 있었던 거죠. 때문에 고구려왕의 어머니를 인질로 삼고 돌려보내주지 않으며 중국대륙 쪽에선 영토를 넓혀갔습니다. 그렇게 10여 년 간 땅을 많이 넓힌 전연은 이제 안정화됐다고 여긴 것인지 고국원왕의 어머니를 고국으로 돌려보내죠. 이와 같이 고대시대의 중국대륙 국가와 한반도 국가 사이에 있었던 조공책봉관계는 어렵게 꼬아서 설명할 필요가 없습니다. 힘의 논리에 따라 약소국이 손해를 보지 않기 위해 강대국에게 머리를 숙여야만 했고, 동아시아에서는 머리를 숙였다는 것을 보여주기 위해 조공책봉관계를 맺었던 거죠.

고구려의 기강을 잡을 정도로 강력했던 전연은 370년에 멸망합니다. 하지만 그로부터 14년 후 연나라는 다시 부활하죠. 나중에 새로 생긴 연나라라고 해서 '**후연**後燕(384년~407년)'이라고 부릅니다. 다만 후연의 국력은 만만히 볼 정도도 아니었지만 전연에 비하자면 약해진 상황이었죠. 무엇보다도 후연은 함부로 전쟁을 벌일 수도 없었습니다. 지도를 보면 당시 상황이 더욱 잘 이해가 됩니다.

후연이 건국됐을 때에는 중국대륙에 많은 국가들이 세력을 키워놓은 상태였습니다. A국가와 전쟁을 벌이다가 B국가의 침략을 받아 큰

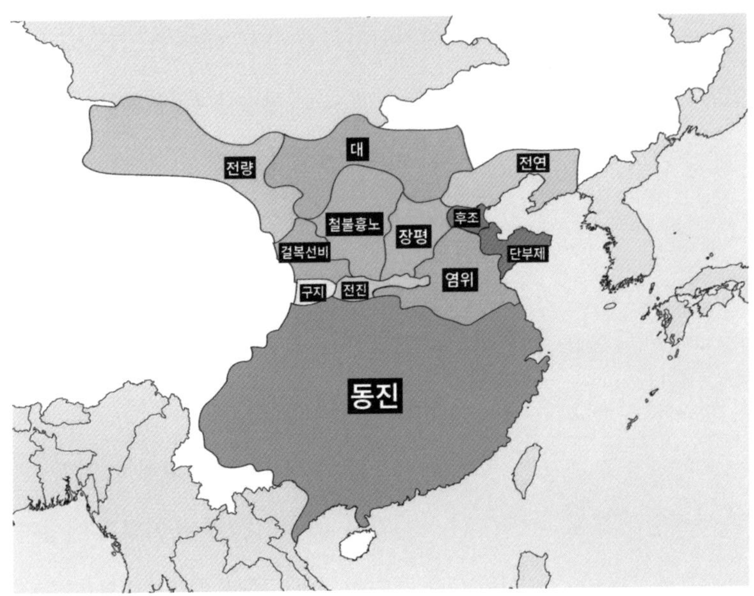

여러 세력과 마주하고 있는 전연

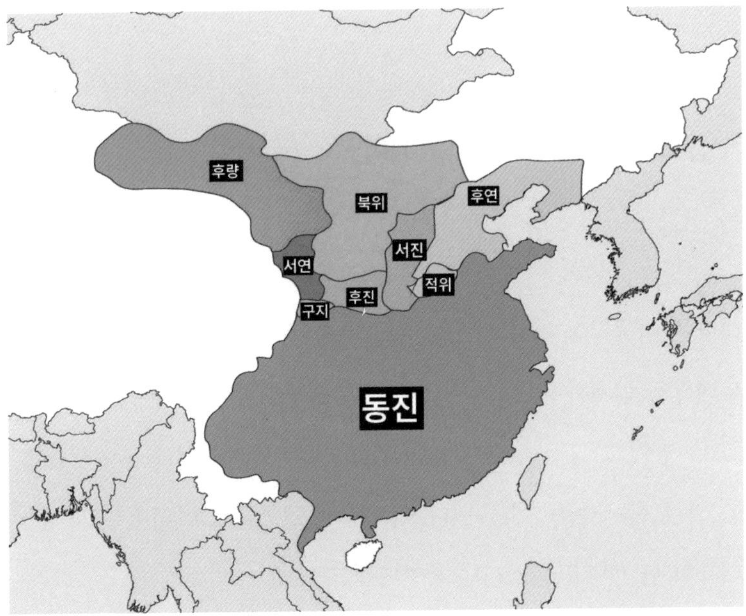

전연을 계승한 후연

타격을 받을 수 있었던 겁니다. 반대로 고구려한테는 유리한 상황이었죠. 앞서 전연에게 농락당했던 것에 대한 복수를 할 수 있는 절호의 찬스였던 겁니다. 중국대륙의 세력 구도를 간파한 고구려는 후연이 건국된 지 1년 후인 385년에 바로 후연을 공격합니다.[1] 이 전쟁에서 고구려는 후연의 영토 일부분(오늘날 중국 선양시 근처로 추정)을 점령하지만, 다섯 달 만에 다시 빼앗기게 되죠. 후연의 국력이 아주 무시할 정도로 약했던 건 아니었던 겁니다. 그런데 이렇게 어딘가 어중간해 보이는 국력을 가진 후연이 후에 무려 **광개토대왕**廣開土大王(재위: 391년~413년)을 책봉하게 됩니다.

[1] 이 무렵 고구려와 후연의 갈등은 KBS 드라마 〈광개토태왕〉에서 묘사된 바 있다.

광개토대왕도 책봉을 받았었다

한국사 통틀어서 넓은 영토를 정복한 왕이라고 하면 단연 광개토대왕을 떠올리실 겁니다. 고구려의 엄청난 영토 확장을 일궈낸 광개토대왕은 현재까지도 대한민국에서 추앙받고 존경받는 역사적 인물 중 한 명이죠. 그런데 그 위대한 광개토대왕이 396년에 후연의 책봉을 받았다는 기록이 있습니다. 강력한 통일제국도 아니고 그저 중국대륙의 한 지방을 다스리던 후연에게 말이죠.

조금 전에 살펴봤던 지도를 다시 보면 후연 서쪽으로 **북위**北魏

(386년~534년)가 있다는 걸 찾아보실 수 있으실 겁니다. 후연은 이 북위라는 나라한테 밀리고 있었죠. 고구려 입장에서는 후연을 다시 공격할 수 있는 좋은 상황이었던 겁니다. 이때 후연이 내놓은 방법이 책봉이었죠. 고구려왕에게 한 자리 주고 양국의 평화 무드를 조성하기로 한 겁니다.[1]

의외로 광개토대왕은 후연의 책봉을 받아들였습니다. 그것이 고구려에게 이득이었기 때문이죠. 당시 고구려 역시 후연과도 싸우고 백제와도 싸우느라 정신이 없었습니다. 그런데 후연이 북위 때문에 당장 쳐들어올 것 같지 않은 겁니다. 그러니 후연과 조공책봉관계를 맺어 서로 공격하지 않기로 해두고 백제에 집중하려 했을 가능성이 있는 것이죠. 실제로 광개토대왕은 직접 군사를 이끌고 한강 이남까지 진출해 백제의 항복을 받아냅니다. 그러나 백제는 곧 가야 및 왜와 연합해 당시에 고구려와 친하게 지내던 신라를 공격합니다. 이때 광개토대왕이 신라를 도와줬다는 것은 아주 유명한 내용이죠.

[1] 중국 쪽 기록에는 광개토대왕에 대한 책봉호의 일부가 생략되어 있어서 정확한 책봉호는 알 수 없다. 이에 대해 연구한 한 국내 학자는 '도독영주제군사 정동대장군 영주자사 평주목 낙랑공 요동·대방 이국왕都督營州諸軍事 征東大將軍 營州刺史 平州牧 樂浪公 遼東·帶方二國王'일 것이라고 추측한다.

그런데 고구려 군대가 신라까지 내려가 백제-가야-왜 연합군을 상대하는 사이 후연이 뒤통수를 쳐서 성을 일부 빼앗습니다. 조공을 바치러 온 고구려 사신이 무례하다는 핑계를 대며 말이죠. 조공책봉관계를 맺은 뒤 불과 4년 만의 일입니다. 고구려는 남쪽이 안정된 뒤

호우명 그릇. 신라와 고구려가 밀접한 관계를 맺고 있었음을 보여주는 유물이다.

에야 뒤늦게 반격을 시작할 수 있었죠. 이 반격이 고구려가 요동 일대를 손에 넣는 계기가 됩니다. 후연도 요동을 되찾고자 노력했으나 결국 407년에 후연이 내부 분열로 망해버리며, 우리가 아는 고구려의 서쪽 국경이 이때 대략적으로 완성되죠.

한편, 후연 남쪽에는 **남연**南燕(398년~410년)[1]이 건국됩니다. 오늘날 중국 칭다오青島(청도) 주변 지역을 차지했죠. 그런데 고구려 광개토대왕은 408년에 남연으로 사람 10명, 말 한 필, 곰가죽과 같은 예물과 사신을 보냅니다. 조공품 치고는 매우 적었죠. 이 대목에서 광개토대왕이 상당히 국제정치적 감각이 뛰어났던 인물로 분석되기도 합니다. 고구려는 중국대륙 쪽 소식을 빨리빨리 얻고 싶었는데, 마침 남연이라는 나라가 이용하기에 좋아 보였죠. 당시 남연은 주변 국가들과의 관계가 아주 좋지 않아 중국대륙 내에서 외교적으로 고립되어 있었는데 고구려가 친하게 지내자고 다가오니 마다할 이유가

[1] 남연 역시 정식 국호는 연燕이지만, 다른 연나라들과 혼동되지 않도록 남연이라고 부르는 경우가 많다.

없었습니다. 그래서 적은 조공품을 받고도 고구려를 환대해주었던 거죠. 그렇게 고구려는 남연을 통해 중국대륙에 대한 정보를 얻게 됩니다. 지금처럼 정보화시대가 아니었을 시절에는 이런 방식으로 정보를 얻어내는 것 외에는 달리 방법이 없었던 거죠.

광개토대왕의 아들이었던 **장수왕**長壽王(재위: 412년~491년)도 동진에 접근해 조공을 바치고 책봉을 받습니다(413년). 고구려의 최전성기를 이끈 왕이 도대체 왜 동진과 조공책봉관계를 맺었던 것일까. 여기에는 정치적 계산이 있었던 걸로 보입니다. 당시 동진은 중국대륙에서 가장 넓은 영토를 차지하고 있었으며, 북쪽에 있던 토곡혼, 후진,

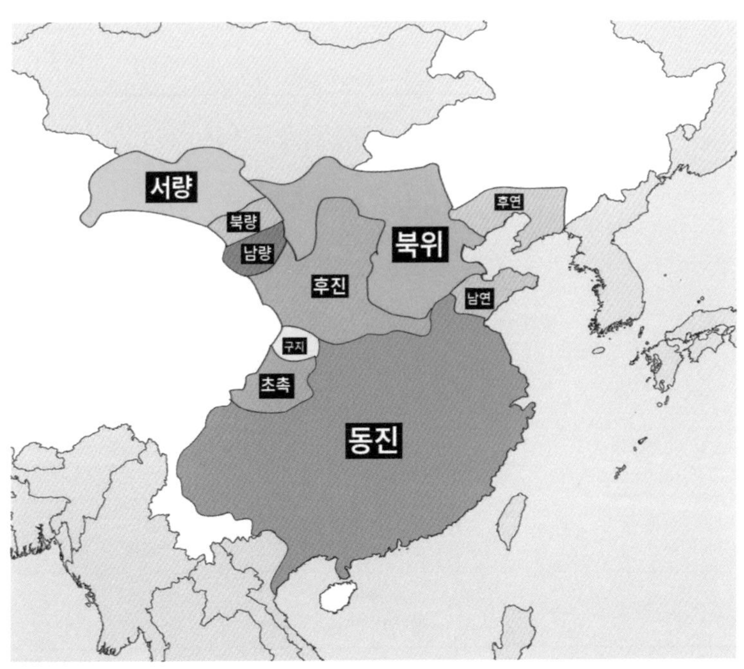

강대국 사이에 낀 남연

남연, 북위, 후연을 공격하며 무서운 기세로 북벌을 하고 있었습니다. 물론 100퍼센트 장담할 순 없었겠지만 동진이 중국대륙 전체를 통일시킬 가능성도 배제할 수 없었습니다. 만약 동진이 중국대륙을 통일하게 될 경우, 고구려는 동진과 국경을 맞대야 했습니다. 아마도 고구려 장수왕은 이런 상황을 간파하고 동진의 세력 확장을 대비하기 위해 동진과 미리 조공책봉관계를 해뒀을 가능성이 있을 것 같습니다.

사실 장수왕은 동진에만 조공을 바쳤던 것도 아닙니다. 그럴 수도 없었죠. 장수왕이 집권할 때 중국대륙에서는 이미 **남북조시대**南北朝時代(386년~589년)가 시작되었기 때문입니다. 남북조시대는 남쪽에는 한족 왕조(남조), 북쪽에는 이민족 왕조(북조)들이 거대한 세력을 이루고

<table>
<tr><td colspan="3">서진
265년~316년</td></tr>
<tr><td colspan="2">오호십육국
304년~439년</td><td rowspan="2">동진
317년~420년</td></tr>
<tr><td colspan="2" rowspan="3">북위
386년~534년</td></tr>
<tr><td>송(유송)
420년~479년</td></tr>
<tr><td>제
479년~502년</td></tr>
<tr><td>동위
534년~550년</td><td>서위
535년~556년</td><td>양
502년~557년</td></tr>
<tr><td>북제
550년~577년</td><td>북주
557년~581년</td><td>진(남진)
557년~589년</td></tr>
<tr><td colspan="3">수
581년~619년</td></tr>
</table>

※노란색 국가들을 묶어서 '**북조**', 푸른색 국가들은 '**남조**'라고 함.

있던 시기로, 춘추전국시대에 비하면 훨씬 덜하긴 했지만 권력 이동과 교체가 활발히 이뤄지던 시대였습니다. 바꿔 말하자면 외교를 유동적으로 해야 했던 거죠. 실제로 고구려는 동진 이외의 국가에도 조공을 바쳤습니다.

고구려는 특히나 **북위**北魏[1]에 신경을 많이 썼죠. 《책부원구冊府元龜》, 《위서魏書》, 《북사北史》 같은 중국 사료뿐 아니라 한국 사료인 《삼국사기三國史記》에서조차 고구려가 북위에게 무려 80여 회나 조공을 바쳤다는 내용이 있습니다. 해마다 황금 200근과 백은 400근을 바쳤다고 하죠. 물론 북위를 섬기기 위해서만이 아니라 정치적 계산이 있었던 걸로 보입니다. 이건 고구려의 조공 시점을 보면 확연히 드러나죠. 장수왕이 북위에 첫 조공을 바쳤던 시기는 435년입니다.[2] 북위가 건국된 지 무려 50년이나 지난 시점이었죠. 그로부터 1년 뒤 436년에는 북위와 고구려 사이에 있던 북연이 멸망합니다. 당시 상황으로 볼 때 고구려 장수왕은 북연이 멸망한 이후 국경을 맞대게 될 북위와의 관계를 미리 원만하게 만들기 위해 북위에게 조공을 바쳤을 가능성을 제기할 수 있을 것 같습니다. 서쪽 국경을 안정화한 장수왕은 엄청난 속도로 백제와 신라의 영토를 흡수해갔죠. 자신의 세력을 키우기 위해 자존심을 잠시 굽히고 강대국과의 전쟁을 피

[1] 중국 전국시대의 위나라, 삼국지의 위나라 등과 구분하기 위해 북위라 부른다. 북위 역시 선비족이 세운 나라이다.

[2] 다른 중국 사서에는 없고 오직 《삼국사기》에만 있는 기록으로, 이 기록을 신뢰하지 않는 학자들도 있다.

하며 한반도의 백제와 신라를 침략했던 거죠.

백제도 북위와 컨택을 하려고 시도했습니다. 고구려를 견제하기 위해선 북위의 도움이 필요하다고 판단했던 거죠. 472년, 백제는 북위에 처음으로 사신을 보내 조공하며 고구려 때문에 제대로 천자에게 조공도 못하고 있고, 고구려 같은 망나니 국가를 그냥 두면 위험하다며 고구려를 공격해달라고 요청합니다. 그런데 북위는 백제의 요청을 거부합니다. 당시 북위는 남쪽의 신흥강자로 떠오른 **송**宋**나라**(유송劉宋, 420년~479년)와 전쟁을 치르기 위해 남쪽에 집중해야 했습니다. 괜히 뒤에 있던 고구려와 사이가 틀어져 좋을 것이 없었던 거죠.

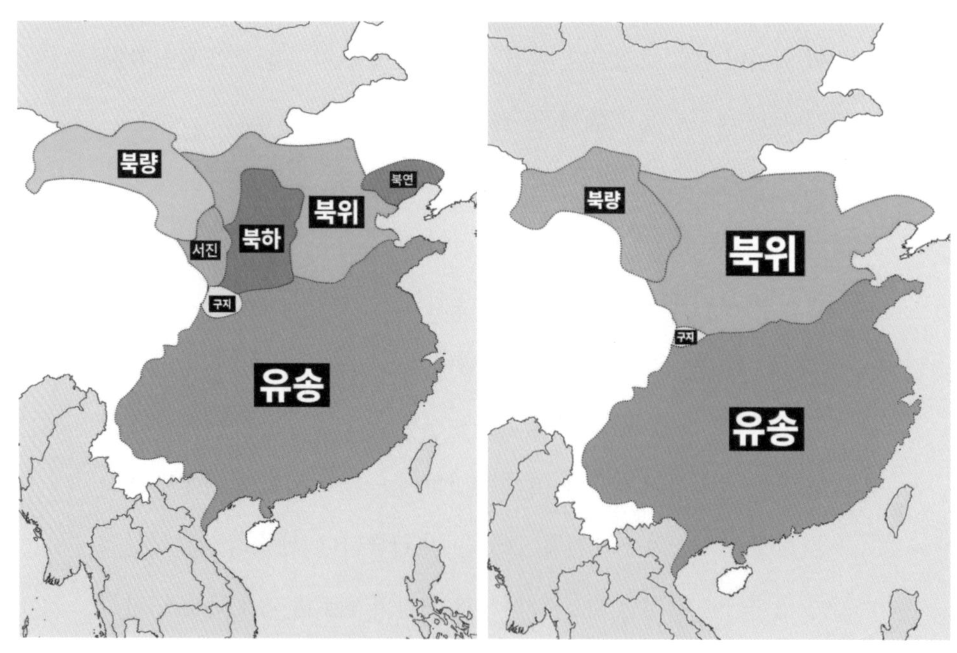

423년(왼쪽)과 436년(오른쪽)의 북위 영토 비교

때문에 백제의 요청을 거부했던 것으로 보입니다.

한편, 신라는 중국대륙 국가가 아닌 고구려, 즉 같은 한반도 국가에 조공을 하고 있었습니다. 특히 신라의 **내물왕**奈勿王(재위: 356년~402년)은 직접 고구려를 찾아가 광개토대왕에게 조공을 했었죠. 앞서 살펴본 대로 백제-가야-왜 연합군을 물리치기 위해 고구려의 힘을 빌려야 했던 것입니다. 장수왕 때도 신라의 사신이 고구려를 방문하니 장수왕이 극진히 대접했다는 기록이 남아 있습니다. 이처럼 고대에는 상황에 따라, 세력 구도에 따라, 각 국가의 국력에 따라 조공책봉관계가 달라졌습니다.

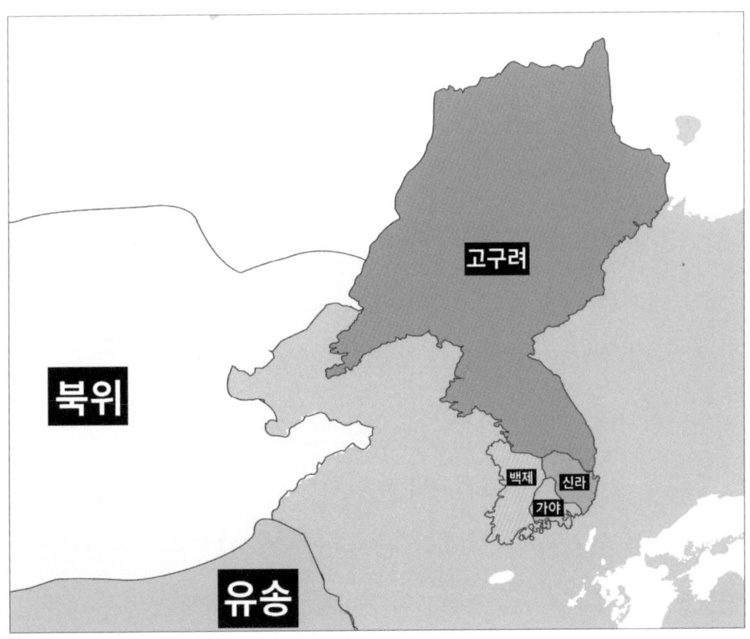

476년경 고구려의 전성기

수나라와 고구려의 조공책봉

남북조시대 끝자락이었던 6세기 중후반, 중국대륙은 크게 **북주**北周와 **남진**南陳으로 양분되어 있었습니다. 그러던 580년, 나이가 어린 황태자를 남겨두고 북주의 황제가 사망하는 일이 벌어집니다. 그러자 당시 북주의 실세 중 한 명이었던 **양견**楊堅은 쿠데타를 일으켜 **수**隋**나라**를 세웁니다. 그가 바로 수나라 1대 황제인 **수문제**隋文帝(재위: 581년~604년)죠. 수나라는 남쪽 아래에 있던 남진까지 멸망시키고 중국대륙을 세 번째로 통일한 국가가 되죠.[1]

[1]
1. 진시황의 진나라 2. 한나라 3. 수나라

그런데 역사적으로 중국대륙에 통일된 국가가 생긴 후 내부 정치가 안정되면 항상 한반도에 피곤한 일이 발생했습니다. 중국대륙이 여러 나라로 갈라져 있을 경우, 서로 세력을 견제하느라 한반도에 신경을 덜 쓰게 되는데, 중국대륙이 한 국가로 통일이 되고 정치적으로 안정을 되찾을 경우 한반도에 눈독을 들이거나 조공책봉관계를 더욱 강화시켰기 때문입니다. 다시 말해 수나라 옆에 있던 고구려가 피곤해질 시기가 왔다는 거죠.

수나라가 등장하기 이전부터 고구려는 북주와 남진 두 국가 모두에게 조공을 바치고 있었습니다. 수나라가 건국된 후에는 수나라와도 조공책봉관계를 맺기 시작하죠. 수나라가 건국된 581년에 고구려의 **평원왕**平原王(재위: 559년~590년)은 곧바로 수문제에게 조공을 바치고, 요동군공으로 책봉됩니다. 그런데 평원왕은 수나라 아래에 있던 남진

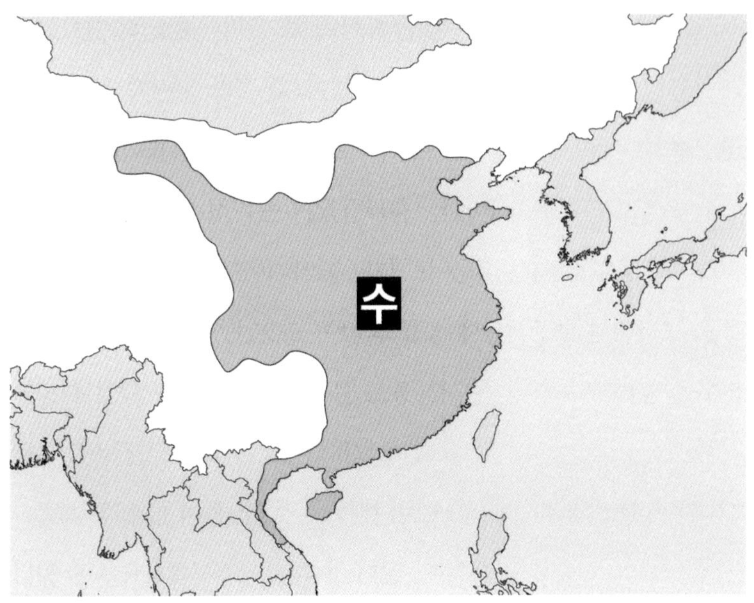

7세기 초 수나라의 영토

에게도 조공을 바쳤습니다.[2] 이후 수나라가 남진을 멸망시키고 중국대륙을 통일하자 평원왕은 두려움을 느끼며 전쟁에 대비하라는 오더를 내리기도 했죠.[3]

고구려 평원왕이 사망하고 **영양왕**嬰陽王(재위: 590년~618년)이 즉위합니다. 수나라는 곧바로 평원왕과 마찬가지로 영양왕을 요동군공으로 책봉해주며 일단은 영양왕과 친하게 지내려는 모습을 보여줬죠. 영양왕은 591년 1월에 사신을 보내 감사 인사를 전하면서 '군

[2] 《삼국사기》에 따르면 평원왕은 수나라가 건국되기 전이었던 561년부터 574년까지 꾸준히 남진에 조공했다가 그 뒤로는 조공을 바치지 않았다. 그러다 수나라가 건국되고 4년 뒤인 585년에 다시 남진에 조공을 바친다. 당시 고구려가 수나라의 성장에 대해 상당히 위기감을 갖고 있었던 걸 알 수 있는 대목이라 할 수 있다.

공'[4]보다 훨씬 높은 '왕'으로 책봉해주면 안 되냐는 요청을 합니다. 수나라는 이것도 승낙하여 '고구려왕'으로 책봉해주기까지 합니다. 영양왕도 화답하듯 이듬해인 592년, 그리고 597년에도 조공을 했죠.

두 나라는 그렇게 친하게 지낼 것처럼 보였지만, 사실 고구려는 뒤에서 수나라와의 전쟁을 준비하고 있었습니다. 598년에 영양왕은 말갈족 1만 여명을 이끌고 수나라의 영토였던 요서(오늘날 중국 랴오허시의 서쪽 인근)를 쳐들어갑니다. 그런데 고구려 군대가 수나라에게 박살이 나고 맙니다. 게다가 수나라는 빡쳐서 30만 대군을 이끌고 고구려를 쳐들어가게 되었죠. 이것이 바로 **제1차 고구려-수 전쟁**이죠.

[3] 《삼국사기》나 《수서隋書》의 기록에 따르면, 평원왕이 병기를 고치고 곡식을 축적하는 소식을 접한 수문제가 평원왕에게 편지를 써 "입으로만 신하국이라 말하며 정성과 예절은 어디에 팔아먹었는가? 아무런 수작 부리지 말고 잠자코 있으라"는 식의 편지를 썼다고 한다. 고구려는 수나라의 침입을 대비한 것이었으나, 수나라가 볼 때는 고구려가 전쟁 준비를 하는 것처럼 보고 미리 고구려에 압박을 줬던 것으로 추정된다.

[4] 수나라 시기 작위 체계는 왕〉 군왕〉 국공〉 군공〉 현공〉 후〉 백〉 자〉 남 순서였다. 당시 영양왕은 군공에서 왕으로 올려달라는 요청을 했었다.

고구려와 수나라, 전쟁의 서막

현재까지 많은 한국 사람들은 대부분의 한반도 국가들이 중국대륙으로 먼저 쳐들어간 적이 없고, 중국대륙 국가들의 침략을 막기만 했다는 고정관념을 갖고 있습니다. 사실 그렇지 않았습니다. 1차 고구려-수 전쟁은 분명 고구려의 요서 선빵으로 시작됐죠. 훗날 수나라를 멸망시키고 당唐나라를 세운 **당고조**唐高祖(재위: 626년~635년)[5]는 이 사건을 두고 고구려를 맹비난했죠.

당고조의 모습

"고구려인들은 당나라 이전에 있던 수나라에 칭신(신하라 스스로 칭함)**해놓고 수나라에 쳐들어간 배은망덕한 국가다!!"**[6]

[5] 그 유명한 당태종 이세민李世民의 아버지다.

[6] 《신당서新唐書》 권220 열전145 동이東夷

고구려와 수나라의 전쟁이 시작되자 수나라는 고구려의 영양왕에게 책봉했던 작위를 박탈합니다. 조공책봉이 명목상 행해지던 고대시대였던 만큼 작위 박탈 자체는 고구려에게 아주 큰 문제는 아니었습니다. 다만, 앞으로 고구려는 엄청난 인구의 통일 국가 수나라와 국가의 생명을 건 전쟁을 해야 할 처지였죠.

하지만 고구려는 운이 좋았습니다. 수나라가 고구려를 쳐들어온 것은 598년 음력 6월이었습니다. 즉, 곧 장마철이 시작될 시기였죠. 수나라는 전쟁 시기를 잘못 택했습니다. 장마철의 전쟁은 전염병을 의미했으니 말이죠. 수나라는 결국 3개월 만에 철군하게 됩니다.[1] 내심 쫄아 있던 영양왕은 곧바로 수나라에 사신을 보냅니다.

> 고구려: 선빵쳤던 거 미안해 형. 앞으로 신하 노릇 잘할게. 그만 싸우자!

[1] 중국 쪽 사료에서는 비, 전염병 때문에 수나라 스스로 철수했다는 식으로 적혀 있으나, 신채호는 고구려군이 수나라군을 격파했기 때문에 수나라군이 후퇴한 것이라 주장했다.

마침 파병으로 별 이득도 못 보고 인력과 자금만 날릴 뻔 했던 수나라는 고구려의 사과를 받아주기로 하죠. 그런데 이때 갑자기 백제가 수나라에 사신을 보냅니다.

> 백제: 고구려는 조공책봉관계 맺고도 뒤통수친 쓰레기 같은 애들이야. 형, 이번 기회에 고구려 박살 내자!

이미 군대도 철군시키고 고구려의 사과도 받은 마당에 수나라가 백제의 요청을 들어줄 이유 따윈 없었습니다.

> 수나라: 백제야. 나 고구려 용서했어.

백제는 난처한 입장에 처하게 됩니다. 백제가 수나라에게 함께 고구려를 공격하자고 했다는 소식이 고구려에 들어가면 난리가 날 게 뻔했죠. 실제로 영양왕은 열 받아서 백제를 공격합니다.

을지문덕 장군의 모습

이렇게 고구려와 수나라의 전쟁을 일단락되는 것 같았지만, 고구려와 수나라의 전쟁은 1차 이후 4차까지 있었습니다. 이 중에서 2차 전쟁은 그 유명한 **을지문덕**乙支文德의 **살수대첩**薩水大捷(612년)이 벌어진 전쟁이었습니다. 수나라의 군대가 고구려 평양성 근처까지 진격하지만, 철수하던 중 살수(오늘날 청천강淸川江)에서 박살 나게 되죠. 3차 때도 수나라의 공격은 실패했고, 4차 전쟁 때는 고구려와 수나라 모두 내부 정치가 불안정해서 전쟁이 길게 가지 않았죠.

중국의 몇몇 역사학자들은 중국인들이 고대시대부터 우수했고, 우월했으며, 자신들에게 주변국들이 조공까지 바쳤으니 조공국의 영토가 마치 중국의 영토였던 것처럼 주장하기도 합니다. 게다가 2017년 중국 시진핑 주석은 한국이 사실상 중국의 일부였다는 발언까지 하여 한국사회를 떠들썩하게 했죠. 이와 같은 상황 속에서 일부 한국인들은 모욕감을 느끼면서 '한국은 항상 독립국이었으며, 조공은 우리에게 오히려 이득을 주었기 때문에 우리 스스로 선택해서 행한 것'이라는 식의 주장까지 하기도 했습니다. 중국이 역사를 왜곡하듯 한국도 과거 한반도 역사를 과장하고 비틀어버린 겁니다. 효기심은 과거 역사를 두고 너무 자존심 싸움으로만 접근해서는 안 된다고 생각

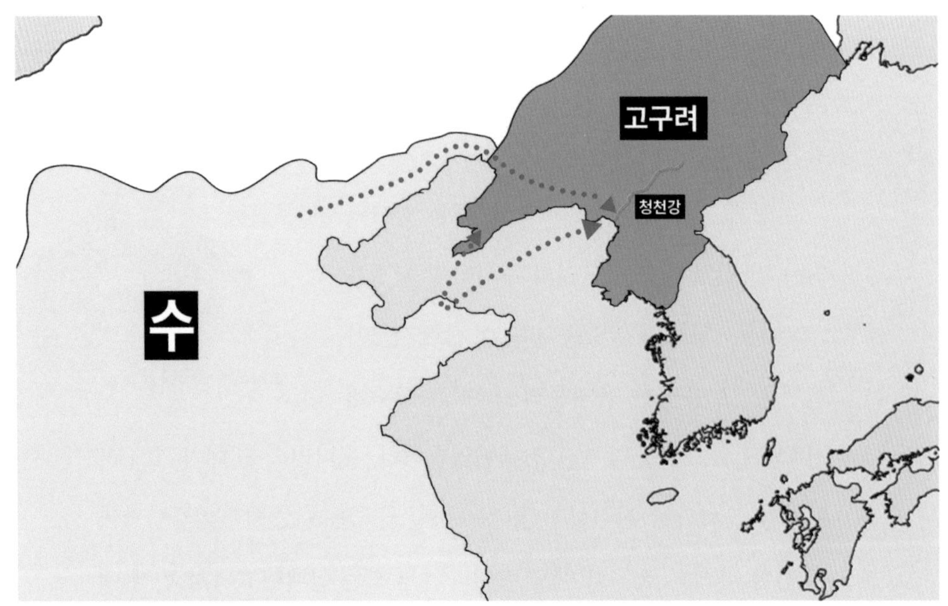

고구려-수 전쟁의 경로

합니다. 과거 한반도 국가들은 실제로 중국대륙에 조공하고 책봉을 받았으며, 이게 자존심을 굽히는 행위이기도 했습니다. 그러나 이건 힘의 논리로 굴러가는 국제정치 세계에서 보편적으로 벌어지는 일이죠. 부정할 필요도, 그렇다고 긍정할 필요도 없는 일입니다. 그보다 중요한 건 한반도가 누군가에게 또 고개 숙이지 않도록 어떻게 할 것인지를 고민해야만 하는 것은 아닐까.

제3장

중국 역사 절반은 이민족이었다

분열과 통일의 연속

현재 전 세계 초패권국가인 미국과 중국이 서로 으르렁거리며 싸우고 있습니다. 사이가 안 좋은 이 두 국가에는 사실 공통점이 하나 있습니다. 바로 다민족국가라는 것이죠. 그러나 다민족국가가 된 과정은 많이 다릅니다. 미국은 건국 전부터 지금까지 전 세계 사람들이 돈을 벌기 위해, 성공을 위해, 새 출발을 위해 이민을 와서 다민족국가가 된 것입니다. '이민자의 나라'라는 별명에 걸맞은 역사죠.

반면 중국은 오래전부터 수많은 민족들이 중국대륙으로 들어와 터 잡고 살아오며, 서로 전쟁도 하고, 황제 자리도 여러 민족들이 해먹었던 역사를 지니고 있죠. 이와 같은 역사 차이 때문인지 미국과 중국에서 민족문제의 양상도 좀 다르게 나타납니다. 미국도 민족 간의 갈등을 크게 우려하고 있습니다만 중국의 우려는 차원이 다릅니다. 중국에서는 민족 간의 갈등으로 인해 특정 민족이 자신들만의 국가를 세우기 위해 '독립'을 주장할 수도 있기 때문이죠. 중국이 경제 규모를 아무리 크게 키워내더라도 결국은 소수민족 문제 때문에 미국을 추월할 수 없다는 얘기가 나오는 건 바로 이 때문입니다. 바꿔 말하면, 중국 정부는 반드시 민족 문제를 해결해야만 하는 거죠.

현재 중국 공산당 정부는 중국의 민족을 56가지로 정해놓고 있습니다. 사실 1953년 중국의 인구조사 응답 결과를 보면 무려 400가지가 넘는 민족이 있었습니다. '56가지'라는 숫자는 중국 공산당이 시끄러운 일을 없애기 위해 인구가 적은 소수민족들을 통합하며 정체성을 삭제하는 작업을 통해 줄여온 결과물인 거죠. 중국은 자신들의 민족들을 모두 '중화민족'이라는 하나의 민족으로 만들고 싶어 안달이 나 있습니다. 그래야 중국이란 국가의 수많은 사회문제들 중 가장 치명적인 '민족갈등, 독립을 위한 무장투쟁'을 아예 종식시킬 수 있을 테니 말이죠. 과연 다민족국가로서 민족들끼리 서로 존중하며 중국대륙에서 함께 살아가게 할 순 없는 것일까. 과거 역사를 돌아보면 쉽지는 않을 것 같습니다.

분열과 통일이 반복되는 중국

중국 역사에 관심이 있는 분들이라면 중국이 역사적으로 통일과 분열을 반복했다는 사실을 잘 아실 겁니다. 적어도 중국 사람들은 이미 오래전부터 이 사실을 잘 알고 있었습니다.

———— **천하대세, 분구필합, 합구필분**天下大勢, 分久必合, 合久必分

위 문구는 명나라 때 출판된 《삼국지연의三國志演義》라는 소설의 첫 문장입니다. "천하의 대세는 나누어진 지 오래되었으면 반드시 합쳐지고, 오랫동안 합쳐져 있었으면 반드시 나뉘게 된다"라는 의미이죠. 쉽게 말해 분열과 통일이 번갈아가면서 일어난다는 것으로, 중국의 역사를 함축적으로 담고 있다고 해도 과언이 아닙니다. 아래 표를 같이 보겠습니다.

통일	주나라
분열	춘추전국시대 (기원전 771년~기원전 221년)
통일	진나라
	한나라
분열	위진남북조시대 (220년~589년)
통일	수나라
	당나라
분열	오대십국시대 (907년~979년)
통일	송나라
	원나라
	명나라
	청나라

우선 주나라가 분열되면서 춘추전국시대가 열립니다. 진나라가 이 난세를 통일한 후 한나라로 이어지죠. 한나라가 분열되면서 위진남북조시대(**위**나라+**진**나라+**남북조**시대)가 열립니다. 수나라가 통일하고 당나

라로 이어지더니 당나라가 다시 분열되며 오대십국시대五代十國時代가 시작됩니다. 송나라가 통일할 뻔했지만 송나라가 몽골제국에 의해 멸망하며 결국 몽골민족의 원나라가 중국대륙을 통일합니다. 원나라가 통일한 이후로는 춘추전국시대, 위진남북조시대, 오대십국시대와 같은 긴 분열기가 나타나지 않죠.

흥미로운 것은 시간이 흐르면서 분열되는 기간이 점차 줄어든다는 점입니다. 춘추전국시대는 550년(기원전 771년~기원전 221년)으로 매우 길었지만, 위진남북조시대는 369년(220년~589년)이었고, 오대십국시대는 72년(907년~979년)에 불과했다는 것이죠. 하지만 통일된 기간 동안의 중국 모습을 자세히 살펴보면 여전히 내부적으로는 분열을 겪고 있었다는 걸 알 수 있습니다. 당나라, 원나라, 명나라, 청나라의 역사를 보면, 겉으로는 여전히 하나의 국가로 통일되어 있는 것처럼 보이지만 여러 군벌이나 반란군들이 지방을 점거하면서, 사실상 분열이 이미 일어난 것이나 마찬가지인 경우가 많았습니다. 때문에 진시황의 진나라가 중국대륙을 통일하고 청나라가 멸망하기까지의 기간을 꼼꼼하게 따져보면 중국대륙은 통일된 기간보다 분열된 기간이 더 길었다고 보는 학자들도 있죠.

중국대륙이 분열되는 데에는 여러 이유가 있겠지만, 일단 지리적인 영향을 무시할 수 없습니다. 오늘날 중국은 약 959만 7000제곱킬로미터라는 아주 넓은 영토를 가진 국가입니다. 약 22만 제곱킬로미터인 한반도의 43배가 넘는 면적이죠. 물론 고대나 중세의 중국대륙에 자리 잡고 있던 국가들은 이보다는 좁은 면적의 영토를 갖고 있었지만, 지금처럼 교통이나 통신이 발달하지 못했기에 중앙정부가 여러 지역을 통치하기 매우 어려웠을 겁니다. 중앙과 지방의 권력 균형을 맞추는 게 만만치 않았다는 거죠. 만약에 지방을 통치하는 지방관이나 국경을 지키는 군인에게 알아서 잘하라면서 많은 권한을 허락해주면 그들이 언제 배신하고 떨어져 나갈지 모르니 중앙정부는 불안합니다. 그렇다고 지방의 독립이나 쿠데타를 막기 위해 지방의 군사력을 약화시키고 중앙의 군사력만 강화시키면 국경 근처 지방은 이민족의 침략을 막을 수 없게 됩니다.

또한, 중국 역사를 통틀어 관료를 뽑는 것부터가 쉬운 일이 아니었습니다. 뛰어난 인재는 한정되어 있으니 뽑다 보면 결국은 지방의 호족이나 대지주의 자식들을 채용해야만 하는 상황이 오게 됩니다. 돈 없는 집안에서는 제대로 된 교육을 받기가 매우 어려웠으니 당연한 결과였죠. 지방에서 올라온 인재들이 중앙정부의 관료가 되어서 국가 운영에 큰 보탬이 되기도 했지만, 그 힘을 너무 키우게 내버려두면 황제를 허수아비로 만드는 경우도 발생하곤 했습니다. 대표적으로 1장에서 살펴봤던 한나라가 있죠.

한나라의 분열 과정 (feat. 외척과 환관)

1장 내용을 짤막하게 복습해보겠습니다. 주나라는 봉건제를 채택했으나 이민족의 침입으로 중앙정부의 힘이 약해지자 지방 제후들을 통제하지 못해 분열되고 말았죠. 다시 중국대륙을 통일한 진나라는 반대로 제후를 없애고 중국대륙 전체가 진나라 황제의 명령과 법을 따르도록 했습니다. 그러나 수백 년 동안 다른 국가로 나뉘어 있던 춘추전국시대 각 국의 백성들에게 진나라의 가혹한 법을 따르라고 하는 건 진나라가 전국을 식민지로 만드는 것이나 마찬가지였습니다. 민심이 좋을 턱이 없었던 거죠. 결국 진나라는 진시황이 사망하고 4년 만에 나라가 찢어집니다. 한나라는 주나라와 진나라의 통치 시스템을 짬뽕해서 새로운 시스템을 만듭니다. 중앙정부의 영향력이 닿는 범위까지만 직접통치를 하고 영향력이 닿지 않는 먼 지방은 주나라처럼 제후를 임명해 알아서 다스리게 했던 거죠. 또한 법률도 진나라에 비해 훨씬 느슨하게 만들어 직접통치를 받는 지역이라도 살던 대로 알아서 잘 살게 놔뒀죠. 동시에 중앙정부의 역량을 키우고 제후의 권한과 제후국의 숫자를 줄이며 점진적으로 중앙집권을 향해 나아갔습니다. 한나라에서 제후는 점차 실권이 없는 명예직에 가까운 작위가 되었죠.

덕분에 한나라 초기에 제후들의 대대적인 반란이 일어나기는 했으나, 대부분의 기간 동안 한나라는 제후들 때문에 골머리를 썩이진 않았습니다. 하지만 제후 대신 지방에서 한나라 중앙정부를 위협하는 또 다른 세력이 생기게 되죠. 바로 지주입니다. **한무제**(재위: 기원전 141년~기원전 87년) 시기 한나라는 흉노족을 토벌하고 영토를 넓히면서 세금도 늘렸습니다. 군대로 끌려간 농민들은 농사를 제대로 짓지 못해 세금을 내기 힘들어졌고 결국 자신들의 땅을 팔아버릴 수밖에 없었죠. 이 과정에서 각 지방에는 엄청나게 많은 땅을 사들인 대지주 세력이 등장하게 됩니다. 그런데 한나라는 대지주와 지방 호족들의 자식들을 인재로 채용했습니다. 지방에서 영향력이 커진 사람들의 자식들을 중앙정부까지 끌어들이는 것은 상식적으로 뭔가 이상합니다. 지방에서 권력을 갖고 있는 자들이 중앙정부에서까지 영향력을 키우게 되면 한나라 황실까지도 위협할 수 있을 테니 말이죠. 당연히 한나라 조정에게는 생각이 있었습니다.

——— "중앙에서 큰 정치 하고 싶으면 지방에서는 자제 좀 하자?"

한나라는 지방지주 및 호족의 자식들에게 출세의 기회와 권력을 나눠주며 중앙정부에서 관료로 일하게 했죠. 동시에 자식들의 부모인 지방호족이 지방에서 쌓을 수 있는 권력에는 제한을 두었습니다. 예컨대 토지 소유에 제한을 둬서 지방에 지나치게 강력한 대지주가 생기는 걸 막았죠. 즉, 지방 세력 일가가 더 많은 권력을 얻기 위해선 지방에 머무를 것이 아니라 중앙정부에 관료로 발탁되어야만 했던 것입니다. 지방의 호족이나 지주들이 지방에서 힘을 키워 한나라 황실에 칼을 들이밀며 독립할 각을 보는 게 아니라 어떻게든 중앙정부와 연결되려고 애쓰게 만든 것이죠.

이렇게 지방호족이 중앙으로부터 떨어져 나가는 건 막았습니다. 이제 중앙정부에 가득한 관료 집단이 문제죠. 아무리 권력의 중심이 황제라지만 관료 집단이 실무를 담당하다 보니 황제를 기만할 방법은 매우 많았습니다. 황제 입장에서도 관료들을 통제하거나 관료들을 거치지 않고 일을 처리할 방법을 찾아야 했죠. 때문에 한나라 황제들은 새로 두 집단을 키우게 됩니다. 바로 외척과 환관이죠.

외척은 외가 쪽 친척이란 뜻입니다. 황실은 귀족들 중 영향력이 높은 가문을 골라 결혼을 해 사돈을 맺고, 같은 편이 되어 다른 세력을 견제하기 위해 노력했습니다. 동시에 황제들은 관료들을 신뢰하지 못해 황실 안에서 허드렛일을 하던 **환관**[1]들에게 속 얘기를 털어놓고 중요한 일을 상의하며 그들에게 의지했습니다. 관료가 아닌 환관에게 행정 실무, 심지어 중앙군대의 지휘까지 맡기는 경우도 있었습니다.

[1] 사극에서 흔히 내시라고 부르던 직책

문제는 황실을 보호하라는 의미로 황제에게서 권력을 나눠 받게 된 외척과 환관들이 선을 넘어 마구잡이로 권력을 휘두르기도 했다는 겁니다. 특히 한나라 말에 가서는 이런 일이 상당히 비일비재해졌죠. 한무제 사망 직후부터 외척과 환관이 활개 치기 시작하더니 나라가 망할 때까지 이들의 권력쟁탈전 때문에 온 나라가 난리였습니다. 외척과 환관들이 이민족이 쳐들어오거나 백성들이 기근으로 죽어나가도 자신들의 이익에만 혈안이 되어 있었으니 나라가 제대로 돌아갈 리가 없었던 거죠.

결국 기원후 8년, 한나라는 황제의 외척이었던 **왕망**王莽(생몰: 기원전 45년~기원후 23년)의 쿠데타로 인해 멸망해버립니다. 왕망은 자기가 황제라는 드립을 치더니 **신**新**나라**(9년~23년)를 세웁니다. 하지만 잔존

한 한나라 세력이 그냥 가만히 있지는 않았습니다. 한나라의 황족이자 지방 호족이었던 **유수**劉秀라는 자가 세력을 모아 신나라를 박살내고 다시 한나라를 건국해 황제의 자리에 오릅니다. 왕망한테 망하기 전의 한나라와 새로 건국된 한나라를 구분하기 위해 전자를 **전한**前漢, 후자를 **후한**後漢이라고 하거나, 수도의 위치를 기준으로 각각 **서한**西漢, **동한**東漢이라고 부르기도 합니다.

——— **유방이 세운 한나라 = 전한 = 서한**(기원전 202년~기원후 8년)

——— **유수가 세운 한나라 = 후한 = 동한**(25년 ~ 220년)

그런데 후한이라는 새로운 한나라에서도 황제를 뒤흔드는 세력이 여전히 기승을 부렸습니다. 유수가 나라를 세울 때 다른 지방호족들의 도움을 받았기 때문에 지방호족들의 눈치를 보며 국가를 운영할 수밖에 없었던 거죠. 이 때문에 조정은 지주들의 토지 소유 제한까지 풀게 되었고, 덕분에 지방호족들은 막대한 토지를 사들이며 각 지역에서 더욱 강력한 권력을 갖게 됩니다.

반대로 후한의 황실은 힘을 얻지 못할 상황만 이어졌죠. 멸망할 때까지 약 200여 년의 시간 동안 후한에는 총 14명의 황제가 즉위했었습니다. 이 중에서 첫 두 황제를 제외하면 모두 20세 이전에 황제가 되었죠. 후한은 어린 황제를 두고 외척과 환관들이 좌지우지하던 나라였습니다. 외척들이 자기들 멋대로 황제를 갈아치우고, 심지어 독살하는 일이 벌어지기도 했죠. 그렇게 14명의 황제 중 5명의 황제는 황제 자리에 2년도 채 앉아 있질 못하고 요절하거나, 암살당하거나, 폐위되었습니다. 그러다가 제11대 황제인 **환제**桓帝(재위: 147년~168년)가 환관들을 이용해 외척 세력을 제거하면서 후한의 권력은 환관들이 갖고 가게 됩니다. 덕분에 그다음 황제인 **영제**靈帝(재위: 168년~189년)의 통치기가 되면 10여 명의 환관들이 황제를 허수아비로 만들어 국가 전체를 쥐락펴락하게 됩니다. 이들이 바로《삼국지》초반에 등장하는 **십상시**十常侍입니다. 환관들은 자기들이 멋대로 권력을 휘두르기 위해 지방호족들의 자식들이 중앙정치에 들어오는 것까지 막아버리기 시작했습니다. 관직을 돈 받고 팔아대며 자신들에게 충성하는 인간들을 중앙정부 관료로 앉혔죠. 물론 지방호족들도 가만히 있진 않았습니다. 중앙정부로 출세하는 길이 막힌 만큼 지방에 머무르며 계속 땅을 구매해서 자신들의 배를 불려나갔죠.

후한의 백성들은 말 그대로 생지옥 속에서 살고 있었습니다. 환관들에게 뇌물을 주고 관직을 산 관리들은 뇌물 값을 회수해야 하니 백성들의 등골을 빨아먹었고, 대지주들도 농민들로부터 막대한 소작료를 받아먹고 있었죠. 그나마 이렇게 착취라도 당하면 다행일 지경이었습니다. 이제는 아예 농사지을 땅조차 없는 사람들도 많았으니 말이죠. 결국 먹고 살 길이 막막한 농민들은 도적떼가 되어갔습니다. 이 시기에 '태평도太平道'라는 종교가 등장해 농민들을 결집시키기도 했죠. 이후에도 살펴보겠지만 원나라, 명나라, 청나라 등 중국대륙에서는 나라가 망할 때면 백성들이 종교를 중심으로 모여 반란을 일으키는 경향이 있습니다. 후한의 백성들도 마찬가지였습니다. 그리하여

184년, 그 유명한 **황건적의 난**이 발발합니다. 바로 《삼국지》의 시작을 알리는 사건이죠.

세 국가로 분열된 중국대륙

효기심은 황건적의 난을 보고 있자면 왠지 모르게 남미대륙이 떠오릅니다. 현재 몇몇 남미국가에서는 일을 하고 싶어도 일하지 못하는 사람들이 넘쳐나고 있습니다. 결국 그들 중 일부는 먹고살기 위해서라도 카르텔이나 갱단에 가입하는 경우도 있다고 하죠. 아마 후한 말 백성들의 삶도 이와 비슷했을 것 같습니다. 가난한 농민들은 농사를 짓고 일을 하고 싶어도 땅도 없고 그나마 번 돈도 부패한 관리와 지주들에게 다 빼앗기다시피 했으니 도적이 될 수밖에 없었겠죠.

한편, 후한의 조정은 황건적의 난이 벌어졌을 때도 무능하기 그지없었습니다. 근본적인 문제를 해결하기는커녕 당장 눈앞에 벌어진 농민 반란을 진압할 능력조차 없었죠. 결국 지방호족들의 힘을 빌리기로 합니다. 원래 중앙정부는 지방호족이 사병을 키우는 걸 싫어하는 게 정상입니다. 지방호족이 거대한 군대까지 거느리게 되면 언제든 쿠데타를 일으킬 수 있기 때문이죠. 하지만 이미 황건적의 난이 일어나기 전부터 한나라는 도적떼는 물론이고 이민족들의 약탈도 막지 못하고 있었고, 지방호족들은 알아서 사병을 키워 본인들 땅을 지키고 있었습니다. 황건적의 난까지 일어나자 중앙정부의 묵인 하에 지방호족들은 더욱 더 많은 사병들을 거느리게 되었고, 황건적의 난이 진압된 이후에도 막강한 군사력을 계속 유지하는 자들이 많았습니다.

이 와중에도 후한의 중앙정부에서는 외척과 환관의 권력쟁탈전이 이어지고 있었습니다. 황실의 외척이었던 **하진**何進(생몰: ?~189년)은 **동탁**董卓(생몰: 139년~192년)을 포함한 여러 지방 군벌들을 일부러 수도 낙양洛阳(뤄양)으로 불러들입니다. 십상시를 비롯한 환관 세력들을 제거하기 위해서 말이죠. 그러나 수상한 낌새를 느낀 십상시가 오히려 하진을 먼저 제거해버렸고, 하진의 부하들은 황제의 명도 없이 환관들을 몰살시키며 난장판이 벌어지죠. 외척도 환관도 몰락한 바로 이 순간에 동탁이 군대를 이끌고 낙양에 도착하여 어부지리漁夫之利[1]로 정권을 장악해버리게 됩니다.

[1] 두 사람 또는 세력이 서로 싸우는 사이에 제3자가 이익을 가로채는 것을 의미하는 사자성어이다.

동탁은 막강한 권력을 휘두릅니다. 자기 멋대로 황제를 바꾸는가 하면, 화폐를 마구 찍어내 초인플레이션을 만들어내기도 했죠. 황건적의 난을 거치며 군대를 보유하게 된 지방호족들은 힘을 모아 "역적 동탁을 처단하자!"라며 낙양으로 쳐들어갔지만, 동탁은 낙양을 불태워버리고 수도를 장안長安(오늘날 시안西安)으로 옮겨버립니다. 물론 동탁은 머지않아 부하에게 암살당하긴 합니다만, 여기서 중요한 점은 이 무렵부터 지방호족들이 중앙정부의 통제를 사실상 전혀 받지 않게 되었다는 겁니다. 그것도 군대를 거느린 호족들이 말이죠. 이들은 결국 각자의 세력을 키우기 위해, 치고박고 싸우기 시작합니다.

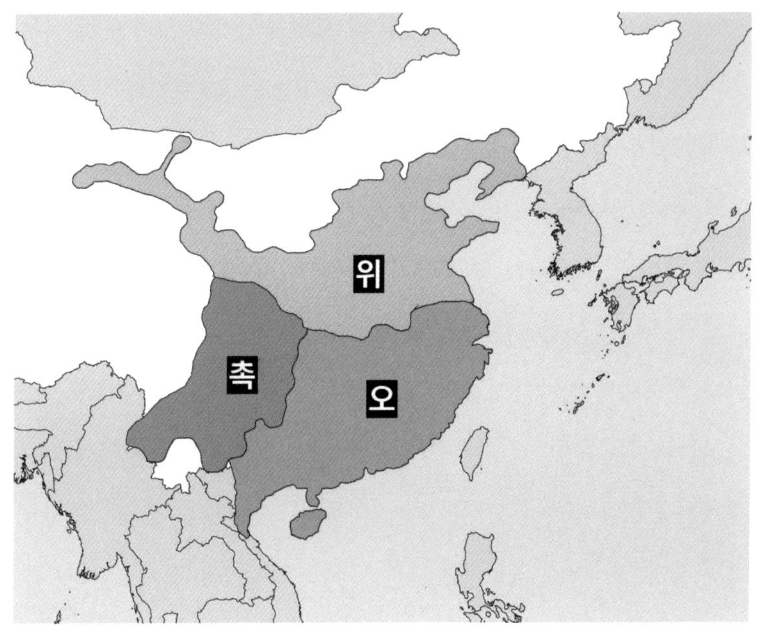

중국의 삼국시대

이 혼란을 틈타 여러 이민족이 중국대륙으로 유입됩니다. 지방호족들은 이민족과 싸우기도 했지만 이민족 부대를 용병으로 고용해 호족들끼리의 경쟁에 써먹기도 했습니다. 이 이민족들은 삼국시대가 끝난 후에 중국대륙에 더 큰 혼란을 불러일으키게 되죠. 일단은 갑작스럽게 많은 이민족들이 한족과 섞여 살기 시작했다는 점만 기억하고 계시면 되겠습니다.

아무튼 지방호족들의 세력다툼이 어느 정도 교통정리가 되어 최종적으로 세 국가가 남습니다. 각각 조조曹操(생몰: 155년~220년)의 **위**魏**나라**(220년~266년), 유비劉備(생몰: 161년~223년)의 **촉**蜀**나라**(221년

~263년), 손권孫權(생몰: 182년~252년)의 **오**吳**나라**(229년~280년)죠. 이들은 명목상 한나라의 제후국이었으나 실질적으로는 한나라와 한나라 황제를 명분 삼아 중국대륙을 나눠 먹고 있을 뿐이었죠. 이 시대를 다룬 사서와 소설의 제목이 '삼국지'인 건 다 이런 이유 때문입니다.

세 국가 중 위나라가 가장 강력한 국력을 자랑하고 있었습니다. 위나라의 조조는 동탁의 부하들로부터 도망친 한나라 황제를 보호하며 한나라 전체를 장악하려 했죠. 그런데 조조는 사실상 한나라 조정을 다 휘어잡은 후에도 한나라를 없애버리지 않습니다. 오히려 한나라 황제의 권위를 등에 업고 자신의 권력을 공고히 다져갔을 뿐, 죽을 때까지 황제 자리에 오르진 않습니다. 대신 그의 아들 **조비**曹丕(재위: 220년~226년)가 한나라 황제를 내쫓고 위나라 황제가 되어버리죠. 위나라가 황제 자리를 찬탈하자 촉나라와 오나라의 군주들 역시 너도나도 황제를 자칭합니다.

그러나 위, 촉, 오 모두 대륙 통일의 과업을 이루지는 못 합니다. 유비, 조조, 손권과는 전혀 다른 가문이 통일을 했죠. 바로 사마司馬 가문입니다. 시작은 **사마의**司馬懿(생몰: 179년~251년)였습니다. 사마의는 조조에게 등용된 후 조조의 아들(조비), 조조의 손자(조예曹叡), 조조의 증손자(조방曹芳)까지 주군으로 모셨습니다. 그러다 쿠데타를 일으켜 위나라 정권을 장악했죠. 이후 사마의의 아들(사마소司馬昭)이 촉나라를 정복했고(263년), 사마의의 손자(사마염司馬炎)는 위나라 황제를 내쫓고 대신 자신이 황제가 되어 국호를 **진**晉**나라**(265년~316년)로 바꿔버리죠. 그리고 280년에 진나라가 오나라까지 멸망시키면서 삼국을 통일합니다.

진나라는 황실의 친척들을 제후로 임명하고 땅을 나눠주며 알아서 다스리게 합니다. 과거 주나라의 봉건제도와 비슷했죠. 문제는 진나라도 그다지 오래가지 못 했다는 겁니다. 혼란의 근원 중 하나는 역시나 외척이었습니다. 진나라가 삼국을 통일하고 얼마 지나지 않아 진나라 중앙정부에서 외척들끼리 다툼이 일어납니다. 간단히 설명하자면 어린 황제의 엄마 가문이 정권을 장악하고 있었는데, 황제의 아내 가문이 지방제후들을 포섭해 엄마 가문을 숙청해버린 것이죠. 그런데 아내 가문이 자신을 도와준 지방제후들까지 숙청하고 권력을 독차지하려 하자 지방제후들이 아내 가문을 또 숙청하고 자기들끼리 정권을 장악하려고 싸우기 시작합니다. 역시나 이민족들도 이 싸움에서 용병으로 활약하며 세력을 키웠죠. 제후들 간의 싸움으로 인해 진나라의 경제는 박살 나고 군사력도 많이 소진됩니다. 앞서 2장에서 설명했던 흉노족이 바로 이때 등장합니다. 갑자기 흉노족이 들고일어나서 한나라를 재건한다며 나라를 세우고 진나라 수도를 함락시킨 거죠. 흉노족한테 패배한 진나라의 황족들은 양쯔강 이남으로 도망쳐 다시 진나라를 재건합니다. 이때 새로 생긴 진나라는 **동진**東晉(317년~420년), 그 이전 진나라는 **서진**西晉(265년~316년)이라고 하죠.

남과 북으로 나뉜 중국대륙

앞서 2장에서 살짝 언급했던 내용들을 다시 살펴보겠습니다. 4세기에서 6세기까지 중국대륙은 크게 남과 북으로 나뉩니다. 이 시대를 **남북조시대**(386년~589년)라고 부르죠. 2장에서 보여드렸던 도표를 다시 한 번 더 보여드리면서 우선 남조부터 살펴보겠습니다.

<table>
<tr><td colspan="3">서진
265년~316년</td></tr>
<tr><td colspan="2">오호십육국
304년~439년</td><td>동진
317년~420년</td></tr>
<tr><td colspan="2" rowspan="2">북위
386년~534년</td><td>송(유송)
420년~479년</td></tr>
<tr><td>제
479년~502년</td></tr>
<tr><td>동위
534년~550년</td><td>서위
535년~556년</td><td>양
502년~557년</td></tr>
<tr><td>북제
550년~577년</td><td>북주
557년~581년</td><td>진(남진)
557년~589년</td></tr>
<tr><td colspan="3">수
581년~619년</td></tr>
</table>

※ 노란색 국가들을 묶어서 '**북조**', 푸른색 국가들은 '**남조**'라고 함.

중국대륙 남쪽으로 밀려난 진나라, 즉 동진에는 혼란이 끊이질 않았습니다. 원인은 크게 두 가지입니다. 첫째는 남조의 황실이 민심을 제대로 챙기지 못했던 것입니다. 아무리 황족이라고 한들 피난민 내지는 굴러 들어온 돌에 불과한데 현지의 토착 세력은 무시하고 주인 행세를 하려 했으니 민심이 좋지 않았던 거죠. 두 번째 원인은 황족들의 내분입니다. 사실 이게 남조를 파국으로 몰고 간 주요 원인이라고 해도 과언이 아니죠. 남쪽으로 피난 온 황족들은 정신을 못 차리고 자기들끼리 권력 싸움을 벌였습니다. 이 과정에서 남조의 왕조가 수

차례 교체되었죠. 우선 동진은 건국된 지 103년 만에 반란으로 멸망합니다. 뿐만 아니라 동진의 뒤를 이어 건국된 **송宋나라**(유송劉宋, 420년~479년)도 59년 만에 반란으로 멸망하고, 송나라의 뒤를 이은 **제齊나라**(남제南齊, 479년~502년)도 23년 만에 반란으로 멸망하고, 이어서 등장한 **양梁나라**(502년~557년)도 55년 만에 반란으로 멸망하고, 양나라 다음으로 건국된 **진陳나라**(남진南陳, 557년~589년)는 32년 만에 수隋나라(581년~619년)에 멸망당합니다.

여기서 우리가 주목할 점은 남조의 황족들이 '한족'이라는 점입니다. 중국대륙에서 전통적으로 중요하게 여기던 지역이자 한족의 중심지로 여겨지는 곳은 '중원'입니다. 중원은 오늘날 허난성河南省(하남성) 일대와 황허黃河(황하) 중하류 지역이라고 생각하시면 될 것 같습니다. 그런데 남조 국가들은 한족 국가임에도 불구하고 중원을 거의 차지하지 못했고, 과거 춘추전국시대에 오랑캐라 부르던 초나라, 오나라, 월나라가 있던 지역에 자리 잡고 있었습니다. 한족의 고향과도 같은 중원은 북방 이민족의 놀이터가 되어 있었죠.

남북조시대가 시작되기 직전의 중국대륙 북부 지역은 말 그대로 개판이었습니다. 북방의 이민족들이 국가를 정말 '막' 세우다시피 했기 때문이죠. 흉노족, 선비족, 갈족, 강족, 저족 등 5개의 이민족이 16개 국가를 세웠다고 해서 이 시대를 '다섯 오랑캐(=오호)'가 세운 16개의 국가, 즉 **오호십육국시대**(304년~439년)라고 부를 정도입니다. 사실 16개 국가들 중에는 한족이 세운 국가도 있었고 자잘한 국가들까지 합하면 훨씬 많은 국가가 있었죠. 약 135년 동안 서로 쪼개지고 합쳐지고를 반복하는 과정에서 굉장히 많은 국가가 있었지만 주요 국가였던 16개만 추려서 오호십육국이라고 부르는 겁니다.

오호십육국시대에 수많은 나라를 건국한 유목민 군주들은 전쟁을 잘해서 땅을 넓히고 나라를 세울 수는 있었지만 정치는 못해서 나라를 오래 유지하지 못했습니다. 전쟁을 잘하던 왕이 죽고 아들이 물려받으면 다시 전쟁을 잘하는 다른 나라의 왕에게 나라를 빼앗기는 식이었죠. 또 유목민 군주들은 농민이 대부분인 한족을 어떻게 다스려야 하는지 잘 몰랐던 것 같습니다. 어디서 들은 건 있어서 본인들이 하늘의 명을 받아 천자가 되었다고 주장하면서도 자신이 이끌던 유목민 군대와 한족 농민들 사이의 갈등을 막기에 급급했죠.

그러다가 **북위**北魏 [1](389년~534년)라는 국가가 등장하면서 분위기가 바뀌게 됩니다. 북위는 선비족이 세운 국가로, 중국대륙 북부 지역을 평정해 결국 북부 지역을 통일해버립니다. 북조의 첫 국가는 이렇게 탄생했습니다. 넓은 영토와 다양한 민족들을 아우르게 된 북위는 민족 정책에 신경을 쓰기로 합니다. 북위의 황제 **효문제**孝文帝(재위: 471년~499년)는 대대적인 한화漢化정책을 펼치죠. 한마디로 한족처럼 살자는 것이었습니다.

> [1] 역시 북위의 공식 국호는 위나라지만 역사 속 또 다른 위나라들과 구분하기 위해 북위라고 부른다.

—— **우리 이민족, 유목민족도 이제 한족처럼 살아가즈아!!!**

법과 정치체제를 과거 한족국가들처럼 고치고, 선비족 고위층들에게는 한족과 같은 관습을 가르쳤고, 한족과 선비족의 혼인을 장려했죠. 북위의 중앙정부는 한족에 동화된 선비족들을 우선적으로 관료로 등용하기도 했습니다. 나름대로 한족과 선비족 간 민족갈등을 줄이려고 노력했던 것 같습니다. 그런데 여기서 의외의 문제가 발생합니다. 한족이 아니라 선비족 내에서 갈등이 생겨버린 거죠. 북위의 변방 지역을 지키던 선비족들은 중앙에 살던 선비족에 비해 한족의 문화를 배울 기회가 적었습니다. 한족과 혼인하는 것도 비교적 어려웠죠. 그런데 중앙정부는 계속 한족에 동화된 선비족들을 우대했으니, 변방의 선비족들 입장에서는 차별받는다는 느낌을 받기 시작했습니다. 열 받은 변방의 선비족들은 쿠데타를 일으켰고, 중앙정부가 쿠데타를 막기 위해 파견한 장수가 또 쿠데타를 일으키는 등 개판도 그런 개판이 없었습니다.

혼란에 빠진 북위는 결국 우문태宇文泰[2](생몰: 505년~556년)와 고환高歡(생몰: 496년~547년)이라는 두 군벌이 각각 서쪽과 동쪽 영토를 나눠 갖게 됩니다. 그리고 그들은 기존 북위의 황족을 꼭두각시 황제로 앉혀놓고 서로 자신들이 정통 위나라라고 주장했죠. 두 국가 모두 지들이 진짜 '위나라'라고 주장했는데 지금은 이 두 국가를 구분하기 위해 **서위**西魏(535년~556년)와 **동위**東魏(534년~550년)라고 부릅니다. 이후로도 북조의 혼란은 계속되었습니다. 서위에서는 우문태의 아들이 황제 자리를 찬탈해 **북주**北周(557년~581년)를

[2] 성이 '우문', 이름은 '태'다.

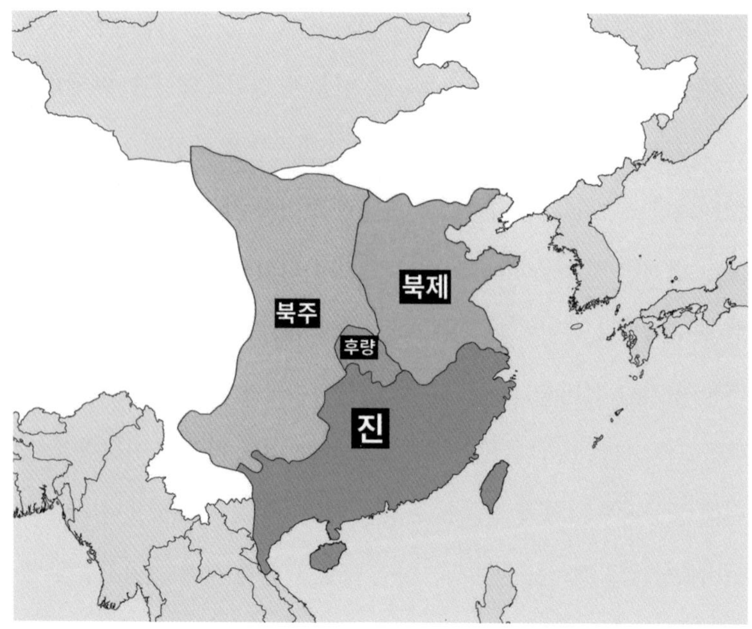

북주와 북제로 갈라진 북위

세웠고, 동위에서는 고환의 아들이 황제 자리를 빼앗아 **북제**北齊(550년~577년)를 세웠죠.

이와 같은 혼란 속에서도 북조의 권력자들은 어떻게든 해먹으려고 머리를 열심히 굴렸습니다. 특히 우문태는 상당히 흥미로운 정책을 시행했죠. 북주가 건국되기 전으로 잠시 다시 돌아가보겠습니다. 서위를 세운 우문태는 한족과 선비족을 포함해 다양한 민족들에게 관중關中 지방을 본적[1]으로 둔 새로운 성씨를 내리기 시작했습니다. 관중은 오늘날 중국 시안시 근처의 넓은 분지 지역에 해당되며 서위가 자리 잡았던 지역입니다. 한참 전에는 주나라와 전한의 수도였던 역사 깊은 동네이기도 하지만, 후한이 건국되면서 수도 지위를 잃고 중국대륙의 중심지가 중원으로 옮겨가면서 다소 소외받게 된 지역이기도 하죠. 바꿔 말해, 서위의 지도자 입장에서는 관중 지역민들이 느끼는 자부심과 소외감을 잘 이용하기만 나라를 통치하기에 편할 수 있었다는 겁니다.

> **1** 본적이란 호적이 있는 지역을 의미한다. '어디 김씨', '어디 최씨'라고 말할 때 '어디'에 해당되는 게 바로 본적이다. 예를 들어 경주 최씨의 본적은 경주이고, 김해 김씨의 본적은 김해다.

—— 백성 여러분! 우리는 한족과 선비족이기 이전에 위대한 관중의 아들, 딸입니다! 똘똘 뭉쳐서 위대한 과거 유산과 역사를 다시 부흥시켜야 하지 않겠습니까!?

서위의 권력자들은 선비족과 한족을 나누는 것도 아니고, 선비족을 한족화하는 것도 아니고, 반대로 한족을 선비족화하지도 않았습니다. 대신 '관중 사람'이라는 완전 새로운 정체성을 만들어냈죠. 그리고 이 작전은 꽤 잘 먹혀들어갔습니다. '관중'이라는 정체성으로 백성들이 뭉치기 시작했던 거죠. 우문태의 아들도 관중이라는 정체성을 오지게 잘 이용했습니다. 서위를 멸망시키고 국호를 '주나라(북주)'라고 정한 것도 관중에 있었던 고대의 주나라를 겨냥한 것이었죠.

덕분에 이 무렵부터 중국대륙에는 관중 지방의 성씨를 갖게 된 새로운 귀족집단이 형성됩니다. 이들을 '**관롱집단**關隴集團 **2**'이라고 합니다. 관롱집단은 북주의 황실, 즉 우문씨 가문에 협력하면서 북주를 키워갔고, 덕분에 북주는 577년에 북제를 멸망시키면서 북조를 통일하기에 이릅니다. 이 관롱집단은 앞으로 수나라와 당나라 때까지 막강한 권력을 가진 귀족집단으로 남아 있게 됩니다.

2 관롱은 관중의 '관關'과 농서(관중 서쪽 지방)의 '농隴'을 합친 것이다.

북조를 통일하자마자 북주의 황제가 1년 만에 죽고, 그 아들도 2년 만에 죽으면서 일곱 살짜리 어린 손자가 황제가 됩니다. 이때 관롱집단의 일원이자 북주 황실의 외척이었던 **양견**, 즉 **수문제**[3](재위: 581년~604년)가 어린 황제를 제거하고 스스로 황제에 올라 **수나라**를 건국합니다.

3 SBS 드라마 〈연개소문〉에서 배우 김성겸이 연기했던 배역이다.

수나라와 당나라

중국대륙 북쪽을 차지한 **수나라**는 589년에 남조의 마지막 왕조인 **남진**마저 멸망시키며 중국대륙을 다시 통일하는 데 성공합니다. 이로서 남북조시대는 끝나게 되었죠. 수나라의 시작은 좋았습니다. 과거제도도 실시하고, 호구조사도 새로 진행하고, 대운하도 건설하면서 국가의 기틀을 마련했죠. 하지만 운하 건설도 백성들에게는 큰 부담을 주었는데, 황실은 화려한 황궁까지 건설하라는 오더를 내렸습니다. 이 와중에 백성들이 힘들게 뚫은 운하에는 수천 척의 배를 띄워서 뱃놀이나 하면서 백성들을 마구 수탈하기 시작했습니다. 심지어 고구려와 무리하게 전쟁까지 벌이면서 나라의 경제는 망가지고 민심은 나락으로 떨어지고 결국 수나라 각지에서 반란이 일어납니다.

이 무렵 관롱집단도 움직이기 시작합니다. 앞서 설명했듯 수나라를 건국한 양씨 가문도 관롱집단의 일원이었지만, 수나라는 관롱집단의 충성을 받지 못했습니다. 관롱집단의 구심점은 고대 주나라의 핵심 지역이었던 관중 지방이었죠. 그런데 수나라는 관롱집단을 만들어낸 우문씨 가문을 싹 다 죽이고는 국호도 주나라에서 수나라로 바꾸고, 얼마 뒤엔 수도도 관중 지방에서 낙양으로 옮겨버렸습니다. 그런 와중에 수나라 황실이 나라를 개판으로 운영하게 되었으니 관롱집단도 등을 돌리고 반란을 일으키게 된 것이죠.

수나라는 결국 멸망하고 그 대신 **당**唐**나라**(618년~907년)가 등장하게 됩니다. 당나라를 건국한 **이연**李淵, 즉 **당고조**唐高祖(재위: 618년~626년)도 관롱집단이었습니다. 참고로 이연은 노자의 후손을 자처하며 자기가 황제가 되는 걸 정당화했다고 합니다. 노자는 1장에서 살펴본 철학자로 도가의 창시자로 알려져 있는 인물이죠.

당나라는 건국 직후 다소 정세가 불안정했습니다. 앞서 수나라 때 터져 나왔던 수많은 반란들을 이제 당나라가 처리해야 했기 때문이죠. 당나라 조정은 반란을 일으킨 군벌들을 차례차례 진압했습니다. 이 과정에서 큰 공을 세운 사람이 바로 이연의 아들 **이세민**李世民, 즉 **당태종**唐太宗(재위: 626년~649년)이죠. 이세민은 형과 동생을 살해하고,

자신의 아버지까지 쫓아내 황제가 되는 패륜을 저지른 것으로 유명합니다. 패륜 행위로 정권을 잡았다 보니 이세민은 처음엔 근면성실하고 근검절약하는 모습을 보여주면서 민심을 얻으려 노력했고, 신하들의 말에도 귀를 기울이려고 했죠.

이세민은 자기 스스로 노력을 하기도 했지만 운도 따랐던 인물입니다. 중국대륙 북쪽 너머에는 원래 **돌궐제국**Göktürk Khaganate이 있었는데, 돌궐제국은 넓은 영토를 동돌궐과 서돌궐을 나누어 통치하는 시스템을 갖추고 있었습니다. 그런데 수나라 때 동돌궐과 서돌궐이 분열하여 서로 완전히 따로 놀기 시작했죠. 당고조 이연이 아직 수나라의 반란군이었던 시기, 이연은 스스로를 돌궐의 신하로 칭했고 동돌궐의 도움을 받아 반란을 성공할 수 있었습니다. 당나라 건국 초기엔 돌궐에 고개를 숙이고 살아야 했던 거죠. 그런데 이세민이 황제가 되자 동돌궐 내부에서도 분열이 일어나기 시작합니다. 이세민은 기회를 놓치지 않고 동돌궐을 당나라에 복속시키는 데 성공합니다.

이와 같은 이유로 이세민 치하의 당나라를 당나라 최고 전성기라고 부르는 경우가 있는데, 이건 약간 오해를 불러일으킬 수 있는 말입니다. 이세민 시기에 당나라가 통제할 수 있는 인구는 수나라 때 인구의 3분의 1밖에 되지 않았습니다. 여전히 수나라 때 반란을 일으킨 군벌들이 지방에서 왕 노릇을 하고 있었다는 뜻이죠. 또한 이세민 자신도 나중에 가서는 집권 초기와 달리 독선적이고 사치스러운 모습을 보여주기도 합니다. 게다가 수나라와 마찬가지로 무리하게 고구려로 쳐들어가서 민생을 어렵게 만들기도 했죠.

이세민은 고구려 정벌에 실패했지만 이세민의 아들이었던 **당고종**唐高宗(재위: 649년~683년)이 신라와 손을 잡고 백제와 고구려를 멸망시키는 데 성공합니다. 물론 당시 고구려는 연개소문 사망 후 연개소문의 아들끼리 싸우다가 한 명이 당나라에 항복하는 바람에 손쉽게 무너진 것이긴 하죠. 당고종은 신라도 정복하려고 했으나 서쪽에서 토번(지금의 티베트)이 침입하는 바람에 실패하고 물러납니다. 이때부터 당나라는 한동안 토번, 돌궐, 거란 등의 침입으로 고생합니다.

측천무후와 당나라 내부 분열

당나라는 주변국들과 전쟁을 벌이면서 외부적으로도 시끄러웠지만, 내부 역시 마찬가지였습니다. **측천무후**則天武后(생몰: 624년~705년)가 등장했기 때문이죠. 측천무후는 원래 이세민의 후궁이었습니다. 그런데 이세민이 사망한 뒤에는 이세민의 아들, 그러니까 죽은 남편의 의붓아들인 당고종의 후궁이 됩니다. 이건 측천무후가 보여준 막장행보의 시작에 불과했습니다. 당고종의 총애를 받은 측천무후는 황후를 제거한 후 자기가 황후가 됩니다. 원래 있던 황태자도 없애버리고 자신의 아들을 황태자로 올렸죠.

측천무후는 황실뿐만 아니라 당나라의 내부정치에도 깊숙이 관여하기 시작합니다. 수도를 이전하기도 하고, 마음에 안 드는 관료는 숙청하고 자기 마음에 드는 사람들을 등용했습니다. 이때, 북주와 수나라 때부터 계속 실세였던 관롱집단을 배제하고 관롱집단이 아닌 사람들을 관료 자리에 앉히기도 했습니다. 또한, 북문학사北門學士[1]라는 친위집단을 만들어 말 그대로 국정 전체를 장악하기 시작합니다.

[1] 과거제도로 뽑힌 사람들이 북문학사라는 친위집단이 되었다고 생각하면 된다.

전남편의 아들이자 현남편인 당고종이 죽은 뒤에는 더욱 노골적으로 정치적 야욕을 드러냅니다. 측천무후는 먼저 자기 아들을 황제로 만들었습니다. 그런데 아들이 자신의 말을 안 들으니 다른 아들로 황제를 바꿨다가, 그조차도 마음에 안 들으니 결국 자기가 직접 황제가 되어 **주**周**나라**(690년~705년)를 건국합니다. 보통 **무주**武周라고 부르죠. 이로써 측천무후는 중국 역사상 유일무이한 여자 황제가 됩니다. 황제가 된 측천무후는 미륵불이 여자 황제로 출현한다는 얘기를 퍼트리는 등 불교를 이용해 자신이 황제가 되는 걸 정당화하기도 했죠. 하지만 705년 쿠데타가 일어나 측천무후는 결국 권좌에서 물러나게 됩니다. 그 대신 앞서 측천무후가 갈아치웠던 그녀의 아들들이 다시 차례대로 황제 자리에 오르게 되죠.

측천무후가 실각된 이후로도 당나라 황실의 상태는 한동안 불안정했습니다. 측천무후의 친딸과 며느리가 당나라의 권력을 장악하고, 둘의 권력쟁탈전이 이어졌기 때문이죠. 7년 후, **당현종**唐玄宗(재위: 712년~762년)이 즉위하고서야 황제의 권력이 안정되기 시작합니다. 현종의 시기를 당나라 제2의 전성기로 부르기도 할 정도죠. 분명 처음엔 그랬습니다. 그러나 총애하던 후궁이 죽는 일이 벌어진 뒤로는 현종도 멘탈이 나가버려 정치를 소홀히 하게 됩니다. 심지어 태자의 아내, 즉 며느리한테 반해서 자신의 후궁으로 들이고 주색에 취해 살아가게 되죠. 저 며느리가 바로 중국 역사상 최고 미녀 중 한 명으로 유명한 **양귀비**楊貴妃(생몰: 719년~756년)입니다. 현종은 양귀비에게 정신이 팔려 국정운영은 **이임보**李林甫(생몰: 683년~752년)라는 신하에게 모두 맡겨버리죠.

국정을 운영하던 이임보가 사망하자 본격적으로 혼란이 찾아오기 시작합니다. 양귀비의 친척들이 권력을 장악해버린 거죠. 양귀비가 현종의 총애를 받고 있으니 두려울 게 없었던 것 같습니다. 이때, 절도사 **안녹산**安祿山(생몰: 703년~757년)이 난을 일으킵니다. 이른바 안사安史의 난(755년)이 시작된 거죠. 여기서 절도사는 지방 사령관 정도로 이해하시면 될 것 같습니다. 중요한 건 안사의 난도 결국 권력자들의 추악한 다툼 때문에 벌어진 일이라는 거죠.

안녹산은 원래 양귀비에게 아부하며 양귀비 라인을 타던 인물이었습니다. 항상 콩고물을 기대하던 인간이었던 겁니다. 그런데 막상 이임보가 죽고 양귀비의 친척들이 정권을 장악하자 양귀비 세력은 안녹산을 제거하려고 합니다. 안녹산이 반란을 일으키려고 한다면서 말이죠. 정말로 안녹산이 반란을 일으키려고 했는지에 대해서는 의견이 분분합니다. 아마도 양귀비 세력이 지방에서 막강한 군대를 거느리고 있던 안녹산이 위험하다고 판단해서 먼저 쳐내려고 했던 것일 수도 있죠. 어쨌거나 안녹산은 양귀비 친척들이 본인을 제거하려 한다는 걸 알게 되자 진짜로 양귀비 친척들을 죽이러 반란을 일으키게 됩니다. 한번 칼을 뽑아 든 안녹산은 막강했습니다. 순식간에 당나라의 수도까지 진격했죠.

당나라는 안녹산의 반란을 진압할 능력이 없었습니다. 국정운영을 모두 맡고 있던 이임보는 죽었고, 현종은 무능하기 짝이 없었죠. 당나라 황실은 결국 중국대륙 북부의 초원을 장악하고 있던 **위구르제국** Uyghur Khaganate(744년~840년)[1]에 도움을 요청합니다. 중국대륙에 군대를 몰고 들어와 황실을 지켜달라면서 말이죠. 다른 국가의 군대를 함부로 국경 안으로 들인다는 것은 상당히 위험한 행동입니다. 그들이 아무리 동맹이었다 해도 언제든지 생각을 바꿔 국가 전체를 쑥대밭으로 만들 수 있으니 말이죠. 물론 당나라도 이걸 알고 있었을 겁니다. 그럼에도 불구하고 군대를 보내달라고 위구르제국에 요청한 것은 그만큼 당나라가 급했다는 것을 의미한다고 볼 수 있겠죠. 요청을 받은 위구르제국은 정말 군대를 파견합니다. 하지만 역시 세상에 공짜는 없었습니다. 위구르제국은 중국대륙으로 들어와 일반 백성들까지 약탈하며 당나라를 쑥대밭으로 만들어놨죠. 위구르제국 입장에서는 적과 싸워 이겼으니 약탈을 통해 전리품을 챙기는 게 당연했던 겁니다. 무능했던 당나라 조정은 위구르 군대의 약탈을 묵인해주고, 거기다 추가로 막대한 물자를 제공해줘야만 했죠.

[1] 돌궐제국이 위구르인들의 반란으로 무너지고 세워진 국가이다. 현재 중국 정부가 탄압하고 있다고 알려져 있는 신장위구르자치구의 위구르족의 조상이다.

어찌 저찌 안사의 난은 8년 만인 763년에 평정되었습니다. 하지만 당나라의 수난은 끝난 게 아니었습니다. 안사의 난이 평정된 해에 서쪽에서 **토번**吐蕃**제국**(617년~842년)이 침략해 당나라 수도인 장안을 함락시키기까지 했던 거죠. 비록 토번은 장안을 금방 포기하고 물러났지만 이후로도 계속 당나라를 괴롭혔습니다.

통일을 했지만 통일된 건 아니다?

당나라는 과거부터 이민족의 침입에 수없이 시달렸습니다. 이 때문에 당나라는 군대 시스템을 개혁할 필요성을 느끼게 되었죠. 원래는 수천 명에서 1만 명 정도의 병력이 각 지역을 방어하는 방식을 채택하고 있어서 이민족이 대규모로 쳐들어오면 방어하기 어려웠습니다. 그래서 앞서 711년에 **번진**이라는 행정구역을 새로 설치하고 수만 명의 군대를 지휘하는 **절도사**라는 직책을 만들어 이곳을 관리하게 했죠. 안녹산도 여러 번진 중 한 곳을 관리하던 절도사였던 겁니다.

문제는 안녹산의 난 이후였습니다. 오랫동안 반란을 진압하는 과정에서 국경이 아니라 국내 여기저기에도 군대를 주둔시키다 보니 추가적으로 번진이 설치되었습니다. 안녹산이 난을 일으킨 직후에만 당나라 곳곳에 40~50개의 번진이 있었다고 할 정도죠. 이와 함께 절도사도 늘어나고, 절도사의 권한도 강력해졌습니다. 바꿔 말하자면 번진이 자기들 멋대로 행동할 환경이 마련되었다는 겁니다. 실제로

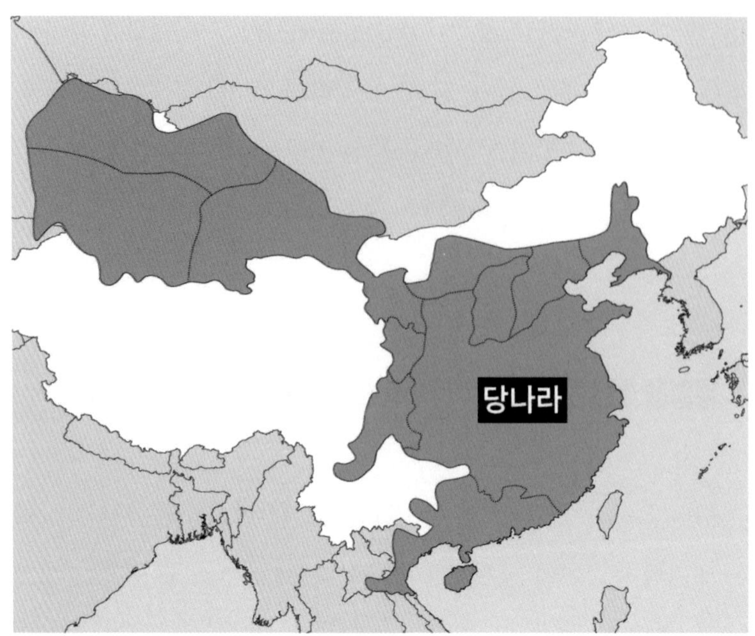

745년 당나라의 국경과 번진

일부 번진은 아예 독립적인 왕국이나 마찬가지였죠. 이 때문에 안사의 난이 벌어진 이후 당나라는 겉으로만 중국대륙을 통일한 국가의 모습을 하고 있었을 뿐 사실상 이미 분열된 국가였다고 봐도 무방합니다.

물론 당나라 정부가 번진들의 독단적 행보를 그냥 두고 보고만 있진 않았습니다. 번진을 견제하고 제어하기 위해 중앙 군대를 강화하려고 노력했죠. 이를 위해서는 돈이 필요했습니다. 당나라는 세금을 걷기로 결정하고 백성들의 생필품이었던 소금과 차茶를 정부가 독점하여 판매하기 시작했습니다. 막대한 세금을 붙여서 말이죠. 그러자

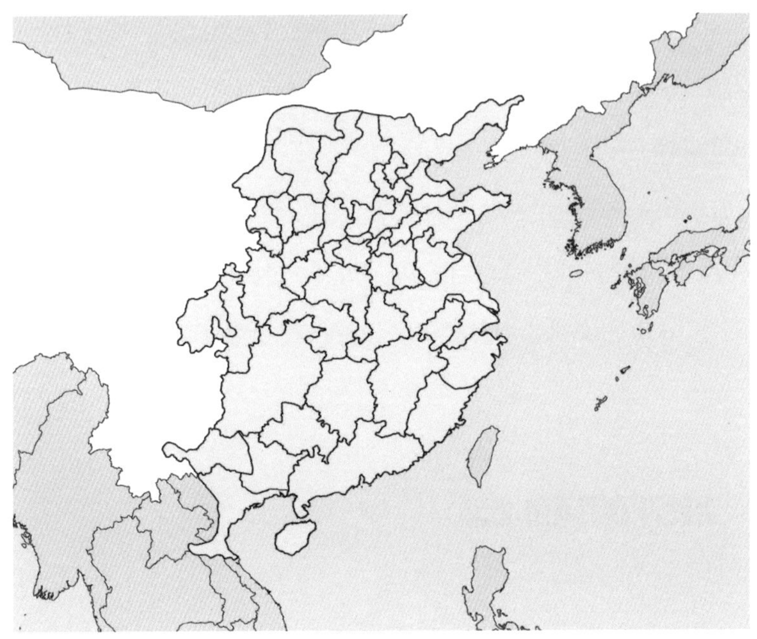

820년 당나라의 번진

소금과 차를 밀매하는 상인들이 생기기 시작했습니다. 당나라 정부는 당연히 밀매업자들을 단속하여 강하게 처벌했죠. 그런데 밀매업자들이 자신들의 경제력을 이용하여 군대를 규합해 반란을 일으킵니다. 얼마나 나라가 개판이었으면 밀매업자가 반란을 일으킬 수 있었을까. 이 반란이 바로 당나라의 멸망을 불러왔던 것으로 잘 알려진 **황소**黃巢**의 난**(875년~884년)입니다. 사실 황소의 난 이전부터 반란이 많이 벌어지고 있었으나, 황소의 난이 마지막 클라이맥스를 장식한 것이죠.

당나라 정부는 황소의 난을 진압하기 위해 **주전충**朱全忠(생몰: 852년

~912년)이라는 장수를 보내는데, 주전충은 황소의 난을 잘 진압하다가 U턴을 해버립니다. 그리고 당나라 황제를 제거하고 본인이 직접 **양**梁**나라**(후량後梁, 907년~923년)라는 국가를 건국하여 황제 자리에 오르죠. 당나라가 사라지자 수많은 군벌들이 각 지역에서 나라를 건국하기 시작했습니다. '공식적'으로는 중국 역사에서 마지막 분열기라고 할 수 있는 **오대십국시대**(907년~979년)가 시작된 거죠.

거란과 여진족의 등장

오대십국이라는 말은 5개의 큰 국가와 그 주변의 10개국[1]을 의미합니다. 이 중에서 다섯 대국은 중원을 차지하던 국가들이었지만 모두 오래가지는 못했습니다. 먼저 **후량**은 16년 만에 멸망했고, **후당**後唐(923년~936년)은 13년, **후진**後晉(936년~947년)은 11년, **후한**後漢(947년~951년)은 4년, **후주**後周(951년~960년)도 9년 만에 망했죠. 최종적으로는 반란으로 후주를 무너뜨리고 새롭게 등장한 한족 국가인 **송나라**(960년~1279년)가 중국대륙을 평정하면서 오대십국시대도 끝납니다. 하지만 송나라도 주변 이민족에 크게 시달렸죠. 남서쪽(오늘날 윈난云南성 일대)에는 **대리국**大理國(937년~1253년)이라는 **바이족**(백白족) 국

[1] 초, 오, 오월, 전촉, 민, 남평, 남한, 후촉, 남당, 북한이 십국에 포함된다. 실제로는 이 외에도 더 많은 국가들이 있었지만 중요한 10개국만 뽑아서 십국이라고 지칭한다.

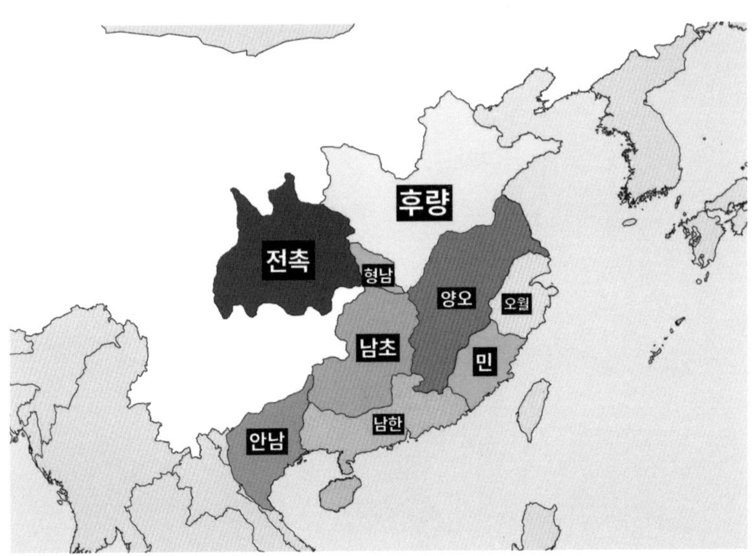

오대십국시대 초기 세력도

가가 남아 있었고, 나중에는 북서쪽에는 **탕구트족**(강羌족)이 **서하**西夏(1038년~1227년)를 건국하며 송나라를 위협했습니다. 그리고 북동쪽에는 **거란**契丹**족**이 일찌감치 만리장성 이남까지 들어와 있었죠.

당나라가 멸망한 후 거란족은 916년에 나라를 세웁니다. 처음에는 국호가 거란이었지만 이후 **요**遼**나라**(916년~1125년)로 바뀌죠. 거란족은 **발해**(698년~926년)를 멸망시키며 만주 전역을 정복하더니 중국대륙으로도 진출하기 시작합니다. 이때 중국대륙은 오대십국시대를 맞이하여 혼란을 겪고 있었죠. 요나라는 반란군을 도와주고 땅을 뜯어내는 등 중국대륙에 혼란을 가중시켰습니다.

문제는 이때 요나라가 뜯어낸 땅이 만리장성 이남의 베이징 일대였다는 겁니다. 전통적으로 한족의 땅으로 여겨지는 지역이면서 실제

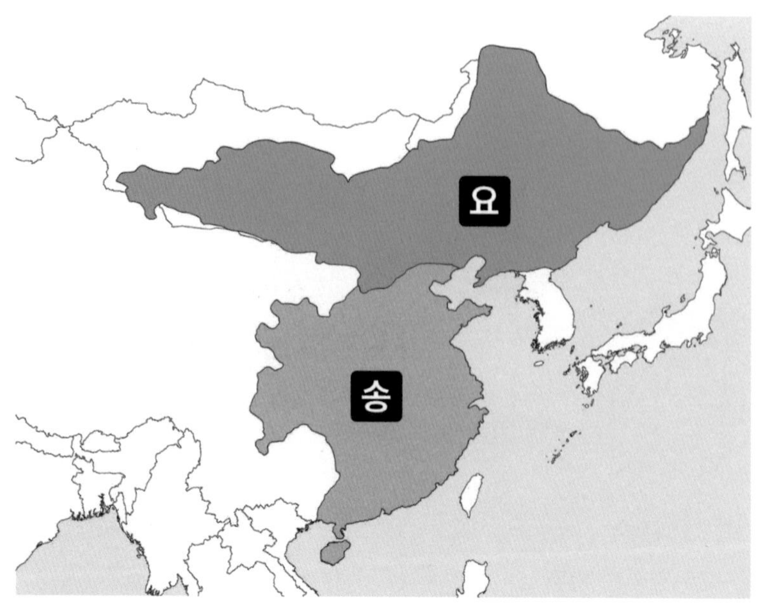

송나라와 요나라

로 한족이 많이 사는 곳이었으니, 한족 국가인 송나라 입장에서는 다시 수복해야 할 땅이었던 거죠. 하지만 세 차례(979년, 986년, 1004년) 벌어진 전쟁에서 송나라가 요나라에 박살 납니다. 결국 송나라는 '**전연**澶淵**의 맹약**'이라는 굴욕적인 조약을 맺게 되죠. 전연의 맹약은 송나라가 요나라에 매년 비단 20만 필, 은 10만 냥을 공물로 바치는 대신 대등한 형제관계를 맺고 서로 침략을 멈추자는 내용의 조약이었습니다. 이후 요나라는 매년 비단 30만 필, 은 20만 냥을 달라며 더 많은 공물을 요구하죠. 현대 학자들은 당시 송나라가 전쟁을 치르는 것 대신 공물을 바치는 것이 훨씬 싸게 먹혔다고 주장하기도 하는데, 어쨌거나 당시 송나라의 관료나 지식인들은 요나라와의 관계를 굴욕적으로 받아들였다고 전해지고 있습니다.

참고로 송나라는 나중에 서하와 싸우다가도 비슷한 평화조약을 맺었습니다. 송나라 황제가 윗사람으로서 서하의 왕을 책봉해주는 방식으로 체결된 조약이기는 했으나, 송나라가 서하에 매년 비단 13만 필, 은 5만 냥, 차 2만 근을 공물로 보내야 했죠.

한편, 요나라의 영토가 된 만주 지역에는 또 다른 이민족이 힘을 키우고 있었습니다. 바로 여진족[1]이죠. 여진족은 요나라에 복속되어 매년 모피, 진주, 송골매, 처녀 등을 공물로 바치는 것은 물론이고 온갖 무시와 하대를 견뎌야만 했던 것으로 알려져 있습니다. 이와 관련된 일화가 있습니다. 1112년, 요나라 황제가 여진족이 살던 지역에 여행을 갔다가 여진족 부족장의 동생이었던 완안아골타完顔阿骨打(생몰: 1068년~1123년)에게 춤을 추라는 오더를 내렸다고 합니다. 완안아골타는 춤추는 것을 거부했다가 죽을 뻔했지만 요나라의 신하가 말려 겨우 살아났다고 하죠. 이후 아골타는 형의 뒤를 이어 부족장이 되었고, 다른 부족들까지 모아 여진족의 국가를 세우죠. 이 국가가 바로 금金나라(1115년~1234년)입니다. 금나라는 엄청난 속도로 요나라를 무너뜨렸습니다. 건국한 지 고작 10년 만에 요나라를 멸망시켰죠. 어쩌면 아골타가 자신이 겪었던 치욕을 되갚아주려고 속도를 냈던 것인지도 모르겠습니다.

> [1] 여진족은 말갈족의 후손으로 추정되며, 유목과 농경을 병행하는 민족으로 고대시대 중국대륙에 쳐들어간 유목민족들과는 성격이 약간 달랐다.

요나라를 정복한 금나라는 이제 송나라에 연락합니다. 요나라에

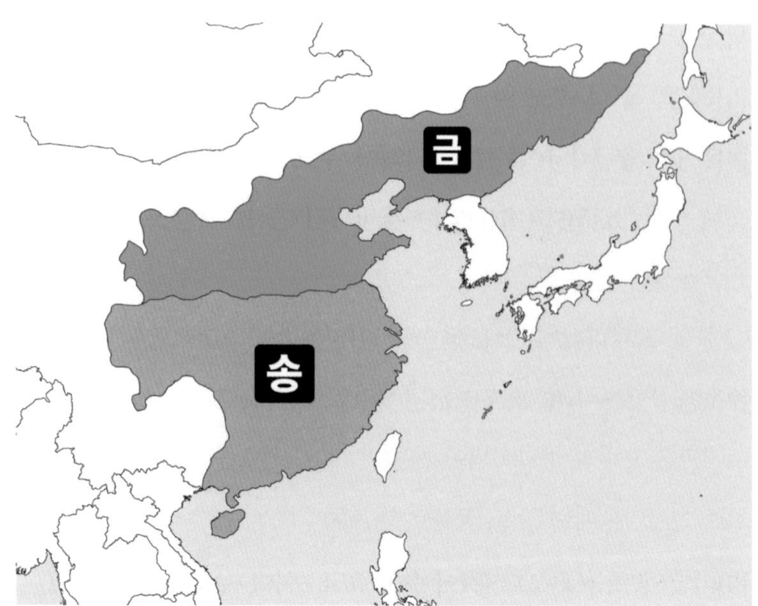

송나라와 금나라

바치던 공물을 이제 금나라에 바치라고 얘기하죠. 송나라는 그리 하겠다 약속합니다. 그런데 약속과 달리 송나라가 금나라에 공물을 보내지 않는 겁니다. 금나라는 곧장 송나라의 수도였던 카이펑開封(개봉)을 포위했고, 송나라는 원래 약속했던 공물보다도 더 많은 공물을 주고, 영토도 일부 헌납하겠다는 약속을 하게 됩니다. 그런데 송나라가 또 약속을 지키지 않는 겁니다. 결국 금나라는 1126년 12월에 송나라를 다시 침략해 1127년 1월, 즉 한두 달 만에 송나라를 멸망시킵니다.

송나라도 꽤 끈질겼습니다. 살아남은 송나라 황족들이 남쪽으로 가서 다시 송나라를 재건했죠. 일반적으로 남쪽에 새로 세워진 송나라를 **남송**南宋(1127년~1279년)이라고 하고, 그 이전에 금나라한테 멸망당한 송나라는 **북송**北宋(960년~1127년)이라고 합니다. 남송은 금나라와 다시 전쟁을 벌였지만 결국 패배하여 1142년에 평화조약을 맺습니다. 남송이 금나라의 신하국가가 되어 매년 은 25만 냥, 비단 25만 필을 바친다는 조건으로 말이죠. 다만, 금나라도 여유부릴 때가 아니었습니다. 금나라 영토의 북쪽 너머 몽골고원에서 **몽골제국**Mongol Empire(1206년~1635년)[1]이 탄생하고 있었으니 말이죠.

[1] 몽골제국의 연대표기는 관점에 따라 제각각이다. 몽골제국은 1368년 명나라에 패해 수도를 잃고 북쪽으로 밀려났으며 1388년 먼 친척이 대칸 자리를 찬탈하며 통치구조에 큰 변화가 생긴다. 때문에 원나라가 1388년에 멸망했다고 보기도 한다. 그러나 몽골제국은 이후로도 계속 명맥을 유지하며 명나라와 대립하다 1635년 청나라에 항복하여 명나라보다 고작 9년 일찍 망한다.

몽골제국의 등장

금나라와 남송이 한창 싸우던 시기에 몽골족은 힘을 모으고 있었습니다. 카불 칸Khabul Khan(재위: 1130년?~1148년)이 부족들을 통합했던 거죠. 하나로 뭉친 몽골족은 금나라를 약탈할 정도로 강력해졌습니다. 남송과 싸우던 금나라 입장에서는 북쪽의 몽골족이 여간 거슬리는 게 아니었죠. 그래서 남송과 평화조약을 맺은 금나라는 5년 뒤인 1147년에 몽골과도 조약을 맺습니다. 여기서 금나라는 공물을 받는 게 아니라 공물을 주기로 했죠. 매년 몽골에 소 20만 마리, 양 5만

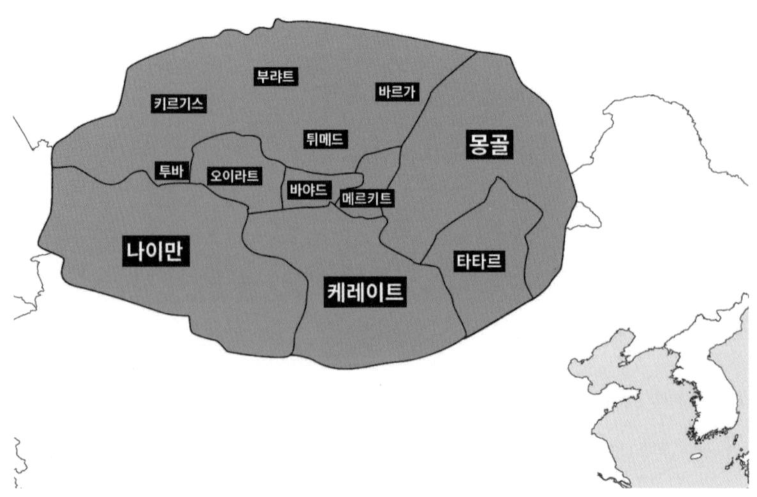

칭키즈 칸이 통합한 부족 세력도

마리, 비단 30만 필, 면화 30만 근을 주기로 한 겁니다. 돈으로 잠시 몽골을 멈추게 만들었던 금나라는 얼마 후 조약을 파기해버립니다. 몽골고원의 다른 이민족들과 손을 잡고 카불 칸을 박살 내버리죠. 이 때문에 몽골은 다시 부족별로 분열되었습니다.

그런데 시간이 흘러 몽골인들은 다시 통합되기 시작합니다. 카불 칸의 증손자가 나타나 몽골 부족은 물론이고 나이만, 케레이트, 타타르 등 몽골고원에 살던 다른 민족들까지 대통합을 이뤄냈죠. 그리고 카불 칸의 증손자는 '대칸大汗(=카간Khagan)'[1]으로 등극하며 '**대몽골제국**Yeke Mongghol Ulus'을 건국합니다. 이 어마무시한 업적을 이룬 카불 칸의 증손자가 바로 **칭기즈 칸**Genghis Khan(재위: 1206년~1227년)이죠.

몽골제국은 엄청난 속도로 정복전쟁을 시작합니다. 1218년 서요西

遼(1124년~1218년)[1]를 멸망시키고 이후 금나라까지 공격해 공물을 받아냈습니다. 오늘날 우크라이나 일대까지 원정을 가기도 했죠. 칭기즈 칸이 사망한 이후에도 중앙아시아를 넘어 오늘날 이란 지역까지 쳐들어가서 **호라즘 왕조**Khwarazmian dynasty(1077년~1231년)를 멸망시켰으며, 1234년에는 금나라도 아예 멸망시킵니다. 이어서 몽골제국은 다시 유럽 원정에 나섰고, 오늘날 러시아, 우크라이나, 벨라루스의 영토에 해당되는 지역을 지나 폴란드와 헝가리 일대까지 쳐들어갔습니다.

칭기즈 칸의 초상

> **1**
> 거란족의 요나라 멸망 후 서쪽에서 다시 건국된 요나라

몽골제국의 정복로

이런 와중에도 남송은 몽골제국을 얕잡아보고 있었던 것 같습니다. 1234년에 금나라가 멸망하자 북쪽의 영토를 다시 되찾겠다며 몽골제국을 상대로 선빵을 날린 거죠. 당연히 몽골제국은 이듬해였던 1235년부터 남송 정벌을 시작합니다. 의외로 전쟁은 40년이 넘게 이어졌습니다. 하지만 남송은 결국 몽골에 패배하며 1279년에 멸망하게 됩니다. 이로서 중국대륙은 다시 통일되었습니다. 한족도 아니고, 한족과 섞여 살거나 교류해온 선비족, 돌궐족, 거란족도 아니고, 중국대륙과 역사적으로 별로 엮인 적이 없었던 몽골족에 의해 말이죠.

몽골제국은 분열됐던 것일까?

현재 지구의 육지 면적은 약 1억 4894만 제곱킬로미터입니다. 몽골제국의 최대 영토는 약 2400만 제곱킬로미터로, 지구 육지 전체 면적의 16퍼센트 가량에 해당되죠. 이토록 넓은 영토를 몽골제국은 과연 어떻게 다스렸을까.

몽골제국은 주나라의 봉건제도와 비슷한 방식으로 나라를 운영했습니다. 주나라가 친척들을 제후로 임명해서 각 지역을 관리하게 했던 것처럼, 칭기즈 칸은 몽골을 통일한 후 네 명의 아들과 네 명의 동생에게 백성들을 떼어주고 각자 '**울루스**Ulus'[1]를 운영하게 했습니다. 울루스는 일종의 제후국 같은 행정단위 정도로 보시면 될 것 같습니다. 초기 몽골제국은 칭기즈 칸이 관할하는 울루스까지 포함해 총 9

개의 울루스가 대칸을 중심으로 연합되어 운영되고 있었죠. 각자 자기 백성들을 데리고 돌아다니며 유목생활을 하다가 전쟁할 일이 생기면 대칸을 중심으로 뭉치고, 전리품이나 공물을 얻을 때는 대칸이 받아서 각 울루스에 배분해주는 시스템이었죠.

그런데 몽골제국의 몸집이 커지자 기존 통치 시스템 방식으로는 국가를 운영하기 어려워지기 시작했습니다. 몽골제국은 농경국가들을 점령한 뒤 농민들로

1
주나라의 제후국과 몽골제국의 울루스는 동일한 개념이 아니다. 울루스는 '땅'이 아니라 '백성'을 기준으로 구분되는 행정단위이기 때문이다. 몽골족은 이곳저곳을 떠돌아다니는 유목민족이기 때문에 영토라는 건 크게 의미가 없었다. 함께 떠돌아다니는 집단 그 자체가 마을이고, 도시이며, 국가였던 것이다. 이 집단을 몽골족들은 '울루스'라고 불렀으며, 울루스의 리더가 바로 '칸'이다.

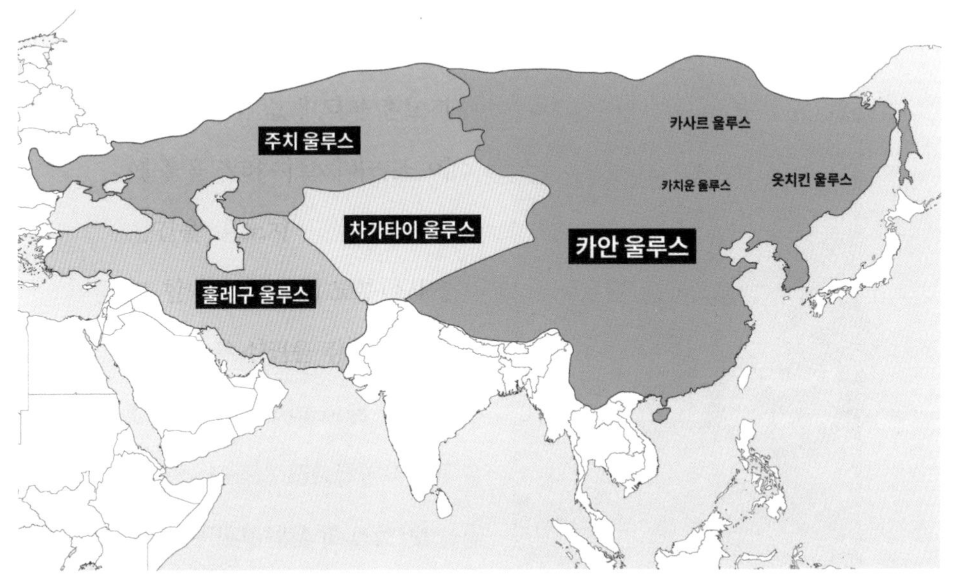

몽골제국과 울루스

부터 세금이라는 걸 처음으로 받게 되었습니다. 전국에서 거둔 세금은 기존에 몽골족이 공물을 받던 방식대로 일단 대칸에게 다 전달되었죠. 문제는 몽골제국의 영토가 너무 커졌다는 데 있었습니다. 대칸은 동쪽의 몽골고원에 있었으니 서쪽 멀리 떨어져 있는 영토는 사실상 그 지역에 주둔하고 있던 울루스의 칸이 다스리고 있었죠. 그런데 정작 세금은 대칸이 걷었습니다. 이게 칸 입장에서는 빡칠 수밖에 없었을 겁니다. 현장에서 영토를 관리하는 건 자신인데 가장 중요한 돈 문제는 멀리 떨어진 대칸이 담당하고, 자신은 그저 대칸한테 용돈 받듯 재화를 분배받았으니 말이죠. 비효율적인 건 둘째 치더라도 칸들의 마음속에 불만이 쌓일 수밖에 없는 시스템이었던 겁니다.

몽골제국의 세금 시스템은 **쿠빌라이 칸**Kublai Khan(재위: 1260년~1294년) 덕분에 바뀌게 되었습니다. **몽케 칸**Möngke Khan(재위: 1251년~1259년)이 남송 정벌 도중 병으로 사망하자 몽골제국에서는 대칸 자리를 두고 경쟁이 벌어집니다. 여기서 몽케 칸의 동생 중 한 명이었던 쿠빌라이가 나서서 세금 시스템을 개혁하겠다는 공약을 걸었죠.

쿠빌라이 칸의 초상

——— "친애하는 칸 여러분! 제가 대칸이 된다면 각 울루스의 세금은 그 울루스를 관할하는 칸들이 스스로 걷을 수 있게 하겠습니다!"

이 공약 덕분에 쿠빌라이는 지지를 얻어 몽골제국의 대칸이 되었습니다. 그리고 이때부터 여러 울루스들이 각자 따로 세금을 걷게 되었죠. 그럼에도 불구하고 몇몇 울루스는 여전히 쿠빌라이가 대칸이 되는 걸 인정하지 않았습니다. 이 때문에 울루스 간의 내전이 일어나기도 했죠. 이것을 두고 예전 교과서에서는 몽골제국이 원나라[1], 킵차크 칸국, 일 칸국, 차가타이 칸국 등으로 분열되었다고 표현한 것입니다. 그러나 실제로는 울루스들 사이의 유대가 아예 끊어진 것도 아니었고, 다들 몽골제국의 일원이라는 정체성을 간직하고 있었기에 분열이라는 표현이 적절하지 않을 것 같다는 생각도 듭니다. 다만, 울루스 간의 관계가 이전보다는 확실히 느슨해졌다고 할 수 있을 것 같습니다. 그리고 이게 나비효과처럼 한반도 정세에도 영향을 미치게 되죠.

[1] '원나라', 즉 '대원大元'이라는 것은 쿠빌라이가 1271년에 채택한 국호이며, 몽골제국 내에서 쿠빌라이가 직접 통치하는 울루스를 의미하는 것으로 널리 알려져 있다. 하지만 이는 잘못 알려진 사실이다. 쿠빌라이는 국호를 변경하거나 새로 만든 것이 아니라, '대몽골제국'을 의미하는 몽골어 'Yeke Mongghol Ulus'를 한문으로는 '대원(大元)'이라고 표기하겠다고 결정한 것이었다. 즉 '대몽골제국=원나라'이다.

몽골제국이 고려를 살려둔 진짜 이유

아시다시피 몽골제국은 1231년부터 1257년까지 지속적으로 **고려**

(918년~1392년)를 침공했고, 결국 고려는 1259년에 항복하게 됩니다. 그런데 이 무렵 대칸이 된 쿠빌라이는 고려를 특별대우 해줬습니다. 나중엔 고려의 왕을 사위로 삼으면서 고려를 '부마국'으로 대우해주죠. 이를 두고 고려는 부마국으로 특별대우를 받았으니 속국이 아니라 자주국이었으며, 원나라(=몽골제국)의 지배를 받은 게 아니라 원에 간섭을 받은 것이기 때문에 '원간섭기'라는 말을 써야 한다는 주장을 하는 분들도 계십니다. 몽골제국은 도대체 왜 고려를 특별대우 해줬던 것일까.

아시아 서쪽과 마찬가지로 동쪽의 만주 지역에도 몽골제국의 울루스들이 있었습니다. 이들을 '동방 울루스'라고 부르겠습니다. 동방 울루스는 칭기즈 칸이 동생들에게 나눠줬던 울루스이며, 쿠빌라이가 다스리는 원나라를 위협할 수 있을 정도로 강력한 힘을 갖고 있었죠. 쿠빌라이 입장에서는 동방 울루스를 견제할 필요가 있었습니다. 한창 울루스들 간의 관계가 느슨해지는 와중에 동방 울루스가 너무 강해지면 언젠가 쿠빌라이에게 반기를 들고 쿠데타를 일으킬지도 모르는 일이었으니 말이죠. 이런 상황에서 고려를 몽골제국으로 흡수한다는 건 다소 부담스러운 일이었습니다. 만약 고려가 몽골제국으로 흡수된다면, 중국대륙에 있는 쿠빌라이가 아니라 고려와 가까운 동방 울루스가 고려를 관리하게 될 것이고, 그럼 동방 울루스의 힘만 더 커지게 될 게 뻔했죠. 때문에 쿠빌라이는 고려와 혼인관계를 맺고 부마국의 지위를 부여했던 것으로 보입니다. 단순히 몽골제국이 복속한 흔한 속국이 아니라 몽골제국의 대칸이 사위를 파견해서 다스리는 국가로 만들어버린 것이죠. 실제로 쿠빌라이의 작전은 먹혀 들었습니다. 1287년, 동방 울루스 중 유독 강했던 **옷치긴** Otchigin **울루스**[1]가 반란을 일으켜 쿠빌라이가 진압을 하게 되는데 고려의 충렬왕이 군대를 파견해 쿠빌라이를 도와줬던 거죠. 결과적으로 몽골제국 내 울루스의 관계가 느슨해지면서 고려가 부마국이 될 수 있었다고 할 수도 있겠습니다. 그런데 쿠빌라이가 사망한 이후부터 분위기가 바뀌기 시작합니다. 쿠빌라이 이후 몽골제국의 대칸들은 고려를 마치 식민지처럼 인식하게 되었고 점차 고려의 내부정치에도 간섭하기 시작했던 거죠. 이에 대해서는 4장에서 좀 더 자세히 살펴보겠습니다.

[1] 옷치긴 울루스는 반란에 실패했지만 완전히 사라지진 않았고, 심지어 한반도 역사에 큰 영향을 미친다. 몽골제국과 고려가 한창 싸울 때 옷치긴 울루스도 고려로 쳐들어왔는데, 이때 이안사李安社라는 고려 호족을 보고 회유를 시도했다. 이안사는 옷치긴 울루스에 항복하고 다루가치(총독) 자리를 받는다. 훗날 몽골제국이 몰락하자 이안사의 증손자가 자신의 세력을 이끌고 고려에 다시 항복하는데, 이 증손자가 바로 조선을 건국한 이성계李成桂의 아버지인 이자춘李子春이다.

3장에서는 고대부터 몽골제국 통치기까지 중국대륙이 어떻게 통일과 분열을 반복하는지 살펴봤습니다. 한나라가 멸망한 이후 청나라가 건국될 때까지 약 1800여 년의 기간 동안 중국대륙에 수많은 국가들이 탄생하고 사라졌고, 그중에서 중국대륙을 통일했다고 할 수 있는 국가는 6개나 있었죠. 동일 선상에 놓고 비교하기에는 다소 억지스럽긴 하지만, 같은 시기 한반도에서는 통일신라, 고려, 조선이라는 세 국가만 통일을 이뤘던 걸 생각해보면 꽤 많다고 할 수도 있겠습니다(물론 송나라와 통일신라는 완벽한 통일을 이뤘다고 하기에는 애매하긴 합니다). 바꿔 말하면 분열과 통일이 상당히 자주 일어났다는 걸 의미합니다. 게다가 여섯 국가 중에서 한족이 주도하여 통일을 이룬 국가는 한나라, 송나라, 명나라뿐이죠. 그만큼 중국대륙은 여러 민족들이 엎치락뒤치락 했던 역사를 갖고 있다고 할 수 있겠습니다.

이것은 비단 과거만의 문제는 아닙니다. 오늘날의 중국도 티베트나 위구르에서 민족 간 갈등을 겪고 있죠. 중국 정부는 강압적인 방법을 동원해서라도 영토 내 민족들을 통합하려고 하는데, 티베트와 위구르의 사람들은 이걸 쉽게 용납하지 않고 있습니다. 중화인민공화국은 1949년에 수립되었으니 현재 2023년을 기준으로 고작 74년밖에 되지 않은 국가입니다. 아직 100년도 되지 않은 중국은 과연 중국대륙의 고질적인 문제였던 민족 문제를 잘 해결하고 통일된 모습을 보여줄 수 있을까.

제4장

왕이 되고 싶으면 머리를 조아려라

명나라와 조선의 관계

한반도 역사를 이야기할 때 **명나라**(1368년~1644년)와 **조선**(1392년~1897년)은 빼놓을 수 없는 중요한 국가입니다. 흥미롭게도 두 국가는 비슷한 점을 꽤 갖고 있습니다. 둘은 비슷한 시기에 각각 원나라=몽골제국(1206년~1635년), 고려(918년~1392년)를 대체하며 역사에 등장했죠. 또한 두 국가 모두 유교(유학)를 통치의 기반으로 삼았습니다. 그런데 조선에는 차츰 명나라, 나아가 청나라(1636년~1912년)에 대한 사대주의가 스멀스멀 뿌리내리기 시작합니다. 조선이 명나라나 청나라의 속국인지 아닌지 논쟁이 벌어질 정도로 조선의 정치와 외교 활동에는 사대주의가 깊이 배어 있었죠. 도대체 조선과 명나라는 어떤 관계였을까. 조선은 속국이었던 걸까. 조선은 어째서 명나라를 떠받들고 추앙했던 것일까. 이번 장에서는 조선이 명나라와 어떤 관계였으며, 왜 조선은 명나라의 인정을 그토록 갈구했는지에 대해 설명하

겠습니다. 우선 명나라 역사를 살펴보기에 앞서 **몽골제국**부터 살펴보겠습니다.

생각보다 넓은 마음의 몽골?

13세기에 등장한 몽골제국은 유라시아를 뒤흔들어놨습니다. 몽골고원에서부터 사방으로 뻗어나가 정복전쟁을 벌이며 어마무시한 제국을 세웠죠. 그런데 일반적인 인식과 달리 제국을 세운 몽골족은 마냥 사람들을 잔악하게 죽이고 약탈하기만 하는 악마들이 아니었습니다. 자신들의 말만 잘 듣고 세금만 잘 내면 현지인들의 문화, 전통, 관습, 종교를 인정해주고 여러 종교의 성직자들을 우대해주기도 했죠. 게다가 교통과 통신, 상업의 중요성을 인지하고 다양한 지역의 외국인들이 몽골제국 곳곳을 오고 갈 수 있도록 허용합니다. 덕분에 **마르코 폴로**Marco Polo(생몰: 1254년~1324년)도 몽골제국을 방문하고 이때의 경험을 토대로 《동방견문록東方見聞錄》을 쓸 수 있었죠. 한마디로 몽골제국은 상당히 실용적인 정책을 펼쳤던 겁니다.

몽골제국은 관리를 등용할 때도 실용적으로 접근했습니다. 업무능력만 좋다면 인종에 상관없이 등용했던 거죠. 예컨대 몽골제국의 울루스Ulu[1] 중 일 칸국Ilkhanate(1256년~1335년)이라는 곳이 있었습니다. 오늘날 이란 지역에

[1] 울루스는 몽골제국에 속한 제후국으로 보면 된다. 자세한 설명은 제3장을 참고.

있던 울루스죠. 이곳은 예나 지금이나 이슬람 지역이었는데, 기독교를 믿던 유목민, 카슈미르인, 티베트의 승려, 중국대륙에서 데려온 기술자 및 학자들이 관료로 등용되었던 걸로 알려져 있습니다.

이와 같은 몽골제국의 정책 기조는 중국대륙에서도 마찬가지였습니다. 1251년, 몽골제국의 대칸大汗이 된 **몽케**가 자신의 동생이었던 **쿠빌라이**를 중국 지역 총독으로 임명합니다.[2] 8년 뒤인 1259년에는 쿠빌라이가 대칸이 되죠. 쿠빌라이 역시 인종이 아니라 실력과 실리를 기준으로 인재를 등용합니다. 실제로 몽골족과 한족을 비롯하여 캉글리인, 카를룩인, 킵차크인, 위구르인, 후이족, 티베트인 등 다양한 민족이 중국대륙에서 관료로 등용되었습니다. 필요하다면 중국대륙의 법과 제도도 그대로 수용했습니다. 이 과정에서 중국대륙에서 전통적으로 정치의 기본 토대가 되었던 유교도 받아들이고 유학자들도 등용했죠.

> **2**
> 1251년 당시 몽골제국은 현재의 동유럽, 터키, 이란까지 점령했고 중국 남부와 한반도를 공략하고 있었다.

쿠빌라이가 다스리는 몽골제국은 꽤 잘 굴러갔습니다. 쿠빌라이는 1271년에 국호를

몽케 칸의 모습

대원大元, 즉 **원나라**[1]라고 선포하고 중국대륙 남쪽에 남아 있던 송나라(남송)까지 멸망시키면서 중국대륙을 통일하기도 했죠. 원말명초 시기에 살던 섭자기叶子奇(생몰: ?~?)라는 사람은 쿠빌라이가 통치했던 시기를 두고 "형벌이 가볍고, 세금이 적으며, 군대 징발이 그쳤고, 거의 동원되지 않았던 시대다"라고 묘사했습니다. 한창 번성했던 시대였다는 거죠. 그러나 쿠빌라이가 1294년 사망한 이후 원나라는 바로 위기에 빠져들게 됩니다.

[1] 전통적인 중국식 국호를 새로 정한 것이다. 몽골어 국호는 변하지 않았다.

혼란 그 자체였던 원나라 말

원나라 말기는 혼란의 도가니였습니다. 일단 중앙정부부터 개판이었죠. 1307년부터 1333년까지 고작 25년간 황제가 무려 아홉 번이나 교체되었던 겁니다. 일반적으로 중국대륙과 한반도 국가들의 경우 웬만하면 첫째 아들을 미리 태자로 삼아두고 왕이 죽으면 태자가 왕 자리를 물려받았죠. 그런데 전통적으로 몽골에서는 지도자가 사망하면 '쿠릴타이'라는 몽골의 귀족회의를 통해서 다음 지도자를 선출했습니다. 칭기즈 칸의 피를 물려받은 인물들끼리 정치적으로 경쟁을 해서 지도자 자리를 얻는 것이죠. 문제는 그 정치적 경쟁이라는 것이 토론과 토의가 아니라 세력 싸움을 통해 이뤄지는 경우가 많았다는 겁니다. 온갖 음해를 통한 공작과 서로 죽고 죽이는 숙청이 난무하기도 했죠. 거대한 국가를 운영해본 경험이 없으니 왕위를 안정적으로 계승시키는 시스템이 아직 부족했던 겁니다. 이런 상황에서 황제가 무려 아홉 번이나 바뀌는 일이 있었던 것이죠.

잦은 황제 교체는 민생문제로 직결되었습니다. 원나라는 새로운 황제가 즉위할 때마다 새 황제를 위해 불교사원(절)을 지었습니다. 즉, 새 황제가 즉위할 때마다 절을 짓기 위해 백성들은 노역에 끌려가거나 엄청난 양의 세금을 바쳐야 했던 거죠. 1313년 한 해 동안 원나라 궁중에서 불교 관련 업무로 사용된 경비만 해도 원나라 조정 총지출의 3분의 2를 차지할 정도였다고 합니다. 하필이면 원나라 말기에는 자연재해도 극심했습니다. 기록에 따르면 100년도 안 되는 원나라의 역사 동안 수해가 687회, 가뭄이 256회, 메뚜기 떼로 인한 피해가 213회나 발생했다고 하죠.

와중에 관리들은 민생보다는 국가재정이 우선이었습니다. 원나라가 각종 관리로 등용한 색목인(=외국인)들은 중국대륙에서 일을 하고는 있지만 딱히 중국에 연고도 없고 애착도 없었습니다. 바꿔 말하자면 색목인들은 특정 지방제후, 호족, 민족, 백성들의 입장을 고려할 이유가 없었다는 거죠. 오로지 원나라 중앙정부만을 바라보고 충성할 뿐이었습니다. 그러다 보니 백성들의 삶이 피폐해져가도 색목인 관료들은 어떻게든 세금을 걷어 오로지 중앙정부가 요구하는 재정을 확보하는 것을 최우선으로 삼았습니다.

부실한 중앙정부, 자연재해, 세금의 압박이라는 환장의 콜라보 덕분에 백성들은 생존을 위해 농사일을 포기하고 도적이 되는 경우까지 속출하기 시작합니다. 그리고 인류 역사가 늘 그러했듯, 혼란스러운 세상은 철학과 과학의 발전을 이뤄내기도 하지만, 구원자를 빙자한 사이비종교, 사이비정치, 사이비세력이 활개 치게 만들어 혼란을 더욱 가중시키기도 합니다. 그렇게 원나라 말에 중국대륙엔 '**백련교**白蓮教'가 퍼지기 시작합니다.

백련교의 등장

백련교는 미륵불이 내려와 유토피아와 같은 이상적인 세상을 만든다고 주장하는 종교였습니다. 원래는 송나라 때 나타난 종교였으나 당시에는 주목받지 못하다가 극한의 혼란기였던 원나라 말기에 큰 인기를 얻어 급속도로 세력이 커진 종교였죠. 세금과 재난으로 고통을 겪던 원나라 백성들은 누구나 구원받을 수 있다는 백련교 교리에 혹할 수밖에 없었던 겁니다. 게다가 백련교는 불필요한 사치를 피하고, 욕망과 욕심을 자제하는 금욕적인 삶도 강조했습니다. 사치에 미쳐 있던 원나라 중앙정부와 딱 반대되는 가치를 추구했던 거죠. 그랬으니 사치할 여유도 없는 백성들에게 더 친밀하게 다가갈 수 있었을 겁니다.

백련교는 언론플레이, 여론전에도 특화되어 있었습니다. 현대사회에서 여론전이라 하면 언론을 이용하거나 커뮤니티, 댓글 선동을 떠

명나라 시기 그려진 백련교. 작자 미상

올리게 되는데, 과거에는 '동요'가 중요한 언론플레이의 도구였습니다. 예를 들어《삼국유사》에도 서동薯童(백제의 무왕)이 신라 공주와 결혼하기 위해 동요로 거짓 소문을 퍼뜨렸다는 '서동요 설화'가 기록되어 있죠. 백련교도 동요를 만들어 퍼뜨립니다. 동요 내용은 이러했죠.

——— "외눈박이 돌인형이 나오면 천하가 뒤집어진다!"

원나라 말기에는 황허黃河강 보수 공사가 한창 진행 중이었습니다. 백련교도들은 바로 이 공사현장에 미리 외눈박이 인형을 몰래 묻어놨죠. 아무것도 모르는 인부들은 열심히 땅을 파다가 그 인형을 발견하고 놀라 자빠지게 됩니다. 안 그래도 살기 힘들었던 사람들의 마음을 동요童謠로 동요動搖시켜서 포교 활동을 벌인 거죠(이게 사실이 아니라고 보는 견해도 있습니다).

게다가 백련교 교주 한산동韓山童(생몰: ?~1351년)은 자신이 과거 송나라 황제 휘종徽宗(재위: 1100년~1125년)의 8대손이라는 주장을 하며 '한산동 교주가 천하의 주인'이라는 소문을 퍼뜨립니다. 이후 한산동은 세력을 모아 반란을 일으키려 하지만 원나라 관리에게 잡혀 역모를 꾸몄다는 이유로 목이 잘려나가게 되죠. 그런데 그와 함께 설치고 다녔던 유복통劉福通(생몰: 1321년~1363년)이 살아 도망가 백련교 세력을 규합해 결국은 반란을 일으키는 데 성공합니다.

홍건적의 난(1351년)

유복통은 백련교도들뿐 아니라 원나라에 진절머리 난 일반 백성들까지 모아 세력을 키우곤 붉은색 두건을 두르고 반란을 일으킵니다. 붉은색 두건을 둘렀기 때문에 그들을 **홍건군**紅巾軍 또는 **홍건적**紅頭賊이라고 불렀죠. 유복통의 홍건적은 무려 10만에 이르는 대군이었습니다. 게다가 유복통은 정치적인 감각도 갖고 있는 사람이었습니다. 그는 처형당한 한산동의 아들 한림아翰林兒(생몰: 1340년~1366년)를 데리고 와 선동했죠. 아마 이런 식으로 말하지 않았을까 합니다.

———"위대한 한漢족들이여

우리가 그동안 고생한 건 무엇 때문인가?

오랑캐 몽골족의 나라가 해준 게 뭐가 있는가?

세금은 세금대로 뜯어 가고
노역은 노역대로 끌고 가고
하늘이 노해 자연재해도 터지는데
저 오랑캐들이 감히 우리의 교주이자
송나라 휘종의 8대손인 한산동을 죽였다.
이제 살아 있는 전前 교주님의 아들 '한림아'를 황제로 모시고
유토피아를 건설하자!"

한산동이 자신을 송나라 황제의 후손이라고 주장하던 것을 그대로 이용하여 유복통은 송나라를 건국하고 한산동의 아들 한림아를 황제로 앉힙니다. 물론 원나라에 신뢰를 잃은 백성들, 원나라가 멸망시킨 송나라(남송)의 후예들을 선동하고 규합시키기 위한 설계였죠. 이 정치질은 정말 잘 먹혀들었습니다. 지난 몇십 년간 참고만 있던 남송의 한족들은 하나둘 백련교 세력(=홍건적)에 흡수되기 시작했죠. 그런데 그들의 행동은 상당히 잔인했습니다. 항복하지 않는 관리와 지주들을 잡아서 정말 잔악무도하게 처형했죠.《원사元史》 기록을 보면 처형 과정이나 방법이 상당히 리얼하게 담겨 있어서 책에 차마 옮기기가 어려울 정도입니다. 어쩌면 고단한 삶 속에서 쌓여온 백성들의 울분을 풀어내면서 홍건적의 집권을 합리화하기 위해 일부러 잔인한 처형 장면을 백성들에게 보여준 것 일지도 모르겠습니다. 처형되는 관리와 지주들은 그동안 백성들을 착취한 계층이었을 테니 말이죠. 그런데 시간이 좀 지나자 홍건적은 생뚱맞게도 고려에도 쳐들어갑니다.

갑분(갑자기 분위기) 고려?

홍건적이 생뚱맞게 고려를 쳐들어간 것이 의아하긴 하지만 그럴 만한 이유가 있었습니다.

지도를 보면 홍건적 세력은 중국대륙 남부 지역에서 유행하고 있었습니다. 홍건적은 남쪽의 한족들을 흡수하며 세력이 커져 점차 북쪽으로 올라가고 있었죠. 그러나 평생을 유목과 전쟁만 하던 몽골족 원나라를 손쉽게 이기진 못했습니다. 북쪽에서 원나라와 전쟁을 벌이던 홍건적들의 일부가 원나라에게 박살 난 이후 남쪽이 아니라 요동

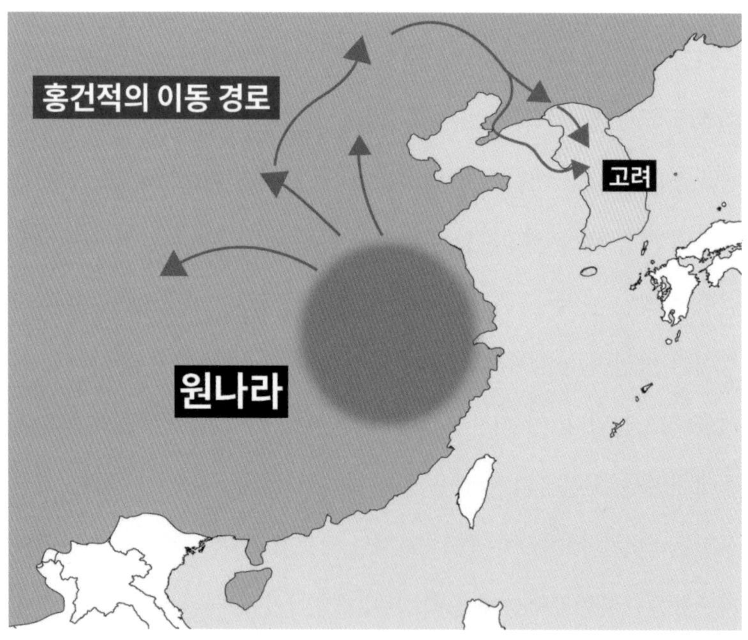

홍건적 세력의 이동 경로

반도를 따라 동쪽으로 도망쳐 자리를 잡죠. 그곳에는 고려가 있었습니다.

사실 홍건적들에게 있어서 고려는 눈엣가시 같은 존재였습니다. 당시 요동 지역에는 고려인들이 많이 이주해 살고 있었는데, 이곳에서 고려인들이 홍건적이 병력과 물자를 조달하는 걸 방해하고 있었던 거죠. 게다가 홍건적이 고려를 쳐들어가기 5년 전이었던 1354년에는 원나라의 홍건적 진압을 돕기 위해 **공민왕**(재위: 1351년~1374년)이 원나라에 2000명의 군대를 파병해준 적도 있었습니다. 그런데 이제 홍건적이 고려 코앞이었던 요동에 진을 치게 된 것이죠. 홍건적은 고려로 쳐들어가기 직전 일단 고려를 회유하고 협박하는 편지부터 보냅니다.

촬영된 화장산 봉안 공민왕 영정. 국립중앙박물관 소장

———— **"고려 친구들 ㅎㅇ?**

그동안 중국 땅에서 오랑캐들이 활개 치면서 백성들 괴롭히는 거 봤지?

참다 참다 열 받아서 그냥 군사 일으켰거든?

너희한테 잘 대해줄 테니까 니네들도 우리 쪽에 붙어. ㅎㅎ.

반항하면 알지? 잘하자? ㅎㅎ."

그런데 고려는 반응을 보이지 않았습니다. 오히려 홍건적의 침략에 대비하기 위해 더욱 빡세게 군대를 정비할 뿐이었죠. 공민왕은 진작부터 중국대륙에서 벌어지고 있는 일들을 주의 깊게 지켜보고 있었습니다. 심상치 않음을 느낀 공민왕은 고려 남쪽에서 설치던 왜구들뿐 아니라 북쪽의 홍건적도 침략할 수 있으니 미리 대비해야 한다고 생각하고 있었죠.

1359년 12월 무려 4만 명의 홍건적이 고려를 침입하기 시작합니다(**1차 홍건적 침입**). 고려는 나름 대비를 하고 있었지만, 4만 명이 한꺼번에 쳐들어오니 감당하기 어려웠습니다. 당시 고려는 100여 년간 원나라에 복속되어 있으면서 원나라의 견제 때문에 군사력이 제한되어 있었고, 북쪽에서는 여진족, 남쪽에서는 일본 왜구들의 습격을 막아내느라 전력이 많이 약화되어 있었기 때문이죠. 홍건적은 압록강을 건너 의주를 함락하고 의주 백성 1000여 명을 살해한 후 계속해서 남진했고, 서경西京(현재의 평양)까지 침입해왔죠. 고려도 막대한 피해를 입긴 했지만 다행히 반격에 성공하며 4만 여명의 홍건적 병사는 몇 달 뒤 수백 명만 남아 도망가게 되었습니다.

그러나 홍건적의 침입은 끊이지 않았습니다. 이번에는 압록강이 아니라 서해안을 통해 쳐들어오기 시작했죠. 현재의 북한 황해도 지역까지 배를 타고 쳐들어와 인근 지역에서 노략질을 하고 민가를 불태우며 쑥대밭으로 만들기 시작했죠. 이듬해인 1361년에는 또다시 압록강 쪽에서 침범해오기 시작합니다. 이번에는 무려 20만 명이나 끌고 쳐들어왔죠. 고려는 34일 만에 수도 개경開京(현재의 개성)을 포기해야 했습니다. 이후 남쪽의 병력을 다시 추슬러 홍건적을 간신히 몰아내죠.

고려를 침입한 홍건적에 대한 기록을 보면 얘네 사이코패스인가 싶을 정도입니다. 살인에만 눈이 멀어 있는 것 같다는 생각이 들 정도로 잔인하기 그지없습니다. 고려를 처음 침입해왔을 때에는 1만 여명의 고려인 포로들을 죽여 시체가 언덕처럼 쌓였다는 기록이 있을 정도죠. 2차 침입 때는 남녀 가리지 않고, 심지어 임산부까지 죽여서 구워 먹었다는 충격적인 기록이 남아 있습니다.

결과적으로 고려는 홍건적들을 몰아내긴 했습니다. 하지만 당시 고려의 상황은 처참했습니다. 남쪽에서는 여전히 왜구들이 쳐들어오고 있었고, 동시에 기근까지 이어지며 고려인들의 민심도 많이 떨어지고 있었죠. 한편 고려는 홍건적을 몰아냈지만 중국대륙에서는 홍건적들의 기세가 꺾이지 않고 계속 난이 이어지고 있었습니다. 그들 사이에는 훗날 명나라를 건국하게 될 **주원장**朱元璋(생몰: 1328년~1398년)도 있었죠.

주원장의 등장

주원장은 안후이安徽(안휘)라는 지역에서 어렵게 살아가던 가난한 농부의 자식이었습니다. 열일곱 살이 된 주원장은 부모님을 잃고 절의 탁발승이 되어 이곳저곳을 떠돌아다니게 됩니다. 상당히 불우한

주원장의 모습

어린 시절을 보냈던 거죠. 그러다가 홍건적에 들어가게 됩니다. 딱히 스펙이나 커리어가 있는 사람은 아니었기에 처음에는 홍건적의 일반 병사로 가입하게 되죠. 그런 주원장이 홍건적의 간부가 되고, 나중에는 명나라를 세워 황제까지 해먹게 됩니다. 가난한 고아였던 그는 어떻게 황제가 될 수 있었을까.

앞서 언급했듯 홍건적이라는 세력이 만들어질 수 있었던 것은 '백련교'라는 종교 덕분이었습니다. 원나라 말 백성들은 시도 때도 없이 세금을 뜯기고, 절을 짓기 위해 노역을 해야 했으며, 자연재해에 시달리고 있었는데, 백련교는 돈을 요구하지도 않았고, 신분이 고귀하든 천하든 모두가 구원받을 수 있다고 설파했던 거죠. 결국 가난한 농민들을 중심으로 세력이 모였고 원나라를 상대로 대대적인 반란을 일으킨 것이죠.

의외라고 여길지 모르겠지만 유학자들은 원나라 편을 드는 경우가 많았습니다. 유학자들은 배울 만큼 배운 사람들이었고 그렇게 배우려면 땅을 많이 갖고 있는 집안 출신이어야 했죠. 농민들이 무기를 들고 일어나 원나라 관리는 물론 지주들도 죽이고 있으니 홍건적의 편을 들지 않는 게 당연했습니다. 오히려 유학자들은 사병을 조직해 원나라와 힘을 합쳐 홍건적을 때려잡으며 자신의 땅을 지키려고 했죠.

하지만 점점 난이 거세지면서 원나라는 중국대륙 남부의 난을 진압할 능력을 잃어갔습니다. 지주들 입장에서는 더 이상 원나라가 도움이 되지 않으니 땅을 지키기 위해 새로운 세력의 도움을 얻으려 했죠. 여기서 지주들과 손을 잡게 된 인물이 바로 주원장입니다. 다른 홍건적 세력들이 농민의 편에 서서 지주들을 때려잡고 있을 때 오히려 주원장은 지주들의 후원을 받으며 세력을 키운 것이죠. 역사에선 주원장의 이러한 박쥐 같은 행보가 잘 포장되어 있습니다. 주원장은 자신의 병사들에게 다음과 같은 규율을 지키게 했다고 하죠.

– 헛되이 사람을 죽이지 말라.

– 사람들의 재물을 빼앗지 말라.

– 가옥을 파괴하지 말라.

– 농기구를 파괴하지 말라.

– 가축을 죽이지 말라.

– 아이를 약탈하지 말라.

《명태조실록明太祖實錄》 권26

주원장의 규율 내용만 보면 다른 홍건적들은 백성들을 마구잡이로 죽이고 약탈했는데 주원장은 백성들을 아꼈던 선한 인물처럼 보입니다. 하지만 실제로 주원장이 죽이지 않고, 약탈하지 않은 대상은 원나라 황실 및 관료, 지주, 유학자였습니다. 그래서 지주 세력이 주원장을 밀어줬던 거죠.

지주들의 후원을 받아 세력을 키운 주원장은 다른 홍건적들을 때려잡으며 중국 남부의 패권을 잡습니다. 그리고 이때 주원장은 전통적으로 한족 국가들이 내세우던 '유교', '하늘의 명령(천명)', '화이사상'을 내세우며 원나라를 뒤집고 새로운 국가를 세우기 위한 준비에 박차를 가하기 시작합니다. 이는 《명태조실록》에 기록된 명태조明太祖(=홍무제洪武帝=주원장, 재위: 1368년~1398년)의 말에서 잘 드러나죠.

——— "자고로 제왕이 천하의 통치에 임하면 중국이 안을 차지하여 이적(오랑캐)을 통제하고, 이적은 밖에 거처하며 중국을 받드는 것이다.
이적이 중국을 차지하고서 천하를 다스린다는 말은 들어본 적이 없다."

——— "(원나라인들은) 북적(북쪽의 오랑캐)으로 중국에 들어와 주인이 되었는데, 이는 모자와 신발이 도치되었다는 한탄을 불렀다."

——— "호족 오랑캐를 물리치고 중화를 회복하고 한족 관청의 위의를 회복하고 중국의 치욕을 설욕한다."

명나라의 건국

실록의 기록에 따르면 주원장은 오랑캐 원나라에 대한 치욕을 복수하고 새로운 황제인 자신이 중원(중화)을 회복해야 평화와 질서가 생긴다고 주장했습니다. 그리고 자신은 원래 조용히 살려 했으나, 백성들을 구하라는 하늘신의 명령(천명)을 받게 되어 어쩔 수 없이 반란을 일으켰다고 주장했죠. 주원장은 양쯔강 이남의 대지주들의 후원을 받으며 홍건적을 비롯한 다른 반란군들을 궤멸시켜갔고 1368년 중국 **난징**南京(**남경**)을 수도로 삼고 명나라를 건국합니다. 첫 개국황제 '태조太祖'가 된 거죠. 또한 당시 연호가 '홍무洪武'라고 정해져서 주원장을 명태조 또는 홍무제라고 부르기도 합니다.

주원장은 1368년 8월 북진을 해 **대도**大都(**현재의 베이징**)까지 함락시키면서 남아 있는 원나라 세력을 만리장성 밖으로 몰아냅니다. 이때부터의 원나라를 북쪽으로 도망간 원나라라고 하여 **북원**北元(1368년~1635년)이라고 부르죠. 1388년엔 명나라가 현재 내몽골 동부와 요동까지 원정을 나가 북원에 막대한 타격을 입힙니다. 이로 인해 북원에선 먼 친척이 쿠데타를 일으켜 대칸 자리를 빼앗고 일시적으로 '원'이라는 국호를 폐기하는 등 극심한 혼란이 생겨 1388년을 북원의 멸망으로 보기도 합니다.

아무리 원나라가 북쪽으로 도망갔어도 한때 유라시아를 호령했던 몽골족이었던 만큼 만만한 상대는 아니었습니다. 군사를 몰고 함부로 정벌에 나서기에는 무리가 있었던 거죠. 우선 주원장은 북원 내부에

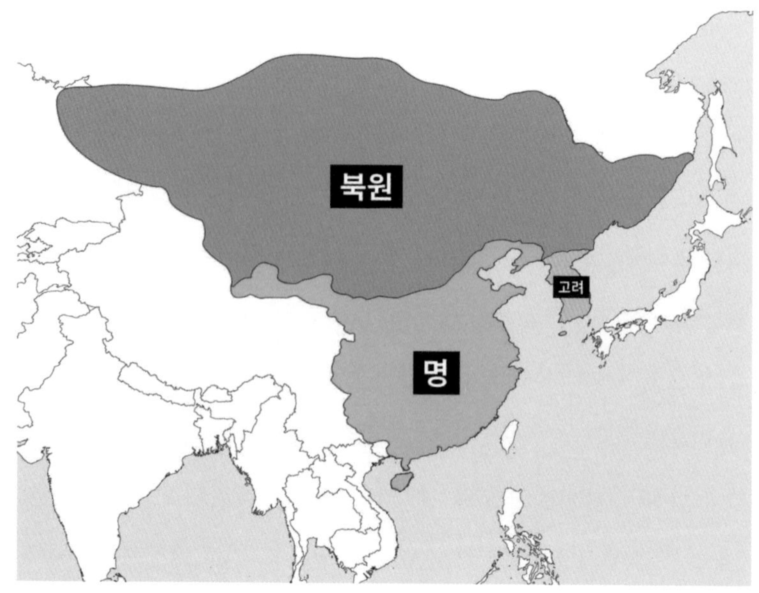

명나라와 북원

서 분열이 일어나도록 언론플레이를 시작합니다. 돈으로 매수를 하거나 협박을 하는 방식으로 명나라의 변방 지역 몽골족 세력들에게 당근과 채찍을 주며 북원의 세력을 분열시켜 명나라로 쳐들어오지 못하도록 했죠.[1] 명나라의 세력 갈라치기가 성공해 몽골족은 만리장성 너머에서 자신들끼리 내전을 하기도 했습니다. 이이제이以夷制夷[2]의 아주 좋은 표본이었죠.

북원이라는 외부의 적을 어느 정도

[1] 이때 명나라에 고개를 숙인 부족 중에 만주 지역의 우량카이족이 있었다. 어떤 이유에서인지 이후 명나라가 만주 지역 유목민을 죄다 우량카이라고 부르다 이 말이 한반도에도 전해져 '오랑캐'의 어원이 되었다.

[2] 오랑캐로 오랑캐를 무찌르다.

관리할 수 있는 상황이 만들어지자 주원장은 명나라 내부의 숙청을 시작합니다. 원래 수많은 국가의 건국 초기 역사를 보면, 건국할 때는 같은 세력이었더라도 건국 이후 갈등이 시작되면서 개국공신이라도 살생부에 이름이 올라가게 되는 일이 왕왕 있죠. 명나라도 다를 리 없었습니다. 주원장이 명나라를 건국하는 것에 큰 일조를 했던 집단은 크게 두 집단이었습니다.

1) 주원장을 도운 군벌 세력

2) 양쯔강 이남의 지주 세력

명나라 건국 이후 이 두 집단은 온갖 요직을 차지하게 되었고, 이 과정에서 다양한 문제가 발생했습니다. 군벌들은 군사력을 계속 키웠고, 대지주들은 부를 축적하여 황제를 위협할 수 있을 정도로 힘을 키워갔던 겁니다. 선을 넘었다 판단한 주원장은 국가의 기강을 잡기로 결정합니다. 우선 관료들을 모두 물갈이하고, 행정제도를 개편합니다. 이 과정에서 각 지방의 행정업무를 총괄하던 '행중서성', 중앙부처를 총괄하던 '중서성'이 없어지죠. 국가의 중요안건은 관료가 아니라 황제에게 곧장 보고가 올라오도록 해 황제가 직접 오더를 내리는 방식으로 개편한 겁니다. 바꿔 말하자면, 유교의 다양한 가르침을 들먹이며 유학자들을 중심으로 국가를 건설하겠다던 주원장은 결국 지 혼자 마음대로 해먹을 수 있는 국가를 만들어갔던 거죠.

게다가 주원장은 자신이 한때 이용해먹었던 백련교 세력도 사이비종교 취급하기 시작합니다.

"우민들을 불러 모아 그릇된 요술에 중독되게 하고, (중략) 미륵이 진짜 있는 것인 양 강제로 믿게 하고, 치세가 이루어지길 기도하면 곤고한 삶이 해소될 것이라며 모여서 향을 피우는 도당"

《평오록平吳錄》

'미륵불이 세상을 다 뒤엎어버린다'라는 백련교의 교리가 훗날 주원장에 반기를 들고 쿠데타를 일으킬 좋은 명분이 될 수 있다고 봤던 거죠. 그래서 온갖 민간신앙들과 함께 강력히 탄압하여 박살 내버립니다.

유교와 주원장

주원장은 가난한 농민 출신이기에 유교 공부를 제대로 해보지 않았을 가능성이 큽니다. 그럼에도 불구하고 그가 명나라의 건국정신을 유교로 선택한 이유는 과거 남송 지역 지주 집단의 힘을 얻기 위해서였죠. 또 배워먹지 못한 주원장 입장에서 얼핏 보기에 앞서 1장에서 설명했다시피 유교가 '황제 중심의 질서', 중앙집권을 이룩하기에 딱 맞는 사상으로 보였을 겁니다. 그러다가 유교 교리 중에 지 마음에 들지 않는 부분은 빼버리기도 했던 거죠. 대표적으로 맹자가 있죠. 앞서

1장에서 설명했다시피 맹자는 '왕이 제대로 정치를 하지 않으면 하늘의 명령에 의해 왕이 바뀔 수 있다'는 **역성혁명**을 긍정했던 사람입니다. 왕보다도 백성이 우선이라는 민본사상도 강조했죠. 주원장은 맹자를 정말 싫어했습니다. 맹자에 대해 "군주(황제)에 대한 불손함이 괴상하다"라고 표현할 정도로 말이죠. 주원장은 사당에 맹자를 모시는 행위 자체를 금지시키고 여기에 반박하면 불경죄로 처벌하겠다고 선포합니다. 그럼에도 유학자들이 바글바글했던 명나라 중앙정부 관료들 중에 목숨을 걸고 반대하는 사람들이 있었습니다. 결국 주원장은 맹자에게 제사 지내는 것은 허용하지만, 맹자의 어록이 담긴 책《맹자孟子》를 검열해 지가 보기 싫은 내용을 죄다 삭제하고 배포하도록 했죠. 과거시험에서도 삭제된 내용을 답안지에 언급한 사람은 관리로 등용되지 못하게 했습니다.

이처럼 주원장은 국가의 기틀이 되는 유교사상까지도 자신에게 유리한 방식으로 갈아엎어 강력한 '중앙집권, 절대군주정치'를 만들어 냅니다. 명나라는 원나라와 다름없이 농민들에게 막대한 세금을 걷었습니다. 이때부터 유교는 황제의 권력을 위한 좋은 도구가 되어갑니다.

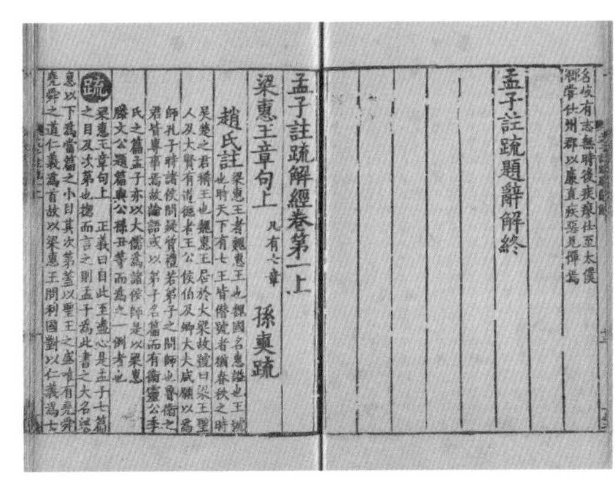
孟子註疏題辭解終

孟子註疏解經卷第一上

梁惠王章句上

趙氏註

孫奭疏

맹자의 어록이 담긴 《맹자》 사본

주원장은 외교에서

도 자기 식대로 유교를 이용했습니다. 세상 모든 것이 명나라와 주원장 자신을 중심으로 돌아가는 국제질서를 원했던 것처럼 보인다고 해도 과언이 아닐 정도죠. 1장과 2장에서 살펴보았듯 과거에도 주변 국가들은 중국대륙에 조공을 바치고 책봉을 받아 중국과 '군신관계'를 맺어왔습니다. 하지만 어디까지나 서로에게 이득이 되기 때문에 맺은 형식적인 관계였습니다. 중국대륙의 국가들은 수많은 국가로부터 조공을 받아 백성들에게 황제의 위엄을 알릴 수 있었습니다. 한편 주변 국가들은 부유하고 강력한 중국과의 우호관계를 통해 무역도 할 수 있었고 안보상의 이점도 얻을 수 있었죠. 게다가 국제 정세가 변하면 조공을 받고 바치는 상대가 유동적으로 변하기도 했습니다. 중국대륙조차도 흉노, 거란 등 여러 이민족에게 조공을 바쳤죠. 하지만 주원장이 원하는 그림은 그런 형식적이고 유동적인 관계가 아니라 주변 국가들이 명나라에게만 완전히 굴복해 바짝 엎드리는 것이었죠. 마치 주변 국가들이 과거 중국대륙의 국가들 말고 몽골제국에게 그랬던 것처럼 말이죠. 그래서 주원장은 '조공'과 '책봉'을 주변 국가들을 외교적으로 압박하는 무기로 사용하기 시작합니다.

먼저 주원장은 **해금령**海禁令[1]을 내려 명나라 사람들이 배를 타고 함부로 해외로 나가는 것도 막고 반대로 들어오는 배도 막아버립니다. 국가가 통제할 수 없는 무역 루트는 아예 원천봉쇄를 해버린 거죠. 그리고 오로지 공식적인 조공사절단을 통해서만 교역을 할

[1] 주원장의 해금령은 해적 세력을 막기 위한 이유도 있었다. 명나라 건국 과정에서 해적 세력은 골치 아픈 존재였다.

수 있게 허락했습니다. 조공을 바치지 않는 국가들은 명나라와 절대로 교역할 수 없게 만든 겁니다. 여기엔 주원장의 권력욕이 숨겨져 있었죠. 명나라라는 거대 시장과 무역하고 싶으면 황제인 자기 자신 앞에 머리를 숙이고 빌라는 거였습니다. 심지어 주원장은 조공을 무한정으로 허락해준 것도 아니었습니다. 몇 년에 한 번씩 조공하러 오라며 횟수까지 정해줬던 거죠. 주변국 입장에서는 국가 경제가 달린 문제이다 보니 명나라가 정해주는 조공 횟수에 민감하게 반응할 수밖에 없었을 겁니다.

조공 횟수를 마음대로 결정하며 주변 국가에 막대한 영향력을 발휘할 수 있게 되자 주원장의 명나라는 책봉을 구실로 주변 국가를 압박하기 시작합니다. 원나라 이전에는 주변 국가들에서 왕이 바뀌면 해당 국가는 중국대륙에 사신을 보내 보고하고, 중국대륙은 형식적으로 새로운 왕을 책봉해주면서 승인해주곤 했습니다. 그런데 명나라는 책봉을 자꾸 미루면서 주변 국가들이 알아서 벌벌 기며 명나라가 원하는 대로 행동하게 만들었습니다. 그렇다고 주변 국가들이 명나라가 책봉을 해주든 말든 무시했다간 명나라가 조공을 금지해 교역을 할 수 없게 되니 어떻게든 책봉해달라며 빌어야 했던 거죠.

명나라가 국가 간의 교역을 통제함으로써 실질적으로 조공과 책봉을 무기로 주변 국가들을 쥐락펴락할 수 있었다는 점이 과거의 조공책봉관계와 크게 다른 점이라고 정리할 수 있겠습니다. 이웃 나라의 무역의 횟수와 규모를 마음대로 결정한다는 건 엄청난 갑질이죠. 과거 중국대륙의 국가들과 달리 명나라는 힘이 되니까, 주변 국가들보다 압도적으로 강한 국가니까 이런 갑질이 먹힐 수 있던 겁니다. 이러한 중국대륙과 한반도 국가 간의 조공관계를 두고 '조공무역'이라는 단어를 사용해 그저 '무역을 위한 별 거 아닌 행위였을 뿐'이라고 해석하려는 위험한 발상이 한국 사회에 존재하기도 했습니다. 그러나 이것은 정말 눈 가리고 아웅일 뿐이죠.

고려와 명나라

여기서 한반도 얘기로 다시 넘어가겠습니다. 명나라 건국 이전 고려는 원나라에 시달리고 있었습니다. 고려는 원나라에 무릎을 꿇을 수밖에 없었고 이에 따라 고려는 원나라에 조공은 물론 거의 매년 여자(공녀貢女)도 바치고, 응방鷹坊이라는 부서를 만들어 고려의 매도 갖다 바쳤습니다. 제주도는 아예 수십 년 동안 몽골이 가져가서는 목마장牧馬場이라는 말 목장을 세워 직접 말을 키워다 가져가곤 했죠. 물론 다른 국가에 조공을 바친다는 이유만으로 식민지, 속국이 되는 것은 아닙니다. 실제 이 책의 1, 2장에서 설명했다시피 조공책봉관계 중에는 두 국가의 이해득실에 따라 이루어지는 비즈니스 관계와 같은 모습도 많이 있었으니 말이죠.

그러나 원나라와 고려의 관계는 그렇지 않았습니다. 앞서 3장에서 쿠빌라이는 고려를 부마국이라고 특별대우 해줬지만 쿠빌라이가 죽고 나자 점점 고려를 몽골의 흔한 속국 중 하나쯤으로 여기게 되었다고 했죠. 원나라는 자신들이 필요한 것을 무작정 '내놔'라는 명령조로 고려를 대하기 시작합니다. 정말 무차별적으로 삥을 뜯어갔죠. 고려의 왕들은 원나라에 충성한다는 의미로 충성할 충忠자를 넣은 시호[1]를 받았습니다. 고려가 몽골에 항복한 이후 왕의 시호가 충렬왕, 충선왕, 충숙왕인 이유가 여기에 있는 거죠. 몽골은 고려의 태자 책봉에 관여하기도 하고 심지어 마음에 안 드는 고려의 왕을 폐위시키기도 했습니다. 사실상 고려는 원나라의 지배를 받다시피 했고, 고려 내부 정치도 원나라에 휘둘리고 있던 것이죠. 이걸 무시하고 그저 원나라한테 '간섭'받은 것에 불과하다며 '원간섭기'라는 표현을 사용하는 한국 사회의 풍조를 효기심은 이해하기가 어렵습니다.

[1] 왕이나 관료가 죽은 후 그의 삶과 업적과 관련된 한자를 골라 지어주는 특별한 이름

그런데 얼마 지나지 않아 주원장의 명나라가 건국되고 원나라는 북쪽으로 밀려납니다. 당시 고려의 왕은 공민왕이었죠. 공민왕은 한참 전부터 원나라의 미래가 어둡다고 판단하여 원나라와 손절하려던 왕이었습니다. 그리고 마침 때가 왔습니다. 고려 북부에는 원나라가 고려를 지배하고 관리하기 위해 설치한 **쌍성총관부**, **동녕부**라는 지역이 있었는데, 공민왕 즉위 5년 만인 1356년에 고려는 쌍성총관부를 공격해 다시 고려의 영토로 탈환해 오게 되죠. 또한, 공민왕은 고려 내부에서 원나라에 빌붙어서 고려 내부 정치를 장악하고 쥐락펴락하던 귀족들을 숙청하고, 원나라가 고려의 정치에 직접적으로 관여하기 위해 설치해둔 기구들도 없애버립니다. 이와 함께 자신의 개혁 정책

을 지지해줄 새로운 세력을 키우기로 합니다. 그들이 교과서에 나오는 신진사대부[1]죠. 그리고 명나라의 주원장에게 러브콜도 보냅니다.

——— **"주원장님 축하드려요. 님이 진정한 중국대륙의 황제입니다. 저희 원나라 연호 사용하던 것도 다 끊어버리고 명나라만 보고 갈게요.**

저 좀 책봉해주실래요? ㅎㅎ."

[1] 교과서에서는 고려 말기의 정치 세력을 권문세족과 신진사대부로 나눠 대립 구도를 설명하려는 경향이 크다. 그러나 최근 연구들에 따르면 두 세력의 범위 및 정의가 적절하지도 않으며, 심지어 두 세력의 구성원들도 상당히 겹쳤다고 한다.

1370년 5월 명나라는 공민왕을 고려의 국왕으로 책봉해줍니다. 이제 고려는 원나라로부터 벗어나 명나라라는 새로운 강대국과 조공책봉관계를 맺게 되죠. 이후 공민왕은 지속적으로 명나라에 편지를 써서 명나라와의 관계를 돈독하게 하려 했습니다.

그러나 고려의 운명이 그리 순탄치만은 않았습니다. 공민왕의 아내였던 노국대장공주魯國大長公主(생몰: ?~1365년)는 난산으로 사망하고, 개혁을 위해 공민왕이 등용한 신돈辛旽(생몰: 1323년~1371년)마저도 몇 년 후 암살당하면서 공민왕은 우울증에 빠진 채 고려의 개혁과 정치를 모두 포기하고 매일같이 술만 마시게 되었죠.

한편 1372년, 명나라는 북쪽으로 밀려난 북원을 공격했다가 크게 패하고 맙니다. 이 무렵부터 주원장은 고려가 북원이랑 혹시 뒤에서 힘을 합치고 있는 건 아닌지 의심을 하기 시작했죠. 같은 해, 공민왕이 자식들을 명나라에 유학 보내도 되겠냐고 편지를 보낸 일이 있습니다. 주원장은 이렇게 답장하죠.

——— **"옛날에 신라가 당나라에 유학을 보냈던 것처럼**
너희도 천자 국가에서 학문을 배우고 따르려고 하다니 너~무 기특하네. ㅎㅎ.
가만 있어봐…
안 그래도 너희들 경제가 힘든 거 익히 들어 알고 있었는데
이참에 조공은 매년 보내지 말고 3년에 한 번만 보내게 해 줄게.
너무 무리해서 격식 차리지 마!! 물건도 너무 많이 보내지 마!
적당~히 성의만 보이면 됨. ㅎㅎ."

뭔가 이상한 점을 눈치 채셨나요? 얼핏 보기엔 참 다정한 답장입니다. 하지만 속뜻은 너네 못 믿겠으니 3년에 한 번만 교역을 허락해 주겠다는 무시무시한 내용이었습니다. 이런 상황에서 명나라는 고려에 제주도 말 2000필을 요구합니다. 북쪽으로 도망간 원나라 잔존 세력을 토벌하기 위해 필요하다는 거였죠. 그런데 고려가 말을 300필만 내놓은 겁니다. 심지어 고려에서 말을 받고 돌아가던 명나라 사신이 살해당하는 일까지 벌어졌습니다. 사신을 죽인 건 다름 아닌 고려의 군인이었고, 그는 명나라 사신을 죽인 후 말들을 끌고 북원으로 도망가버리죠. 거기에 비슷한 시기에 명이랑 친하게 지내려던 공민왕이 살해당하는 일도 벌어집니다. 결국 명나라와 고려의 관계가 박살 나게 되죠.

공민왕이 암살당한 이후 즉위한 고려 우왕(재위: 1374년~1388년)은 그저 허수아비 왕이었죠. 이인임李仁任(생몰: 1312년~1388년)이 정권을 잡고 국정을 이끌어가기 시작합니다. 이인임은 명과의 조공책봉관계를 회복하기 위해 노력하는 한편, 북원에도 다리를 살짝 걸치는 행보를 보여줍니다. 결과적으로 1378년 명나라가 요구한 막대한 공물을 보내며 관계가 회복되고 다시 북원과 거리를 두긴 했지만, 명나라는 끊임없이 고려가 북원과 내통하고 있다 의심하고 압박합니다. 고려가 사신을 보낼 때마다 온갖 말도 안 되는 트집을 잡아가며 갑질을 하기 시작하죠. 1387년 드디어 요동(오늘날 중국 랴오닝성 남부)을 정벌하는 데 성공한 명나라는 국경이 닿게 된 고려에게 선이 넘는 요구를 하기 시작합니다. 바로 과거 원나라가 지배했던 철령 이북 땅을 명나라가 가져가겠다는 것이었죠.

명나라가 왜 이런 선 넘는 요구를 했는지는 알 수 없습니다. 그저 고려에 갑질을 해서 뭐든 더 뜯어내려는 의도였다고 추정할 뿐이죠. 고려 역시 명나라가 점점 선을 넘는다고 판단합니다. 그리하여 고려는 북원과 함께 명나라를 공격해야 한다며 요동을 정벌하기로 하죠. 이때 총사령관으로 임명된 게 **최영**崔瑩(생몰: 1316년~1388년) 장군이었고, 선봉장은 **이성계**李成桂(생몰: 1335년~1408년)였습니다.

이성계와 명나라의 텔레파시?

이성계 장군이 요동정벌을 위해 군사를 끌고 간 후 다시 U턴해서 돌아온 사건은 아주 유명합니다. 이른바 **위화도회군**(1388년)이라고 불리는 이 사건은 조선 건국의 도화선이 되었죠. 그런데 고려의 요동정벌은 이때가 처음이 아니었습니다. 이미 1357년부터 1370년까지 고려는 **제1차 요동정벌**을 단행했었죠(이성계는 여기에도 참전했습니다). 이때는 고려와 원나라의 대결이었습니다. 여기서 고려는 요동을 정벌하는 데에 성공하지만, 어처구니없게도 식량과 보급기지 관리를 잘못

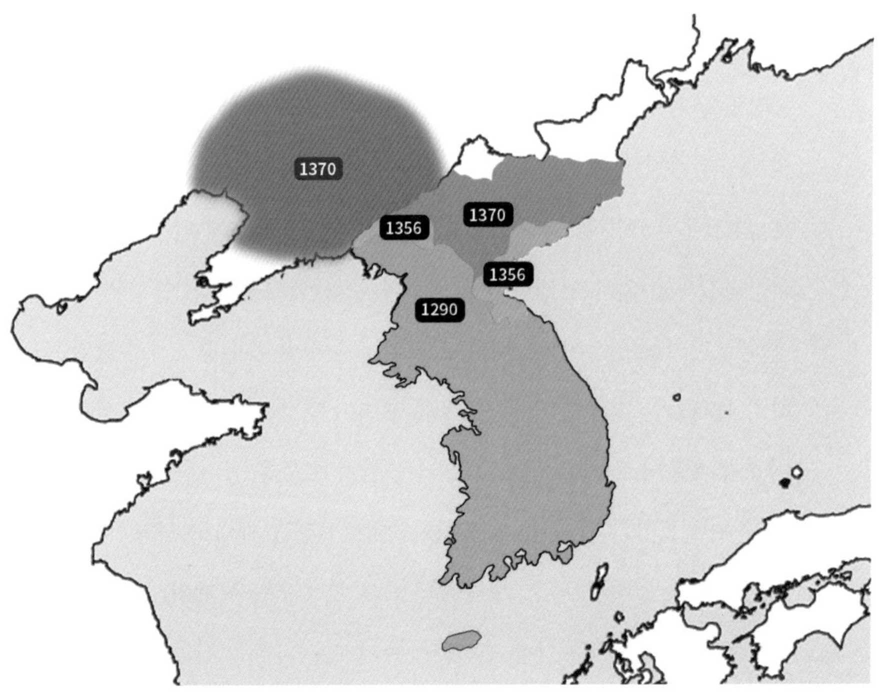

1370년 1차 요동정벌로 획득한 영토

해 불이 나버리면서 곧바로 원나라에게 요동을 빼앗기게 되죠.

이제 고려는 명나라를 상대로 제2차 요동정벌을 시작합니다. 그런데 이성계는 요동정벌이 시작되기 전부터 전쟁을 반대하고 있었습니다. 반대의 이유는 네 가지였죠.

1) 작은 나라가 큰 나라를 거역하면 안 된다.

2) 농사를 지어야 하는 여름에 전쟁은 적절하지 않다.

3) 남쪽에서 일본 왜구들이 쳐들어올 것이다.

4) 곧 장마철이 시작되면 활을 쏘기 힘들고 전염병도 발생할 수 있다.

그러나 고려의 우왕과 최영 장군은 이성계의 반대를 묵살하고 요동정벌을 감행합니다. 일단 상부의 명대로 군대를 이끌고 출발한 이성계는 압록강에 있는 위화도(오늘날 북한 신의주시 근처에 자리 잡고 있는 섬입니다)에서 15일을 머무르게 됩니다. 여기서 우왕에게 편지를 보내 회군하겠다는 의사를 전하지만 역시나 우왕은 거부하죠. 이것은 이해하기 어려운 결정이었습니다. 고려의 요동정벌군이 평양에서 출발하기 불과 6일 전, 북원의 주력 부대가 이미 명나라에게 괴멸된 상황이었기 때문이죠. 애초에 북원과 힘을 합쳐 요동을 공격한다는 계획이 수포로 돌아간 겁니다. 이성계는 그대로 U턴을 해 고려의 수도 개경(개성)으로 군사를 몰고 가 쿠데타를 일으켜 우왕을 폐위시킵니다. 4년 후인 1392년에는 아예 조선이라는 새로운 나라를 건국하고 스스로 왕이 되죠.

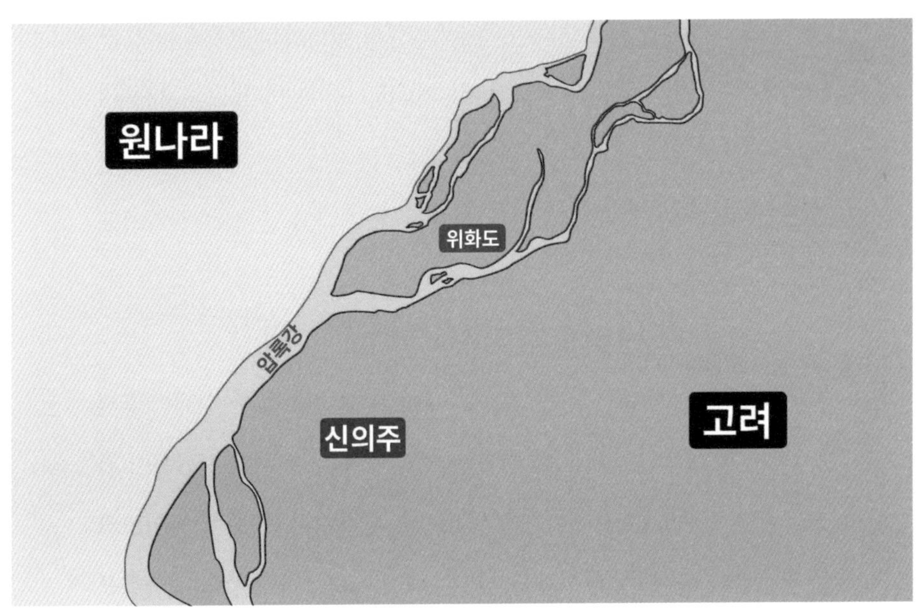

위화도의 위치

조선이 건국되자 명나라의 태도가 급변하게 됩니다. 앞서 고려한테는 쌍성총관부를 내놓으라면서 겁박을 줬던 명나라가 기존의 요구사항들을 취소하는 겁니다. 명나라가 태도를 바꾼 원인은 결국 이성계였습니다. 이성계는 요동정벌 이전부터 '작은 나라가 큰 나라를 거역하면 안 된다'라며 명나라에 머리를 숙일 자세가 되어 있다는 모습을 보여주고 있었죠. 게다가 이성계는 새롭게 나라를 건국하고 3개월 뒤인 1392년 11월에 명나라로 사신을 보내 자신의 역성혁명을 승인해주고 국호를 정해달라는 요청을 하죠. 당시 이성계 쪽이 제시한 국호는 '**화령**和寧'과 '**조선**朝鮮'이었습니다. 화령은 이성계 고향의 명칭이었고, 조선은 우리가 보통 '고조선'[1]이라 부르는 고대국가의 국호이

1

고조선은 '오래된 조선', '옛 조선'이라는 의미이며, 원래 정식 국호는 '조선'이다. 《삼국유사》에서는 단군왕검의 조선을 기자조선이나 위만조선과 구분하기 위해 고조선이라 불렀으나, 오늘날에 와서는 이성계의 조선과 고대 조선을 구분하기 위해 '고조선'이라 칭하는 경우가 많다.

죠. 1393년 2월 명나라는 조선으로 국호를 정해주면서, 우리가 아는 조선이 탄생하게 됩니다. 이성계는 국호를 정해줘 감사하다며 바로 다음 달에 감사 편지를 보냅니다.

"황제의 은혜가 한없이 넓고, 황제의 훈계가 정녕丁寧하시오니, 온 나라 사람들이 함께 영광으로 여기오며, 자신을 돌아보고 감격함을 알겠습니다. (중략) **신臣은 나라 사람들과 더불어 감격함을 견디지 못하겠습니다.** (중략) **특별한 은혜가 더욱 치우쳤습니다.** (중략) **깊이 마음속에 느껴서 분골쇄신粉骨碎身이 되더라도 보답하기 어렵겠습니다.** (중략) **신은 삼가 마땅히 번병藩屛이 되어 더욱 직공職貢의 바침을 조심하고, 자나 깨나 항상 천자에게 강녕康寧하시라는 축원에 간절하겠습니다."**

책에서 이런 말씀드리기 좀 그렇지만, 이성계는 주원장에게 엄청 사바사바했던 걸 알 수 있는 편지 내용이죠. 여기까지만 들어보면 이성계의 조선과 주원장의 명나라는 큰 트러블 없이 무난하게 관계를 맺기 시작한 것 같았습니다. 그런데 간잽이 장인 주원장은 또다시 이상한 행동을 시작합니다.

"국호를 고친 데 대한 사은謝恩하는 표전表箋에 업신여기는 언사를 섞었으니, 소국이 대국을 섬기는 정성이 과연 이럴 수 있는가?"

《태조실록》 5권, 태조 3년 2월 19일 기축 첫 번째 기사

먼저 어려운 단어부터 살펴보겠습니다. '사은'한다는 말은 '은혜에 감사를 표한다'는 것이고, '표전'은 아주 쉽게 말해 '왕이나 황제한테 보내는 편지'입니다. 즉, 명나라 황제가 조선이라는 국호를 준 것에 대해 이성계가 '감사 편지'를 보냈는데, 내용을 보니 주원장을 업신여기는 언사(말)을 섞어서 적어놨으니 이게 말이 되냐며 항의를 하는 내용이라는 거죠. 과연 이성계가 교묘하게 주원장을 돌려 까는 내용을 적었던 것일까.

조선을 건국한 이성계

사실 주원장은 글자 하나하나에 온갖 신경을 곤두세웠던 사람입니다. 자신을 지칭하는 듯한 글자들을 죄다 못 쓰게 만들어버릴 정도였죠. 예를 들어서 '승려 승(僧)', '도둑 도(盜)'와 '도둑 적(賊)'이라는 한자의 사용을 막았죠. 아마 황제인 자신이 원래는 가난한 고아였고, 탁발승 생활을 전전하다, 홍건적에 들어갔던 사람이라는 사실에 콤플렉스가 있었던 게 아닐까 합니다. 문제는 주원장이 온갖 말도 안 되는 이유로 훨씬 더 많은 한자들을 검열했다는 겁니다. '대머리 독(禿)', '빛 광(光)'은 승려를 연상시킨다는 이유로 금지했고, '날 생(生)'과 '법칙 칙(則)'은 중국식으로 발음하면 '승려 승(僧)', '도둑 적(賊)'과 유사하기 때문에 해당 한자를 사용한 자들을 처벌하기도 했는데 목숨까지 거둔 경우도 있다고 전해집니다.

이와 같이 주원장은 무슨 이유든 자신의 눈에 거슬리면 글자 하나 가지고도 물고 늘어지는 인간이었습니다. 조선왕의 편지를 보고 시비를 걸었던 것도 이런 맥락으로 볼 수 있는 거죠. 물론, 갑작스럽게 편지의 특정 내용이 마음에 안 든 것인지 아니면 그냥 조선을 압박하기 위해 시비를 건 것인지는 불분명합니다(책을 쓰면서 욕이 절로 나오는 대목이었습니다). 이유야 어찌되었든 주원장은 편지 하나로 계속 조선을 압박했습니다.

—— **"야! 조선아! 내가 만만하냐? 편지 쓰는 데 관여한 새끼들 싹 잡아서 보내!!!**
특히 정도전 걔 꼭 내놔라? 딱 봐도 걔가 주모자인데 바로 내 앞에 갖다놔!!
범인들 안 넘기면 지금 명나라 와 있는 너네 사신들도 집 못 갈 줄 알아, 알겠어!?"

해당 편지 작성에 관여한 신하들, 특히 정도전鄭道傳(생몰: 1342년

~1398년)을 반드시 잡아들여 명나라로 보내라는 오더를 내립니다. 그렇지 않으면 명에 와 있는 조선 사신들을 돌려보내지 않겠다고 협박하죠. 실제로 조선 측 사신 중 한 명이었던 정총鄭摠(생몰: 1358년~1397년)을 처형해버립니다. 여기서 그치지 않고 명나라 군대를 조선의 국경 앞에 배치해버리죠. 이 군인들이 명나라 사신인 줄 알고 버선발로 마중 나갔던 현지 조선 관료들은 그대로 납치되기까지 했습니다. 이와 같이 조선은 건국 초기부터 명나라를 어르고 달래느라 난리도 아니었습니다.

정도전의 표준영정

주원장은 도대체 왜 이렇게까지 조선을 괴롭힌 것일까. 물론 앞서 설명했듯 주원장 개인의 괴팍한 성격도 한몫 했겠지만, 여기에는 국제정치적인 이유도 숨어 있습니다. 명나라는 분명 조선에게 원하는 것이 있었던 거죠. 바로 요동입니다. 요동은 몽골족, 여진족, 고려인들이 어울러 살던 지역입니다. 명나라 입장에서는 요동에 뻗치는 조선의 영향력을 차단하지 못한다면, 언젠가 조선과 몽골족, 여진족이 연합해 명나라에 큰 위협이 될지도 모른다고 느꼈던 겁니다. 허무맹랑해 보일 수는 있지만 그렇다고 이걸 단순히 명나라의 망상으로 보긴 어렵습니다. 그도 그럴 게 이성계의 가문 자체가 명나라 입장에서 대단히 위험한 가문이었기 때문입니다. 이성계의 가문은 원래 원나라로부터 다루가치로 임명되어 함흥평야 일대에서 고려인과 여진족들을 다스리던 가문이었죠. 즉, 명나라 입장에서 보면 이성계는 실제로 요동에서 몽골족과 여진족의 세력을 규합할 수 있을지 모르는 위험한 인물이었던 겁니다. 명나라가 정도전을 콕 집어 잡아오라고 명령한 것도 이해가 가는 대목이죠. 당시 정도전은 조선에서 병권을 쥐고 있었으며 군사력을 강화하여 여진족을 토벌하고 회유하는 등 정말 명나라에 위협이 되는 활동을 하고 있었습니다.

실제로 조선에서 요동정벌 얘기가 나오기 시작합니다. 당초 요동정벌 가던 길에 U턴한 이성계의 조선에서 다시 요동정벌에 대한 요구가 등장한 건 굉장히 의아할 수 있습니다. 그만큼 주원장의 시비 때문에 조선이 매우 시달리고 있었다는 것이죠. 다행인지 불행인지 조선의 요동정벌은 이루어지지 않았습니다. 건국 6년 만에 조선 내부에서 피바람이 불었기 때문이죠. 1398년, 이성계의 아들 **이방원**李芳遠[1]이 '왕자의 난'을 일으키고, 이 과정에서 조선의 개국공신이었던 정도전도 살해당했으며, 요동정벌 이야기도 종적을 감추게 됩니다. 그렇게 명나라와 조선의 관계는 다시 새로운 국면에 접어들게 됩니다.

[1] 임진왜란 때 경복궁이 불타면서 태종 이방원의 초상화도 소실되었다.

명나라와 조선의 상부상조

왕자의 난이 일어난 해에 때마침 명나라 황제 주원장도 사망합니다. 다음 명나라 황제는 주원장의 손자 **건문제**建文帝(재위: 1398년~1402년)였죠. 그런데 건문제는 정치적으로 위태로운 상황이었습니다. **숙부**가 군사력을 어마어마하게 보유하고 있어서 숙부를 제대로 견제해야만 황제 자리를 지킬 수 있었던 거죠. 내부가 위험하다 보니 건문제는 조선과 불편해져서 얻을 게 없었습니다. 그래서 조선의 왕이 정종과 태종으로 바뀔 때 바로바로 책봉해주며 승인해주죠. 하지만 건문제는 결국 숙부에게 황제 자리를 빼앗기게 됩니다. 그 숙부가 바로 명나라 3대 황제 **영락제**永樂帝(재위: 1402년~1424년)죠. 무려 4년간의 쿠데타(정난靖難의 변, 1399년~1402년)를 성공시켜 황제에 오르기는 했으나 좀 찝찝했을 겁니다. 유교 국가에서 정당하게 황제가 된 자기 조카를 끌어내리고 황제 자리를 빼앗아버렸으니 말이죠. 바로 이때 조선의 태종(이방원)이 영

영락제의 모습

락제에게 황제 즉위를 축하하는 사신을 보내주죠. 영락제 입장에서는 명나라 사람들에게 자랑할 일이 생긴 겁니다.

——— "이것 봐라! 내가 황제라는 것은 조선도 알고 있는 사실이다!!"

조선 덕분에 황제 즉위에 정당성을 챙길 수 있었던 영락제는 조선 사신이 돌아갈 때 엄청난 양의 하사품을 챙겨서 돌려보냅니다. 한편 앞서 설명했듯 태종도 왕자의 난을 통해 아버지를 끌어내리고, 동생을 살해하고 왕이 된 인물이었기에 필연적으로 영락제처럼 정당성 문제를 안고 있었죠. 이 상황에서 명나라 황제가 적극적으로 자신을 지지해주면 정당성 문제가 해결될 수 있었습니다. 관료 대부분이 유교를 공부한 유학자로 가득 차 있던 조선에서 감히 명나라 황제가 승인한 왕에게 정당성을 따지기는 쉽지 않았을 테니 말이죠. 이와 같이 영락제와 태종은 조공책봉관계를 공고히 해야만 서로 권력을 안정적으로 가져갈 수 있었던 겁니다. 상부상조 관계인 거죠. 결국 우리가 아는 조선과 명나라의 관계는 태종 때 정립되었다고 볼 수 있겠습니다.

그런데 이 기묘한 양국 관계 속에서 조선은 명나라를 점점 다르게 바라보기 시작합니다. 진심으로 섬겨야 할 국가로 바라보게 되는 거죠.

조선에 사대주의가 만연하게 되는 이유

사대주의事大主義라는 단어를 아시나요? 사대주의는 세력이 크거나 강한 국가 또는 사람에게 주체성 없이 맹목적으로 충성하고 의존하는 성향을 의미하는 단어입니다. 보통 조선을 두고 명나라를 향한 사대주의가 강했다고들 표현하곤 하죠. 과연 조선은 사대주의적인 나라였을까. 그랬다면 조선은 어쩌다 그런 국가가 되었을까.

우리는 잠시 **송나라**(960년~1279년) 시대까지 거슬러 올라가야만 합니다. 송나라는 역사 내내 북쪽에서 밀고 내려오는 거란족의 **요나라**(916년~1125년), 여진족의 **금나라**(1115년~1234년)와 대립해야 했습니다. 송나라는 이 대립에서 우위를 점하기 위해 요나라 및 금나라의 후방에 자리 잡고 있던 고려에 계속 컨택을 하며 친하게 지내려고 노력하죠. 이때 고려를 '다른 오랑캐들과 달리 문명을 갖춘 국가'라는 식의 립서비스를 해줍니다.

——— "고려는 예로부터 군자의 나라였으며 우리 송나라와 같은 문명국가다. 거란, 여진과 같은 오랑캐, 야만족들과는 수준이 다르다!!"

고려는 불교 국가였지만 관료들 중에는 유학자들이 많았습니다. 《삼국사기》를 집필한 것으로 잘 알려져 있으며 한때 고려의 국정을 모두 쥐락펴락하기도 했던 김부식金富軾(생몰: 1075년~1151년) 역시 유학자였죠. 중국대륙의 문화를 동경하던 유학자들 입장에서 송나라가 고려의 문화를 자신들과 동급으로 인정해준다는 것은 아마 국뽕이 차오르는 일이었을 겁니다. 심지어 고려 유학자들 사이에서 이상한 선민의식 같은 것까지 생기기도 할 정도였습니다. 고려는 주변의 다른 오랑캐와는 달리 중화의 문명, 문화, 질서를 너무나 잘 배운 '특별한 오랑캐의 나라', '작은 중화의 나라'라는 생각을 하는 거죠. 이게 바로 '**소중화**小中華' 사상의 시작입니다.

그럼에도 아직 고려 사람들에겐 고려가 세상의 중심이었습니다. 송나라는 정말 멋있고 동경하는 이웃 나라지만 고려와 마찬가지로 거란족 및 여진족에게 쩔쩔 매고 있는 처지였으니 말이죠. 고려가 송나라에 사대를 하긴 했지만 송나라가 구원을 요청할 땐 입 다물고 모른 척할 줄도 알았습니다. 일단 이 시기 고려시대 유학자들의 국뽕에는 자신들이 중국대륙의 국가와 같은 수준의 문화를 향유한다는 자부심은 물론, '중화문명의 인정'이 매우 중요한 요소였다는 점을 기억해둡시다.

세월이 흘러 몽골제국이 등장합니다. 고려는 수십 년간 저항하다 항복했지만 남송 정벌을 깔끔히 마무리하고 싶었던 쿠빌라이는 꽤 괜찮은 조건으로 항복을 받아줍니다. 게다가 만주 지역의 울루스를 견제하기 위해 딸을 고려 왕실과 결혼시켜 고려를 부마(사위)국으로 우대해주기까지 하죠. 남송은 왕조가 사라져버렸는데 고려 입장에서는 굉장히 파격적인 특별대우를 받은 셈입니다. 물론 원나라가 남송을 멸망시켰을 때 고려의 일부 유학자들은 천자의 나라가 오랑캐에

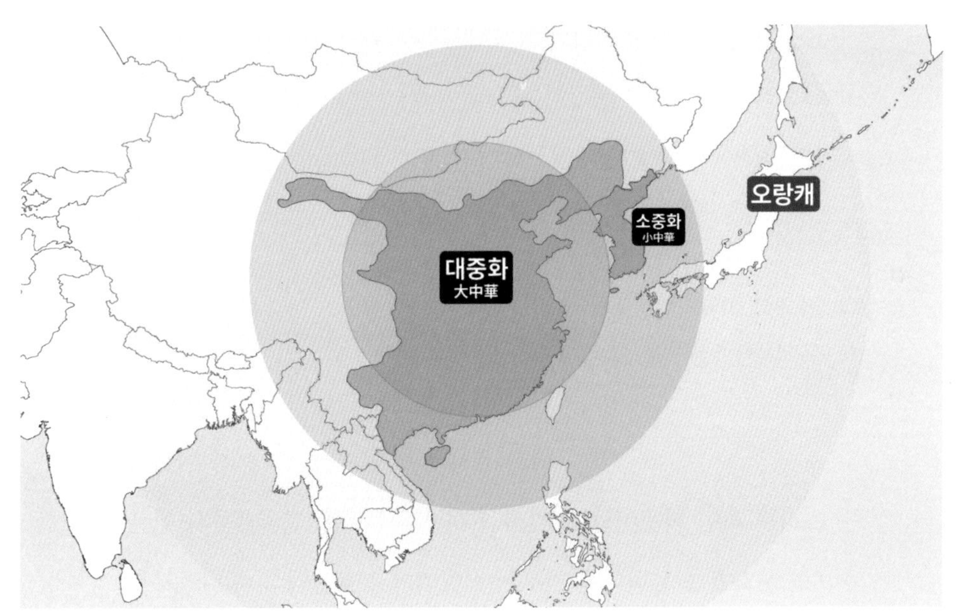

조선은 중화질서를 진리로 여기고 편입되고 싶었던 것이다.

게 망했다고 슬퍼했습니다. 그런데 다른 일부 유학자들은 이상한 합리화를 하기 시작합니다.

——— "중국대륙에 새로운 천자의 국가 원나라가 들어섰다!!
천자께서 하늘의 명을 받아 송나라를 무너뜨렸다!!
우리들은 그 질서를 받아들이고 원나라에 편입되어야 한다!!"

중국대륙의 왕조가 송나라에서 원나라로 바뀐 것은 유교의 가르침대로 하늘이 송나라 대신 원나라를 선택한 것이며, 고려는 그 질서에 순응하고 위아래를 알아볼 줄 아는 수준 높은 오랑캐이기에 왕실이 사라지지 않고 오히려 원나라가 부마국으로 삼아주기까지 했다는 것이죠. 고려가 원나라의 속국이 되는 굴욕적인 상황에서도 중국대륙의 국가가 우리들의 수준을 인정해줬다며 국뽕에 차오른 모습입니다.

마침 원나라 시기 고려에는 그 유명한 **성리학**性理學[1]이 퍼지고 있었습니다. 수천 년 전부터 내려온 유교의 방대하고 다양한 가르침을 논리적으로 일관되게 엮기 위해 이理가 어떻고 기氣가 어쨌다는 소리를 하던 학문이었죠. 앞서 고려 사람들에겐 중국대륙과 같은 수준의 문화를 향유한다는 자부심이 있었다고 했습니다. 원나라로부터 성리학이라는 선진 학문을 배운 고려 말기의 학자들은 중국의 중화사상을 체화하기 시작하죠. 무슨 말이냐면 중화의 질서를 따르고 천자의 국가를 섬길 줄 아는 국가라는 자부심이 생겼다는 겁니다. 이제 중국대륙을 향한 사대주의가 스스로를 다른 오랑캐에 비해 우월하다고 느끼게 만드는 국뽕의 필수요소가 되어버린 겁니다.

[1] 성리학은 중국 주희朱熹(주자)를 시작으로 탄생하여 주자학이라고도 한다.

이런 상황에서 고려가 망하고 조선이 건국된 겁니다. 조선의 국가 운영 토대는 성리학이었고, 성리학자들은 조선의 관료들이 되었습니다. 다만, 처음에는 조선도 명나라를 진심으로 '대국大國'으로 생각한 것 같지는 않습니다. 왕이 되기 전부터 큰 국가에 함부로 대항하면 안 된다던 이성계도 명나라에 대해 딱히 우호적이진 않았고, 조선의 신하들도 명나라를 무조건적으로 따라야 한다고는 보지 않았죠. 그러나 앞서 설명했듯 영락제와 태종 이방원이 즉위하면서 상황이 좀 달라집니다. 자신의 조카(건문제)를 몰아내고 쿠데타로 황제가 된 명나라의 영락제, 자신의 아버지와 동생을 몰아내고 왕자의 난으로 왕이 된 조선의 태종, 이 둘이 권력을 잡은 시기부터 조선과 명나라의 주종관계가 굴러가기 시작했죠. 처음에는 조선의 왕과 명나라의 황제가 Win-Win을 위해 조공책봉을 했지만, 시간이 지날수록 실리적인 이해관계는 사라지고 성리학적 질서를 지켜야 한다는 종교만 남게 되었던 겁니다.

성리학을 탄생시킨 주희(생몰: 1130년~1200년)

물론, 조선의 성리학자들도 명나라를 찬양만 하진 아니었습니다. 어디까지나 '중화'의 질서를 따르려고 했죠. 실제로 조선의 성리학자들은 질서를 지키기 위해 명나라를 따라야 한다고는 했지만, 그 명나라가 성리학 이론과 중화의 질서에서 어긋나는 짓들을 벌이면 가차없이 "아… 그거 그렇게 하는 거 아닌데!"라며 비판했습니다. 태종 이후 조선은 명나라에 점점 종속되는 모습을 보여주기는 했으나, 조선의 성리학자들은 나름대로 성리학자라는 학자로서의 양심 혹은 '소중화'라는 종교적 가치관에 따라 판단할 줄 알았던 거죠.

그런데 임진왜란이 터지면서 성리학자들은 거의 광신도가 되어버립니다. 일본이 순식간에 한양까지 치고 들어오며 조선이 위기를 겪자 명나라가 천자의 군대를 파견해줍니다. 비록 그 피해는 컸지만 명나라의 도움을 받아가며 조선은 마침내 왕조를 지켰습니다. 천자의 나라를 진심으로 섬겼더니 천자의 나라가 정말로 우리를 지켜준 겁니다. 성리학자들은 그동안 책으로만 봤던 '중화의 질서'가 바로잡히는 현장을 목격하게 된 거죠. 이제 조선의 성리학자들은 대국에 함부로 대항하지 않고 고개를 숙이며 믿고 따라야 한다고 생각하게 됩니다. 그렇게 중국대륙에 대한 '사대주의'가 조선에 깊이 뿌리내리기 시작합니다.

소중화 사상과 성리학, 그리고 사대주의까지 혼재된 조선의 '종교'는 이후 청나라가 등장할 때 조선에 큰 위기를 가져다줍니다. 청나라(=여진족=후금)가 쳐들어와 병자호란(1637년)을 일으키자 조선의 관료들은 임진왜란 때 도와준 명나라의 은혜를 저버릴 수 없다고 주장했죠. 국가가 멸망하고, 백성들이 도륙당해도 성리학적 질서를 바로 세우는 것이 중요하다면서 말이죠. 물론, 명나라가 아무리 약해졌어도 여진족에게 질 만큼은 아니라는 실리적 판단을 했던 것이라는 견해도 있습니다. 하지만, 적어도 성리학으로 세상을 보던 관료들 입장에서는 명나라와 청나라를 선택할 때 고민하던 내용은 이런 것이었을 겁니다.

중화의 질서를 따르는 문명인의 지위를 지켜낼 것인가,
아니면 성리학도 모르는 야만족으로 전락해야만 하는 것인가?

제5장

고래 싸움에 조선 등 터진다

명청교체기

제4장에서 원나라와 고려가 멸망한 후 명나라와 조선이 건국된 과정에 대해, 그리고 조선이 왜 그토록 명나라에 대한 사대주의를 놓지 않으려 했는지에 대해 설명했습니다. 이번 제5장은 명청교체기[1]와 조선에 대한 이야기입니다. 17세기 명나라는 큰 혼란을 겪고 있었습니다. 안으로는 내란이 끊이지 않고 있었고 밖에서는 청나라를 건국한 여진족이 명나라를 노리고 있었죠. 조선은 명나라와 청나라 둘 중 하나를 선택해야 했습니다. 그러나 쿠데타를 일으킨 조선의 임금 '인조'는 자신의 왕권을 지키기 위해 명나라를 선택하게 되죠. 제5장에서는 명나라가 멸망한 후 청나라가 들어서는 과정과 조선의 안일한 국제정치적 판단에 대해 설명하겠습니다.

[1] 명나라가 멸망하고 청나라가 건국되는 17세기 중반의 혼란기

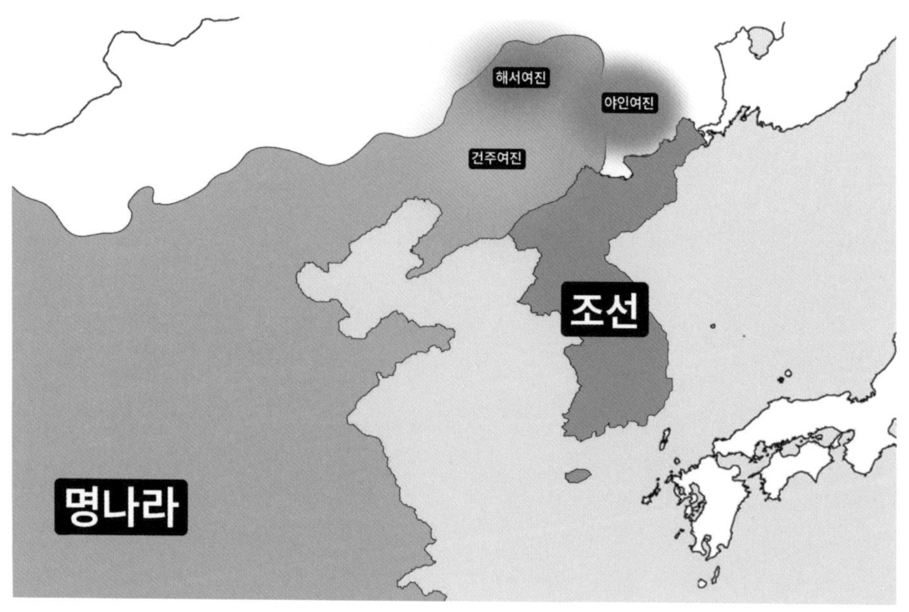

여진족의 분포

명나라와 여진족의 관계

여진족은 12세기 금金나라(1115년~1234년)를 건국한 바 있습니다. 비록 금나라는 100여 년 만에 멸망했지만 여진족이란 민족은 중국대륙과 한반도에 큰 인상을 남겼고, 명나라가 건국될 때까지도 이런 말이 남아 있었습니다.

"여진의 세력 1만이 되면 천하가 그들을 당할 수 없다!"

금나라의 역사를 알고 있었던 명나라는 진작부터 여진족의 세력이 커지지 못하도록 관리했습니다. 앞서 명나라가 요동에 집착하며 고려와 조선을 괴롭힌 걸 기억하실 겁니다. 요동, 그리고 오늘날의 연해주에 해당되는 지역에도 여진족을 관할하는 기관[1]을 설치했고, 조공을 바친 여진족 지도자에게는 관직을 하사해 명나라와 무역을 할 수 있도록 혜택을 주며 경제적 종속관계를 만들었죠. 앞서 제2장에서 설명했던 한나라와 주변 국가들 간의 조공책봉관계와 비슷합니다. 한나라의 주변 국가나 부족들은 한나라라는 거대한 시장과 무역을 하는 게 경제적으로 이득이어서 조공책봉관계를 맺었습니다. 이와 유사하게 여진족도 명나라와의 무역을 중요하게 생각했습니다. 명나라가 만주 지역에 시장을 열어주면 여기서 여진족들은 인삼, 모피, 진주 등을 명나라 한족 상인들에게 판매하고, 자신들이 살아가는 데 필요한 생필품들을 구매했던 거죠.

[1] 연해주에 설치된 기관의 정식 명칭은 누르간도지휘사사奴兒干都指揮使司이며 짧게 누르간도사라고 부르기도 한다. 설치 이후 금방 유명무실해져서 30년도 못 가고 폐지되었다.

그런데 명나라는 모든 여진족에게 시장 이용을 허락해주진 않았습니다. 명나라 황제의 칙서(교역허가증)를 소지한 여진족만 시장에서 거래를 할 수 있게 해주었죠. 여진족을 경제적으로 명나라에 종속시켜 관리하고자 했기 때문입니다. 실제로 이 전략은 꽤 효과적이었던 것 같습니다. 여러 여진족 부족 지도자들은 자신이 이끄는 부족의 민심을 얻기 위해 명나라와의 교역을 필요로 했고, 교역허가증을 얻기 위해, 혹은 잃지 않기 위해 명나라에 잘 보이려고 했습니다. 함부로 명나라에 대항할 수 없었던 거죠.

비슷한 맥락으로 조선과 가깝게 지내려고 했던 여진족도 있습니다. 몇몇 부족은 조선을 상대로 약탈을 했지만, 어떤 부족은 조선에 조공을 바치고 관직을 하사받는 부족도 있었죠. 이와 같이 여진족은 하나로 통합되지 못한 채 여러 부족으로 나뉘어 있었고, 부족마다 외교방식조차도 달랐기에 여진족 자체는 큰 힘을 갖고 있지 않았습니다. 그렇게 16세기 중반까지만 해도 명나라와 조선 모두에게 여진족은 큰 위협이 되지 않았죠.

그런데 16세기 후반에 여진족 중 일부가 명나라에 다른 걸 요구합니다. 명나라 황제의 칙서 없이도 자유롭게 무역할 수 있게 해달라고 한 거죠. 경제력으로 여진족들의 기강을 잡으려 했던 명나라는 이걸 허용해주지 않았습니다. 결국 1572년, 여진족 그룹[1] 중 하나였던 건주여진이 명나라를 상대로 반란을 일으킵니다. 명나라는 토벌군을 편성하여 여진족과 전쟁을 시작합니다. 그런데 전쟁이 벌어지던 중, 명나라가 실수로 명나라에 순응하고 있던 여진족 부족장까지 반란군으로 오인하고 처형하는 일이 벌어집니다. 명나라는 뒤늦게 상황을 수습하기 위해 처형한 부족장의 아들에게 사과를 하며 그에게 경제적 이권을 몰아주기로 합니다. 그 아들의 이름은 **누르하치**Nurhaci(재위: 1616년~1626년)였죠.

[1] 당시 명나라는 여진족을 크게 해서여진, 야인여진, 건주여진으로 나눠 관리했다.

누르하치의 등장

누르하치의 모습

명나라로부터 많은 경제적 혜택을 받고 있었던 누르하치는 그 힘으로 세력을 키워 여러 여진부족들을 통합할 수 있었습니다. 무려 30년이 걸렸죠. 원래대로라면 명나라가 거세게 견제하며 여진족의 성장을 막았겠지만, 이 무렵 임진왜란이 일어나는 바람에 명나라가 미처 여진족을 신경 쓰지 못해 가능한 일이었죠. 하나의 큰 세력을 형성한 여진족은 과거에 사라졌던 여진족의 국가 금나라를 다시 건국합니다. 일반적으로 이전의 **금나라**(1115년~1234년)와 구분하기 위해 **후금**後金(1616년~1636년)이라고 부르죠. 그리고 1618년에 후금은 명나라를 상대로 선전포고를 합니다. 명분은 **7개의 큰 원한**이었습니다.

(1) 명이 누르하치의 부조父祖**(아버지와 할아버지)를 무고하게 살해했다.**

(2) 명이 건주여진을 업신여겼다.

(3) 명이 누르하치와의 협상을 거부하고 침략했다.

(4) **명이 건주여진을 막기 위해 예허여진[1]을 비호했다.**

(5) **명이 예허여진과 건주여진의 혼인동맹을 방해했다.**

(6) **명이 시하, 무안, 삼차 땅을 내놓으라고 협박했다.**

(7) **명의 요동 총독 소백지蕭伯芝가 건주여진인을 착취했다.**

누르하치는 7개의 큰 원한이라는 '명분'으로 명나라에게 선전포고를 하고, 만주 지역의 전략적 요충지였던 무순撫順(푸순)을 점령합니다. 여진족이 1만 명 이상이 되면 막을 수 없다는 말이 현실로 이루어지기 시작했던 거죠.

[1] 해서여진의 한 세력

한편 명나라는 국내 상황을 진정시키느라 정신이 없었습니다. 임진왜란이라는 큰 전쟁을 끝낸 지 얼마 되지도 않았는데 마침 기근도 이어지던 시대라 민란이 끊임없이 이어지고 있었던 거죠. 연이어 벌어지는 반란을 진압하느라 국가 재정도 부족한 상황에서 여진족까지 쳐들어오자 명나라는 조선에 연락합니다.

——— **명나라: "니네 임진왜란 때 은혜 기억하지? 이제 갚을 때 된 듯."**

——— **조선: "아…"**

명나라는 조선에게 여진족 토벌 지원을 요청합니다. 조선은 거부할 수 없었죠. 1592년 임진왜란이 발발하고 20여 일 만에 일본군한테 한양을 내줬던 조선은 명나라의 수십만 대군의 지원을 받았었습니다. 그동안 천자랍시고 거들먹거리기나 했던 명나라가 정말 천자의 나라라는 게 증명되는 순간이었습니다. 거대한 명나라가 조선이라는 작은 나라를 도와주기 위해 군대를 파견해주었으니 조선인들 입장에서는 그동안 유교에서 배웠던 질서가 실현되는 광경이 펼쳐졌던 거죠.

다만, 당시 조선의 왕이었던 **광해군**(재위: 1608년~1623년)은 무턱대고 명나라를 도우려고 하진 않았습니다. 비록 임진왜란을 직접 겪으면서 명나라가 베풀었다는 '은혜'가 뭔지는 잘 알고 있었지만, 광해군이 보기에는 명나라가 여진족(후금)을 정복하기는 쉽지 않을 것이라고 판단한 것 같습니다.

> **거세게 나오고 있는 노추(=누르하치)를 중국 조정의 병력으로도 일거에 섬멸한다는 보장을 할 수가 없겠으니** (후략)
>
> 《광해군일기》 중초본 127권, 광해 10년 윤4월 15일

광해군은 조선이 명나라에게 파병을 할 경우 오히려 화를 당할 가능성이 크다고 보고 파병을 거부하겠다는 의사를 밝히죠.

——— **"황제 폐하. 임진왜란 때 도와주셨던 건 감사해요. 근데 지금 저희도 왜구들이 사방에서 쳐들어오고 있는 거 막느라 인력이 부족해서 도와드릴 수 없을 것 같아요. 임진왜란 때 백성**

《광해군일기》의 표지

들 너무 많이 죽어서 농사지을 사람도 부족해서 군인들이 농사짓고 있거든요. 지금 병사 보내면 저희들 왜구들한테 박살 날 수도 있어요."

그러나 앞서 제4장에서 설명했듯 사대주의가 만연했던 조선의 관료들은 '명을 반드시 도와야 한다'고 주장했습니다. 임진왜란 때 조선을 도와준 명나라를 돕지 않는 것은 양심에 어긋나고 천륜을 어기는 짓이라며 말이죠. 심지어 군대를 파병하는 게 조선에 해를 끼칠 수 있는 것도 알고 있다고 말합니다. 이건 《광해군일기》(중초본 127권, 광해 10년 윤4월 24일)에 고스란히 담겨 있죠.

—— **"전하! 지금 명나라를 도우면 조선이 손해 본다는 건 잘 알고 있습니다. 근데 명나라는 부모이며, 임진왜란 때 우릴 도와준 국가입니다. 우리가 힘들다 하여 명나라를 돕지 않는 것은 양심이 없는 짓입니다. 우리가 돈이 없지 의리가 없는 것은 아니잖습니까? 명나라로 군대 보내줍시다!!"**

당시 조선 관료들은 백성들을 뒷전으로 두고 명나라를 도와야 한다는 목소리를 냈습니다. 결국 1619년 조선은 중국어에 능통했던 형

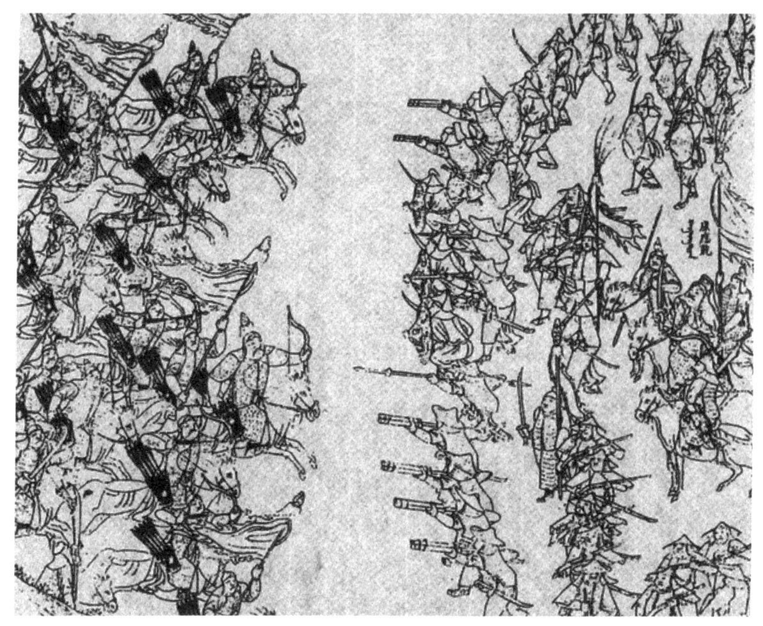

1619년 명나라와 조선 연합군과 누르하치 군대가 싸운 사르후 전투를 그린 삽화. 왼쪽 여진족 기병, 오른쪽 명나라 보병

조참판 **강홍립**姜弘立(생몰: 1560년~1627년)과 1만 3000여 명의 원정군을 파병합니다. 다만 광해군은 강홍립에게 명나라의 오더를 그대로 따르지 말고 전쟁에서 패배하지 않을 방도를 강구하는 것에 힘쓰라고 당부합니다. 그러나 광해군의 당부에도 조선군은 명나라군과 함께 누르하치의 군대에게 박살 납니다. 조선군 1만 3000여 명 중 무려 70퍼센트가 사망하고, 나머지는 포로로 잡힙니다. 임진왜란이 끝난 지 고작 20여 년밖에 지나지 않아 미처 왜란의 피해도 다 수습하지 못했던 조선은 파병 자체도 감당하기 어려웠는데 전투에서 패배까지 하면서 피해가 막심했을 겁니다. 그런데 명나라는 조선에 또 파병을 요

청합니다. 게다가 강홍립이 누르하치에게 '일부러' 항복한 것 아니냐는 의심까지 했죠. 광해군은 명나라의 의심을 피하면서 동시에 추가 파병을 막기 위한 방법을 모색하기 시작합니다.

이와 같은 조선 신하들의 태도는 사실 사대주의가 아니라, 지극히 현실적인 상황 판단에서 비롯된 것이라는 의견도 있다. 당시 명나라는 명실상부한 동아시아 최고 강대국이었기에 여진족 '따위'에게 질 리가 없어 보였다. 실제로 명나라는 여진족이 아니라 내부의 이자성李自成 때문에 멸망했다. 조선 입장에서는 오랑캐 여진족보다 명나라를 따르는 게 생존 가능성이 더 컸던 것이다.
이 점을 감안하고 본문에서 인용된《광해군일기》를 좀 더 읽어보면 당시 상황이 다르게 느껴질 수 있다. 예를 들어 조선의 신하들이 '지금 파병을 안 해줬다가 혹시 나중에 조선에 또 위급한 사태가 생기면 명나라에 구원 요청을 할 면목이 없을 것'이라고 말하는 부분이 있다. 바꿔 말하면 명나라는 망할 리가 없기 때문에 지금 명나라의 요청을 들어줘야 훗날 조선도 도움을 요청할 수 있다는 것이다. 물론 이에 대한 판단은 독자들의 몫으로 남겨두겠다.

보살이었던 누르하치

한편 명나라와 전쟁을 벌이던 여진족 누르하치는 일관되게 조선을 상당히 배려해줍니다. 조선이 원정군을 보내기 전부터 조선에 편지를 보내 서로 관계를 맺고 원만하게 잘 지내보내자는 요청을 했고, 조선과의 전투에서 승리한 이후에는 포로로 잡힌 강홍립과 조선군을 편히 지낼 수 있게 해줬죠. 아예 강홍립과는 술까지 같이 먹으며 친하게 지냈다고 전해집니다. 강홍립은 이 사실을 편지에 적으면서 조선과 후금이 화친하면 아마도 조선군이 귀국할 수 있을 것이라는 정보를 조선에 전합니다. 누르하치도 편지를 써서 조선을 달래려고 했죠.

——— **"너희 조선이 명나라에게 갚아야 할 은혜 때문에 어쩔 수 없이 우리를 공격한 거잖아. 난 다 이해해. 지금부터 잘 지내면 되지! 어차피 우리 여진족이랑 조선은 서로 원한도 없고, 똑같이 명나라에게 핍박받고 시달리는 처지였잖아?"**

누르하치는 자신을 공격하기 위해 군대를 보낸 조선에게 **이해한다**고 얘기합니다. 그리고 자신들과 조선이 어떤 관계로 지내고 싶은지 물어보죠.

——— **"앞으로 어쩔 거야? 우리랑 손잡을 거야?"**

광해군은 최대한 후금을 자극하지 않으려고 노력하면서, 누르하치의 편지를 갖고 온 사신도 잘 대접해줍니다. 문제는 누르하치의 편지에 답장을 보내는 시간이 너무 오래 걸렸다는 겁니다. 누르하치의 편지는 1619년 4월 2일에 도착합니다. 그런데 광해군과 조정 신료들은 편지에 뭐라고 적을지에 대해 토론하느라 시간을 보냈습니다. 당시 누르하치의 포로로 잡혀 있던 조선인이 남긴 일기인 《책중일록柵中日錄》에 따르면 누르하치가 편지를 보낸 게 1619년 3월 21일인데 답서를 받은 건 5월 27일이었습니다. 그토록 오매불망 기다렸던 조선 측 답장에는 누르하치가 원하는 내용이 담겨 있지도 않았죠.

건주위에게

"우리 조선과 여진족은 과거부터 원한이 없어. 그런데 우리는 명나라와 부자지간이야. 그래서 쌩깔 순 없어. 그렇지만 너희랑 잘 지낼 수 있어. 앞으로 조선과 후금은 서로 침략하지 않으면서 사이좋게 지내자^^!"

평안감사

후금 입장에서 조선의 답서 내용은 뚱딴지같은 소리에 불과했습니다. 당시 후금은 본격적으로 명나라를 공격하기 전에 우선 조선과의 관계를 명확히 하고 싶었던 상황이었습니다. 후금에게 있어서 조선이라는 나라는 후금의 후방에서 뒤통수를 후려갈길 수 있는 국가였기 때문이죠. 그런데 조선은 후금과 화친을 하겠다는 건지 안 하겠다는 건지 애매한 소리나 하고 있던 겁니다. 답장의 형식에도 문제가 있었습니다. 당시 후금에게 보낸 조선의 답장에는 조선 국왕의 옥새가 아니라 '평안감사'의 도장이 찍혀 있었습니다. 게다가 편지의 수신자를 후금이 아닌 건주위建州衛[1]라고 적었고, 국가끼리 편지가 오고 갈 때면 주고받는 예물도 보내지 않았습니다. 조선이 명나라의 눈치를 보며 누르하치의 후금과 관계를 맺는 것을 주저했었다는 것을 보여주는 대목입니다. 물론 후금 입장에서는 상당히 모욕적인 답장이었습니다. 누르하치는 조선에 다시 편지를 보내죠.

[1] 정확히는 건주위부하마법建州衛部下馬法이었다. 건주위는 명나라가 여진족을 다스리기 위해 만든 행정단위이고, 건주위부하마법은 건주위를 관리하는 담당자를 의미한다.

> 조선아. 명나라처럼 부모자식 관계까지는 바라지도 않을게. 대등하게 국가 대 국가로서 서로 수교하자. 꼭 옥새 찍어서 답장 보내.
>
> 7월 1일. 조선의 친구 누르하치

이번 편지에 담긴 누르하치의 요구는 명확했습니다. 누르하치는 서로 관계를 맺을지 말지 분명히 적어서 답장하라고 조선에 요구했죠. 조선은 난처했습니다. 명나라와 전쟁을 하고 있는 후금과 관계를 맺는다는 것은 명나라와 조선의 관계를 끊으라는 말과 다름없었기 때문이죠. 사대주의가 만연했던 조선에서는 있을 수 없는 일이었습니다. 조선은 또 시간을 끌며 몇 달의 시간을 버티고 있었습니다. 기다리다 지친 누르하치는 한 달 뒤였던 8월 4일 또다시 조선에 사신을 보냅니다. 와중에 명나라는 명나라대로 조선에 파병을 요구하기 위해 사신을 보냈죠. 조선은 후금 측에 명나라 사신들 와 있어서 답장을 못 주는 거라며 기다려달라고 합니다. 그렇게 또 몇 달을 보내고 나니 후금은 조선을 의심하기 시작합니다. 명나라와 손잡고 자신들을 공격하려는 거 아닌가 하는 생각이 들어 조선에 다시 사람을 보냈죠. 그러자 조선에서는 절대 그럴 일이 없다며 후금의 사신을 배 터지게 먹여주고 재워주며 돌아가려는 사람 또 붙잡아 대접하고 또 대접한 후 돌려보냈죠. 이런 식으로 누르하치는 계속해서 조선에게 답장을 재촉했고, 조선은 명나라의 눈치를 보며 시간을 끌고 변명하기 바빴습니다. 결국 누르하치의 인내심은 한계에 다다르기 시작합니다.

꼭지 돌기 시작한 누르하치

1621년 3월 20일 후금은 요동의 중심이었던 심양沈阳(선양)과 요양遼陽(랴오양)을 점령합니다. 이때 후금과 맞서 싸우던 명나라 장수 **모문룡**毛文龍(생몰: 1576년~1629년)이 조선으로 도망칩니다. 명나라와 계속 관계를 유지하고 있던 조선은 그를 받아줍니다. 조선에 도착한 모문룡은 조선에 거점을 두고 지속적으로 후금을 습격하기 시작하죠. 누르하치는 정말 어이가 없었습니다. 지금까지 차일피일 미뤄지기만 하던 조선의 답장을 참고 또 참으며 기다려줬더니 명나라 장수가 조선 안으로 들어가 후금을 공격하고 있었으니 말이죠.

후금 쪽 분위기가 안 좋은 걸 감지한 조선은 사람을 보내기로 합니다. 후금을 달래기 위해 이전보다는 높은 지위의 사람을 사신으로 보내고 선물도 바리바리 싸들고 가서 격식을 차리는 모습을 보여줬죠. 동시에 명나라 쪽에는 후금을 정탐하려고 사신을 보낸 거라고 걱정하지 말라며 설득했습니다. 두 나라 가운데에서 엄청난 외줄 타기를 하고 있었던 거죠. 후금과 화친은 맺지 않으면서도 심기를 건드리지 않아야 하고, 동시에 명나라한테도 의심을 받지 않도록 나름대로 최선을 다했던 것 같습니다.

하지만 1621년 11월 13일, 결국 꼭지가 돌아버린 누르하치는 명나라 장수 모문룡을 잡으러 조선을 침략합니다. 하지만 모문룡을 잡는 데 실패한 누르하치는 모문룡을 내놓으라며 조선을 협박했죠. 광해군은 명나라 장수 모문룡을 후금에 넘겨줄 수 있는 입장이 아니었습니다. 그래서 모문룡에게 후금은 수군이 약하니 평안도의 가도椵島라는 섬으로 도망가라고 합니다. 명나라 눈치를 보면서도 후금 군대가 모문룡을 쫓아 조선 땅 깊숙이 따라오지 못하게 하려는 의도였죠. 결과적으로 광해군의 의도대로 되긴 합니다.

1622년 2월 빡친 누르하치는 자신들과 조선 사이에서 소통을 담당하던 조선의 통역관을 처형합니다. 이런 상황이 벌어지고 있음에도 조선은 무려 8월이 되어서야 후금에게 공식적인 국서를 보내기로 결정합니다. 물론 명나라의 눈치도 계속 봐야 했기 때문에 **국서인 듯 국**

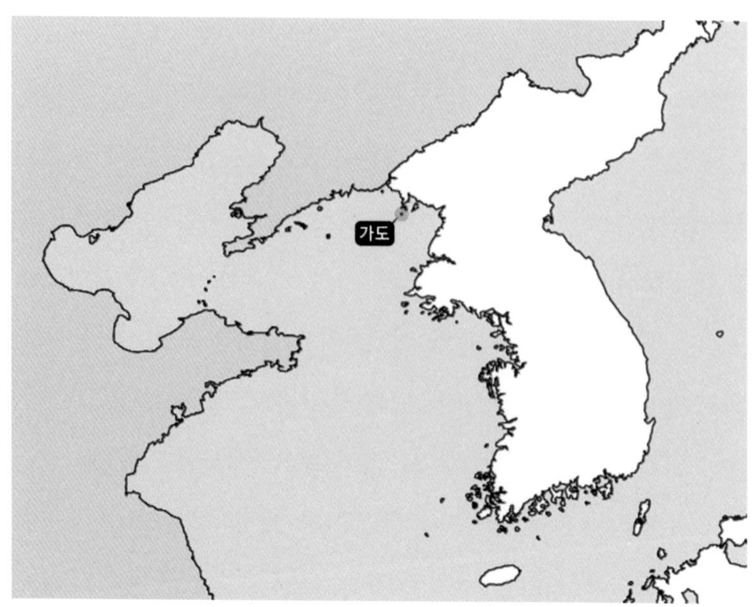

가도. 현재 북한의 철산군에 속하고 있다.

서 아닌 국서 같은 국서를 보내기 위해 조선의 관료들은 열심히 회의해야 했죠.

———"남쪽 오랑캐인 왜국(일본)에도 국서를 보낼 때 왜국의 국호를 적고 옥새를 찍어왔습니다. 그러니 북쪽 오랑캐인 여진족에게 보내는 국서에도 그들의 국호를 적어 옥새를 찍는 게 이상한 일이 아닙니다. 이는 명나라를 배신하는 것도 아닐 것입니다. 그리고 고위급 관료가 아니라 유배를 다녀온 범죄자 문희현文希賢❶을 국서 운반자로 보내는 것이 타당할 것 같습니다."

조선은 후금에 보내는 국서를 '대단한 행위'가 아닌 것으로 만들고자 정말 심혈을 기울여 노력했습니다. 하지만 누르하치는 헛소리만 늘어놓는 조선의 국서에 넌더리가 난 상태였습니다. 조선이 국서를 핑계 삼아 자신들을 염탐하려고 찾아온 것이라며 조선의 사신들을 모두 억류시킵니다. 그중에는 도망치려다 처형당한 이들까지 있었죠. 이렇게 복잡한 국제정치 상황을 겪고 있던 조선에서는 쿠데타까지 일어납니다.

1

문희현은 관료로 근무하던 중 죄를 지어 함경도로 유배를 갔다가 거기서 여진족의 언어를 배워 여진과 몰래 교류하다 또 처벌을 받은 인물이다. 여진족과 교류한 덕분에 문희현은 후금 쪽 사정도 잘 알고 있었고, 후금은 문희현을 고위관료로 여겼으니 후금을 달래기에 좋은 인물이었다. 또한 실제로는 관료가 아니었으니 유사시에 조선이 꼬리를 자르기에도 좋았다.

광해군에 대한 평가

앞서 살펴봤듯 광해군은 후금과 명나라 사이에서 최대한 양쪽의 심기를 건드리지 않으려고 노력했습니다. 일반적으로 이 외교 전략을 '중립외교'라고 하죠. 오늘날 한국에서는 광해군의 중립외교를 부각하며 그를 긍정적으로 해석하는 분위기가 널리 퍼져 있습니다. 하지만 효기심은 과연 광해군을 마냥 좋게만 평가할 수 있는지 의문이 듭니다.

일단 중립외교라는 외교방침이 너무 올려치기 된 감이 없지 않아 있습니다. 광해군의 중립외교라는 게 당시 국제정세 속에서 딱히 의미가 없었을 수도 있기 때문이죠. 당시 후금은 서쪽에서 상당히 바쁜 시간을 보내고 있었습니다. 명나라를 계속 공격하는 한편, 아직 명나라 북쪽에서 세를 떨치고 있던 몽골을 회유하는 데 집중했던 거죠. 이때 조선은 후금을 인정하지 않을 뿐 딱히 별다른 군사적 움직임이 없었으니 후금은 조선을 적당히 압박만 주면서 서쪽 전선에만 신경 쓰고 있었던 겁니다. 실제로 몽골 세력을 흡수하여 청나라가 된 후금은 여전히 조선이 자신들을 업신여기는 것처럼 보이자 바로 조선으로 쳐들어갔죠(이 과정에 대해서는 조금 뒤에 자세히 살펴보겠습니다). 사실상 광해군 통치기에 조선이 비교적 안전했던 이유는 광해군의 중립외교 덕분이라기보다는 후금과 명나라 간의 정세 때문이었다고 봐도 과언이 아닙니다.

물론 광해군을 외교적으로 실리를 챙기려고 노력했던 군주였다고 볼 여지는 있습니다. 하지만 정작 조선 백성들의 삶을 어렵게 만든 왕이기도 하죠. 광해군은 정말 무리한 토목공사를 일삼았습니다. 즉위 후 창덕궁昌德宮 정비를 마무리하고 경덕궁慶德宮(현재의 경희궁慶熙宮)과 인경궁仁慶宮도 추가로 건설하라는 오더를 내렸죠. 대형 공사는 곧 국가 재정 탕진을 의미합니다. 국가 재정이 부족하면 세금을 늘려야죠. 광해군도 그랬습니다. 으리으리한 궁궐을 짓느라 백성들의 삶은 궁핍해졌으며 덕분에 민심이 크게 악화되었죠.

궁궐 건축은 조선의 안보 문제에도 직격탄을 날렸습니다. 중립외교를 표방하며 명나라와 후금 사이에서 시간을 벌었던 것은 분명 나

창덕궁의 전경. 광해군은 임진왜란 이후 불탄 창덕궁을 재정비했다. ©문화재청

경희궁의 정문인 흥화문. 광해군 시기 경희궁과 인경궁이 추가로 건설되었다. ©travel oriented

뻐지 않은 정책이었을지도 모릅니다. 하지만 벌어들인 시간 동안 광해군은 그저 궁궐만 지으며 돈을 낭비했죠. 건축에 돈을 쓸 게 아니라 혹시 모를 전쟁에 대비하여 군량미를 마련하고 병사를 육성해야 했습니다. 더 기가 막힌 점은 광해군도 이걸 알았다는 거죠. 광해군은 직접 신하들에게 전쟁 대비를 제대로 하라고 다그쳤습니다. 이때 신하들 중 한 명이 국가 재정이 딸려서 군량미도 구하기 어려우니 제발 좀 궁궐 짓는 걸 멈춰달라고 간언했었죠. 하지만 광해군은 공사를 멈추지 않았습니다. 공사비 마련을 위해 돈을 받고 관직을 파는 짓까지 벌였죠. 말로는 전쟁을 대비하자고 해놓고 실제로는 백성들의 등골과 군량미를 제물 삼아 궁궐만 계속 지었던 겁니다.

왜 그토록 광해군이 무리하게 새 궁궐을 지으려 했는지에 대해서는 학자마다 의견이 분분합니다. 그러나 그 어떤 이유를 대든 광해군은 중립외교 하나만으로 변호하기에는 너무 큰 오점을 남겼습니다. 사치를 부리느라 백성과 나라를 돌봐야 할 왕의 임무를 어기고 민심을 살피지 않았다는 비판을 광해군은 절대 피해 갈 수 없을 겁니다. 그리고 1623년, 결국 조선에서는 쿠데타가 일어나 광해군이 폐위되고 인조(재위: 1623년~1649년)가 왕위에 오르게 됩니다. 이 사건을 보통 인조반정이라고 하죠. 당시 광해군 폐위의 명분은 다음과 같았습니다.

1) 새엄마 인목대비를 폐위시키고, 배다른 동생인 영창대군을 살해하였다.(폐모살제廢母殺弟)

2) 민가 수천 채를 철거하고 궁궐 두 채를 짓는 초대형 토목공사로 백성들을 힘들게 하였다.

3) 간신배들만 신임하느라, 뇌물을 주고 관직을 산 장사치들만 조정에 가득하도록 만들었다.

4) 중국 명나라에 대한 200여년의 의리, 임진왜란 때 도움받았던 은혜를 다 저버리고 오랑캐와 친하게 지냈다.

인조실록의 모습

《인조실록》 1권, 인조 1년 3월 14일

책봉이 급했던 인조

조선의 왕들에게 있어 중국대륙 황제의 **책봉**은 일종의 'KC인증마크'와 같은 것이었습니다. 사대주의가 당연했던 조선에서는 중국대륙의 황제(천자)의 책봉을 받아야 정당성이 있는 왕으로 인정받을 수 있었으니 말이죠. 명분도 없이 쿠데타로 왕이 되었어도 명나라 황제의 책봉만 있다면 조선의 관료 그 누구도 함부로 왕을 인정하지 않을 수 없었습니다. 즉, 쿠데타로 집권한 인조는 명나라 황제의 책봉인증서를 반드시 받아내야만 했던 겁니다. 책봉인증서를 받기 위해 인조는 쿠데타 직후 바로 명나라에 사신을 보내죠. 그런데 명나라가 책봉인증서에 도장을 찍어주지 않는 겁니다.

——— "야!! 반란 일으켜서 왕이 된 애를 어떻게 인정을 해주냐? 그 게 사람이 할 짓이냐!?"

명나라는 자신들과 협의도 하지 않은 채 갑작스레 광해군을 폐위하고 왕이 된 인조를 탐탁지 않게 생각했습니다. 명나라 관료 중에는 대놓고 '인조와 반란주모자'들을 난신적자亂臣賊子[1]라고 손가락질하며 광해군을 다시 왕으로 복위시켜야 한다고 얘기하는 사람도 있었죠. 인조의 사신들은 한시가 급했습니다. 당시 인조와 함께 쿠데타를 일으킨 쿠데타 동지들은 자기들끼리 으르렁거리고 서로 모함까지 일삼으며 권력쟁탈전을 벌이고 있었습니다. 이런 상황에서 인조가 책봉을 받지 못하는 기간이 길어질수록 조선 내부에서는 인조가 왕으로서 정당성이 없다는 명분으로 또 쿠데타가 일어날 수 있었던 거죠. 실제로 1624년에 쿠데타가 일어납니다. 인조의 쿠데타 동지 중 한 명이었던 이괄李适(생몰: 1587년~1624년)이 인조를 상대로 반란을 모의하고 있다는 모함을 받게 됩니다. 인조는 이괄을 제외한 이괄의 아들과 부하들을 체포했죠. 이에 열 받은 이괄은 정말로 반란을 일으켜 한양까지 점령합니다. 이 사건을 이괄의 난(1624년)이라고 하죠. 이 반란으로 인조는 충남 공주까지 피난을 가게 됩니다. 이와 같이 명나라의 책봉을 받지 않은 인조

[1] 나라를 어지럽히는 신하와 어버이를 해치는 자식

의 왕권은 너무나도 불안정했습니다. 하루라도 빨리 명나라의 책봉을 받아야 했죠. 인조의 사신들은 명나라 관료들에게 뇌물까지 바치며 책봉해달라며 손이 발이 되도록 빌었습니다. 여기서 명나라는 조선에 조건을 하나 겁니다.

——— "우리 명나라를 도와라."

인조의 친명배금 정책?

조선은 명나라와 후금 사이에 끼여서 이러기도 뭐하고 저러기도 뭐한 정말 난감한 국제정치적 상황에 놓여 있었습니다. 문제는 인조가 광해군을 끌어내렸던 명분 중 하나가 '명나라를 멀리하고 오랑캐 후금과 가까이했었다'는 겁니다. 즉, 인조가 뒤늦게 후금을 달래거나 친하게 지내는 게 더 이득이겠다는 생각을 하게 되더라도, 후금과 가까워지려는 순간 자기가 집권한 것에 대한 정당성을 잃어버리게 됩니다. 무엇보다도 인조는 책봉을 받기 위해서라도 명나라의 말을 잘 들어줘야만 했습니다. 명나라도 아마 인조의 상황을 잘 알고 있었던 것 같습니다. 실제로 1623년에 책봉을 무기로 삼아 조선을 압박하여 후금을 공격하게 만들려고 했죠.

——— "야, 조선왕! 너 책봉받고 싶댔지? 맨입에 해줄 순 없고 조선

에 지금 모문룡 있잖아? 걔 도와서 열심히 후금 때려주면 책봉해줄게. ㅎㅎ."

사실상 명나라 대신 조선이 피를 흘리라는 거였죠. 명나라한테 완전 약점이 잡힌 인조는 거절하기 매우 어려웠을 겁니다. 명나라를 가까이해야만 했던 인조 입장에서는 후금을 배척해야만 했던 거죠. 바로 이게 우리가 역사시간에 배웠던 인조의 '친명배금親明排金' 정책입니다.

그런데 인조의 친명배금 정책이라는 것은 사실상 그렇게 큰 의미는 없었다고 봐도 무방합니다. 말로만 친명배금을 외쳤을 뿐 실제로는 명나라와만 친하게 지내고 후금을 내치는 모습을 거의 보여주진 않았기 때문이죠. 오히려 인조는 광해군과 비슷한 스탠스를 취했습니다. 예컨대 1624년에 명나라 장수 모문룡이 후금을 토벌하겠다며 조선에게 자신을 지원해달라고 요구했을 때 인조는 조선군을 파견하지 않으려 했습니다. 어쩔 수없이 파견을 하기는 했지만 병사들한테 명나라 군복을 입게 했죠. 광해군과 마찬가지로 인조 역시 명나라의 요구를 들어주면서 동시에 후금의 심기를 건드리지 않으려 노력했던 겁니다.

인조는 쿠데타를 벌인 지 2년이 지난 1625년에 노력의 결실을 맺게 됩니다. 명나라의 책봉을 받게 된 거죠. 하지만 이건 인조의 고생길이 열린 순간이기도 했습니다. 조선에 대한 명나라의 갑질이 더욱 본격화되었기 때문이죠. 갑질은 인조가 책봉받는 순간부터 시작됐습니다. 인조를 책봉하기 위해 조선을 방문한 명나라 사신들이 뇌물을 요구했고, 조선은 20만 냥의 은화를 갖다 바쳤죠. 당시 조선 호조(오늘날 기획재정부와 유사한 기구)의 2년치 경비와 맞먹는 금액이었습니다. 또한, 명나라는 앞서 모문룡이 가도에 세운 군사 기지에 조선이 식량과 군수물자를 제공하게 만들었습니다. 1627년에 조선이 모문룡한테 갖다 바친 군비가 조선의 1년 국가경비의 3분의 1이었다는 기록이 있을 정도로 조선은 막심한 재정피해를 겪고 있었죠.

그런데 1627년에 갑자기 3만의 후금 군대가 압록강을 건너 조선을 침략합니다. 이른바 **정묘호란**丁卯胡亂이 발생한 거죠. 조선은 당황했습니다. 광해군 때부터 줄곧 후금에 거슬릴 만한 짓은 최대한 피했기에 후금이 조선을 공격할 이유를 알 수 없었던 거죠. 사실 조선은 후금의 부가적인 목표물이었습니다. 후금의 주요 타깃은 명나라 장수 모문룡이었죠. 앞서 1626년에 누르하치가 명나라의 만리장성을 넘지 못하고 사망하고 **홍타이지**Hong Taiji(재위: 1626년~1636년)가 새로운 후금의 왕(칸)이 됩니다. 홍타이지는 명나라를 정복하기에는 힘이 부

홍타이지의 모습

족하다고 느꼈고 좀 더 후금의 국력을 키우기로 결정했죠. 이때부터 후금은 본격적으로 몽골족을 흡수하기 시작합니다. 또한 후방에서 자꾸 후금을 귀찮게 하던 세력을 제압하기로 했는데, 이게 바로 조선 국경 지대에 거점을 두고 있던 모문룡이었던 거죠.

본격적으로 후금이 쳐들어오자 조선의 군대는 추풍낙엽처럼 박살나기 시작합니다. 정작 후금의 어그로를 끌었던 모문룡은 다시 가도로 도망을 가버리죠. 그런데 후금 입장에서는 모문룡을 뒤쫓아가면서 전쟁을 길게 끌고 갈 수 없었습니다. 명나라와의 전쟁을 지속하고 있는 입장에서 조선에서 힘을 뺄 수 없었죠. 이 때문에 후금은 조선과 강화만 맺고 군사를 빼기로 결정합니다. 갑작스런 전쟁에 당황하여 강화도로 피신 가 있던 인조와 조정 신료들은 화친을 맺는 데 동의하죠. 이때 조선은 정신승리를 시전합니다.

———“후금과의 화친은 위기에 빠진 조선을 살리기 위한 임시방편이다. 명나라에 대한 의리를 저버리는 것은 아니다!”

조선의 인조와 조정이 뭐라 생각하건 결과는 굴욕적이었습니다. 조선은 후금과 형제관계를 맺게 되었고(물론 조선이 동생이었습니다), 후금에 매년 공물을 바치기로 합니다. 명나라 쪽에는 상황이 급해서 일단 보고도 못 올린 채 멋대로 화친을 맺게 되어 죄송하다며 조아렸죠. 국내에서도 여론이 안 좋아지자 인조는 백성들에게도 꽤 긴 사과문을 작성합니다. 그중 일부를 풀어 쓰면 이러합니다.

나라에 흥하고 망하는 일이 생기는 건 피할 수 없는 일이다. 그러나 그리 되는 이유를 살펴보면 언제나 임금이 잘하느냐 못하느냐에 달려 있던 것이었다. 나는 아주 현명하지도 않고, 그렇다고 많이 어질지도 못하고, 사람을 감동시킬 만큼 믿음직스럽지도 못하고, 난세를 제압할 만큼 무예가 뛰어나지도 않다. 나랏일을 하다가 번번이 잘못을 저질렀고, 부역도 무거워서 백성들과 군인들은 지쳐 있다. 몇 년 전에는 이괄의 난까지 일어나 왕위가 위태롭기도 했다. 난이 일어난 원인을 생각해보면 결국은 나 때문이었다.

《인조실록》 15권, 인조 5년 1월 19일 정해 일곱 번째 기사

인조는 민심을 다잡기 위해 노력했습니다. 백성들한테 고개도 숙이고, 집권 초 진행하려던 개혁정책을 모두 취소하고, 자신이 내쳤던 광해군의 신하들을 다시 등용하기도 했다고 알려져 있죠. 극약처방 덕분에 인조의 민심은 잠시 유지되었을지 몰라도 정묘호란으로 인해 무의미하게 목숨을 잃은 조선의 백성들은 다시 돌아올 수 없었고, 조선이라는 배도 계속 기울고 있었습니다.

와중에 정묘호란의 큰 원인을 제공한 모문룡은 가도에 자리 잡고 앉아서 명나라에 거짓 보고를 올리고 있었습니다. 자신이 후금군을 물리쳤다고 명나라 조정에 알린 거죠. 그리고 후금군이 후퇴하자마자 조선 본토로 돌아와서 이상한 소리를 하기 시작합니다.

——— **"조선이 명나라를 배신했다!!"**

모문룡은 조선이 후금과 화친을 맺은 걸 두고 명나라를 배신한 것이라 비난했습니다. 물론 인조가 후금과 형제관계를 맺은 건 그 어떤 명분으로도 포장하기 어려운 부분이긴 했습니다. 애초에 오랑캐와 친해졌다는 이유로 광해군을 밀어내고 왕이 된 인조가 후금과 화친을 맺은 건 모순 그 자체였죠. 그런데 모문룡은 이걸 명분 삼아 조선을 약탈하기 시작했습니다. 조선의 백성들은 후금군에 이어서 갑작스레 명나라군한테 또다시 피해를 입어야만 했던 겁니다.

정묘호란 이후 조선의 조정은 더욱 바빠졌습니다. 명나라에는 사신을 보내 관계를 유지하려고 애쓰고, 가도에는 계속 물자를 지원해야 했으며, 형님 국가가 된 후금에도 공물을 보내야 했기 때문이죠. 이 와중에 이들의 추가적인 요구에 잘 대응해야만 했습니다. 1633년 후금은 '조선의 수군이 명의 수군보다 훨씬 뛰어나다'라고 말하며 명나라의 동쪽 관문인 **산해관**山海關을 공격할 때 조선이 수군과 배를 지원해달라고 요청합니다. 인조는 이런 요청까지 받자 후금과의 교류를 끊어버리려고 하지만 일부 신하들이 처벌을 무릅쓰고 방해까지 하는 바람에 실행에 옮기진 못하죠. 그 사이 예상치 못한 일이 발생합니다. 명나라 장수가 수백 척의 배와 수군을 이끌고 압록강 인근에서 후금에 항복하는 일이 벌어진 거죠. 후금 입장에서는 그야말로 횡재였습니다. 엄청난 전력이 생겼을 뿐만 아니라 조선의 협조를 받을 필요도 없어졌죠. 그 대신 후금은 조선에 또 다른 황당한 요구를 합니다. 이번에 항복한 탈영병들의 군량을 조선이 공급해달라는 것이었죠. 한편 명나라는 탈영병들을 잡기 위해 원정대를 보냈는데 조선은 이 원정대에게도 군량을 지원해줘야 했습니다. 말 그대로 양쪽에서 한껏 삥을 뜯기고 있던 겁니다.

청나라의 탄생

정묘호란 때문에 조선은 난리가 났지만, 후금은 꽤 큰 수확을 얻었습니다. 마침 경제도 안 좋았는데 이제 매년 조선으로부터 공물을 받게 되었고, 그동안 후금의 뒤통수를 불안하게 만들었던 조선과 형제 관계를 맺게 되었으니 말이죠. 1635년에는 몽골 대칸의 항복을 받아내어 쿠빌라이의 옥새까지 획득하면서 중국 대륙 북쪽에 남아 있던 몽골족의 상당수를 흡수하는 데 성공합니다. 이제 후금의 왕 홍타이지는 명나라 침공 준비를 슬슬 마무리할 순간이 온 거죠. 이때 홍타이지의 신하들은 아예 황제 자리에 오르라 권합니다. 국력도 강해졌고 원나라의 후예라는 명분도 생겼으니, 당연히 황제가 되어야 하는 게 아니냐면서 말이죠. 그런데 홍타이지는 '**형제국 조선**'과 상의를 하겠다며 1636년에 조선으로 사신을 보냅니다.

진짜 조선을 형제국으로 생각했던 것인지 아니면 조선의 인정을 받아야 황제로서 가오가 살기 때문인지는 알 수 없지만 이 일 때문에 조선은 발칵 뒤집힙니다. 오랑캐 따위가 황제를 선포할지 말지 고민하는 것 자체만으로 조선의 성리학자들은 펄펄 뛰고 있었습니다. 만약 조선이 홍타이지의 황제 선포에 긍정적인 답변을 내놓을 경우 명나라와의 관계 또한 끝을 의미하고 있었으니, 조선에게 있어서 홍타이지의 황제 즉위 문제는 상당히 중요한 이슈였죠. 그런데 의외의 상황이 발생합니다. 당시 조선에 방문 중이던 명나라 사신이 후금과 화친을 계속 이어가라고 얘기합니다.

——— **"너네 조선은 어차피 후금 못 이겨. 함부로 후금한테 덤비다가 너네 박살이라도 나면 우리 명나라 입장에서도 동맹을 잃는 거니까 일단은 후금이랑 친하게 지내라."**

명나라 사신이 걱정할 정도로 조선의 상황은 좋지 않았던 거죠. 하지만 조선은 이제 참지 않았습니다. 그동안 명나라와 후금 사이에서 최대한 갈등을 피하려고 노력했지만 이번만큼은 선을 넘었다고 판단한 거죠. 이때부터 조선은 정말 친명배금이라고 할 만한 모습을 보이기 시작합니다. 후금과의 형제관계를 끊고 적대감을 내비쳤던 거죠. 인조는 후금을 오랑캐라고 지칭하며 후금과 손절하기로 결정합니다.

홍타이지는 일단은 한 번 더 조선의 행동을 더 두고 보기로 합니다. 그리고 황제의 자리에 오른 후 국호를 금나라(후금)에서 **대청**大清, 즉 **청나라**로 변경하죠. 즉위식이 거행될 때 조선의 사신 두 명도 현장에 와 있었습니다. 나덕헌羅德憲(생몰: 1573년~1640년)과 이확李廓(생몰: 1590년~1665년)이었죠. 둘 다 홍타이지의 황제 즉위를 축하하려고 갔던 건 아닙니다. 나덕헌은 정기적인 조공을 바치기 위해 파견되었던 것이고, 이확은 홍타이지의 황제 즉위에 대한 의견을 묻는 후금의 국

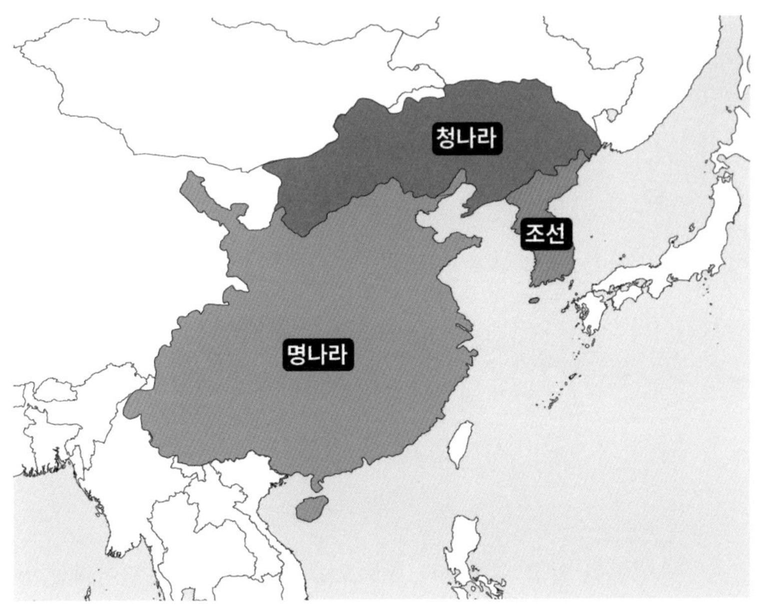

1635년 병자호란 직전의 청나라 영토

서에 답변을 전달하기 위해 후금으로 간 사신이었죠. 근데 이 두 사신이 현장에 있던 시기에 홍타이지의 즉위식이 거행됐던 겁니다. 청나라는 조선의 사신들도 황제 즉위식에 참석하라고 했으나 나덕헌과 이확은 죽어도 참석하기 싫다고 했죠. 나덕헌과 이확이 참석을 거부하는 과정에서 구타를 당해 옷이 찢기고 갓도 부서졌다는 일화도 전해지고 있습니다. 만약 참석했다간 조선에 돌아가서 어떤 꼴을 당했을지 모르죠.[1]

[1] 실제로 이렇게 열심히 황제 즉위식 참석을 거부하고 조선에 돌아왔음에도 불구하고 조선에서는 "어떻게 감히 황제를 자칭하는 오랑캐의 국서를 그 자리에서 찢어버리지 않을 수 있느냐?"라며 나덕헌과 이확을 처벌했다.

아무튼 황제로 즉위하는 자리에서 조선의 사신들 때문에 망신을 당한 홍타이지는 완전히 조선에 대한 기대를 놓게 됩니다.

1636년 12월 9일(음력), 청나라 군대가 조선의 국경을 넘었습니다. 영화 〈남한산성〉의 배경이 되는 **병자호란**이 시작된 거죠. 청나라는 압록강을 건너자마자 빠른 속도로 남하하여 조선의 수도 한양을 함락시킵니다. 청나라 군대의 이동 속도가 너무 빨라서 인조는 미처 강화도로 도망가지 못하고 남한산성으로 피신하죠. 남한산성 안에서는 조선 관료들의 토론이 시작됩니다.

——— 성문을 열고 항복하자. VS 오랑캐에게 성문을 열어줘선 안 된다.

시간은 흘러가지만 토론의 결론은 나지 않고, 남한산성 내부의 식량은 계속 떨어져가고 있었습니다. 더 이상 버티는 것은 현실적으로 무리였죠. 결국 1637년 1월 30일(음력) 인조는 남한산성에서 나와 삼전도三田渡(오늘날 서울시 송파구 삼전동)에 가서 청나라 황제 앞에 세 번 무릎을 꿇고 아홉 번 머리를 땅에 대고 조아립니다. 이 예법이 바로 **삼궤구고두례**三跪九叩頭禮죠. 보통 역사 교과서에서는 이 사건을 **삼전도의 굴욕**이라는 표현까지 쓰며 상당히 치욕적인 역사로 가르치고 있습니다. 아마 이 책을 보고 계신 독자분들도 인조가 '절'을 한 행위가 모욕적이라고 생각하고 계실 것 같습니다. 그런데 당시 조선 사람들이 느낀 굴욕 포인트는 '절'이 아니었습니다. 명나라의 사신을 맞이

서울 송파구에 있는 사적 제101호 삼전도비

할 때도 조선 국왕이 베이징 방향으로 절을 해야만 했죠. 조선의 국왕이 중국대륙의 황제(천자)가 아니라 한낱 '오랑캐'에게 머리를 조아렸다는 것 때문에 굴욕감을 느꼈죠.

청나라에 머리를 조아린 이후 인조는 남한산성에서 청나라에 맞서야 한다고 했던 관료들을 모두 숙청하고 화친을 주장했던 **최명길**崔鳴

吉[1]을 영의정으로 승진시킵니다. 흥미로운 점은 청나라에 항복해야 한다고 주장했던 최명길이 명나라와의 관계를 끊으려 했던 것은 또 아니었다는 점입니다. 그는 청나라에 항복한 것은 불가피했던 선택일 뿐, 명나라와의 사대주의를 끊을 수 없다 보고 몰래 명나라와 내통하며 편지를 주고받았죠. 그런데 그 사실을 나중에 청나라에 들켜버립니다. 인조는 자기는 책임이 없다며 최명길을 해임시킵니다.

[1] 영화 〈남한산성〉에서 배우 이병헌이 연기했던 인물이다.

한편, 마침내 조선의 완전한 항복을 받아낸 청나라는 이제 중국대륙으로 향합니다. 명나라 공략에 집중하기 시작한 거죠. 그런데 이미 명나라는 스스로 멸망하고 있었습니다.

제6장

중국대륙의 새로운 주인

청나라의 부흥과 몰락

영토와 인구는 한 나라의 국력을 좌우하는 가장 중요한 요소이지만 상황에 따라 너무 넓은 영토와 너무 많은 인구는 잦은 민란과 쿠데타의 원인이 되기도 합니다. 명나라와 청나라가 이 흐름을 잘 보여줬죠. 명나라와 청나라는 거대한 제국으로 성장해 드넓은 영토와 수많은 백성을 다스리게 되었습니다. 하지만 둘 모두 내부 정치를 제대로 못해서 망조가 들기 시작했죠. 점점 심해지는 부정부패, 민족갈등, 여기에 빈번한 자연재해까지 겹치면서 백성들의 삶은 도탄에 빠지게 됩니다. 결국 두 제국 모두 거센 민란과 마주하게 되죠. 외부의 적들에게 무너지기 전에 이미 안에서부터 곪아가고 있었던 겁니다. 이번 6장에서는 먼저 명나라의 몰락을 살펴보고 명나라의 뒤를 이어 중국 대륙을 지배한 청나라가 훗날 몰락의 길을 걷게 될 수밖에 없었던 근본적인 문제점들도 함께 살펴보겠습니다.

명나라가 몰락하게 된 배경

5장에서 설명했듯 청나라는 뒤에서 걸리적거리던 조선의 기강을 잡은 후 명나라와의 전쟁에 집중합니다. 결국 청나라가 중국대륙을 차지하게 되죠. 하지만 이건 청나라 혼자만의 노력으로 이뤄낸 결과물이라고 말하기 좀 애매합니다. 명나라는 알아서 자멸하고 있었기 때문이죠. 그 결정적인 계기는 임진왜란이었다고 할 수 있습니다.

1592년 5월 23일, 일본군(왜군)이 조선을 침략하며 **임진왜란**(1592년~1598년)이 시작됩니다. 일본군은 예비 병력을 포함해 총 47만여 명이 동원되었고, 이 중에서 실제로 전쟁에 참전한 건 약 16만 명이

부산진전투를 그린 〈부산진순절도釜山鎭殉節圖〉

동래성전투를 그린 〈동래부순절도東萊府殉節圖〉

었죠. 일본군은 고작 20여 일 만에 조선의 수도 한양을 함락시킵니다. 급박한 상황이 이어지던 조선에 명나라 황제 **만력제**萬曆帝(재위: 1572년~1620년)는 무려 22만 명의 명나라 군대를 파병합니다. 앞서 설명했듯 이 덕분에 조선은 명나라를 더 믿고 따르게 되었죠.

만력제의 모습

그런데 사실 명나라는 상당히 무리해서 조선을 도와준 것이었습니다. 임진왜란 전후로 명나라 내부는 상당히 혼란스러웠기 때문이죠. 임진왜란이 일어나기 3년 전인 1589년, 소수민족이었던 묘족이 반란을 일으켰는데 명나라는 임진왜란이 끝나고 나서야 이 반란을 제대로 진압할 수 있었습니다. 이 반란을 수습하는 데 명나라 조정은 은화 200만 냥을 투입했죠. 임진왜란이 터지기 고작 석 달 전에는 보바이의 난[1]이라는 큰 반란이 또 있었습니다. 명나라 조정은 이 반란 때문에 또 은화 180만 냥의 국가재정을 투입했죠. 이런 와중에 조선을 도와주기 위해 명나라는 전쟁 비용으로 무려 은화 700만 냥 이상을 쏟아부었습니다. 평소 정치도 게을리하면서 사치로 국고를 탕진하던 만력제는 반란을 진압하고 전쟁을 치르느라 추가로 엄청난 돈을 사용하면서 명

[1] 명나라에 항복했던 몽골인 장수가 1592년 몽골제국의 지원을 받으며 반란을 일으킨 사건이다.

나라 최악의 암군이라는 평가를 받기도 합니다.

명나라의 비극은 여기서 끝나지 않았습니다. 15세기는 전 세계에 '소빙하기'가 시작된 시기입니다. 기후변화 때문에 온 세계가 난리였는데 명나라와 조선도 대기근을 겪고 있었죠. 실제 《조선왕조실록》의 기록을 보면 재난 관련 내용이 1490년부터 1760년까지의 시기에 몰려 있습니다. 그런데도 만력제는 황실재정이 부족하다며, 백성들의 세금을 높이는 수준을 넘어 아예 백성들을 수탈하기 시작합니다. 당연히 민심은 돌아섰고 명나라 곳곳에서 반란이 일어나기 시작했죠.

한족 손에 멸망한 명나라

간혹 명나라 이후 중국대륙에 청나라가 들어섰으니 청나라가 명나라를 정복한 것으로 알고 있는 사람도 있을 겁니다. 그러나 명나라는 혼자 알아서 망한 것입니다. 청나라는 그저 이미 멸망한 명나라 땅을 날로 먹었을 뿐이죠. 여진족 청나라가 만리장성을 넘기 전에 명나라는 이미 같은 한족의 손에 사라져버린 상태였습니다. 그 한족은 바로 **이자성**李自成(생몰: 1606년~1645년)이죠.

이자성의 동상

1627년, 중국대륙 중부에 있는 섬서성陝西省(산시성)에서 농민봉기가 일어났습니다. 여기에 탈영병과 도적들까지 합류하면서 민란은 곧 거대한 반란 세력으로 성장했죠. 바로 여기에 이자성도 합류합니다. 10여 년 뒤 이자성은 반란 세력의 수장 중 한 명이 되었지만, 당시 반란 세력의 상황이 그다지 좋지는 않았습니다. 명나라 군대가 대대적인 토벌 작전을 벌이면서 이자성은 여기저기 도망 다니는 처지가 되죠. 그런데 병자호란으로부터 1년 뒤인 1638년, 청나라가 다시 본격적으로 명나라를 공격하기 시작하면서 명나라는 청나라와 대치하기 위해 반란토벌 작전에 투입되었던 병사들을 철수시킵니다. 이자성은 이 기회를 놓치지 않았죠. 마침 기근이 크게 들어 민심이 나락으로 가버린 화북華北 지역으로 찾아가 유랑민들을 흡수하며 세력을 키웠습니다. 이때 이자성 밑으로 수십만 명이 모였다고 알려져 있죠. 그리고 몸집이 커진 이자성은 나라를 세울 준비까지 합니다.

1) 토지를 균등하게 배분하고 세금을 걷지 않는다.

2) 부자의 재산을 몰수하여 빈민들에게 나눠준다.

3) 살인과 약탈을 금지한다.

4) 지식인들을 대우하여 등용한다.

이자성은 명나라를 건국한 주원장처럼 국가를 건설하기 위한 립서비스를 시작합니다. 민심을 얻고, 건국에 필요한 지식인 계층을 모으기 위해 그럴듯한 공약을 발표했죠. 동시에 자신을 황제로 칭하면서

대순大順, 즉 **순나라**를 건국한다고 선포합니다. 이후 이자성의 군대는 명나라의 도시들을 점령해가기 시작하더니 1644년에는 명나라의 수도 북경北京(베이징)까지 점령합니다. 이 모습을 본 명나라 마지막 황제 숭정제崇禎帝(재위: 1627년~1644년)가 북경의 어느 산에서 목을 매달고 자살해버리면서 명나라는 완전히 멸망하게 됩니다. 하지만 이자성의 순나라도 고작 1년 반도 못 가고 사라지게 됩니다. 청나라가 밀고 들어왔기 때문이죠.

만리장성 문을 열어준 오삼계

명나라가 멸망할 때까지 청나라는 만리장성 동쪽 관문인 **산해관**을 넘지 못했습니다. 산해관은 산맥과 바다를 양쪽에 끼고 평야 지대에 건설된 요새입니다. 청나라 입장에서 생각해보면, 산해관 서쪽으로 가자니 험한 산악 지대와 만리장성이 막고 있어서 큰 군대를 이동시키기가 힘들고, 산해관 동쪽 너머 바다로 가자니 청나라 수군의 힘이 너무 약해서 명나라 수군을 만나면 그대로 박살 날 위험이 컸죠. 즉, 청나라가 명나라를 정복하기 위해서는 반드시 산해관을 돌파해야 했던 겁니다. 이 때문에 앞서 누르하치는 수차례 산해관을 공격했지만 번번이 실패했습니다. 누르하치의 뒤를 이은 홍타이지는 전략을 조금 바꿔서 산해관을 공격하기보다는 주로 서쪽으로 크게 우회해 산을 넘어 북경 일대를 약탈했습니다. 이 방식으로 명나라에 적지 않은

산해관을넘기 직전 청나라와 순나라의 세력도

타격을 줄 수 있었지만 대규모 병력이 넘어가 영토를 점령하기엔 무리가 있었죠. 그러면서도 청나라는 산해관을 지키고 있던 **오삼계**吳三桂(생몰: 1612년~1678년)를 회유하려고 꾸준히 노력하고 있었습니다. 물론 오삼계가 회유에 넘어갈 이유가 없었죠.

그런데 명나라를 멸망시킨 이자성 쪽에서 헛발질을 해버립니다. 오삼계한테 순나라에 투항하라는 회유와 압박을 넣었던 거죠. 이자성 입장에서는 명나라 잔존 세력인 오삼계의 군대를 그대로 흡수하고 싶었을 테니 투항을 요구한 것 자체는 당연한 일입니다. 실제로 오삼계는 순나라에 투항할 마음을 갖고 있었다고 하죠. 문제는 이 과

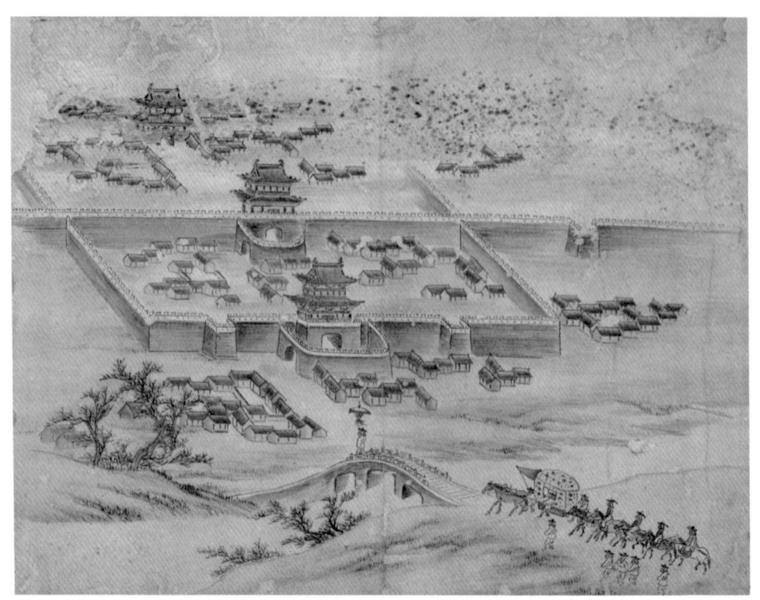

18세기 후반 그려진 연행도에 그려진 산해관의 모습. 숭실대학교 한국기독교박물관 소장.

정에서 이자성이 오삼계의 가족을 볼모로 삼았다는 겁니다. 가족을 건드리자 오삼계는 빡쳐서 순나라에 투항하지 않겠다 합니다. 그러자 이자성은 오삼계를 토벌하기 위해 직접 군대를 이끌고 산해관으로 향합니다. 이제 오삼계는 앞으로는 청나라, 뒤로는 이자성의 순나라를 상대하게 되었죠. 결국 오삼계는 청나라에 항복하는 길을 선택합니다.

——— **"청나라야! 지금 우리나라 꼴 개판 났네? 나랑 동맹 맺고 이자성이라는 저 역적놈을 같이 작살내버리자!"**

청나라 입장에서는 횡재나 다름없었죠. 청나라는 오삼계의 항복을 받아들이고 오삼계는 산해관의 문을 열어 북경으로 가는 길을 안내합니다. 이자성의 군대는 그대로 청나라와 오삼계 연합에 박살 났고, 청나라 군대는 산해관을 통과한 지 고작 9일 만에 베이징에 입성합니다. 이자성은 도망쳐버렸고 그 뒤로는 행방이 묘연해지죠.

오삼계의 모습

이자성이 사라지면서 순나라는 급격히 약해졌지만 청나라가 곧바로 중국대륙을 집어삼킬 수 있었던 건 아닙니다. 살아남은 명나라 황실 일가와 신하들이 남쪽으로 피신하여 남경南京(난징)에서 또 다른 명나라를 세웠던 거죠. 새로운 명나라를 이전의 명나라와 구분하기 위해 **남명**南明(1644년~1664년)이라고 부릅니다. 당연히 청나라는 남명을 토벌하기로 했죠. 이때 오삼계는 또다시 큰 활약을 합니다. 명나라의 장수였던 오삼계는 이제 청나라의 장수가 되어 남명 정복에 앞장서 혁혁한 공을 세웠죠.

한편 남명은 남명대로 문제가 있었습니다. 남명의 권력자들은 하나로 뭉쳐 혼신을 다해 청나라에 대항해도 시원찮을 판에 자기들끼리 권력 싸움을 벌이면서 국력이 분산됐죠. 결국 남명은 20년 만에 멸망합니다. 그렇게 중국대륙은 다시 한족이 아닌 이민족의 손에 떨어지게 됩니다. 하지만 아직 중국대륙의 광활한 영토를 모두 장악하

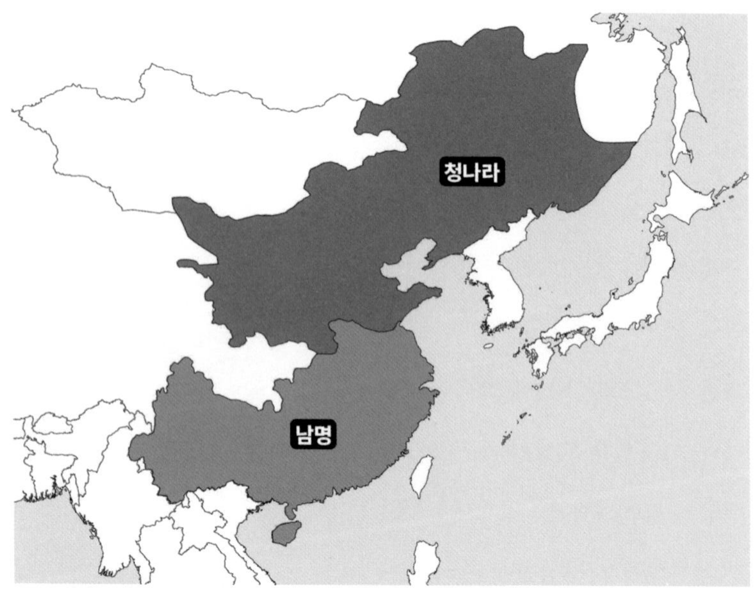

청나라와 남명의 세력도

기엔 무리가 있었죠.

끝나지 않은 청나라의 통일

청나라는 중국대륙을 차지하는 데 협조한 세력에 적절한 보상을 내려주기로 합니다. 특히나 큰 도움을 주었던 **오삼계**를 비롯하여 **상가희**尙可喜(생몰: 1604년~1676년), **경중명**耿仲明(생몰: 1604년~1649년)에게는 특별한 상을 주기로 하죠. 오삼계는 앞서 설명했듯 산해관의 문을 열어주어 청나라가 북경에 입성하는 데 큰 도움을 주었을 뿐만 아니라 남명 정벌에서도 활약했던 인물입니다. 상가희와 경중명은 오삼계보다 한참 먼저 후금에 귀순한 명나라 군인들로 병자호란을 포함해 여러 전쟁에서 활약했던 인물들입니다.

흥미로운 점은 이 두 군인은 원래 앞서 5장에서 살펴봤던 모문룡의 부하였다는 겁니다. 모문룡이 조선에서 제대로 성과는 거두지 못한 채 약탈만 일삼고, 명나라 조정에 거짓 보고를 올리는 등 수많은 죄를 지은 게 결국 들통이 나면서 직속상관에게 처형을 당합니다. 이후 모문룡의 부하들 중 일부는 일련의 사건들을 겪은 후 후금에 항복하기도 했는데, 상가희와 경중명이 바로 그런 군인들이었죠. 예를 들어 경중명은 병자호란 직전 명나라 수군을 이끌고 탈영하여 청나라에 귀순했습니다. 5장에서 명나라가 탈영한 군인들을 잡기 위해 조선에 협조를 요청했다고 설명한 걸 기억하실 겁니다. 이때 명나라가 잡으려고 했던 탈영병 중 한 명이 바로 경중명이죠. 참고로 경중명이 수군과 함께 후금에 갖고 간 홍이포紅夷砲는 곧바로 병자호란 때 사용되기도 했습니다.

명나라 출신이었지만 명나라를 토벌하는 데 앞장선 세 명에게 청나라 조정은 **번왕**藩王이라는 큰 직위를 하사합니다. '번藩'이라는 특별 자치구역의 왕이 되어 직접 그곳을 다스릴 수 있는 권한을 준 거죠. 쉽게 말해 제후 자리를 줬다고 이해하시면 되겠습니다. 그렇게 오삼계는 운남雲南(윈난), 상가희는 광동廣東(광둥), 경중명은 복건福建(푸젠)을 받게 됩니다. 그런데 시간이 지날수록 청나라 조정은 불안해집니다. 번왕의 힘이 세지면 쿠데타를 일으킬 수 있다고 판단했기 때문이

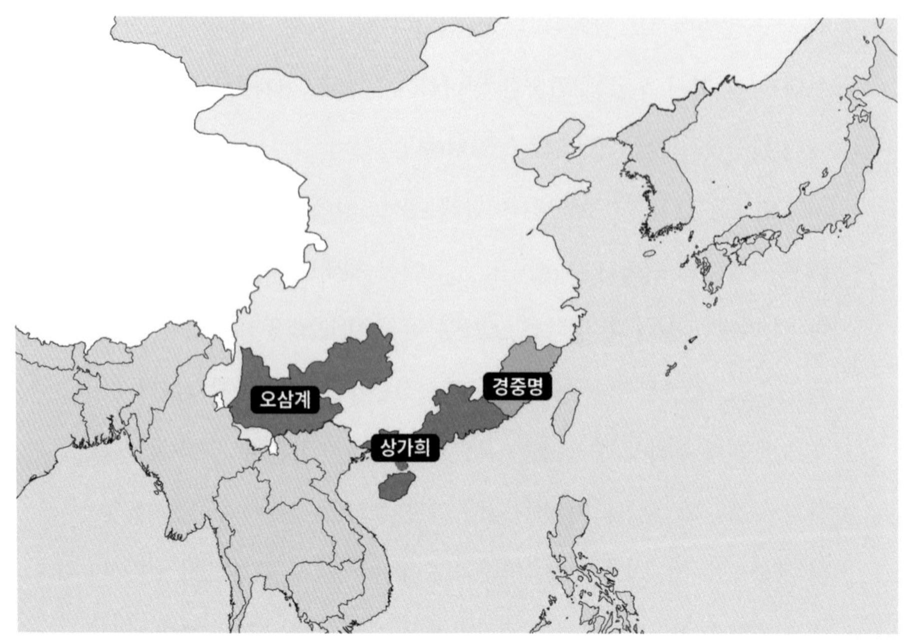

세 번왕과 그들이 다스린 번

죠. 결국 청나라는 자신들의 결정을 번복하여 번을 폐지하기로 합니다. 당연히 이 소식을 들은 번왕들은 분노했습니다. 결국 당시 번왕을 해먹고 있던 오삼계, 상지신尙之信(상가희의 아들), 경정충耿精忠(경중명의 아들)은 1673년에 쿠데타를 일으킵니다. 세 번이 반란을 일으켰다고 해서 이 사건을 **삼번의 난**(1673년~1681년)이라고 하죠.

모름지기 쿠데타에는 명분이 있어야 하는 법입니다. 그런데 참 어이없게도 오삼계가 내세운 명분은 바로 명나라의 부활이었죠. 오삼계는 명나라 멸망의 일등공신이었습니다. 산해관 문을 열어 청나라 군대를 국경 안으로 들였고 이후 남명 세력을 남김없이 처단했던 장본인이었죠. 그 공으로 청나라에서 번왕 자리까지 받아먹은 오삼계가 이제 와서 명나라를 부활시키겠다는 소리를 하는 건 정말 우스운 일입니다. 하지만 꽤 많은 한족들이 오삼계에게 합류했습니다. 그만큼 청나라를 싫어하는 한족들이 많았다는 걸 의미하겠죠. 물론 삼번의 난은 10년도 못 가고 청나라에 진압됩니다.

남명과 삼번이 육지에서 청나라와 대립했다면 바다에서도 청나라를 괴롭히던 세력이 있었습니다. 바로 정씨 일가입니다. 명나라 말 해적질과 노략질, 밀무역을 하며 살아가던 **정지룡**鄭芝龍(생몰: 1604년~1661년)이라는 인물이 있었습니다. 일찍부터 바다를 누볐던 정지룡은 일본의 히라도(현재 나가사키 현 히라도)라는 번藩의 무사 집안 여성과 국제결혼을 했고, 다른 해적들을 흡수하며 큰 해상 세력을 키워냈죠. 쉽게 말해 해적이었던 겁니다. 그런데 명나라 조정에서는 그를 이용할 수 있겠다 여기고 도독으로 임명하여 명나라의 수군을 관리하는 임무를 맡깁니다.

정지룡의 모습

명나라의 군인이 된 정지룡은 명나라가 망한 후에는 남명을 지원합니다. 하지만 결국은 청나라에 투항했죠. 대신 그의 아들 **정성공**鄭成功(생몰: 1624년~1662년)은 끝까지 청나라에 저항했습니다. 정성공은 남아 있던 남명의 세력과 자신의 해상 세력을 끌어

정성공의 군대와 네덜란드 동인도회사의 전투(질란디아 공성전)을 그린 그림. 암스테르담국립박물관 소장

정성공의 모습

모아 1661년에 대만섬으로 쳐들어갑니다. 당시 대만섬은 네덜란드 동인도회사가 깃발을 꽂아놓은 상태였죠. 정성공은 네덜란드 동인도회사를 박살 낸 후 대만섬에 **동녕국**東寧國(1661년~1683년)을 세워 청나라와의 전쟁을 이어갑니다. 그런데 1년 만에 갑자기 정성공은 사망해버리죠. 이후 삼번의 난이 일어났을 때 정성공의 아들이 호응하며 중국 본토의 일부 지역을 잠깐 점령하기도 합니다. 이렇게 정씨 일가는 계속 청나라를 괴롭혔지만, 결국 1683년에 정성공의 손자가 청나라에 투항합니다.

청나라의 개혁

청나라 4대 황제 강희제康熙帝(재위: 1661년~1722년), 5대 황제 옹정제雍正帝(재위: 1722년~1735년), 그리고 6대 황제 건륭제乾隆帝(재위: 1735년~1796년)가 통치하던 시기를 **강옹건성세**康雍乾盛世 또는 짧게 **강건성세**康乾盛世(1661년~1796년)라고 합니다. 여기서 성세는 황금기, 전성기를 의미합니다. 즉, 세 명의 황제가 다스리던 청나라는 안정적으로 성장을 이룩했다는 거죠. 일단 이 시기 청나라는 상당히 많은 영토를 추가적으로 확보했습니다. 남쪽으로는 대만섬, 서쪽으로는 준가르와 티베트, 북쪽으로는 몽골고원까지 차지했죠.

몸집만 키운 것도 아니었습니다. 기존 중국대륙의 제도들을 뜯어고치며 여러 개혁을 추진하기도 했죠. 예를 들어 조세제도를 개혁했습니다. 세금은 정부가 국가를 운영하는 데 필요한 자금을 얻는 주요 수단이면서, 동시에 민생과 직결되는 문제이기도 합니다. 조정은 늘

강희제의 모습

옹정제의 모습

건륭제의 모습

세금을 많이 걷고 싶고 백성들은 늘 세금을 적게 내고 싶죠. 청나라가 들어서기 전까지 중국대륙의 세금 체계는 너무 복잡했습니다. 어떤 세금은 돈으로 내고, 어떤 세금은 물건으로 내고, 어떤 세금은 몸으로 때워서 지불해야 했죠. 그나마 명나라 말에 와서야 여러 세금이 2개로 통합되었습니다. 각각 토지를 기준으로 부과되는 '토지세(지세)'와 사람 머릿수에 맞춰 걷는 '인두세(정세)'죠. 또한 세금을 납부할 때는 일괄적으로 은으로 내도록 했습니다. 청나라는 이것마저도 간소화시켰습니다. 인두세를 없애버리고 토지세만 세율을 좀 높여서 걷기로 해버린 거죠. 이걸 '**지정은제**地丁銀制'라고 부릅니다. 국가 입장에서는 백성 하나하나 세금 걷으러 쫓아다닐 비용을 아낄 수 있으니 좋았고, 토지가 없거나 조금만 가진 대다수 백성 입장에서는 세금을 거의 안 내도 되니 좋았습니다. 토지를 많이 갖고 있던 지주와 관료 계층의 반발이 심했지만 청나라는 그들을 철저히 처벌하며 개혁을 단행했습니다. 이렇게 세금의 종류와 납부 방식을 통합하니 세금을 더 효율적으로 걷을 수 있게 되었고, 걷는 세금의 총량도 증가하는 결과를 얻을 수 있었습니다.

또한 관료들의 부정부패를 잡기 위해 원래 봉급의 수십 배에 달하는 특별수당을 지급하기도 했습니다. 5대 황제 옹정제는 관료들이 부정부패를 저지르는 근본적인 원인이 적은 봉급에 있다고 보았습니다. 당시 관료들의 봉급이 너무 적다 보니 관료들이 부족한 돈을 온갖 부정부패를 통해 메꾸려고 한다는 거죠. 그래서 '청렴함을 양성하는 은'을 의미하는 '**양렴은**養廉銀'이라는 특별 봉급을 주기로 결정한 겁니다.

강건성세 동안 청나라는 문화적으로도 큰 발전을 이룩했습니다. 특히 출판업이 엄청나게 발달해서, 명나라 시대와 함께 청나라 시대는 출판업계의 황금기라고 평가받고 있죠. 예를 들어 6대 황제 건륭제는 역사에 길이 남을 대대적인 출판 프로젝트를 진행했습니다. 무려 8만 권 가량의 역대 중국 주요서적들을 모아 약 3만 6000여 권으로 정리해서 《사고전서四庫全書》라는 전집을 만들어 출판한 것이죠.

이와 같이 청나라는 강건성세라는 황금기를 거치며 정치, 경제, 문화적으로 크게 발전하는 모습을 보여줬습니다. 하지만 이런 청나라도 중국대륙의 고질적인 문제라고 할 수 있는 민족 문제를 해결하진 못했습니다.

여진족? 만주족?

청나라는 지배층이 여진족이었을 뿐, 백성들 대다수는 한족이었습니다. 물론 한족은 여진족을 포함한 다른 이민족들을 오랑캐로 여겼죠. 특히 청나라에 마지막까지 저항했던 남명 지역의 한족들은 청나라 황실에 여전히 반감을 갖고 있었습니다. 청나라의 지배계층이었던 여진족은 한족 백성들이 자신들을 따르게 만들 방법을 고안해야만 했습니다.

사실 여진족은 명나라를 집어삼키기 이전부터 이미 이 고민을 하고 있었습니다. 학자들의 분석에 따르면 홍타이지가 나라 이름을 후금에서 청나라로 바꾸고, 여진족을 만주족이라고 주장하기 시작한 건 명나라, 즉 한족과의 민족 문제를 의식했기 때문일 가능성이 있습니다. 원래 후금이라는 국호는 누르하치가 과거 금나라(1115년~1234년)의 영광을 앞세워 여진족을 통합하기 위해 지어진 이름이었습니다. 당연히 명나라 입장에서는 후금이라는 나라가 '야만적인 여진족이 세운 국가'이면서 '또다시 중국대륙을 집어삼키려는 극악무도한 국가'로 보였겠죠. 조선 또한 후금을 여진족 국가라면서 얕잡아 보는 분위기가 없잖아 있었습니다. 누르하치의 뒤를 이은 홍타이지는 이게 마음에 안 들었습니다. '금나라'와 '여진족'이라는 선입견 때문에 주변 국가들과 외교를 시작하는 것부터가 난관이었기 때문이죠. 실제로 홍타이지가 명나라한테 친하게 지내자며 연락했는데 명나라는 노발대발했습니다.

——— **"송나라가 금나라한테 망했었는데 미쳤다고 금나라를 계승한 네놈들이랑 친하게 지내겠냐? 말이 되는 소릴 해!!"**

철벽을 치는 명나라의 반응을 본 홍타이지는 "명나라 황제도 송나라 황제 혈통이 아니고, 나도 금나라 황제 혈통이 아닌데 왜 나랑 상관도 없는 과거 일을 자꾸 들먹이냐?"라는 식으로 반응합니다. 말은 이렇게 했지만 아마도 홍타이지는 금나라와 여진족이라는 정체성을 강조하는 게 정치외교적으로 좋을 게 없다는 걸 느낀 것 같습니다. 금나라라는 국호는 여진족을 통합할 때는 도움이 되었지만, 통합이 끝난 뒤에는 세력 확장에 오히려 방해가 되었던 거죠. 그렇기에 자신들을 여진족이 아닌 만주족으로 칭하기 시작했고, 국호도 금나라에서 청나라로 바꾼 것으로 보입니다. 마침 몽골제국의 대칸 칭호를 얻었다는 점이 과거 여진족만의 금나라와는 다르다는 명분을 제공해주기도 했죠.

만주족이라는 정체성은 건륭제 때 더욱 강화됩니다. 건륭제는 만주족의 역사를 정리한 책을 출판하라는 오더를 내렸고 1778년에 《**흠정만주원류고**欽定滿洲源流考》[1]라는 책이 완성되죠. 책 내용을 보면 건륭제가 굳이 만주족의 역사를 정리하고자 했던 이유를 알 수 있습니다. 청나라를 지배하는 자들이 야만적인 여진족이 아니라 찬란한 문명과 역사를 가진 만주족이라고 포장하는 내용이 책에 담겨 있죠. 만주족이라는 정체성을 인위적으로 만들어내겠다는 '정치적 목적' 하에 편찬된 책인 만큼, 국내외 학자들 모두 이 책에는 왜곡된 부분이 많다고 평가하고 있습니다. 예를 들어 부여, 삼한, 백제, 신라, 발해 역사까지 끌어와서 이 모든 게 만주족의 역사인 것 마냥 적어놨죠. 그러면서 고구려의 역사는 자기들한테 불리하다고 판단했는지 죄다 누락시켜놨습니다.

[1] 《흠정만주원류고》는 먼 훗날 일본제국의 침략논리에 이용된다. 만주 지역이 중국 본토와는 다른 역사를 갖고 있다는 걸 근거로 내세우며 두 지역을 서로 갈라치기 하면 일본 입장에서는 더 쉽게 만주를 먹을 수 있었기 때문이다.

《흠정만주원류고》는 한반도의 역사뿐만 아니라 불교까지 들먹이며 만주족을 포장합니다. 불교 전설이나 교리에 등장하는 수많은 성

중국 베이징고궁박물원에서 소장 중인 《흠정만주원류고》. ©董誥 and others 35

인들 중에는 '문수보살'이라는 성인도 있습니다. 자신은 이미 깨달음을 얻었지만 중생들이 다 성불할 때까지 부처가 되지 않겠다고 선언한 전설적인 인물입니다. 즉 만백성이 모두 성불할 때까지 끊임없이 지상에 돌아오겠다는 말이죠. 중국에서는 황제를 문수보살의 화신으로 여기며 동일시하기도 했습니다. 건륭제도 이걸 이용하려고 했던 것 같습니다. 문수보살은 한국식 이름이고 산스크리트어로는 만주슈리Manjushri라고 합니다. 《흠정만주원류고》에 따르면 누르하치가 이 만주슈리라는 말을 따와서 만주Manchu라는 이름을 지었다고 하죠. 발음이 비슷하다는 점을 이용해서 만주족(특히 청나라 황실)을 부처에 빗대고 있는 겁니다. 정말 어이없는 논리가 아닐 수 없죠. 바꿔 말하자면, 어처구니없는 억지 논리를 동원해서

9세기 인도에서 제작된 문수보살 조각품

라도 청나라 황실은 여진족이라는 과거를 감추고 만주족이라는 새로운 정체성을 만들 필요성이 있었다고 할 수 있겠습니다.

물론 청나라라는 국호를 사용하고, 만주라는 명칭을 사용하게 된 계기와 실제 목적이 정확히 밝혀진 바는 없습니다. 하지만 중국대륙의 지배계층이 되기에는 분명 여진족보단 만주족이 더 유리했을 것 같다는 생각이 듭니다. 이유야 어찌됐건 여진족은 이제 만주족이 되었고, 청나라는 만주족의 국가가 되어 중국대륙의 수많은 한족들을 다스려야 했죠.

청나라의 민족정책

청나라 황실은 **팔기**八旗라는 조직을 운영했습니다. 팔기는 '여덟 깃발'이라는 뜻으로, 만주족을 중심으로 돌아가는 8개의 행정 및 군사조직으로 생각하면 될 것 같습니다. 팔기는 원래 누르하치가 여진족(만주족)을 통합할 때 누르하치 밑에 있던 여덟 군단 같은 것이었습니다. 여기에 병사뿐만 아니라 모든 부족을 나누어 편입시키면서 군사조직 겸 행정조직 같은 형태를 갖게 된 거죠. 이 제도가 청나라 건국 이후에도 계속 사용됩니다. 심지어 더 중요해졌죠. 만주족 입장에서는 당연한 일일지도 모르겠습니다. 상대적으로 수가 적은 만주족이 광활한 영토와 중국대륙의 여러 민족들을 다스리기 위해선 자신들의 군사력과 영향력을 더 강화할 필요가 있었을 겁니다. 이를 위해 모든

팔기군을 사열하는 건륭제

만주족은 팔기라는 조직 하에 똘똘 뭉쳐서 정예화되어야 했겠죠. 세계관도 다르고 서로 언어도 다른 한족들을 백날 천날 훈련시키고 자신들의 말을 듣게 하는 것보다 자신들이 더욱 강해지는 게 더 효율적이었을 테니 말입니다. 그렇게 청나라의 만주족은 팔기라는 조직에 소속되어 수도를 비롯한 전국 각지에 주둔하면서 한족들을 관리 및 감독하죠. 기본적으로 한족과 분리되어 생활하면서 한족들의 반란을 방지하는 역할을 했습니다.

물론 팔기에 아예 만주족만 있었던 건 아닙니다. 조건만 맞으면 다른 민족도 구성원으로 받아줬습니다. 그 조건이란 완벽한 만주족화입니다. 만주어를 능숙히 사용하고, 만주족 방식대로 생활하는 사람이라면 팔기의 일원, 즉 만주족의 일원으로 받아들여줬죠. 쉽게 말해 만주족으로 귀화한 사람만 팔기에 속할 수 있다는 겁니다. 실제로 팔기에 속하게 된 몽골족과 한족이 존재합니다. 당연히 이들은 팔기에 속하지 않은 몽골족 및 한족들에 비해 대우받으며 살 수 있었죠.

사실 귀화한 사람들만 자신들의 구성원으로 인정해준다는 것 자체는 그다지 특별한 일도 아닙니다. 만약 지금 우리 대한민국의 국군에도 외국인들이 입대할 수 있게 허락한다는 결정이 나면 국민 여론이 어떻게 될지 상상해보면 이해가 되실 겁니다. 다만, 팔기에 들어온 몽골족과 한족들은 여전히 만주족에 비해 차별을 받았습니다. 팔기 내에서도 만주족이 가장 좋은 대우를 받았고, 그 다음으로 몽골족의 처우는 꽤 괜찮았으며, 한족은 팔기 내에서 가장 급이 낮은 취급을 받은 것으로 알려져 있죠. 물론 앞서 설명했듯 아무리 팔기 내에서 차별받았다 하더라도 대다수의 일반 한족에 비해 좋은 대접을 받았던 것은 사실입니다.

다른 민족을 만주족화하려는 청나라의 노력은 비단 팔기 내에서만 이루어진 건 아닙니다. 팔기 밖에 살고 있는 일반 백성들에게도 만주족처럼 살 것을 강요했죠. 만주족의 풍습과 문화를 받아들이도록 한 겁니다. 대표적으로 만주족의 의복을 입으라는 **이복령**易服令, 그리고 만주 스타일대로 머리를 밀라고 강요하는 **체발령**剃髮令이 있습니다. 바로 이 명령 때문에 청나라 남성들은 우리가 흔히 '변발'이라고 부르는 머리스타일을 하고 다니게 되죠. 만약 변발을 하지 않으면 말 그대로 목이 날아가기도 했습니다.

이런 무지막지한 방식이 청나라의 기본적인 민족정책 기조였습니

변발을 한 사람들의 모습. 뒤에 아주 약간의 머리만 남기고 모두 밀어버린 머리가 인상적이다.

다. 이런 강압적인 민족통합 정책은 당연히 많은 반발을 불러왔죠. 많은 한족들이 변발과 만주족의 의복, 만주어를 거부했습니다. 한족들의 거센 저항으로 청나라는 회유정책을 섞기 시작합니다.

보여주기식 회유정책

——— "존경하는 한족 백성들아! 안녕? 나 강희제야! ㅎㅎ. 생각해 보니까 그동안 너네들이 차별적인 대우를 받아서 상심이 좀

켰을 거 같네? 이제 너희들을 좀 더 우리랑 비슷한 급으로 여겨주기로 결정했어. 그동안 우리가 한족들 땅을 좀 가져가서 쓰기도 했잖아? 너네들이 너무 힘들어하는 거 같으니까 큰 맘 먹고 내가 이제 금지해줄게. ㅎㅎ. 그러니까 앞으로 내 말 더 잘 들어주는 거다?"

강희제는 한족을 만주족과 동등한 백성으로서 대우한다는 것을 보여주기 위해 만주 황실이 한족의 토지를 약탈하는 걸 금지하겠다고 얘기합니다. 바꿔 말하면 그 이전까지는 한족이 토지를 약탈당해도 하소연할 곳이 없었단 걸 의미하죠. 또한 유독 이민족에 반감이 강한 강남 지역 민심을 잡기 위해 강남 한족 출신을 관리로 대거 등용하고, 여섯 번이나 직접 강남을 방문하기도 했습니다.

강희제의 한족 민심 달래기와 관련한 재밌는 일화도 있습니다. 강희제가 한족을 달래는 과정에서 오늘날 중국의 연회 요리로 유명한 '만한전석'[1]이 탄생되었다는 거죠. 원래 청나라에서는 한족과 만주족의 연회가 따로 치러졌습니다. 그런데 강희제가 환갑 기념 특별 연회를 열면서 만주족 노인들과 함께 특별히 한족 노인들도 초대했죠. 요즘 말로 '**보여주기식 행사**'였던 겁니다. 이 행사에서 만주족의 음식과 한족의 음식을 같이 준비했는데 이것이 바로 만한전석의 유래라는 것이죠.

[1] 현재의 만한전석은 당시의 만한전석과 차이가 있다. 마오쩌둥毛澤東의 문화대혁명 시기 자료가 소실되어 정확한 구성이 전해지지 않기 때문이다.

강희제의 노력에도 불구하고 한족의 저항은 계속되었습니다. 특히 유교를 공부한 한족 지식인들은 야만적인 오랑캐들이 '중화'를 유린하고 있다며 여론을 조장했죠. 그러자 강희제의 뒤를 이어 황제가 된 옹정제는 '글'로 대응하기 시작합니다. 칼을 써서 여론을 무마시키는 야만인이 아니라 붓으로 상대방의 논리를 무너뜨리는 교양인이라는 걸 보여주고 싶었을지도 모르겠습니다. 그렇게 완성된《대의각미록大義覺迷錄》이라는 책에는 다음과 같은 내용이 적혀 있었죠.

> **너희 한족의 유교에 따르면 덕을 쌓고 하늘의 명을 받드는 자가 천하를 통치할 수 있다 했다. 우리 만주족이 천하의 동쪽 변두리 출신이긴 하나, 덕을 쌓고 하늘의 명을 받들어 중국대륙을 통치하고 있다. 이것은 하늘의 명이 아니겠느냐?**
>
> **과거부터 '중국대륙'에서 태어난 자들을 인간, 그 외 지역에서 태어난 자들을 오랑캐로 구분지어온 화이華夷사상은 지리적인 문제에만 한정된 지극히 좁은 시각일 뿐이다. 인간이냐 오랑캐냐를 구분하는 기준은 어디서 태어났냐가 아니라 윤리와 도덕이 되어야 한다.**
>
> **명나라의 황제들은 덕이 부족했다. 그래서 백성들의 민심을 잃고 도적떼 이자성에게 멸망당했다. 이후 우리 만주족이 도적떼를 몰아내고 천하를 안정시켰으니, 우리 만주족은 한족들의 원수가 아니라 은인이다. 그런데 너희들은 우리 만주족을 몰아내 천리를 거스르고 또 다시 과오로 얼룩진 명나라를 부활시키고 싶다는 것이냐?**

옹정제는 중국대륙의 한족이든 타 지역의 이민족이든 덕을 쌓으면 결국 똑같다는 논리를 펼쳤습니다. 한족이라고 하더라도 천명을 어기면 무너지는 게 옳고, 이민족도 하늘의 뜻을 잘 배우고 따르면 천명을 받드는 천자가 될 수 있다는 거죠. 한마디로 만주족이 중국대륙을 지배하는 것이 정당하다는 말을 하고 싶은 겁니다. 고대 주나라의 논리와 똑같은 논리죠. 옹정제는 이 내용을 담은 글을 전국 각지에 배포했고, 매달 두 번씩 학생들에게 강의하도록 명령합니다. 이게 당시에는 큰 효과를 발휘하진 못했지만 이후 두고두고 청나라 황실과 관료, 그리고 청나라에 동화된 한족들이 자신들을 합리화할 수 있는 논리로 사용되기 시작했죠.

이와 같이 강희제와 옹정제가 한족에 대한 차별을 다소 완화하고 만주족과 한족이 동일하다는 식의 메시지를 내긴 했습니다. 하지만 근본적인 정책 기조는 여전히 만주족을 우대하는 방향이었죠. 예를 들어《청실록清實錄》에 따르면 만주족을 내치고 한족만 관료로 임용해 달라는 상소문을 받은 옹정제가 은근슬쩍 본심을 말한 바 있습니다.

——— **"아니… 나는 만주족이랑 한족이랑 구분을 안 하겠다고 했는데 한족들은 왜 자꾸 토를 다냐? 그리고 솔직히 잘난 만주족, 잘난 한족이 있다면 만주족 먼저 뽑는 게 이치에 맞지 않냐?"**

만주족과 한족이 동일하다고 말은 하지만 여전히 만주족이 더 우대를 받아야 한다고 생각했던 거죠. 물론 이건 옹정제만의 생각이 아니라 청나라 황실 전반의 기조였습니다. 한족의 반감이 심하니 차별을 일부 없애주면서 달래주긴 했지만 만주족이 중심이 되어야 한다는 생각에는 변함이 없었던 거죠.

옹정제 다음 황제인 건륭제 시기, 청나라가 여전히 만주족을 우대하고 한족을 차별하고 있다는 건 옆 나라 조선에서도 느낄 수 있었습니다. 당시 조선에는 영조가 집권 중이었는데, 청나라의 민족차별 정책을 두고 한마디 하는 내용이 실록(《영조실록》 69권, 영조 25년 4월 18일 을미 세 번째 기사)에 담겨 있을 정도죠.

"나는 탕평정책을 해도 정치가 힘든데, 건륭제는 도대체 왜 만주족과 한족을 구분하여 차별하는 거지?"

영조의 어진

차별이 만연한 사회에서는 결국 여러 갈등이 터져 나올 수밖에 없죠. 강건성세의 황제들은 이걸 느낀 것인지 모르겠지만 어느 정도 차별을 완화하려는 모습을 보여주긴 했습니다. 하지만 국가 전반적으로는 여전히 민족통합이 아닌 민족차별, 특히 한족에 대한 차별을 일삼는 국가였던 것 같습니다. 청나라가 민족을 차별하면서 벌인 여러 정책과 그로 인한 수많은 사건들이 있지만 그중 가장 유명한 건 아마도 **문자옥**文字獄일 것 같습니다.

문자옥

문자옥 또는 문자의 옥은 어떤 글 내용을 보고 특정 문자나 단어에 이상한 의미가 담겨 있다고 판단되면 해당 글을 없애거나 글쓴이까지 처벌하는 걸 의미합니다. 쉽게 말해 검열을 한다는 겁니다. 문제는 검열의 기준이 군주의 마음이라는 거죠. 별 의미 없이 작성된 글을 보고도 군주가 마음에 안 들면 문자옥을 벌였습니다. 책을 불태우거나 작성자를 아예 처형하기도 했죠. 물론 동서고금을 막론하고 전 세계 어디에서나 벌어진 일입니다. 중국 역사에 한정지어서 사례를 찾아보면 진시황의 분서갱유를 들 수 있습니다. 또한 앞서 4장에서 살펴봤듯 '승려 승(僧)', '도둑 적(賊)', '대머리 독(禿)', '빛 광(光)' 등의 한자 사용을 막거나 해당 한자를 사용한 사람을 처벌한 주원장의 경우도 문자옥의 대표적인 사례죠.

문자옥의 정점은 청나라였습니다. 일단 청나라 황제들도 특정 글자의 사용을 금지했습니다. 대표적으로 호(胡), 융(戎), 이(夷), 노(虜)처럼 오랑캐를 의미하는 문자들을 사용하지 못하게 했죠. 뿐만 아니

학자를 죽이고 책을 불태우는 18세기 익명의 그림. 파리국립도서관 소장

라 설령 금지된 글자를 사용하지 않았더라도 이상하게 해석된다 싶으면 바로 처벌 대상이 되었습니다. 심지어 그게 자기가 쓴 글이 아니더라도 말이죠. 예를 들어 옹정제 밑에서 일하던 어떤 관리는 집에 있던 시집의 내용이 수상하다는 이유로 구족을 멸하는 처벌을 받았다는 기록이 있습니다. 즉, 문자옥에 걸리기라도 하면 당사자뿐만 아니라 가족과 지인들까지 함께 처벌을 받을 수 있었던 겁니다.

정말 말도 안 되는 구실로도 사람들을 잡다 보니 강건성세 기간 동안 170여 건의 문자옥이 발생합니다. 특히 건륭제 때 문자옥이 많았다고 하죠. 이 때문인지 건륭제가 《사고전서》 프로젝트를 추진한 게 사실 서적들을 수집해서 만주족한테 불리한 내용을 사전에 없애기 위한 것이 아니냐는 말이 있을 정도입니다. 이런 공포스러운 분위기 속에서 사람들은 혹시나 다른 사람들이 자신이 쓴 글을 보고 모함하지 않을까 걱정을 해야만 했고, 때문에 글자 한 자 적을 때에도 매우 신중해야 했습니다. 출판업이 발전했다는 건륭제 시대에 오히려 작문 활동은 더 어려워진 아이러니한 상황이 펼쳐진 거죠.

몽골족의 중요성

청나라 치하에서 몽골족은 한족과는 다소 상황이 달랐습니다. 한족은 뿌리 깊은 화이사상 때문에 오랑캐 국가 청나라에 적대감을 품고 있었지만 몽골족은 딱히 청나라를 증오하고 있진 않았기 때문이겠죠. 오히려 이 둘은 꽤 가까운 사이였다고 볼 수 있습니다. 누르하치가 건국한 후금은 정치, 문화, 경제, 군사 등 거의 모든 분야에 있어서 몽골제국으로부터 영향을 받았습니다. 실제로 누르하치 시기 때만 하더라도 후금에서는 몽골문자가 사용되었고, 법과 세금 관련 제도에서 사용하는 용어들 또한 몽골어에서 비롯된 경우가 많았습니다. 청나라에서 쓰인 만주어의 20~30퍼센트 정도가 몽골어에서 유래된 단어였을 정도죠. 물론 그렇다고 해서 청나라가 쉽사리 몽골족을 흡수한 건 아닙니다. 몽골족을 청나라에 합류시키기 위해 치밀한 전략을 짜야만 했죠.

누르하치가 여진족을 통합하고 후금을 건국했을 때 여전히 명나라 북쪽에는 몽골제국이 있었습니다. 명나라 때문에 중국대륙에서 발을 빼게 된 몽골제국은 이후 분열과 통합을 반복했고 국력도 들쑥날쑥했습니다. 약할 때는 명나라의 이간질에 당해 서로 싸우기도 했고 강할 때는 북경을 포위하고 약탈을 했을 정도죠. 일부 시기를 제외하면 여전히 칭기즈 칸의 자손이 대칸이 되어 몽골제국을 다스렸지만 대칸의 실권도 시대에 따라 천차만별이었습니다.

1603년 대칸의 자리에 오른 릭단 칸Ligdan Khan(재위: 1603년~1634년)은 분열되어 있는 몽골제국을 다시 통합하려고 노력한 인물이었죠. 누르하치 시기 후금은 여러 몽골 부족을 정복하기도 하고 귀족들끼리 혼인을 통해 동맹관계를 맺기도 하면서 야금야금 몽골 부족들을 흡수해갔습니다. 릭단 칸은 몽골제국에서 벗어나려는 부족들을 공격해 다시 복속시키려고 노력했지만 오히려 더 많은 부족들이 반기를 들고 청나라에 항복해버립니다.

누르하치의 아들 홍타이지는 1634년 릭단 칸과 결전을 벌여 크게 승리를 거두었고 릭단 칸은 얼마 못 가 병으로 사망합니다. 결국 릭단 칸의 아들을 비롯해 대칸의 가족과 귀족들은 홍타이지에게 항복했고, 홍타이지는 릭단 칸의 부인들을 후궁으로 받아들입니다. 동시에 자신의 딸과 릭단 칸의 아들을 결혼시켜 혈연관계를 만들었죠. 그렇게 홍타이지는 강제로 몽골제국의 대칸 칭호를 얻어냈고 이를 명분으로 청나라를 건국하게 됩니다.

몽골족의 합류는 청나라에게 군사적으로 큰 힘이 되었습니다. 중국대륙을 정복한 후에도 청나라에겐 여전히 몽골족이 필요했죠. 인구가 많아도 너무 많은 중국대륙의 한족들을 통제하기 위해선 여진족의 군사력만으로는 부족하니 말이죠. 때문에 앞서 살펴봤듯 한족에 비해 몽골족을 우대하며 통치의 파트너로 대우해준 것입니다. 홍타이지를 시작으로 청나라 초기 여러 황제가 칭기즈 칸의 가문과 혼인관계를 맺었고, 이 시기 청나라에 흡수된 몽골 귀족들은 청나라 내내 귀족층이 되어 우대를 받았습니다.

물론 그렇다고 해서 청나라가 몽골제국 전체를 흡수한 건 아닙니다. 사실상 현재의 내몽골자치구 지역 일대만 흡수할 수 있었죠. 몽골고원에는 여전히 청나라에 항복하지 않은 여러 부족들이 있었습니다. 뿐만 아니라 몽골고원 서쪽에는 여러 부족들이 몽골제국이 멸망하기 전부터 이미 반쯤 독립된 세력을 이루고 있었습니다. 이후 1676년이 되면 **갈단**Galdan Boshugtu Khan(생몰: 1644년~1697년)이라는 인물이 오늘날 몽골 서부, 카자흐스탄 동부, 신장 위구르 지역에서 주변의 부족들을 흡수하며 자기 부족을 강력한 중앙집권 국가로 발전시킵니다. 이 국가가 바로 **준가르**Dzungar Khanate(1634년~1755년)죠.

청나라가 멸족시킨 준가르

청나라는 아직 복속시키지 못한 몽골고원의 부족들에게도 꾸준히 접근했습니다. 상황에 따라 회유도 하고 압박도 하고 내정간섭도 하

준가르가 장악한 티베트

면서 영향력을 키워갔죠. 그런데 서쪽에서 준가르가 강력한 국가로 성장하면서 몽골고원의 부족들은 청나라와 준가르 사이에서 고민하게 됩니다. 점점 청나라의 영향력이 강해지는 것을 두고만 볼 수 없었던 준가르는 결국 1688년 몽골고원을 침공하게 됩니다. 그러나 오히려 이 침공으로 인해 수많은 부족들이 청나라 편에 붙게 되었고 준가르는 청나라에 크게 패하며 물러납니다. 1691년이 되면 몽골고원의 귀족들이 공식적으로 청나라에 항복하며 오늘날 몽골 영토에 해당되는 지역들 대부분이 청나라에 흡수되죠.

그러나 준가르는 포기하지 않았습니다. 다음으로 준가르가 노린 것이 바로 **티베트**와 **달라이라마**Dalai Lama죠. 달라이라마는 티베트 불교의 수장을 일컫는 말입니다. 다만, 달라이라마는 종교 지도자 역할만 한 게 아닙니다. 티베트 불교를 믿는 신도들을 이끄는 통치자이기도 하죠. 교황과 왕을 합쳐놓은 자리라 생각하면 되겠습니다. 그리고 티베트 불교는 몽골족 대부분이 믿던 종교였습니다. 오늘날까지도 몽골에서 가장 많은 사람이 믿는 종교가 티베트 불교일 정도죠. 바꿔 말해, 만약 달라이라마의 권위를 이용할 수만 있다면 몽골족들이 청나라에 반기를 들게 만들 수도 있다는 겁니다. 몽골족에게 달라이라마가 얼마나 중요한 인물이었는지는 청나라의 기록에서도 살펴볼 수 있었습니다. **《친정평정삭막방략**親征平定朔漢方略**》**[1]이라는 기록에 따르면, 청나라는 당시 준가르의 지도자였던 체왕 랍탄Tsewang Rabtan(재위: 1697년~1727년)이 먼저 달라이라마를 확보할지도 모른다는 걱정을 했습니다.

[1] 강희제가 준가르 원정을 갔다 온 후 편찬한 것으로 청나라의 준가르 침공 과정이 적혀 있다.

> **"몽골 대중의 마음은 모두 달라이라마에게 기울어 있어서 그가 비록 가짜 달라이라마[2]라고 할지라도 달라이라마라는 이름 덕분에 몽골 대중은 모두 그에게 복종한다. 만일 조정에서 사람을 보내 잡지 못하고 체왕 랍탄이 가서 맞이한다면 서역 몽골은 모두 체왕 랍탄에게 향할 것."**
>
> 《친정평정삭막방략》 1706년 10월

정말로 1717년 체왕 랍탄은 달라이라마를 확보하기 위해 먼저 티베트를 침공합니다. 준가르는 잠시 티베트를 장악하는 데 성공했지만 청나라의 방해로 달라이라마의 신변을 확보하는 데는 실패합니다. 게다가 침공 과정에서 티베트인들을 학살하고 약탈하면서 민심도 잃어버리게 됩니다. 티베트인들 스스로가 청나라로 찾아가 준가르를 몰아내달라고 부탁할 정도였습니다. 결국 3년 뒤에 청나라 군대가 들어와 준가르를 몰아내고 티베트를 장악해버리죠.

> **2**
> 당시 티베트는 국내외적으로 상당히 복잡한 상황에 처해 있었다. 주변국 중 하나가 진짜 달라이라마를 납치한 후 가짜 달라이라마를 세워 티베트를 쥐락펴락하고 있었던 것이다. 본문에서 인용된 가짜 달라이라마는 바로 그 달라이라마를 의미한다.
> 한편, 납치되었던 달라이라마는 자신의 환생에 대해 예언한 뒤 종적을 감추고, 티베트인들은 예언에 부합하는 새로운 달라이라마를 발견한다. 이후 준가르와 청나라는 티베트를 먹기 위해 이 새로운 달라이라마를 확보하려는 경쟁을 시작한다.

청나라는 준가르가 똥볼을 차준 덕분에 손쉽게 몽골고원과 티베트를 먹긴 했으나 준가르를 그냥 두면 안 되겠다는 생각을 하게 됩니다. 이대로 두면 두고두고 골치 아픈 존재가 될 것 같았던 거죠. 그리하여 강희제 때부터 청나라는 준가르 원정을 시작하게 됩니다. 이게 만만한 작업은 아니었습니다. 강희제, 옹정제, 그리고 건륭제까지 강건성세 내내 준가르 정벌을 이어갔지만 계속 실패를 거듭했던 거죠. 그러던 1755년 기회가 찾아옵니다. 준가르 내부에서 분열이 발생한 거죠. 이 틈을 놓치지 않고 건륭제는 준가르 토벌에 성공합니다. 그런데 그동안 준가르에 시달린 세월 때문이었을까. 건

청나라에 항복을 하는 준가르의 마지막 왕

륭제는 준가르를 복속시키는 것이 아니라 아예 멸족시키라는 명령을 내립니다. 완전히 씨를 말려 없애버리라는 거죠. 이 때문에 현재 준가르의 후손은 지구상에 남아 있지 않습니다. 준가르가 차지하고 있던 중국 타림분지는 청나라에 흡수되었고 위구르족의 땅이 되었죠.

이후로도 청나라는 몽골족이 다시 세력을 모아 청나라를 상대로 쿠데타를 일으킬지 모른다고 생각해 경계했습니다. 조선의 실학자 연암燕巖 박지원朴趾源은 1780년 청나라에 방문한 후 "청나라가 몽골에 대한 경계를 늦추지 않고 있다는 것을 느꼈다"라고 글을 남기기도 했죠. 당시는 청나라가 건국된 지 150년이 지난 시점이었습니다. 흥미로운 점은 이게 청나라만의 문제는 아니라는 겁니다. 오늘날 중국에서도 신장위구르자치구와 티베트자치구가 특별히 관리되고 있고, 심지어 지속적으로 탄압받고 있는 걸 보면 여전히 중국대륙은 분열을 걱정하고 있는 것 같습니다.

민란이 끊이지 않는 국가

많은 사람들이 영토만 보고 특정 국가의 '전성기'를 꼽곤 합니다. 교과서에서도 고구려, 백제, 신라의 전성기를 최대 영토를 기준으로 설명하곤 하죠. 그러나 효기심은 국가의 전성기를 논할 때 영토 말고도 내부정치의 안정을 함께 평가해야 한다고 생각합니다. 아무리 땅이 넓어도 민심을 잡지 못하면 결국 국가가 여러 조각으로 쪼개질 가능성이 몹시 크기 때문이죠. 청나라는 그 민심을 제대로 잡지 못했습니다. 비단 민족문제 때문만도 아니었죠. 민족차별은 청나라가 망하게 된 여러 원인 중 하나에 불과했습니다. 청나라에는 또 다른 분열의 씨앗이 심어져 있었죠. 바로 관료들의 부정부패입니다.

명나라 때부터 중국 대륙에는 **신사**紳士라는 계층이 있었습니다. 주로 유교를 공부한 한족 유학자들로, 과거시험 1차에는 붙었으나 최종 시험에는 붙지 못해 관직을 얻지 못한 자들이었습니다. 쉽게 말해 고시 장수생이자 백수 지식인이었던 거죠. 그러나 단순한 백수는 아니었습니다. 나라 곳곳에 퍼져 있는 향촌, 즉 크고 작은 마을의 실세가 신사층이었죠. 신사들은 나름 배운 이들이었기 때문에 각 지방 향촌의 행정, 경제, 사법, 교육, 치안 업무를 맡기도 하고, 마을 사람들끼리 싸움이 벌어지면 재판을 진행하기도 했습니다. 또한 서원을 만들어서 향촌 사람들을 교육시키고 향촌의 여론을 주도하며 영향력을 행사했죠. 그런데 여기서 의문이 생깁니다. 한족을 탄압했던 청나라는 왜 관리를 파견하지 않은 채, 신사들이 향촌에서 활동하는 걸 방치했던 것일까.

청나라의 영토는 너무 넓었습니다. 그러다 보니 중앙정부에서 각 지방의 작은 향촌들까지 관리를 파견해 다스리기에는 재정도 부족했고, 인재도 부족했죠. 그런데 마침 어느 정도 공부를 해서 학식은 있지만 일거리를 찾지 못한 채 향촌에서 완장질하는 신사들이 있었던 겁니다. 청나라 조정 입장에서는 봉급을 안 줘도 알아서 향촌 관리를 해주니 굳이 제재를 가할 이유가 없었던 거죠. 인근 도시에 파견된 관리들도 주변의 작은 향촌들을 구석구석 파악하기 힘드니 각 향촌의 실세였던 신사들과의 협력해야만 했습니다.

문제는 신사들의 비리가 너무 만연하게 된다는 겁니다. 조정으로부터 돈도 안 받으니 향촌 일을 하면서 알아서 돈을 벌어야 했는데 이게 점점 선을 넘게 됩니다. 정부가 감시 감독조차 하지 않으니 자기들 멋대로 향촌에서 땅도 챙기고, 세금도 체납하고, 뒷돈도 받아먹었던 거죠. 심지어 지방의 관료가 이 사실을 알아도 묵인해줘야 할 판이기도 했습니다. 당시 각 지방에서는 돈이 필요해도 중앙에서 지원을 받기가 매우 어려웠습니다. 중앙정부가 조사를 하고 황제의 비준까지 받아야 겨우 운영비를 얻을 수 있었기 때문이죠. 그러다 보니 각 지방의 관료들은 알아서 '비공식적인 추가 수입원'을 찾아야만 했습니다. 그렇게 신사들과 함께 결탁하여 부정부패를 저지르게 되는 거죠. 시간이 지나면서 신사들은 자기들끼리 뭉쳐 정치 세력화되기도 했고 청나라 조정을 상대로 반란을 일으키기도 했습니다. 청나라 말기 일어난 태평천국운동과 변법자강운동變法自彊運動의 주동자들도 이 신사들이었죠.

부정부패를 저지르는 건 지방의 관리나 신사들뿐 아니라 중앙관리도 마찬가지였습니다. 대표적으로 **화신**和珅(생몰: 1750년~1799년)이라는 어마무시한 탐관오리가 있었습니다. 그는 1775년 건륭제의 총애를 받아 중앙정부의 관리가 되어 큼직큼직하게 부정부패를 저질렀죠.

화신의 모습

건륭제의 뒤를 이어 황제가 된 가경제嘉慶帝(재위: 1796년~1820년)는 화신을 벌하고 그의 재산을 모두 몰수합니다. 그런데 몰수한 금액이 무려 8억 냥이었습니다(다소 과장된 금액이라는 견해도 있습니다). 당시 8억 냥은 청나라 조정 1년 예산의 20배에 달하는 금액이었습니다. 황제와 함께 정치를 하는 중앙정부에서조차 이렇게 엄청난 금액의 부정부패가 있었을 정도였으니, 지방의 부정부패가 얼마나 심각했을지는 '뻔할 뻔 자'겠죠. 청나라 내내 수많은 민란❶이 터지는 것은 당연한 일이었던 겁니다. 그중에서도 가장 대표적인 민란은 **백련교도의 난**(1796년~1804년)이었습니다.

> **1**
> 청나라 역사 주요 민란
>
> - 소수민족 봉기(1726년~1729년)
> - 진촨족 봉기(1746년~1749년)
> - 요족 봉기(1790년)
> - 묘족 봉기(1795년~1797년, 1833년)
> - 티베트 부족 봉기(1807년)
> - 천리교天理敎의 난(1813년)
>
> 이 민란들 외에도 민란이 끊이지 않았다.

백련교도의 난

앞서 4장에서 설명했던 **백련교**를 기억하실 겁니다. 송나라 때부터 있었던 중국대륙의 토착신앙으로 미륵불이 내려와 지상을 구원한다는 교리를 가진 종교였죠. 명나라를 세운 주원장은 홍건적과 백련교도의 세력을 규합하여 명나라를 건국했는데, 막상 명나라를 세우고 난 이후로는 백련교도들을 탄압했습니다. 이후 백련교는 쿠데타를 일으킬지 모르는 세력 취급을 받아 금지되며 민중들 사이에서 은밀하게 퍼져나갔죠. 청나라 초기에도 백련교는 세력이 그리 크지 않았습니다. 그러나 청나라 시대에 내부 혼란이 워낙 심각하다 보니 급격히 세력이 늘어나 **백련교도의 난**까지 일으키게 된 거죠. 흥미로운 점은 백련교도의 난이 주로 서쪽에서 일어났다는 점입니다.

전통적으로 중국대륙의 인구가 많은 지역은 중국의 동부입니다. 그런데 명나라와 청나라 시대를 거치면서 많은 인구가 서쪽으로 유입되기 시작합니다. 그 원인으로는 몇 가지가 있습니다. 일단 명청시

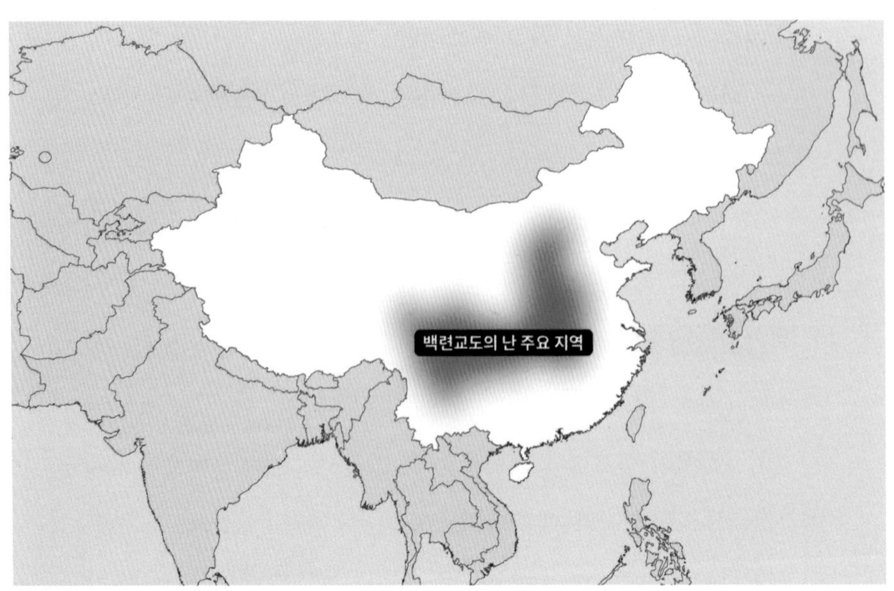

백련교 세력의 난이 일어난 지역

대에 인구가 폭증했기 때문입니다. 중국대륙에는 17세기에 이미 1억 5000만여 명의 사람들이 살고 있었던 것으로 알려져 있습니다. 이들이 다 동부 지역에 몰려 살기엔 주거지나 농경지가 부족했던 거죠. 살기 위해서라도 사람들은 조금씩 서쪽으로 이동할 수밖에 없었던 겁니다.

정부나 세금을 피하기 위해 서쪽으로 가는 사람들도 있었습니다. 서쪽은 워낙 외진 지역이다 보니 정부의 손길이 닿지 않는 곳이 많았습니다. 범죄를 저지른 사람이 도망치기 딱 좋았던 거죠. 또한 세금에 시달리던 백성들도 이곳으로 도망쳐 숨어 살기도 했습니다.

무엇보다도 조정이 이주 정책을 벌이기도 했습니다. 명나라나 청나라 조정 입장에서는 서쪽의 막대한 토지를 비워두는 게 손해였죠. 특히 청나라는 준가르에 대항하기 위해 서쪽 지역을 발전시킬 필요가 있었죠. 그래서 세금을 면제해주면서까지 백성들이 서쪽으로 이주하도록 유도하는 정책을 펼쳤습니다.

서쪽으로 향하는 이주 행렬 속에는 백련교도들도 있었습니다. 백련교도들은 주로 종교 탄압을 피하기 위해 행정력이 약한 서부로 향했죠. 특히 1775년 허난河南(하남)에서 백련교 탄압이 시작될 때 많은 사람들이 서쪽으로 넘어갔습니다. 서쪽으로 이주해 온 백련교도들은 다른 사람들에게도 재난과 화를 피하고 싶으면 백련교를 믿으라고 포교활동을 시작했죠. 덕분에 쓰촨四川(사천)과 후베이湖北(호북)의 민중들 많은 수가 백련교에 빠지게 됩니다. 다만, 대부분의 경우 종교적 신앙심 때문이라기보다는 강력한 공동체의 도움을 받기 위해 가입하는 경우가 많았죠. 그 수가 너무 많아지자 1794년부터 청나라 중앙정부는 대대적인 백련교 소탕작전에 들어갑니다. 백련교도 주요인물들이 체포되고 처형당하는데, 이 과정에서 백련교와 무관한 사람들까지 재산을 빼앗기고 함께 탄압을 받는 일이 생기면서 문제가 발생합니다.

——— "나라가 무고한 백성들을 탄압하고 있다!!"

앞서 설명했듯 당시 청나라는 관료들과 신사의 부정부패로 민심을 잃고 있었습니다. 그런데 백련교 소탕과정에서 무고한 백성들까지 피해를 받자 민심은 걷잡을 수 없는 속도로 악화되기 시작했죠. 이때부터 백성들은 '미륵불'이 내려오길 희망하게 됩니다. 백련교가 설파하고 다녔던 것처럼 정말로 미륵불이 지상으로 내려와 청나라를 무너뜨리고 백성들을 구원해줄 것이라 믿게 된 거죠. 그렇게 백련교를 없애려던 정부의 탄압은 오히려 백련교도가 더 늘어나는 결과를 초래하게 됩니다. 결국 1796년 후베이를 시작으로 쓰촨, 산시(섬서) 등에서 대략 20만 명의 백련교도들이 대대적인 봉기를 일으키기 시작합니다. 백련교도들은 청나라를 상대로 10년간 게릴라전을 벌였고, 청나라 조정은 1805년이 되어서야 반란을 진압하는 데 성공하죠. 연구에 따라 다르지만 백련교도의 난을 진압하기 위해 청나라 조정은 적게는 2년치 세금, 많게는 4년치 세금을 쏟아부어야 했습니다. 이렇게 재정이 낭비된다는 건 곧 백성들이 더 많은 세금을 내야 한다는 걸 의미했습니다. 부족한 재정을 메우기 위해 세금을 더 걷어야 하니 말이죠. 그럼 백성들은 또다시 민란을 일으키는 악순환이 반복되었습니다.

국가가 혼란스러워지면 각종 종교와 이념이 창궐하여 사람들의 마음을 뒤흔들어놓곤 합니다. 청나라 말도 마찬가지였죠. 심지어 이런 시기에 서구열강까지 개입하며 청나라는 결국 갈기갈기 찢어지다가 몰락해버리죠. 이후 중국국민당과 중국공산당이 새로운 국가를 건국하겠다면서 내전을 일으킵니다. 그 과정에서 '**중화민족**'이라는 듣도 보도 못한 민족이 탄생되죠.

제7장

중화민족의 탄생

국가를 위해 창조된 민족

온갖 사회적 모순과 부패 때문에 청나라 내부에서 끊임없이 민란이 벌어지는 와중에 청나라 밖에서도 거대한 위협이 들이닥칩니다. 바로 서구열강[1]이죠. 청나라는 내부 문제만으로도 골치가 아팠는데 외세의 침략까지 겪게 되면서 이제 끝없는 나락으로 떨어집니다. 역사를 살펴보면 보통 이렇게 어떤 국가에 망조가 들 때 권력을 쟁취하려는 새로운 세력들이 사방에서 우후죽순으로 탄생하는 걸 흔히 발견할 수 있습니다. 청나라도 그랬죠. 온갖 집단들이 중국대륙을 휘어잡으려고 애를 씁니다. 그중에는 기존에 권력을 갖고 있던 세력도 있었지만 새롭게 등장한 사이비종교단체나 도적집단 출신의 군벌 등의 신흥 세력도 있었죠. 그 와중에 독특한 민족 개념까지 등장해 사람들을 선동하는 데 동

[1] '서양의 여러 강한 나라들'을 일컫는 말이다.

원되기도 합니다. 7장에서는 혼란스러웠던 청나라 말 역사와 '중화민족'의 탄생 배경을 알아보겠습니다.

1차 아편전쟁(1840년~1842년)

청나라는 강건성세가 한창이던 18세기부터 영국과 무역을 하고 있었습니다. 영국은 청나라에서 차[tea]와 비단, 도자기 등 값비싼 물건들을 수입하고 있었는데 정작 청나라는 영국으로부터 수입하는 것이 거의 없었죠. 산업혁명 이후 영국의 주력 상품은 면직물이었습니다. 그런데 청나라는 직접 생산한 면직물로 자급자족이 가능해 영국으로부터 면직물을 수입할 필요가 없었던 거죠. 당시 영국을 포함한 서구 열강들은 상대국이 자국의 물건을 많이 사도록 유도하고 반대로 상대국의 물건을 수입하는 건 억제해서 최대한 무역흑자를 만드는 게 좋은 경제정책이라고 여겼습니다. 그런데 영국은 청나라와의 무역에서 적자만 보고 있었으니 상당히 기분이 안 좋았죠. 영국은 억지로라도 청나라가 영국의 물건을 구입하게 만들고 싶었습니다. 이를 위해 **아편**[Opium][1]을 이용하기로 결정합니다. 그 과정은 대충 이러합니다. 영국의 식민지가 된 인도[2]에서 아편을 재

[1] 덜 익은 양귀비의 꽃봉오리에서 채취하는 향정신성 약물이다. 쉽게 말해 마약이다.

[2] 영국이 인도 지역의 통치권을 완벽하게 확보한 것은 1858년이지만 그 전부터 이미 인도는 영국의 식민지나 다름없었다.

양귀비의 덜 익은 열매에서 추출되는 아편

배해서 청나라에 팔고, 청나라가 아편 값으로 지불한 은Silver은 인도로 넘어옵니다. 그럼 인도는 영국 상인한테 은을 주고 면직물을 구입하죠. 최종적으로 청나라의 은이 영국으로 넘어오면서 영국의 무역적자는 해소됩니다. 이른바 영국과 인도, 청나라 간의 **삼각무역**이 시작된 겁니다.

말이 좋아 무역이지 사실상 청나라에 대한 공격과 다를 바 없었습니다. 현재 마약 문제로 골머리를 앓고 있는 미국에서는 마약 판매상들이 지나가는 사람에게 무료로 마약을 건넨 후 마약에 중독되게 만들어서 계속 마약을 구매하도록 만드는 수법으로 마약을 판매한다고 합니다. 영국의 무역 전략은 오늘날 미국 마약 판매상들의 마약 판매

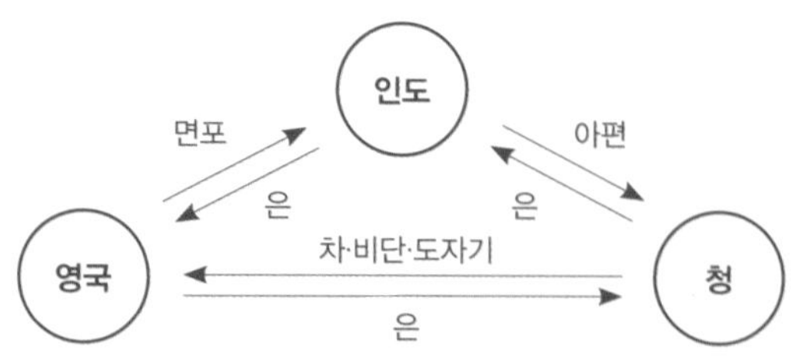

수법과 다를 바가 없었습니다. 청나라 국민들이 아편에 중독되게 만들고 영국이 인도에서 가져온 아편을 지속적으로 구매할 수밖에 없도록 만들려고 했으니 말이죠. 어이없는 것은 이런 짓을 영국의 '정부'가 주도했다는 겁니다.

도광제의 초상

청나라는 나름대로 아편을 막기 위해 노력했습니다. 이미 1729년부터 마약의 해악을 파악하고 아편을 포함한 마약 전체를 금지하는 칙령을 발표했었죠. 1821년에 황제가 된 **도광제**道光帝(재위: 1820년~1850년)는 즉위하자마자 아편 때문에 국가의 '은'이 해외로 빠져나간다며 대대적인 단속을 명하기도 했습니다. 그러나 해가 거듭될수록 청나라로 유입되는 아편의 양은 늘어만 갑니다. 밀무역으로 거래되는 경우

1890년경 아편을 흡입하는 청나라인들

가 많아서 청나라로 들어온 아편의 양이 얼마나 됐는지 정확히 알 수는 없지만, 한 연구에 따르면 1800년경 4570상자의 아편이 팔렸는데 1839년에는 무려 열 배가 넘는 5만 350상자가 팔렸다고 합니다. 아편 한 상자에는 대략 100명의 사람들이 1년간 피울 수 있는 아편이 들어 있었으니 어마어마하게 많은 아편이 청나라에 들어갔단 걸 알 수 있죠.

아편이 백성들 사이에서 퍼지는 것도 문제였지만, '은'이 유출되는 것도 어마어마한 문제가 되었습니다. 너무 많은 양의 '은'이 해외로 유출되자 청나라 내부의 '은' 가격이 폭등하기 시작합니다. 현재도 국제경제상황에 따라 금과 은의 가격이 오르기도 하고 내려가기도 합니다. 그러다 보니 청나라의 '은' 가격 상승이 그리 큰 문제가 아니라고 생각하시는 분들도 계실 것 같습니다. 하지만 6장의 내용을 떠올려보시면 이게 작은 문제가 아니라는 걸 금방 이해하실 수 있을 겁니다. 앞서 6장에서 청나라는 **지정은제**라는 걸 도입해서 세금 종목을 하나로 간소화하고 세금 납부는 '은'으로 하게 만들었다고 설명 드렸습니다. 백성들은 열심히 일을 해서 모은 돈으로 은을 구매해서 정부에 세금을 냈던 거죠. 그런데 은값이 천정부지로 올라버리니 백성들은 은을 구하기 위해 더 많은 돈을 지불해야만 했습니다. 거기다 부패한 관료와 신사들의 착취까지 견뎌야 했으니 청나라 백성들은 말 그대로 죽어났습니다.

청나라 정부는 어떻게 해서든 아편 밀무역을 막아야만 했습니다. 그렇게 1839년에 아편을 뿌리 뽑으라는 황제의 특명을 받은 **임칙서**林則徐(생몰: 1785년~1850년)가 **광저우**廣州(광주)[1]로 파견됐죠. 임칙서는 밀수꾼들에게서 아편을 압수해서 모두 바다에 버렸습니다. 그런데 영국 정부가 갑자기 항의를 했죠.

[1]
과거부터 현재까지 무역으로 유명한 항구도시다. 청나라는 건륭제가 통치 중이었던 1757년부터 서양 선박들에 광저우를 제외한 곳에서의 해상교역을 금지했다.
다만 명나라 시기 포르투갈이 할양받은 마카오만큼은 청나라도 건들지 않았다. 서양 선박들은 광저우에서 교역하기 전에 먼저 마카오에 정박해서 승인을 받아야 했다.

——— **"야! 왜 우리 대영제국 정부의 물건을 건드냐??"**

임칙서가 몰수해 폐기한 아편이 밀수꾼이 아닌 영국정부의 물건이라는 겁니다. 이건 다 영국정부의 설계였습니다. 어떻게든 아편 무역을 이어가고 싶었던 영국은 청나라를 협박할 명분을 만들어야 했습니다. '주작질'을 해서라도 말이죠. 임칙서가 없애버린 아편은 분명 영국정부가 아니라 영국 상인 또는 밀수꾼들의 것이었습니다. 그런데 아편 상자가 압수당하기 전에 영국의 무역 감독관이 영국 상인들한테 일정한 대가를 지불하고 아편을 구입한 후에 아편들을 임칙서에게 넘겼습니다. 이 사실을 몰랐던 임칙서는 아편을 폐기 처분했고 영국은 청나라가 영국정부의 물건을 건드렸다며 청나라에 항의한 겁니다. 그렇게 청나라와 영국 사이에 분쟁의 불씨가 지펴졌습니다. 다만, 이때는 영국 의회 내에서도 영국 상인들이 청나라에서 아편을 파는 걸 두고 잘했다 못했다 논쟁이

임칙서의 초상

아편을 폐기하는 임칙서

벌어지던 상황이었기 때문에 영국정부가 함부로 함선을 끌고 청나라를 공격하진 않았죠.

하지만 같은 해 여름에 또 다른 사건이 벌어집니다. 술에 취한 영국인이 청나라 사람을 폭행해 청나라 사람이 사망하는 일이 발생한 거죠. 임칙서는 범인들을 체포하려고 했으나 영국인들은 약간의 처벌과 보상금으로 무마하고 범인들을 청나라에 내어주지 않죠. 임칙서는 이에 분노해 당시 마카오에 정박해 있던 영국 배에 연료와 식량 공급을 차단하고 사실상 추방해버립니다. 그리고 다시 청나라와 무역을 하려면 살인범도 인도하고 아편을 거래하지 않겠다는 각서에 서명하라고 다그쳤죠. 영국 측에서도 폭력과 뇌물을 동원해 식량을 얻어가며 양보하지 않고 버텼습니다.

그런데 일이 이상하게 흘러갑니다. 종교적으로 독실해서 아편 무역을 더럽다고 여기고 정상적인 물건만 팔던 양심적인 영국 상인들이 애꿎은 피해를 입게 되자, 자기들끼리 따로 청나라와 무역을 재개하려고 협상을 시도합니다. 당시 영국의 무역 감독관은 이 상선들을 내버려뒀다간 다신 아편 무역을 할 수 없게 될까 봐 자국의 상선들을 공격합니다. 반대로 청나라는 자신과 무역하려는 영국 상선들을 보호하려고 하면서 전투가 벌어지죠. 결과는 영국 측의 압승이었습니다.

무역분쟁 때문에 양국 간에 전투까지 벌어지자 결국 영국 의회에서는 청나라와의 무역을 재개하기 위해 전쟁을 감행해야 한다는 목소리가 강해지기 시작합니다. 그렇게 영국 하원에서 청나라로 군대를 파병하는 안이 통과되고 1840년 7월에 영국군이 청나라 광저우를 공격하면서 **1차 아편전쟁**이 시작됩니다. 청나라는 당시 첨단 기술로 무장한 영국군대를 상대로 패배할 수밖에 없었죠. 그리고 1842년 청나라와 영국은 **난징조약**南京條約을 체결하게 됩니다.

난징조약 주요 내용

1) 청나라는 영국에게 배상금을 지불한다.
2) 청나라는 영국에게 홍콩섬을 할양한다.
3) 광저우, 샤먼, 푸저우, 닝보, 상하이 등 다섯 항구를 개항한다.

아편전쟁은 청나라가 외세에 대항할 만한 힘을 갖추지 못했다는

1차 아편전쟁 당시 파괴되는 청나라의 배들

걸 만천하에 드러낸 사건이었습니다. 영국이 난징조약을 통해 청나라로부터 돈과 땅을 뜯어내자 다른 서구열강들도 앞다투어 청나라를 위협하고 이권을 뜯어내기 시작했죠.

함풍제의 초상

한편, 청나라 내부에서도 소란이 벌어집니다. 1850년에 도광제가 죽고 그의 아들 **함풍제**咸豊帝(재위: 1850년~1861년)가 뒤를 잇습니다. 그런데 함풍제가 즉위하고 얼마 지나지 않아 사이비종교단체의 쿠데타가 일어나게 되죠.

망상으로 시작된 태평천국의 난

청나라 말 과거시험 합격을 위해 공부하던 수험생 **홍수전**洪秀全(생몰: 1814년~1864년)이란 인물이 있었습니다. 실력이 안 좋았던 건지 운이 나빴던 건지 홍수전은 계속 과거에 붙지 못했죠. 그러다 시험에서 네 번째 떨어지고 우연히 《**권세양언**勸世良言》이라는 책을 읽게 되죠. 일종의 기독교 교리 해설서 겸 선교 교재였던 책입니다. 그런데 이 책

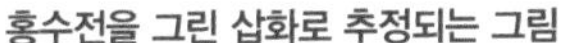
홍수전을 그린 삽화로 추정되는 그림

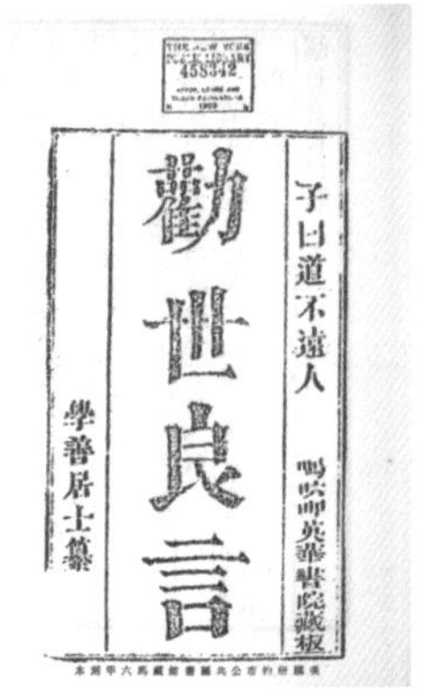

《권세양언》. 대만민족학연구소박물관

을 읽은 홍수전은 갑자기 망상에 빠지기 시작합니다. 자신이 6년 전에 앓아 누웠을 때 꿨던 꿈을 이상하게 해석하기 시작한 거죠. 홍수전의 꿈 내용을 요약하면 이러합니다.

1) 노인이 나타나 홍수전에게 악마를 숭배하지 말라며 칼을 쥐어줬다.

2) 연이어 나타난 중년 남성을 보고 홍수전이 형님이라 부르며 함께 악마를 처단했다.

홍수전은 과거 꿈에 나타났던 노인이 상제上帝[1]이며 중년 남성은 예수라고 생각해버립니다. 그리고 자신은 상제의 아들이자 예수의 동생이기 때문에 세상을 구원해야 한다고 믿었죠. 과거시험에 네

[1] 상제는 중국 전통의 하늘신이며, 홍수전은 상제를 기독교의 야훼(여호와)와 동일시하였다.

번 떨어진 홍수전이 정신적으로 피폐해지거나 심지어 정신질환을 앓았기 때문에 이런 믿음을 갖게 된 게 아닐지 효기심은 강력히 추정하는 바입니다.

이유야 어찌됐건 망상에 빠진 홍수전은 '상제를 숭배하는 모임'이라는 뜻으로 **배상제회**拜上帝會라는 비밀종교단체를 만듭니다. 보통 짧게 **상제회**라고 부르죠. 상제회의 세력은 꽤 빨리 성장했습니다. 1850년 11월에 광시성廣西省(광서성)의 어느 농촌 마을에 2만 명의 신도를 집결시켜 군대를 만들 정도가 되었죠. 사이비종교단체가 이렇게까지 성장할 수 있었던 건 역시나 청나라가 민심을 잃었기 때문이었습니다. 고통스러운 삶을 살던 가난한 농민들에게 누구나 평등하게 구원받을 수 있다는 홍수전의 말은 너무나도 달콤했던 거죠.

어마어마한 세력을 이끌게 된 홍수전은 1851년에 **태평천국**太平天國이라는 국가를 선포하기에 이릅니다. 곧이어 태평천국의 군대를 이끌고 북진하기 시작했죠. 태평천국군은 행군을 할수록 몸집이 더 커져만 갔습니다. 청나라 관료들의 부정부패와 세금에 허덕이던 백성들이 계속 홍수전의 세력에 합류했기 때문이죠. 1853년에 태평천국군은 무려 난징(남경)까지 점령하게 됩니다. 이때 태평천국군의 세력은 남성 180만, 여성 30만이었다고 하죠. 홍수전은 난징의 명칭을 천경天京, 즉 하늘의 수도로 바꾸고 태평천국의 수도로 삼았습니다.

홍수전은 정말 나름대로 국가를 운영하려는 모습을 보여줬습니다. 관직도 만들고 군제도 정비해 체계를 갖춰갔죠. 또 태평천국의 백성들은 유일신 야훼 앞에 모두가 평등하다며 노예매매를 금지시키고,

1850부터 1864년까지 있었던 태평천국의 난

사유재산도 없애고, 토지도 공평하게 분배합니다. 한편으로 우상숭배를 금하는 기독교 사상의 영향을 받아 공자의 위패와 유교 경전들을 불태우고 관우 묘[1]와 성황당을 파괴하기도 했죠.

난징이라는 대도시를 장악한 태평천국은 분명 청나라에 큰 위협이 되었습니다. 당시 청나라 군대는 오합지졸이었고 태평천국군의 상대가 되지 않았죠. 하지만 태평천국은 고작 10년 만에 무너지고 맙니다. 여러 이유가 있었겠지만 일단 태평천국의 지도층들끼리 권력 싸움이 벌어져 서로를 의심하고 죽이는 등 내분이 잦았습니다. 또한 태평천국의 군대는 청나라 정규군뿐만 아니라 신사들

[1] 현재까지 중국에서는 관우를 신으로 믿는 사람을 흔하게 찾아볼 수 있다.

이 조직한 의용군과 서양인이 운영하는 용병부대도 상대해야 했습니다. 근본이 유학자였고 주로 지주 출신이었던 신사들은 공자를 모욕하고 토지를 공평하게 분배한다는 태평천국에 우호적일 리가 없었죠. 또 서양의 기독교 국가들은 웬 동양인이 지가 예수의 동생이라며 무역을 방해하고 있으니 제거하고 싶었죠. 결국 신사들의 의용군과 서양 용병의 활약으로 태평천국은 1864년에 멸망합니다. 이 과정에서 맹활약한 신사들이 무능한 청나라 조정과 대비되는 정치 세력이 되어 이목을 끌게 되고 훗날 청나라의 개혁을 주도하게 되죠.

2차 아편전쟁(1856년~1860년)

청나라 밖에서 또! 또! 사건이 벌어집니다. 문제는 역시나 영국이었죠. 1856년 10월 청나라 관리가 **애로우**Arrow라는 배에 타고 있던 12명의 청나라인 선원을 해적혐의로 연행하는 일이 벌어집니다. 문제는 그 선박의 선장이 영국인이었으며, 선적船籍[1]도 영국이 관리하던 홍콩으로 되어 있었다는 점이죠. 영국은 애로우호에 게양되어 있던 대영제국의 국기가 함부로 끌어내려졌다는 것을 구실로 청나라에 공개사과를 요구합니다(청나라는 애초에 영국 국기가 걸려 있지 않았다고 주장했습니다). 그리고 뭐가 그리 급했는지 청나라가 제대로 답변도 하기 전에 광저우를 포격하죠. 사실 애로우호는 사건이

[1] 선박의 국적

벌어질 당시 홍콩 배가 아니었습니다. 선적은 주기적으로 재등록을 해줘야 하는데 애로우호는 갱신을 제때 하지 않아 만기일로부터 11일 지난 상태였기 때문입니다. 영국은 이 사실을 알고 있었지만 모르는 척하며 청나라의 답장이 오기도 전에 포격을 해댑니다. 사실 청나라가 생각보다 너무나 약하다는 걸 깨달은 영국이 언제든 때릴 구실을 찾고 있던 거죠.

영국의 포격은 **2차 아편전쟁**의 시작이었습니다. 이때는 영국뿐 아니라 프랑스도 합류하여 더욱 손쉽게 청나라 군대를 격파합니다. 영국과 프랑스 군이 광저우, 이후 베이징 바로 앞의 톈진天津(천진)의 포대까지 점령하자 청나라는 항복을 하게 되죠. 청나라는 또다시 서구

찢어진 영국 국기가 묘사된 삽화. 1856년 영국에서 제작되었다.

열강과 불평등조약을 맺게 되는데 이때는 미국과 러시아까지 끼게 됩니다. 그렇게 1858년에 청나라는 영국, 프랑스, 미국, 러시아[1]와 **텐진조약**天津條約을 맺게 됩니다.

> [1] 2차 아편전쟁 중 러시아는 뒤에서 청나라를 압박한다. 서구열강과 조약을 잘 맺을 수 있도록 중재를 해줄 테니 태평양과 인접한 지역을 내놓으라는 요구를 한 것이다. 결국 텐진조약을 맺기 보름 전쯤에 청나라는 러시아와 '아이훈 조약'을 체결한다. 이 조약에 따라 청나라는 아무르강 북쪽 지역을 러시아한테 넘겨준다.

원래대로라면 텐진조약을 맺고 제2차 아편전쟁은 마무리되어야 했습니다. 하지만 서구열강은 또다시 전쟁을 일으킵니다. 이미 이빨이 다 빠진 청나라 정도면 상대도 되지 않을 테니 빨아먹을 수 있는 모든 걸 빨아먹으려고 했던 거겠죠. 전쟁이 시작되는 과정도 참 어이가 없었습니다.

텐진조약 주요 내용

1) 베이징에 각국 외교관이 상주하도록 한다.
2) 개항 항구를 더욱 늘린다.
3) 중국 내륙으로 자유로운 여행을 허락한다.
4) 관세를 개정한다.
5) 배상금을 지불한다.
6) 공식문서에 영국, 프랑스, 미국, 러시아 국민들을 대상으로 오랑캐(夷)라는 단어를 사용하지 않는다.

——— **청나라: "영국이랑 프랑스야… 우리 톈진조약 사인하는 거는 상하이에서 하자."**

——— **영&프: "뭔 소리야? 베이징에서 할 거야!! 지금 바로 군함 끌고 갈게. ^^"**

톈진에서 합의된 조약에 이제 양국의 사인(전문용어로 비준)만 남은 상황에서 뜬금없이 사인 장소를 두고 갈등이 생긴 겁니다. 청나라는 상하이上海(상해)에서 사인하자고 했는데 영국과 프랑스는 무시하고 베이징(북경)으로 향했죠. 당연히 청나라는 외국의 군함이 수도로 진입하는 걸 용인할 수 없었습니다. 포문을 열어 영국군함 네 척을 격침시켜버리죠. 이 때문에 100여 명의 사상자가 발생하게 됩니다. 물론 영국과 프랑스 입장에서는 땡큐 베리 머치였죠.

——— **"어어어? 이것들이 사람을 막 치네!?"**

이 사건을 빌미로 서구열강 연합군은 베이징을 공격합니다. 이 과정에서 원명원圓明園이라고 하는 청나라 황실 정원까지 파괴되었죠. 함풍제는 베이징을 떠나 **청더**承德(승덕)[2]로 피신합니다. 그 대신 자신의 이복동생 **공친왕**恭親王(생몰: 1833년~1898년)을 베이징에 남겨두어 서구

> [2]
> 청더에는 '피서산장避暑山莊'이라고 하는 황실 전용 여름궁전이 있다. 건륭제 시기에는 연암 박지원이 청더를 방문한 적이 있다. 박지원은 이때의 경험을 글로 옮겼는데 바로 《열하일기熱河日記》다. 여기서 열하는 청더의 또 다른 명칭이다.

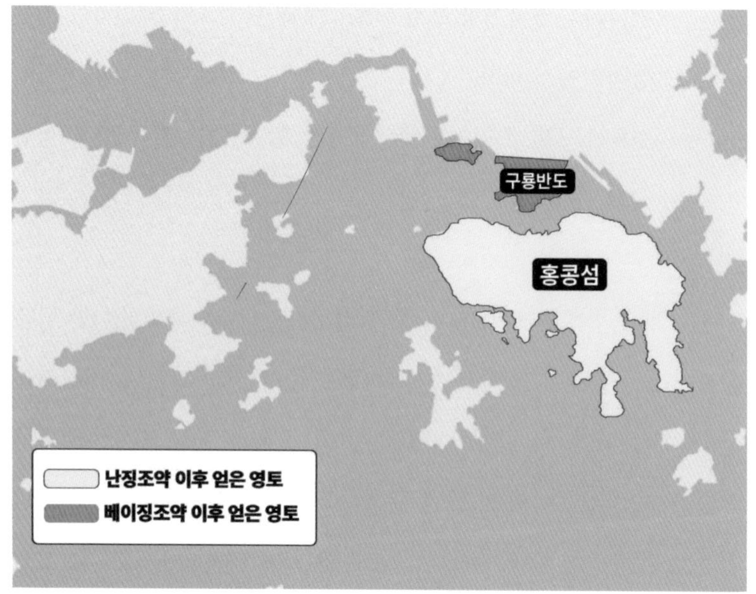

청나라로부터 영국이 얻어낸 영토

청나라로부터 러시아가 얻어낸 영토

열강과의 협상을 끝마치라는 오더를 내리죠. 그렇게 공친왕은 함풍제를 대신해 서구 열강과 베이징조약(1860)을 맺습니다. 이 조약 덕분에 영국은 홍콩섬 너머의 구룡반도(가우룽Kowloon반도) 남쪽을, 러시아는 우수리Ussuri강 동쪽 지역을 추가로 얻게 됩니다.

공친왕

청프전쟁과 청일전쟁

2차 아편전쟁이 끝나고 이듬해인 1861년에 함풍제는 청더에서 사망하고, 그의 다섯 살짜리 아들 **동치제**同治帝(재위: 1861년~1875년)가 즉위합니다. 함풍제는 어린 아들이 걱정이 되었던 것인지 죽기 직전 여덟 신하와 두 명의 황태후, 즉 **동태후**東太后(생몰: 1837년~1881년)와 **서태후**西太后(생몰: 1835년~1908년)에게 동치제를 잘 보좌해달라 부탁한 후 숨을 거두었죠. 그런데 동치제의 친모인 서태후가 공친왕과 손잡고 여덟 신하들을 숙청하는 쿠데타를 일으킵니다. 서태후는 동치제의 섭정이 되어 청나라 권력의 정점에 서게 되죠.

서태후는 권력을 얻기 위해 수단과 방법을 가리지 않은 인물로 유명합니다. 욕심만 그득그득해서 나라가 망해가는 상황인데도 사리사욕에만 눈이 멀어 결국 청나라를 무너뜨린 인물이죠. 다만, 서태후가 집권한 직후에는 잠시나마 청나라의 상태가 다소 안정적인 편이었습

동태후의 초상

서태후의 초상

니다. 서태후의 쿠데타 동지인 공친왕이 그나마 일을 잘했기 때문이죠. 서태후가 조정을 장악하긴 했지만 실무, 특히 외교업무는 공친왕이 도맡아서 했습니다. 공친왕은 앞서 서구열강과 대면하여 베이징조약을 체결했던 경험이 있었던 만큼 현재 청나라의 위치를 잘 파악하고 있었던 것 같습니다. 시종일관 서구열강에 강경했던 함풍제와 달리 최대한 서구열강과 타협하면서 국정을 운영해갔죠.

공친왕의 외교정책은 상당한 성과를 거둡니다. 투쟁보다는 협상과 협력 노선을 선택한 덕분에 서구와의 관계가 원만해질 수 있었죠. 외부로부터의 위협이 다소 완화된 겁니다. 이 틈에 청나라 조정은 내부의 민란을 진압하는 데 집중할 수 있었습니다. 심지어 서구열강은 자신들에게 우호적인 공친왕과 서태후 조정이 오래가길 희망하며 민란

진압에 쓰라고 무기까지 지원해줬죠. 덕분에 무려 14년간 이어졌던 태평천국의 난을 1864년에 진압합니다. 다른 민란들도 1870년대 후반이 되면서 다 제압되었죠.

공친왕과 서태후의 조정이 단순히 서구열강에 다 퍼주는 정책만 펼친 건 아니었습니다. 서양과의 기술력 차이를 인정하고 서양문물을 수용하여 청나라를 발전시키기로 했죠. 그렇게 공친왕은 앞서 태평천국운동을 진압할 때 활약한 신사들과 함께 양무운동自強運動(1861년~1894년)이라는 개혁정책을 추진합니다. 이때, 서양문물을 받아들인다는 것에 대해 백성들이 반발할 수 있기 때문에 나름대로의 명분도 만들었습니다.

난징에 세워진 근대식 무기공장

——— "오랑캐의 것으로 오랑캐를 물리치자!!!"

오랑캐로 오랑캐를 제압한다는 '**이이제이**以夷制夷'를 내세운 거죠. 오랑캐의 문물을 받아들이기는 하지만 이건 결국 오랑캐를 무찌르기 위한 것이니 결과적으로는 이이제이라는 논리였습니다. 정신승리처럼 보이기는 하지만 어쨌든 양무운동을 통해 청나라 전역에 전선이 매설되기 시작했고, 면포공장과 제철공장도 만들어졌습니다. 외국어와 자연과학을 가르치는 근대적 교육기관도 설립됐죠. 물론 조정이 백성들을 위해 양무운동을 추진했다고 보기는 어려울 것 같습니다. 공친왕과 서태후는 쿠데타로 집권했기 때문에 뭔가 성과를 보여야만 자신들의 권력을 유지할 수 있었을 겁니다. 그래서 부국강병富國强兵 1 이라는 슬로건을 앞세워 개혁을 추진했다고 봐야겠죠.

1 '나라는 부유하게, 군대는 강하게 만든다'라는 뜻이다.

이렇게 나름대로 안정을 되찾아가는 듯했던 청나라는 다시 무너지기 시작합니다. 범인은 서태후였죠. 쿠데타 직후 서태후가 조정을 차지하긴 했지만 아직 모든 걸 마음대로 할 수는 없었습니다. 조정에는 공친왕 쪽 사람들이 많았고, 황실에는 함풍제의 정실부인인 동태후가 멀쩡히 살아서 서태후에게 브레이크를 걸었던 겁니다. 게다가 동치제조차 친엄마인 서태후보다 동태후를 더 잘 따랐기에 서태후가 무슨 일이든 마음대로 할 수 있는 상황이 아니었죠.

그런데 1881년에 동태후가 갑자기 43세의 나이로 사망합니다. 서태후가 죽인 게 아니냐는 말도 있지만 진실은 알 수 없습니다. 확실한 건 서태후 입장에서는 동태후의 사망이 호재였다는 거죠. 서태후는 본격적으로 권력을 장악해나갑니다. 조정에서 공친왕 세력을 밀어내고 차츰 자기와 가까운 사람들로 대체하기 시작했죠. 이들은 주로 공친왕 세력과 달리 외세와 타협하지 않는 강경파 인사들이었습니다. 나중엔 결국 공친왕마저 내쳐버렸죠. 물론 그냥 막무가내로 잘라버린 건 아니었습니다. 1884년에 청나라는 베트남을 두고 프랑스와 전쟁을 벌였다가 청나라가 패배하면서 베트남이 완전히 프랑스의 식민지가 되는 일이 벌어졌습니다. 서태후는 이 책임을 공친왕에게 물어 내쫓아버렸죠.

서태후가 권력을 독식하면서 청나라는 나락으로 떨어지기 시작합니다. 특히 대외 관계가 급속도로 악화되기 시작하죠. 서태후가 공친왕 세력을 내쫓고 공친왕과는 정반대편에 있던 강경파를 앉히면서 다시 열강들과 갈등을 겪었기 때문입니다. 앞서 베트남에서 프랑스와 전쟁을 벌이다 패배한 것에 대해 서태후는 공친왕 탓을 했지만 사실은 이 패배 역시 강경파가 득세한 청나라 조정이 트롤링을 한 결과였다고 해도 과언이 아닙니다. 1년 만에 청나라는 동쪽에서도 비슷한 일을 겪게 됩니다. 청일전쟁에 패배하며 그나마 청나라를 따르던 조선마저 일본에 양보하게 되죠.

한편, 청나라는 청나라대로 외세의 침략에 더 시달리게 됩니다. 청프전쟁과 청일전쟁까지 패배하자 청나라의 허술한 국력이 전 세계에 탄로 났기 때문이죠. 이제는 그냥 거의 대놓고 서구열강이 중국 본토

현재까지 유명한 칭다오 맥주가 이때 시작된 것이다.

에 들어와 한 지역씩 가져가기 시작합니다. 예를 들어 독일과 영국이 산둥山東(산동)반도에 눌러앉게 됩니다. 이때 독일이 개발한 작은 어촌에는 맥주 양조장도 세워졌는데 이 지역이 바로 칭다오青島(청두)입니다.

청나라 조정은 더 이상 개혁을 미룰 수 없었습니다. 서양의 무기나 기술을 받아들이는 정도에 그쳤던 양무운동보다 좀 더 근본적인 개혁을 추진해야 한다는 목소리가 나오기 시작했죠. 정치제도나 사회 시스템까지 바꾸자는 겁니다. 때마침 이제 막 서태후의 섭정에서 벗어난 **광서제**光緖帝(재위: 1875년~1908년) 역시 국가를 개혁하고자 하는 의지가 강했습니다. 그리하여 1898년에 시대에 뒤처진 법과 제도를 바꿔 스스로 강해지자는 **변법자강운동**變法自彊運動이 시작되죠. 그러자 서태후와 수구 세력이 움직입니다. 법과 제도를 바꾸면 자신들이 움켜쥐고 있던 권력이 사라질 걸 우려하여 난을 일으킨 거죠. 서태후 세력은 광서제를 감금하고 황제로서의 권한도 전부 박탈해버립니다. 그리고 어디선가 어린 황족을 주워 와서 또다시 자기가 섭정을 해먹으려고 합니다. 청나라 사람들은 물론이고 서구열강들까지 격렬하게 비난한 덕분에 황제를 갈아치우는 일은 무산되기는 합니다. 하지만 광서제는 그저 꼭두각시 황제가 되었을 뿐 실질적인 권력은 여전히 서태후가 꽉 쥐고 있었죠.

한편, 청나라가 서구열강의 횡포에 시달리자 청나라 백성들 사이에서 외세에 대한 반감이 극에 달하기 시작합니다. 서구열강이 청나라의 각종 이권들을 빼앗아 가는 소식도 접하고, 당장 눈앞에서 선교사라는 것들이 돌아다니면서 교회라는 해괴망측한 건물도 짓고 기독교라는 이상한 사상도 퍼뜨리고 다녔으니, 가뜩이나 삶이 팍팍한 청나라 백성들 눈에는 외국인들이 그냥 때려죽여야 할 대상으로 보였을 겁니다. 이때 기상천외한 사이비종교가 판을 치게 되죠.

광서제의 초상

이번엔 사이비무술?

태평천국의 난을 일으켰던 사이비기독교 세력에 이어 이번에는 무술로 조국을 지키자는 사이비종교 세력 등장합니다. 바로 **의화단**義和團이죠. 의화단은 중국 산둥 지역에서 활동하던 비밀결사단체였습니다. 청나라를 침략하는 서구열강을 몰아내기 위해 무술을 연마하는 단체였죠.

——— **"무술을 익혀서 청나라를 도와 서구열강들을 몰아내자!!"**

국가를 사랑하는 그들의 애국심은 인정할 만한 대목이지만 문제는 이들이 익히라고 가르치던 무술은 일종의 사이비무술이었다는 데 있습니다.

——— **"100일 동안 우리의 권법을 익히면 대포를 피할 수 있다! 400일 동안 수련하면 하늘도 날 수 있다!"**

의화단은 자신들의 권법을 익히면 총알도 막고, 대포도 피할 수 있다는 식으로 선전을 했습니다. 지금 보면 정말 말도 안 되는 얘기지만, 신기하게도 의화단의 사이비무술 드립은 당시 청나라 백성들에게 잘 먹혀들었습니다. 아무래도 외세에 대한 반감이 극심하지만 서구열강의 근대적인 군사기술이 압도적으로 보이는 상황에서 전통적인 중국 무술이 외국의 기술을 이길 수 있다는 말이 달콤하게 들렸겠죠.

의화단 단원들

몸집이 커진 의화단은 곳곳에서 폭력을 휘두르고 다니기 시작합니다. 의화단의 결성 목표 자체가 서양인들을 무술로 때려잡자는 것이었기 때문이죠. 의화단의 단원들은 서양과 관련된 모든 것들을 청나라에서 제거해야 한다고 믿었습니다. 기독교 선교사든 상인이든 군인이든 서양인들은 보이는 족족 죽이려 했고, 서구의 기술이 담긴 불온한 것이라며 철도와 전선을 끊어버리는 테러를 벌이기도 했죠. 여러모로 납득하기 어려운 논리와 사상을 가진 단체였지만 당시 청나라 말기의 시대상이 워낙 혼란스러웠기에 의화단 세력은 산둥을 시작으로 화베이華北(화북) 지역, 톈진, 베이징까지 퍼지게 됩니다. 그리고 곳곳에서 반외세 운동을 벌이게 되죠. 이들이 벌인 운동을 보통 의화단운동(1899년~1901년)이라고 합니다.

Huit pages : CINQ centimes

Le Petit Parisien

SUPPLÉMENT LITTÉRAIRE ILLUSTRÉ

DIRECTION: 18, rue d'Enghien, PARIS

LES BOXEURS CHINOIS

1900년 6월 의화단원들이 철도를 파괴하는 모습이 담긴 《Le Petit Parisien》의 삽화

나라를 구한답시고 주먹을 휘두르던 의화단원들의 애국심은 청나라를 더욱 위기에 빠뜨립니다. 의화단 세력이 외국인에게 폭력을 휘두를 때마다 서구열강에 청나라를 침략할 명분을 제공하는 꼴이었으니 말이죠. 결국 서구열강들은 의화단 진압을 목적으로 군대를 청나라 수도 베이징에 파견하려고 합니다. 이 타이밍에 서태후는 엄청난 판단력을 보여줍니다.

——— '의화단으로 서구열강을 몰아내면 되겠는데? ㅎㅎ.'

광서제를 몰아내려다 서구열강이 개입하는 바람에 실패해 상당히 짜증이 나 있었던 서태후는 군을 동원해 외국 군대를 막아섭니다. 그러곤 의화단에 쌀과 은을 지원해주고 황실 사람을 보내 의화단 세력을 직접 통솔하게 했죠. 심지어 1900년 6월 서구열강에 사실상 선전포고를 해버립니다. 서구열강들 입장에서는 이게 웬 떡이냐 싶었죠. 결국 의화단 진압을 명분으로 8개국(영국, 독일, 러시아, 프랑스, 미국, 이탈리아, 오스트리아, 일본)이 모여 연합군을 결성해 톈진을 공격하기 시작합니다. 그렇게 1899년에 **청나라 조정+의화단 VS 서구열강 8개국 연합군** 간의 전쟁이 시작됩니다.

결과는 당연히 청나라의 패배였습니다. 앞서 설명했듯 의화단은 주술적인 힘으로 총과 대포를 피할 수 있다는 믿음으로 외국 군대에

서구열강 8개국 연합군

맞섰지만 그게 가능할 리가 없죠. 서구열강 연합군은 파죽지세로 밀고 나아갔고 1900년 8월에는 청나라의 수도 베이징까지 함락시킵니다. 이때 서태후는 엄청난 태세전환을 보여줍니다.

——— **"친애하는 서구열강 여러분, 권비[1] 놈들이 '멋대로' 난을 일으켰네요? 저희와 함께 진압하시죠. ㅎㅎ."**

[1] 주먹을 휘두르는 도둑, 즉 의화단을 일컫는 말이다.

광서제를 챙겨 시안西安(서안)으로 피난 간 서태후는 '나는 모르는 일'이라며 꼬리 자르기를 시도합니다. 현재 벌어진 일들은 전부 의화단이 주도한 것이기 때문에 모든 책임을 그들에게 물어야 한다는 거죠. 그리고 청나라 군대도 서구열강 연합군을 도와 의화단을 공격하겠다고 선포해버립니다. 통수도 이런 통수가 없었죠.

그러나 이미 때는 늦었습니다. 이미 서구열강들은 이번 일을 계기로 청나라의 골수까지 빨아먹을 생각을 갖고 있었습니다. 의화단과의 전쟁이 끝나기 전부터 서구열강들은 전쟁 이후 이권을 어떻게 나눠가질지 자기들끼리 협의하고 있었죠. 결국 1901년 9월 청나라는 서구열강과 함께 '또다시' 조약(신축조약辛丑條約)을 맺습니다. 이번 조약에는 사실상 청나라에게 국가안보를 포기하라는 수준의 내용이 담겨 있었습니다. 사실상 국가로서 기능하지 말라는 얘기죠.

신축조약 주요 내용

- 은 4억 5000만 냥[1]을 연이자 4퍼센트로 39년 분할하여 배상금으로 지급한다.
- 톈진 해안에 있는 청나라 포대를 해체한다.[2]
- 청나라인들의 반외세조직 창설을 금지하고 의화단 관련 인사들을 처벌한다.
- 베이징의 공사관 구역에 외국군대 주둔을 허용한다.
- 각 서구열강들이 원하면 통상조약을 새롭게 체결한다.

[1] 1냥兩 = 약 37g

[2] 수도와 주요 지역을 방어할 생각조차 하지 말라는 의미다.

미궁에 빠진 청나라

벼랑 끝에 몰린 서태후와 청나라 조정은 위기감을 느꼈습니다. 이대로 계속 서구식 개혁을 미루고 있다간 앞으로 청나라가 국제사회에서 살아남기 힘들겠다는 생각이 든 거죠. 정확히 말하면 청나라의 몰락보다는 자신들이 권력을 잃게 되는 걸 두려워했다고 보는 게 맞을 것 같습니다. 그리하여 1901년 1월부터 청나라는 '또' 개혁을 추진하기로 합니다. 교육, 군사, 법, 경제 등 온갖 분야에 걸쳐 전방위적인 개혁을 실시했죠.

이 무렵, 러시아와 일본 사이에서 **러일전쟁**(1904년~1905년)이 터집니다. 잘 아시듯 여기서 일본이 러시아를 상대로 승리를 거두었죠. 이건 당시 전 세계에 큰 파란을 불러일으킨 사건이었습니다. 얼마 전까지 서구열강 앞에 빌빌거리던 조그마한 아시아 국가가 전 세계를 호령하던 제국 중 하나인 러시아와 전쟁을 벌여 이겨버렸으니 말이죠. 청나라 사람들 사이에서도 러일전쟁은 큰 화젯거리였습니다. 청나라 사람들은 러시아까지 제압할 수 있을 정도로 성장한 일본의 성공 비결이 너무너무 궁금했죠. 그들이 내린 결론 중 하나는 '**입헌군주제**'였습니다.

——— **"아시아 국가도 입헌군주제를 도입하면 유럽 국가를 이길 수 있나 보다!"**

19세기 말에 일본은 근대화를 추진하기 위해 여러 개혁을 단행했습니다. 이때 크게 바뀐 것 중 하나가 정치 시스템이었습니다. 일본은 헌법에 따라 국가를 운영하는 입헌군주제 국가가 되었죠(자세한 건 10장에서 다룰 예정입니다). 이후 일본이 발전을 거듭하더니 러시아를 이길 정도로 성장한 겁니다. 청나라 사람들 입장에서 보자면 일본이 영국처럼 입헌군주제 국가가 되더니 엄청 빠르게 성장해서 자기들처럼 황제가 자기 마음대로 다스리는 국가인 러시아제국을 무너뜨린 겁니다.

일본의 엄청난 성장을 목격한 청나라 사람들은 빨리 개혁해서 일

일본의 1대 총리였던 이토 히로부미伊藤博文

본처럼 강해지고 싶어집니다. 결국 조정에도 입헌군주제를 도입하라는 요구가 들어오기 시작했죠. 특히 신사층이 적극적으로 입헌군주제 도입을 주장했습니다. 물론 나라를 걱정해서 입헌군주제 하자고 주장한 신사들도 있었겠지만 이번 기회에 의회가 만들어지면 본인들이 한 자리씩 해먹을 수 있겠구나 싶었던 신사들도 있었을 겁니다. 또 양무운동 때부터 개혁과 관련하여 온갖 실무는 자신들이 맡고 있는데 정책 방향은 황실 마음대로 이랬다저랬다 했으니 불만이 쌓여 있었겠죠.

청나라 황실은 입헌군주제가 그다지 마음에 들지 않았지만 당장은 민심을 달래야만 했습니다. 그래서 1905년 12월에 입헌군주제 도입을 추진하겠다며 서양과 일본에 시찰단을 보냅니다. 1906년 9월에는 국민들 앞에서 청나라를 입헌군주국으로 만들겠다고 약속까지 하죠. 물론 이건 립서비스였을 뿐입니다. 이후 조정은 계속 시간만 끌면서 입헌군주제 도입을 최대한 늦추려 했죠. 그러던 중 1908년 서태후와 광서제가 거의 동시에 사망하고[1] 세 살도 안 된 **푸이**溥儀, 즉 **선통제**宣統帝(재위: 1908년~1912년)가 황제에 오르면서 청나라 정치가 미궁으로 빠져버립니다.

"세 살짜리 황제가 국가를 통치하겠다고? 앞으로 청나라의 개혁은?"

청나라는 개혁해서 고쳐 쓰기도 어려운 지경에 이르렀습니다. 지도층은 와해되었고 백성들도 혼란에 빠졌죠. 1905년 한 해에만 103회, 1910년에는 266회의 농민폭동이 일어날 정도였습니다. 이제 입헌군주제고 뭐고 그냥 청나라를 아예 없애버리고 새로운 국가를 건국해야 한다는 목소리가 강해지기 시작했죠. 혁명의 분위기가 감돌았던 겁니다.

1
청나라 광서제는 1908년 12월 7일에 37세라는 젊은 나이로 갑작스레 사망했고 바로 다음날 12월 8일에 서태후가 사망한다. 두 인물의 사망일자는 하루 차이밖에 되지 않기 때문에 광서제의 사망이 서태후와 어떤 관련이 있는 게 아닌가 하는 음모론이 있다.

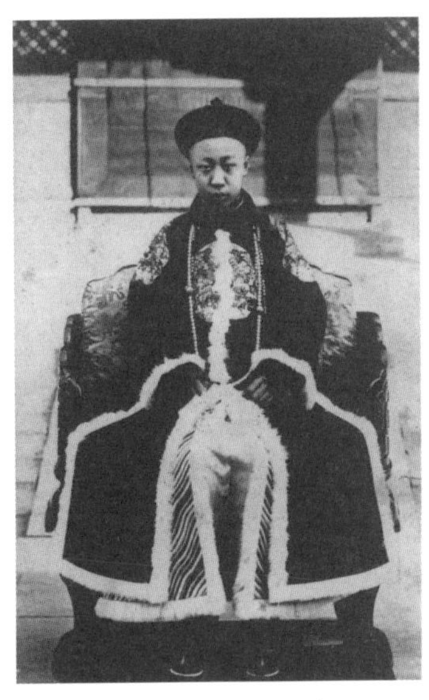
청나라 마지막 황제 선통제(푸이)

신해혁명

21세기에도 철도는 중요한 인프라 중 하나입니다. 국가 경제 발전에 없어서는 안 될 중요한 교통수단이죠. 당시에는 근대화의 상징이기도 했습니다. 말과 수레로 화물을 운송하는 것보다 철도로 운송하는 것이 훨씬 효율적이었죠. 그런데 청나라는 이 중요한 인프라를 서구열강에게 조금씩 내어주고 있었습니다. 각종 이권을 서구열강에 강탈당할 때 온갖 지역의 철도부설권도 내어줬기 때문이죠. 쉽게 말해 서구열강들이 청나라 영토에 철도를 깔고 수익을 가져갈 수 있었다는 겁니다. 청나라 사람들 입장에서 자존심이 상할 일이었죠.

——— **"국가의 발전을 위해 우리의 권리를 되찾아 우리 스스로 철도를 놓자!!"**

실제로 청나라 자본가들과 민중들의 투자로 회사가 세워지고 철도를 건설하기 시작합니다. 쓰촨(사천)의 '칭다오(청두)'부터 후베이湖北(호북)의 '한커우漢口(한구)'까지 이어지는 **천한철도**川漢鐵道와 광둥의 '광저우(광주)'와 '한커우'를 잇는 **월한철도**粵漢鐵道의 건설이 시작됩니다. 그러나 필요한 자금을 제대로 구하지 못하여 공사 진행이 차일피일 미뤄졌죠. 그런데 이 상황에서 청나라 조정이 이 철도들을 국유화하고는 서구열강한테 자금을 지원받아 철도를 빨리 완성하고 사업권을 서구열강에 주기로 한 겁니다. 청나라 사람들은 분노했죠.

——— **"조정이 청나라 백성들의 철도를 또다시 외세에 팔아넘기려 한다!!!"**

청나라 백성들은 철도를 보호해야 한다면서 들고 일어납니다. 이 사건을 '철로를 보호하는 운동'이라는 의미로 **보로운동**保路運動(1911년)

당시 철도국유화를 주장한 청나라 내각

이라고 하죠. 보로운동은 후베이와 광둥을 시작으로 전국 각지로 퍼졌고 상인들과 학생들까지 가담하며 규모가 점점 커졌습니다. 특히 쓰촨에서 상당히 격렬한 시위가 있었는데 청나라 조정이 군대까지 동원해 시위를 진압해버립니다. 당연히 진압과정에서 사상자가 발생했죠. 이에 백성들의 분노가 하늘을 찌르게 되었고, 이와 함께 청조 타도[1]를 요구하는 목소리도 터져 나오죠.

[1] '청나라 왕조를 무너뜨리다'라는 뜻이다.

이때 청나라 내부에서 활동하던 혁명조직들도 움직이기 시작했습니다. 청나라 조정은 쓰촨의 보로운동을 진압하기 위해 쓰촨과 가까웠던 후베이의 군대를 출동시켰습니다. 바꿔 말하자면 후베이 지역의 군사력이 일시적으로 약해졌다는 거죠. 이때를 놓치지 않고 혁명조직이 1911년 10월 10일에 후베이의 **우창**武昌(무창)에서 봉기(**우창봉기**)를 일으켰습니다. 이게 바로 **신해혁명**辛亥革命의 시작이었죠. 혁명군은 청나라 타도를 외치며 **중화민국**中華民國을 세웠고, 후베이 지역뿐만 아니라 한 달 만에 수많은 지역들이 청나라로부터 독립을 선포하고 혁명에 가담했습니다.

청나라 조정은 **위안스카이**袁世凱(생몰: 1859년~1916년)에게 혁명을 진압하라는 오더를 내렸죠. 위안스카이는 당시 청나라에서 가장 강력한 군사력을 지닌 북양군벌의 수장이었습니다. 거기에 권력욕까지 어마무시하게 갖고 있었던 사람이죠. 혁명세력 사이에서 바로 이 점을 이용하자는 아이디어가 나왔습니다.

> **"새로운 나라를 세운 뒤에 임시대총통 자리를 주겠다고 하면 위안스카이가 혁명 세력을 돕지 않을까?"**

우창봉기 당시 찍힌 사진

위안스카이한테 임시대총통 자리를 준다면서 혁명 세력 편에 붙도록 꼬드겨 청나라를 무너뜨리자는 거죠. 아직이 아이디어가 실현되고 있진 않았습니다. 그런데 바로 이 무렵인 1911년 12월 25일, 오랜 기간 해외에 망명을 가 있던 **쑨원**孫文(생몰: 1866년~1925년)이 중국대륙으로 귀국합니다.

1912년 촬영된 위안스카이의 사진

쑨원의 등장과 청나라 멸망

쑨원은 현재까지 중국과 대만에서 국부로 추앙받는 인물입니다. 청나라를 멸망시킨 신해혁명의 주역으로 평가받는 인물이기 때문이죠. 하지만 신해혁명이 벌어진 순간에는 청나라에 있지 않았습니다. 일찍이 청조타도를 목표로 **흥중회**興中會라는 비밀결사단체를 만들었던 쑨원은 1895년에 광저우에서 봉기를 일으켰다가 실패하고 해외로 망명을 가 있었기 때문입니다. 물론 해외에서도 혁명단체를 결성하고 꾸준히 활동을 이어가며 혁명 세력을 키워갔죠. 그렇게 쑨원은 청나라인들 사이에

흥중회의 상징. 이 상징은 훗날 중국국민당의 상징으로도 이용된다.

쑨원 초상화 앞에서 선서를 하는 대만 차이잉원蔡英文 총통

서 유명해진 건 물론이고 국제적인 인지도까지 얻게 됩니다. 청나라 혁명계의 거물이 된 겁니다. 그런 쑨원이 신해혁명이 일어나자 청나라로 귀국합니다. 청나라의 혁명 세력은 쑨원을 곧바로 임시대총통으로 선출하죠. 그리고 1912년 1월 1일에 **중화민국**이 공식적으로 성립되고 쑨원이 **난징임시정부**의 임시대총통으로 취임하게 됩니다.

중화민국이 일단 문을 열기는 했지만 상황이 좋지 않았습니다. 아무리 혁명 세력이 자기들끼리 나라를 세우고 정부를 구성해도 당장 청나라 군에 대항할 군대가 생기는 건 아니었죠. 게다가 혁명을 일으킨 집단이 워낙 다양해서 서로 의견 취합도 잘 되지 않았고, 나라 밖에서는 서구열강이 위안스카이를 새로운 중국의 통치자로 밀어주고 있었습니다. 결

중국 인민대회당에 걸려 있는 쑨원의 초상

국 쑨원은 위안스카이와 협상을 하기로 합니다.

——— **"위안스카이야! 니가 군대 돌려서 청나라 황제 퇴위시켜주면, 나도 임시대총통직에서 내려올게. 니가 다음 임시대총통해!"**

쑨원은 자기 권력을 위안스카이에게 넘겨주고 혁명을 완수하는 길을 택한 거죠. 권력욕이 넘쳤던 위안스카이는 협상 내용에 동의하고 군대를 돌려 베이징으로 향합니다. 위안스카이의 군대를 막을 수 없었던 청나라 조정은 결국 혁명 세력의 요구를 수용할 수밖에 없었죠. 그리하여 1912년 2월 12일, 어린 선통제를 대신해 황태후인 **융유황후**隆裕皇后(생몰: 1868년~1913년)[1]가 황제퇴위조서를 승인하며 청나라는 사라지게 됩니다.

그런데 청나라 왕조가 무너지고 혁명 세력이 공화국을 세우는 과정에서도 민족 문제가 상당히 중요하게 다뤄집니다. 이른바 '**중화민족**'이라는 말도 이 무렵부터 유행하기 시작했죠. 도대체 청나라 말기에는 어떤 일이 있었던 것일까.

> **1**
> 광서제의 아내이며 서태후의 조카이다. 광서제는 서태후 때문에 억지로 융유황후와 결혼했고 둘 사이에 자식은 없었다. 대신 융유황후는 선통제를 입양한다.

갑자기 튀어나온 중화민족

청나라 왕조를 무너뜨리고 싶었던 혁명파는 민족을 명분으로 이용했습니다. 만주족이 지배하는 청나라는 썩어빠졌으니 새롭게 한족의 나라를 세우자는 슬로건을 내걸었죠. 신해혁명 때는《양주십일기揚州十日記》라는 책 내용을 복사하고 배포하여 반청감정을 이끌어내기도 했다고 알려져 있습니다. 이 책에는 17세기에 청나라 군대가 남명을 정복할 때 양주揚州(양저우)에서 한족 80만 명을 학살했다는 내용이 담겨 있었죠. 내용의 진위 여부가 확실하지 않은 책이지만 혁명파가 이용해먹기에 좋았던 건 확실합니다. 오랫동안 만주족의 지배를 받아온 한족들을 결집시키기 위해 만주족을 혐오하게 만들기로 한 거죠.

혁명파의 거물인 쑨원도 중국대륙의 오랜 관념인 화이사상을 이용했습니다. 한족이 중심이고 나머지는 오랑캐라는 거죠. 쑨원이 만들었다는 흥중회라는 비밀결사단체의 이름부터가 '중화를 부흥시키는 모임'이라는 뜻입니다. 또한 이 단체의 목표는 '만주족을 몰아내고(구제달로驅除韃虜), 중화를 회복하여(회복중화恢復中華), 합중정부를 수립한다(창립합중정부創立合中政府)'는 거죠. 여기서 '중화'라는 단어는 역시 한족 중심의 중화질서를 의미합니다.

그런데 혁명 세력이 계속 한족만 강조하기 어려운 상황이 찾아옵니다. 신해혁명이 시작되자 몽골과 티베트 지역에서도 따로 청나라로부터의 독립을 선포해버린 거죠. 혁명 세력은 고민에 빠집니다. 청나라도 싫고 청나라를 무너뜨리고도 싶지만 과거 청나라가 정복해 중국에 편입시킨 영토만큼은 포기하기 싫은 거죠. 그런데 원래 계획대로 한족만 강조하면서 공화국을 세웠다간 과거 명나라 영토처럼 주로 한족이 사는 지역만 갖게 될 판이었습니다.

이에 대한 해결책은 혁명파가 아닌 개혁파가 갖고 있었습니다. 개혁파는 청나라를 개혁해서 강대국으로 만들자는 세력이었죠. 혁명파는 청나라를 없애고 새로운 국가를 건설하자는 세력이었으니, 세력을 키우기 위해 '만주족 혐오'를 부추기고 한족 중심의 민족주의를 고취시켜 민족 간의 갈등을 조장하는 쉬운 길을 택했습니다. 반면 개혁파는 안 그래도 외세 때문에 혼란스럽고 힘든데 괜히 새 나라 만들겠답시고 더 혼란스럽게 만들지 말고 청나라를 개혁하자는 세력이었습니다. 당연히 민족 간의 화합을 강조했죠. 개혁파는 진작부터 혁명파의 한족중심주의를 비판하고 있었습니다.

—— **"민족은 혈통과 관계없다. 누구든 한족의 것을 받아들이고 한족에 동화되었다면 다 같은 민족이다. 그러니까 만주족, 몽골족, 회족, 묘족, 티베트족 등 중국대륙 내 모든 민족들을 융합하여 '대大민족'을 꾸리자!"**

개혁파는 한족에만 집착하는 혁명파의 사상을 '소小민족주의'라고 비판하며, 중국대륙의 모든 민족을 아우를 수 있는 대大민족주의를 추구해야 한다고 주장했죠. 그런데 혁명정부 수립에 성공하고 몽골 및 티베트가 독립을 선포하자 별안간 혁명파도 입장을 바꿔 개혁파의

> **1** 당시엔 위구르족을 포함하여 중국대륙에 사는 모든 무슬림을 회족이라 칭했다.

주장을 수용하기로 합니다. 중국대륙의 대표 다섯 민족(한족, 만주족, 몽골족, 회족**1**, 티베트족)을 뽑아 와서 다 같이 잘 살자는 주장을 하기 시작한 겁니다. 이른바 '**오족공화**五族共和'라고 하죠. 세력이 없을 때는 만주족 혐오, 청나라 혐오를 실컷 이용해놓고 이제 와서 혁명 각이 보이니 청나라 영토 한 뼘도 잃기 싫어서 다 같이 잘 살자고 하는 거죠.

오족공화는 혁명파의 핵심적인 민족 정책으로 자리 잡습니다. 중화민국의 국기도 각 다섯 민족을 상징하는 오색기로 만들죠. 쑨원이 임시대총통으로 취임할 때도 다섯 민족을 합치자는 내용을 강조합니다.

> **2** 티베트족을 의미하며 오늘날 광시좡족자치구의 좡족과는 다르다.

—— **국가의 근본은 인민에게 있다. 한족, 만주족, 몽고족, 회족, 장족2을 하나로 합치는 것이 민족통일이다.**

심지어 융유황후한테 승인해달라고 올린 퇴위조서에도 "**만, 한, 몽, 회, 장 다섯 민족의 땅이 합쳐져 하나의 위대한 중화민국이 될 것**"이라는 내용이 들어가 있었습니다. 청나라 영토를 조금도 포기할 수 없으며, 이미 독립을 선포한 몽골과 티베트를 국가로 인정하지 않겠다는 말이죠. 그래서 필사적으로 민족통합을 강조했던 겁니다. 쑨원은 아예 한 걸음 더 나아갑니다. 1920년 상해중국국민당본부회의에서 다음과 같은 발언을 하죠.

5개의 민족을 상징하는 중화민국의 초기 국기

"지금 오족공화라는 말은 적절하지 않다. 우리나라에 오족만 있겠는가? 내 말은, 우리 중국의 모든 민족이 하나의 중화민족으로 융합하여, 중화민족을 문명적 민족으로 만든 연후에야 비로소 민족주의가 완료된다는 것이다."

앞서 언급된 다섯 민족뿐만 아니라 그냥 중국대륙 내 모든 소수민족들을 다 '**중화민족**'으로 합쳐야 한다는 주장을 한 겁니다. 문제는 단순히 여러 민족들이 서로 어울려 살자는 게 아니라 결국 모든 민족이 '한족'에 동화되어야 한다고 생각했다는 점이죠.

"오족의 수를 보자면, 서장인(티베트인)은 단지 400만~500만이고, 몽고인은 100만이 되질 않고, 만주인은 100만에 불과하고, 회족은 비록 수가 많지만, 대부분은 한족이다. 그들의 형세로 보자면, 만주인은 일본의 세력 하에 있고, 몽고는 러시아에 속하고, 서장(티베트)은 대부분 영국의 수중에 있어 그들이 모두 자위능력이 없다는 것을 충분히 알 수 있으니, 우리 한족이 그들을 도와야 맞다. (중략) 그러므로 그들이 떨쳐 일어나, 한족을 따르게 하자. 형제들, 현재 하나의 조화적 방법이 있는데, 즉 한족을 중심으로 하여, 그들을 우리에게 동화시키고

또한 기타 민족들이 우리 조직에 참여하여 건국의 기회를 갖도록 하는 것이다."

다른 민족들이 한족에 동화되어야 한다고 주장하는 쑨원의 연설입니다. 근거랍시고 드는 게 한족이 머릿수가 압도적으로 많다는 점, 또 다른 민족들이 외세의 간섭을 받고 있다는 점이죠. 당대 한족 지식인들 중에는 이렇게 한족 중심의 편협한 세계관을 가진 사람들이 많았습니다.

쑨원을 비롯해 당시 혁명 세력이 정립한 중화민족사상은 오늘날까지도 중국의 민족정책에 반영되어 있습니다. 오늘날 중국이 벌이고 있는 각종 트롤짓의 근간이 되고 있다고 해도 과언이 아니죠. 대표적으로 **동북공정**과 같은 중국의 역사왜곡도 결국은 중화민족이라는 개념에서 출발한다고 볼 수 있습니다. 중국 영토에서 벌어진 과거의 모든 역사적 사건을 '중화민족'의 역사에 포함시키는 게 중국 정부가 주도하는 역사왜곡 프로젝트의 핵심이기 때문입니다. 그런데 지금은 중화민족이라는 말을 잘만 사용하는 현 중국 정부, 즉 중국공산당은 흥미롭게도 창당 초기에 쑨원의 중화민족 사상을 부정하기도 했습니다.

중국공산당과 중화민족

일단 청나라 멸망 직후 상황을 간략히 살펴보겠습니다. 1912년 대총통이 된 위안스카이는 독재자가 되어 의회고 정당이고 다 무시하고 짓밟아버립니다. 심지어 스스로를 황제라고 칭하며 중화제국을 선포하기도 했죠. 하지만 1916년 6월에 위안스카이가 갑자기 사망하면서 중국대륙은 다시 춘추전국시대를 방불케 하는 분열의 시대를 겪게 됩니다. 위안스카이의 부하들은 물론이고 중국대륙 각지에 퍼져 있던 군벌들이 들고 일어나 권력쟁탈전을 벌이기 시작한 거죠.

이 혼란 속에서 두 집단이 성장하게 됩니다. **중국국민당**과 **중국공산당**이었죠. 중국국민당은 1919년에 쑨원이 자기 팀을 모아 조직한 세력이었습니다. 1925년 쑨원이 사망한 이후에는 **장제스**蔣介石(생몰: 1887년~1975년)가 수장이 되죠. 중국공산당은 1921년에 소련의 지원을 받아 창립된 공산주의 세력이었습니다. 이 두 세력은 **중일전쟁**(1937년~1945년)에 함께 참전하여 서로 힘을 합치기도 했지만(국공합

장제스(왼쪽)와 쑨원(오른쪽)

젊은 시절의 마오쩌둥

작) 갑자기 돌변해 서로 죽고 죽이는 내전(국공내전)을 벌이기도 했습니다. 최종적으로는 중국국민당이 민심을 잃고 대만섬으로 도망가게 되면서 중국공산당이 중국대륙을 차지하게 되죠. 그렇게 1949년에 공산당의 지도자 **마오쩌둥**毛澤東(생몰: 1893년~1976년)의 중화인민공화국이 들어섭니다.

여기서 우리가 주목해야 할 점은 중국공산당이 소련의 지원을 받았다는 점입니다. 정확히 말하면 **레닌**Lenin(생몰: 1870년~1924년)과 **볼셰비키의** 지원을 받았죠. 레닌은 '10월 혁명'을 이끌어 소련을 건국하는 데 주도적인 역할을 했던 인물이며, 볼셰비키는 레닌을 따르던 자들이라고 생각하면 됩니다. 레닌과 볼셰비키는 공산주의를 전 세계에 퍼뜨리면서 제국주의 국가의 식민지로 전락한 여러 민족들의 독립도 도왔습니다. 신분, 계급, 성별뿐만 아니라 민족 간에도 차별과 억압 없이 모두가 평등한 공산주의 낙원을 만들어야 한다면서 말이죠.

블라디미르 레닌

——— **"각 민족은 각자의 국가를 가져야 한다!"**

참 좋은 명분이죠. 소련은 이 명분을 통해 서구열강의 지배를 받고 있던 전 세계 수많은 민족들 사이에 공산주의를 퍼뜨리고 소련의 뜻에 따르게 만들 수 있었습니다.

그런데 1920년대에 중국공산당이 창당될 당시, 레닌의 민족자결주의는 중국공산당을 상당히 난감하게 만들었습니다. 레닌의 주장대로라면 중국대륙은 수백 개의 국가로 쪼개져야 했기 때문이죠. 만약 중국공산당이 레닌의 민족자결주의를 수용한다면 한족 대중의 지지를 얻기 힘들 것이 뻔했습니다. 때문에 민족자결 문제를 두고 중국공산당은 소련의 볼셰비키와 다소 갈등을 겪게 되죠.

한편 중국공산당은 소련과의 갈등에 신경 쓸 때가 아니었습니다. 1927년부터 장제스의 국민당 정부가 대대적으로 공산당을 소탕하기 시작했죠. 게다가 중국공산당 내에서도 치열한 파벌 싸움과 권력 투쟁이 벌어지고 있었습니다. 흔히 국내파와 소련 유학파로 구분하곤 하죠. 국내파는 중국 국내에서 혁명을 지도해 권력을 잡은 사람들이고 소련 유학파는 말 그대로 소련에 유학을 다녀와 소련에 연줄이 있는 사람들이죠. 국민당에 밀리고 있어 소련의 지원에 의존해야 했던 중국공산당에서는 소련의 든든한 지지를 받는 소련 유학파 인물들이 점차 당권을 장악해가기 시작했죠. 이 모습을 지켜본 마오쩌둥은 이런 생각을 합니다.

—— **'당에서 한 자리 해먹으려면 일단 소련이랑 친해져야겠구나!'**

마오쩌둥은 소련 유학은커녕 지방에서 혁명 활동을 이어가던 국내파였습니다. 나름 지방에서는 가장 큰 세력을 이끌고 있었습니다. 하지만 공산당 중앙에서 권력을 얻으려면 대중의 지지보다도 소련의 지지가 더 중요하다는 걸 깨달은 거죠. 마오쩌둥은 어떻게 해서든 소련에 자신의 존재감을 보여줘야만 했던 겁니다. 물론 국내파였던 마오쩌둥 입장에서는 쉬운 일은 아니었겠죠. 바로 이때 마오쩌둥에게도 기회가 찾아옵니다. 계기는 중국국민당이 마련해줬습니다. 중국국민당은 1931년에 임시헌법(헌정시기약법訓政時期約法)을 제정했는데 여기에는 영토와 관련된 내용이 포함되어 있었죠.

——— **중화민국의 영토는 각 성과 몽골, 서장(티베트)를 포함한다.**

중국국민당의 임시헌법은 몽골과 티베트까지 전부 중국 땅이라고 명시했습니다. 당연히 이건 소련의 어그로를 끌었죠. 특히 이미 공산당이 정권을 장악해 소련의 위성국이 되어 있었던 몽골을 수복하겠다고 선언한 것이나 마찬가지니 말이죠. 이때 마오쩌둥이 나섭니다. 그동안 다른 당원들은 민족자결 문제만 나오면 우물쭈물하고 있었는데 마오쩌둥이 앞장서 무조건 몽골을 독립시키겠다고 선언해버린 것이죠. 몽골뿐만 아니라 중국 내 여러 소수민족의 독립을 지지하고 지원하겠다고까지 얘기해버립니다.

이런 흐름 속에서 중국공산당은 '중화민족'이라는 말을 쓰고 싶어도 쓸 수 없었습니다. 그런데 1930년대 중반부터 분위기가 바뀝니다. 당시 중국공산당은 국민당 군대에 처참하게 밀리고 있었고 그 과정에서 서로 책임을 물으며 정권 교체가 잦았는데, 1935년이 되면 마오쩌둥에게도 차례가 돌아옵니다. 정권을 잡은 마오쩌둥은 '중화민족'

이라는 단어를 부활시킵니다. 그리고 일본과 국민당 군벌에 맞서 모든 민족이 한족을 중심으로 힘을 합쳐야 한다는 명분을 내세우죠.

특히 1937년에 중일전쟁이 일어나 일본에 맞서 국민당과 다시 힘을 합치게 된 중국공산당은 노골적으로 '중화민족'을 강조하고 중국에는 중국만의 상황이 있다며 소련과 다른 노선을 걷기 시작합니다. 당시 소련 서기장이었던 **스탈린**Stalin(생몰: 1878년~1953년)[1]은 마오쩌둥을 맹렬하게 비난하죠. 하지만 소련의 입김이 먹히는 시대는 지났습니다. 동쪽에서는 일본이 만주를 점령해 소련을 위협하고 있었고 서쪽의 독일에서는 공산주의를 혐오하는 나치당이 집권해 오스트리아와 체코를 합병했죠. 소련 입장에서는 마오쩌둥이 말을 듣든 말든 당장 일본을 견제하기 위해 중국공산당과 가까워질 필요가 있었습니다.

[1] 정작 스탈린도 국력을 먼저 키워야 한다는 명분으로 레닌과 달리 소련 내 소수민족들을 착취하고 탄압한 것으로 유명하다.

그렇게 마오쩌둥은 이전과는 다른 민족 정책을 내세우게 됩니다. 권력을 얻기 위해 민족자결을 주장하여 소련의 지지를 얻어내고는 이제 와서 손바닥 뒤집듯 말을 바꿔 중국대륙 내 한족 대중의 지지를 얻

레닌(왼쪽)과 스탈린(오른쪽)

기 위해 중화민족을 내세우게 된 거죠. 중화민족을 앞세우는 민족정책 기조는 일본이 패망하고 중국공산당이 국공내전에서 승리해 중화인민공화국을 건국한 후로도 이어집니다. 다른 민족의 독립을 돕겠다고 할 때는 언제고 청나라 영토를 회복하겠다며 티베트를 정복해버리죠. 다만 소련과의 충돌을 피하기 위해 몽골의 독립은 인정할 수밖에 없었습니다.

이와 같은 국내외 정치적 상황을 거치며 '중화민족'이라는 개념이 중국 민족주의의 핵심 사상으로 자리 잡게 됩니다. 오늘날 중국인들은 이 단어에 엄청난 자부심을 느끼는 것 같지만 사실 생각보다 근본도 없고 역사도 짧은 단어죠. 하지만 중국정부 입장에서 그런 사실은 전혀 중요하지 않을 겁니다. 56개 민족이 존재하는 중국의 분열을 막기 위해, 중국인들의 마음속에 자리 잡은 '중화민족'이라는 개념을 이용해 국뽕도 채워주고, 역사도 왜곡해야만 하니 말이죠.

제8장

일본 천황의 탄생

쓸모 있는 허수아비

천황天皇(=**일왕**日王)은 일본의 군주를 의미하는 호칭으로 일본어로는 **덴노**라고 합니다. 무려 고대부터 현재 21세기까지 계보를 이어가고 있는 만큼 일본의 역사를 말할 때 결코 빠뜨릴 수 없는 존재이죠. 정치적으로는 물론 종교적, 문화적으로도 일본인들에게 큰 영향을 준 존재가 바로 천황입니다. 20세기 초중반까지도 천황이 신의 자손이자 신성한 존재로 여겨졌기 때문입니다. 중국의 천자 드립과 비슷했던 거죠.

다만, 역사 내내 천황에게 정치적 권위가 있었던 것은 아닙니다. 한국에는 천황이 중심이 되어 군국주의 체제로 국가를 운영했던 일제의 기억 때문에 천황에게 절대 권력이 있었던 것처럼 보는 사람들도 있지만, 사실 천황 역시 여러 정치집단과 권력쟁탈전을 벌이며 권력을 얻기도 하고 잃기도 했습니다. 오히려 권력이 없었던 경우가 많

일본 제125대 천황 아키히토明仁. 출처 일본 궁내청

일본 제126대 천황 나루히토徳仁. 현재 재위 중이다. 출처 일본 궁내청

았죠. 8장에서는 일본의 역사를 고대시대부터 살펴보며 천황이라는 존재가 도대체 어떻게 탄생했고, 권력을 얻기 위해 어떤 일들을 벌였으며, 어쩌다 권력을 잃게 되었는지 알아보겠습니다.

정확히 알기 어려운 일본 고대사

일본의 고대시대를 살펴보기에 앞서 일단 일본 고대사 연구의 한계부터 알고 넘어가야 합니다. 세계 어디서나 고대사를 연구하는 건 어려운 일이지만, 동아시아 국가들 중에서 특히 일본의 고대사를 연구하는 건 유독 난이도가 높은 편입니다. 구체적인 사실 관계를 확인할 사료가 부족하기 때문이죠. 그나마 《고사기古事記》(712년), 《일본서기日本書紀》(720년)라는 역사서가 있지만 천황의 위대함을 선전하기 위해 왜곡된 부분도 많고 신화적인 내용도 섞여 있기 때문에 곧이곧대로 믿기 어렵습니다. 예를 들어 《고사기》와 《일본서기》 내용에 따르면 1대 천황인 **진무**神武 **천황**은 기원전 7세기 사람입니다. 학자들은 일본에서 벼농사 흔적이 확인되는 건 빨라봐야 기원전 3세기, 국가라고 할 수 있을 만한 집단이 등장한 건 기원후 2~3세기로 보고 있습니다. 이에 비하면 진무 천황의 통치기는 너무 이른 거죠. 사실 이건 약과입니다. 진무 천황의 증조부는 무려 180만 년 전에 하늘에서 내려와 사람들을 다스렸다고 하기 때문이죠. 이 말이 사실이라면 진무 천황의 증조부는 현생 인류, 즉 '호모사피엔스'가 아니라 '호모에렉투스'여야 합니다.

특정 국가의 역사를 연구할 때 해당 국가 역사서의 내용이 부족하

1880년에 그려진 진무 천황의 그림

거나 신뢰도가 낮다면 주변 국가의 문헌을 참고하곤 합니다. 자국 역사서에 비어 있는 부분이 외국 문헌에 언급되어 있는 경우가 있기도 하고, 같은 사건을 국가마다 다른 각도로 서술하기도 하므로 학자들은 교차검증을 위해 여러 국가의 문헌을 살펴보게 되죠. 하지만 일본 고대사 연구의 경우에는 이마저도 녹록치 않습니다. 한국과 중국에도 고대 일본을 자세히 설명한 문헌이 그다지 많지 않죠. 이런 이유로 일본 고대사 이야기는 걸러 들어야 하는 부분이 많습니다. 한국 고대사를 공부할 때 곰과 호랑이가 마늘과 쑥을 먹었다는 신화를 걸러 들어야 하듯 말이죠.

일본인의 기원

기원전 1만 년경 빙하기가 끝나면서 해수면이 상승해 일본열도가 아시아 대륙과 분리됩니다. 그러다가 기원전 3세기경부터 벼농사와 청동기, 방직 기술을 알고 있던 인류 집단이 한반도에서 일본열도로 건너가기 시작해 기존의 일본인들과 섞여 살게 된 것으로 추정되고 있습니다. 이후로는 중국 문헌에 일본에 대한 기록이 적게나마 남아 있습니다. 예를 들어 **전한**前漢(기원전 202년~기원후 8년)[1]의 역사를 기록한 《**한서**漢書》라는 책에는 중국대륙과 주변 국가의 지리를 설명한 〈**지리지**地理志〉라는 파트가 있습니다. 여기에 일본

[1] 전한의 역사는 앞서 3장에서 살펴보았다.

도 살짝 언급되어 있죠. 이 책 내용에 따르면 기원전 1세기쯤 일본인(왜인)들은 100여 개의 소국❷을 이루어 살고 있었다고 합니다. **후한**後漢(25년~220년)의 역사를 다룬 《**후한서**後漢書》에는 기원후 1~2세기에 일본의 한 소국이 조공을 바쳤다는 내용이 기록되어 있었습니다. 규슈섬 북쪽에서 당시 후한 황제가 하사한 것으로 추정되는 도장이 출토되었기에 해당 소국 역시 규슈섬 북쪽에 있었을 것으로 추정되고 있죠.

❷
작은 국가라는 뜻이다. 하지만 실제로는 당시 일본인들이 국가보다는 부족단위 또는 도시국가 수준으로 모여 살았을 것으로 추정된다.

2세기쯤 되면 일본에도 꽤나 큰 세력이 등장합니다. 《**삼국지**三國志》의 〈**위지**魏志〉에는 2세기 후반 일본에서 큰 전쟁이 일어나 여러 국가들이 연합해 연맹왕국(야마타이국邪馬台国)을 세운 후 **히미코**卑彌呼 **여왕**(재위: 180년?~247년?)을 군주로 삼았다는 내용이 적혀 있습니다. 《**삼국사기**》에도 히미코 여왕이 신라에 사신을 파견해 예물을 보냈다는 기록이 있죠. 그런데 정말 희한하게도 정작 일본 역사서에는 히미코 여왕이나 연맹왕국에 대한 기록이 남아 있지 않습니다. 때문에 정확히 히미코 여왕의 정체가 무엇이고, 연맹왕국의 위치가

히미코 여왕의 초상(일본화가 야스다 유키히코). 출처 시가현 근대미술관

어디였는지 등은 아직까지 미지수로 남아 있습니다.

야마토 정권과 불교 논쟁

일본 역사에서 명확히 존재가 확인되는 최초의 국가는 **야마토 정권**ヤマト政権(?~710년)이라고 할 수 있습니다. 중국대륙 및 한반도의 국가들은 왜倭라고 불렀지만 공식적인 국가 이름은 야마토였죠. 야마토가 언제 등장했는지는 명확하지 않지만 3세기 전후에 출현하여 6세기 중반[1] 무렵이 되면 일본 서쪽 지역 대부분을 차지해 강력한 세력권을 형성한 것으로 추정되고 있습니다. 야마토는 한반도 국가들과 교류하며 철기, 토기, 금속공예, 방직기술, 유교 등 다양한 문물을 받아들였죠. 흥미로운 점은 야마토 정권이 백제와 상당히 가깝게 지냈다는 점입니다. 고구려나 신라로부터 백제가 위협을 받을 때 지원군을 보내줄 정도로 말이죠. 이와 같이 일본열도 내에서 상당히 융성한 국가로 성장한 야마토 정권은 자신들의 군주를 '**오오키미**'라고 불렀고 한자로는 **대왕**(大王)으로 표기했습니다.

> [1] 이 무렵 한반도는 고구려, 백제, 신라로 나뉘어 있었고, 특히 신라가 전성기를 누리고 있었다.

6세기 말부터 약 100년 동안 야마토 정권의 중심은 오늘날 일본 나라현奈良県의 **아스카**飛鳥라는 지역이었습니다. 때문에 이 시대를 '**아스카 시대**飛鳥時代(592년~710년)'라고 하죠. 아스카 시대가 시작되는 6

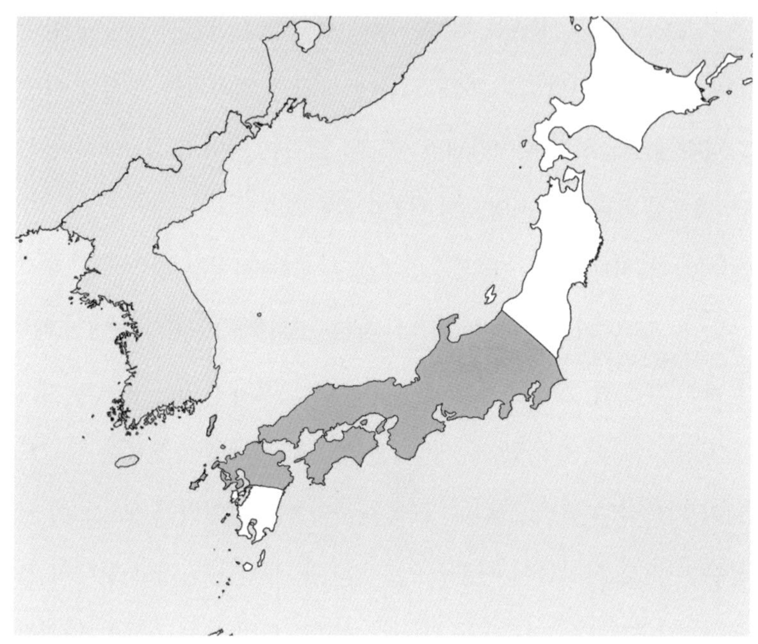

7세기경 야마토 정권의 세력

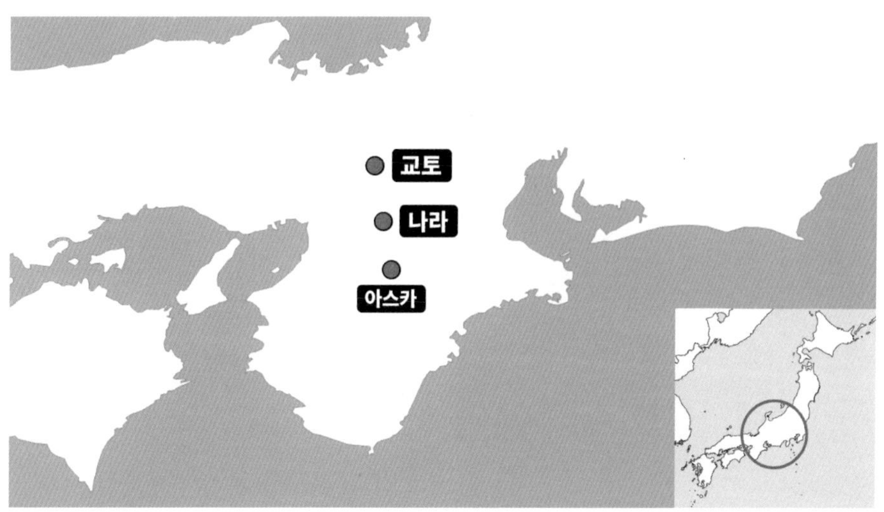

고대 일본의 수도였던 아스카, 나라 및 교토

세기 말에 야마토 정권은 백제를 통해 불교를 전파받게 됩니다. 한국 교과서에서는 한반도를 통해 일본에 불교가 전파되는 과정을 아주 간략하게 언급하고 넘어가지만 불교의 전파는 야마토 정권에 상당히 큰 정치적 파란을 불러일으킨 사건이었습니다.

아스카 시대 초기, 대왕 주변에서 강력한 정치적 영향력을 행사하던 두 귀족 가문이 있었습니다. 바로 '**소가**蘇我 가문'과 '**모노노베**物部 가문'이죠. 두 가문 중 소가 가문은 한반도에서 들여온 문물과 지식을 바탕으로 힘을 키웠습니다. 때문에 당시 백제에서 들여온 불교도 널리 퍼트리려 했죠. 그런데 소가 가문의 라이벌이었던 모노노베 가문은 야마토 사람들이 전통적으로 믿어온 신들을 믿어야 한다며 불교를 거부합니다. 그렇게 두 가문은 불교의 도입을 두고 무려 30년간 대립하게 되죠. 두 가문이 '불교'를 두고 왜 그렇게 예민하게 반응했는지는 명확하지 않지만, 아마도 불교를 명분으로 삼아 서로 권력을 차지하려고 다툰 것으로 보입니다.

소가노 우마코의 그림. 일본 NHK, 2001년

사실 소가 가문의 세력이 선 넘게 커지고 있긴 했습니다. 아스카 시대 초기에 소가 가문의 우두머리는 **소가노 우마코**蘇我の馬子(생몰: 551년?~626년)였습니다. 우마코는 자신의 누나와 여동생, 나중에는 딸까지 야마토

의 왕실 사람들에게 시집을 보내며 강력한 외척 세력을 형성하게 되었죠. 예를 들어 아스카 시대의 첫 대왕인 **긴메이**欽明(재위: 539년~571년)[1]의 아내 중 두 명은 우마코의 누나와 여동생이었습니다. 아래 가계도에서 '소가노'라는 성을 갖고 있는 사람들이 그들이죠. 긴메이의 뒤를 이어 대왕이 된 **비다쓰**敏達(재위: 572년~585년) 역시 우마코의 조카이자 자신의 이복동생[2]인 스이코와 혼인합니다.

이후로도 야마토 왕실에 계속 소가 가문의 여성들이 들어오게 됩니다. 비다쓰 이후로는 아예 우마코의 조카인 **요메이**用明 **대왕**(재위: 585년~587년)과 **스슌**崇峻 **대왕**(재위: 587년~592년)이 대왕 자리에 올랐는데, 요메이는 역시 우마코의 조카이자 자신의 이복남매를 왕후로 들였고 추가로 우마코의 여동생, 그러니까 자기 이모도 아내로 들입니다. 스슌은 아예 우마코의 딸, 즉 자기 사촌동생과 결혼하죠. 상당히 족보가 어지럽죠. 아무튼 중요한 건 소가 가문이 대왕 가문과 계속 혼인 관계를 맺을 만큼 강력한 권력을 쥐게 되었다는 겁니다. 모노노베 가문은 여기에 브레이크를 걸려고 했던 것이고, 소가 가문를 견제하기 위해 불교를 걸고넘어진 거죠.

[1] 《일본서기》에는 긴메이 대왕이 29대 대왕이라고 기록되어 있다. 《일본서기》는 기원전 7세기 사람을 일본의 1대 천황(진무 천황)이라고 주장하고 있기 때문이다. 그러나 야마토가 건국된 건 3세기 전후로 추정되기 때문에 긴메이 대왕은 실제로는 14~15대 대왕 정도일 것이다.
《일본서기》가 이렇게 황실의 족보를 과장한 것은 일본 황실의 권위와 정통성을 확보하기 위함이다. 자세한 건 후술할 본문 내용을 참고.

[2] 근친결혼은 고대시대에 흔한 일이었다.

긴메이 대왕의 가계도

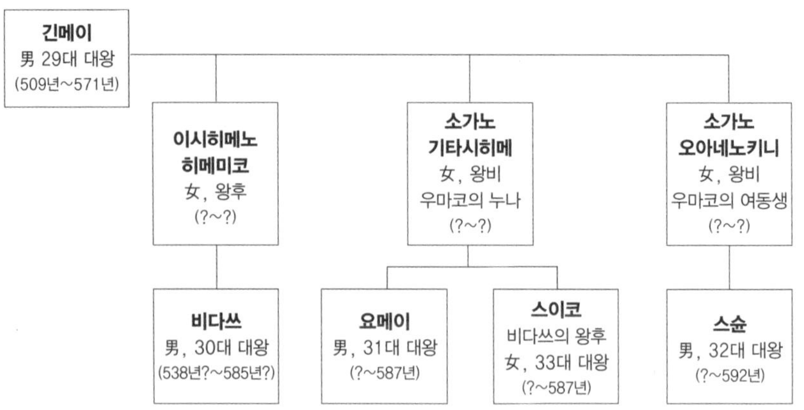

*위의 표에서는 생략되었지만 긴메이의 아내와 자식들은 훨씬 더 많이 있었다.

**괄호는 각 인물들의 생몰년도이다.

두 가문의 본격적인 충돌은 비다쓰 대왕 통치기에 시작됩니다. 당시 일본열도에는 전염병이 돌고 있었는데 모노노베 가문은 이걸 소가 가문 탓으로 돌리죠.

——— **"소가 가문이 불교를 들여와서 야마토 고유의 신들이 노한 것이다!"**

비다쓰 대왕은 이 말을 듣고 사원과 탑, 불상 등 불교와 관련된 모든 걸 죄다 불태우고 내다 버렸죠. 하지만 당연하게도 전염병은 사라질 기미를 보이지 않았습니다. 게다가 비다쓰 대왕마저 전염병에 걸렸죠. 그러자 소가 가문이 곧바로 역습을 시작합니다.

——— "불교를 탄압하니까 부처님께서 벌을 내리시는 것이다!"

괜히 불교를 탄압해서 대왕까지 병에 걸렸다는 거죠. 비다쓰 대왕은 다시 불교사원의 건축을 허가합니다. 하지만 곧 숨을 거두게 되죠. 비다쓰 대왕의 뒤를 이어 요메이 대왕이 즉위합니다. 그런데 왕위를 계승한 지 얼마 되지 않아 병에 걸려버리죠. 두 가문은 마찬가지로 불교 가지고 또 싸워댑니다. 역시 한쪽에서는 불교가 필요하다고 하고 한쪽에서는 불교를 없애야 한다고 했죠. 그 와중에 요메이 대왕마저도 얼마 못 가 사망해버립니다.

그러자 소가 가문과 모노노베 가문은 서로 자기가 원하는 대왕이 왕위를 계승하게 하기 위해 전쟁까지 벌이기 시작합니다. 이 전쟁을 정미丁未의 난(587년)이라고 하죠. 이 전쟁에서 소가 가문이 승리하게 되어 앞서 살펴본 것처럼 소가노 우마코의 조카들이 차례로 대왕 자리에 오르죠. 이로써 소가 가문이 명실상부한 야마토 정권의 실세가 되어 50년 넘게 절대 권력을 휘두릅니다. 자기 마음에 드는 사람을 대왕 자리에 앉히고, 왕실의 병력을 사병처럼 부려먹기도 했습니다. 왕실에는 차츰 소가 가문에 대한 불만이 쌓이고 있었죠.

쇼토쿠 태자에 대하여

일본 역사에 관심이 많은 사람이라면 **쇼토쿠 태자**聖德太子를 익히 알고 있을 것이다. 본명은 우마야도厩戸이며, 6세기 후반에 태어나 고대 일본의 정치체제를 확립한 인물로 알려져 있다. 학계에서는 그의 존재 자체를 부정하지는 않지만 그의 업적에는 허구나 과장이 다소 섞여 있는 것으로 보고 있다. 애초에 '쇼토쿠'라는 이름도 후대에 창작된 것이다. 한마디로 정체가 모호한 인물이라는 것이다. 심지어 최근 일본 교과서에서 '쇼토쿠 태자'라는 명칭을 삭제하려는 움직임도 있었다. 이런 이유로《효기심의 권력으로 읽는 세계사: 한중일편》에서도 쇼토쿠 태자에 내용은 이 '작가의 말'로 대신하겠다.

쇼토쿠 태자의 초상화. 1842년

왕권 강화를 노리는 야마토 정권(feat. 한반도)

그러던 645년, 드디어 소가 가문이 몰락하는 사건이 벌어집니다. **나카노오에**中大兄 **왕자**(생몰: 626년~672년)가 정변을 일으켜 당시 소가

가문의 수장이었던 **소가노 이루카**蘇我入鹿(생몰: ?~645년)를 살해해버리고 스스로 왕실의 실세가 되죠. 권력을 잡은 나카노오에 왕자는 대대적인 정치 개혁을 추진하는데 이걸 **다이카 개신**大化の改新[1]이라고 합니다. 대왕의 권력을 강화시켜 중앙집권 시스템을 구축하는 게 목적이었죠. 흔히 알려진 다이카 개신의 주요 내용은 다음과 같습니다.

[1] 다이카는 당시 야마토의 연호이고, 개신은 '새롭게 고친다'는 뜻이다.

다이카 개신의 주요 내용

1) 왕족과 호족들이 소유하던 땅과 백성들을 야마토의 대왕이 소유한다.
2) 지방행정구역을 정비하고 지방관을 임명한다.
3) 관직 체계를 정비해 특정 가문이 대대로 국정을 좌지우지하지 못하게 한다.

다이카 개신은 분명 일본의 역사서에 기록되어 있지만 현대에 와서는 그 실체에 대한 논란이 있습니다. 위와 같은 개혁 내용이 실제로 존재했는지, 비슷한 것이 존재했다 하더라도 개혁이 순조롭게 진행이 됐는지 많은 의심을 받고 있죠. 개혁이 있었다고 해도 역사서에 기록된 내용과는 다소 차이가 있었을 것으로 보입니다. 다만, 이 시기 야마토가 점차 중앙집권국가로 발전해나가고 있었다는 점은 분명해 보입니다.

한편 일본열도에서 정치 개혁이 이루어지고 있을 때 한반도에서는 심상치 않은 기운이 감돌고 있었습니다. 나카노오에 왕자가 소가노 이루카의 목을 베어버렸던 645년에 당나라가 고구려를 공격합니다. 이때 백제와 신라 등 여러 나라에 협조를 요구했죠. 신라는 당나라를 따르기로 하지만 백제는 오히려 신라를 공격합니다. 그렇게 '**고구려와 백제**(**여제동맹**) **VS 당나라와 신라**(**나당동맹**)' 구도로 전쟁이 시작되죠. 잘 알려져 있다시피 이 전쟁은 고구려와 백제가 멸망하며 나당동맹의 승리로 끝나게 됩니다.

야마토 정권도 격변하는 한반도 정세에 휘말립니다. 앞서 언급했듯 야마토 정권은 백제를 통해 불교와 같은 선진문물들을 많이 받아들였습니다. 바꿔 말하자면 백제와의 관계가 매우 중요했던 거죠. 야마토는 위기에 처한 백제를 위해 군대를 파견합니다. 백제가 멸망(660년)한 후 일부 백제인들이 계속 저항하며 야마토에 도움을 요청했을 때, 당시 야마토의 여왕이었던 **사이메이**斉明(재위: 655년~661년)가 직접 군대를 이끌고 백제인들을 지원했던 거죠. 결과적으로 야마토도 나당연합군에 패배하고 백제도 부활하지 못했지만 이때 적잖은 백제의 왕족과 유민들이 일본으로 이주하게 됩니다.

백제의 멸망은 야마토에도 큰 파란을 일으켰습니다. 전쟁에서 대패하여 막대한 손실을 입었을 뿐만 아니라 최대 동맹국이었던 백제는 없어졌고 그 대신 신라, 나아가 당나라라는 거대한 국가를 적으로 돌렸기 때문이죠. 야마토의 지도층은 뒷수습을 해야만 했습니다. 그런데 백제에 이어 고구려까지 멸망시킨 신라와 당나라가 갑자기 자기들끼리 싸우기 시작합니다. 그러면서 서로 야마토를 자신의 동맹으로 만들려고 사신을 보냈죠. 야마토에서는 이 문제로 첨예한 의견 대립이 생겨납니다. 중앙의 유력 가문들은 당나라 쪽에 붙고 싶었고, 지방의 가문들은 전쟁에 참전해봤자 피해만 입고 얻는 건 없으니 아예 그냥 한반도 문제에 개입하고 싶지 않았죠.

그런데 하필 이럴 때 당시 야마토의 군주였던 **덴지**天智 **대왕**(재위: 668년~672년)이 사망합니다. 덴지는 생전에 자신의 남동생과 아들을 두고 다음 대왕 자리를 누구한테 줄지 계속 고민했습니다. 처음에는 남동생한테 주겠다 했지만 시간이 지나자 아들한테 왕위를 물려주고 싶어졌죠. 당연히 덴지의 아들과 남동생 사이는 멀어지고 서로 대립하게 됩니다. 문제는 중앙의 가문들은 덴지 대왕의 아들, 지방의 가문들은 덴지 대왕의 남동생 편을 들었다는 거죠. 이 두 집단의 갈등 때문에 덴지 대왕이 사망한 672년에 내전이 일어나는데 이를 진신壬申의 난이라고 합니다. 최종적으로 덴지 대왕의 남동생이 승리를 거두어 **덴무**天武 **대왕**(재위: 673년~686년)으로 즉위하게 되죠.

천황의 등장

조카는 물론 중앙의 유력 귀족들과의 싸움에서 이겨 대왕이 된 덴무 대왕은 두려울 것이 없었습니다. 즉위하자 대대적인 개혁을 시작

❶
예를 들어 전국행정구역을 고구려는 5부, 백제는 5방, 신라는 5주로 나누었다거나, 관등은 각각 10여 관등, 16관등, 17관등, 최고 관리직은 대대로, 상좌평, 상대등이었다는 게 전부 율령의 내용이다.

하죠. 핵심은 역시 왕권을 강화하고 중앙집권국가를 만드는 것이었습니다. 덴무 대왕 시기 가장 중요한 개혁 중 하나는 **'율령'**❶을 만들기 시작한 것입니다. 율령은 쉽게 말해 법과 제도입니다. 법과 제도가 있어야 힘 있는 귀족들이 제멋대로 굴지 못하게 되고 국가의 위계와 질서가 잡히는 것이죠. 이 때문에 우리나라 국사 교과서에서도 율령을 반포한 시점을 중요하게 다루고 있는 겁니다. 고구려에서는 **소수림왕**小獸林王(재위: 371년~384년), 신라에서는 **법흥왕**法興王(재위: 514년~540년)이 율령을 반포했죠. 안타깝게도 백제의 경우에는 관련 기록이 남아 있지 않아 애매합니다. 교과서에서는 보통 3세기쯤 백제에서 관료 체계가 마련되고 법령도 정비됐다는 내용이 실려 있죠. 야마토에서는 덴무 대왕이 죽고 15년이 지나 701년에 드디어 **'다이호 율령**大宝律令'이란 것이 반포되죠.

❷
천황天皇은 현재 일본어로 '덴노'라고 읽는다. 그런데 7~8세기경에는 '스메라미코토' 또는 '스메라키'로 발음되었다. 오늘날처럼 '덴노'라고 읽는 건 19세기 후반 메이지 유신 이후의 일이다.

덴무 대왕 시기 왕권을 강화하려는 노력은 이게 전부가 아니었습니다. 그간 야마토의 지도자를 일컫는 호칭이었던 '대왕'을 좀 더 위대한 말로 바꾸죠. 바로 **'천황**天皇'❷입니다. 또한 야마토라는 나라 이름의 한자 표기도 **'왜**(倭)'에서 **'일본**(日本)'이라고 고치죠. 즉 야마토 사람들끼리는 자기 나라를 계속 야마토라고 불렀지만 대외적으로는 '해가 뜨는 국가'라는 의미로 '일본'이라는 명칭을 사용했다는 겁니다. 이때부터 야마토, 즉 일본의 군주들은 천황이라는 이름으로 화려하게 포장되기 시작합니다.

———"천황께서는 태양신의 자손이시며, 신의 자손께서 만들어주신 율령은 반드시 지켜야 한다!!"

중국대륙의 권력자들이 자신을 신의 자손이라고 포장하며 천자 드립을 친 것과 마찬가지로 일본의 군주도 자신을 신적 존재로 만들려고 노력했죠. 이를 위해 일본열도 전역에 퍼져 있던 민간신앙 신들을 다 끌어와서는 천황과 관련된 신으로 재탄생시켰습니다. 그중 가장 중심이 되는 신은 '**아마테라스 오오미카미**'였습니다. 일본 만화《나루토》를 보신 분들은 '아마테라스'라는 불 마법(인술)을 아실 겁니다. 바로 그 아마테라스가 이 신의 이름에서 가져온 거죠. 일본 황실에서는 이 신을 태양신이자 일본 황실의 조상신이라고 홍보합니다. 심지어 덴무 '천황'은 이 신화들까지 다 포함시켜서 역사책을 쓰라는 오더를 내립니다. 그게 바로 720년에 완성된《**일본서기**》죠. 이보다 앞선 712년에 완성된《**고사기**》 역시 **겐메이 천황**(재위: 707년~715년)의 오더 하에 제작된 것으로 알려져 있으며《일본서기》와 마찬가지로 천황을 신화적인 인물로 포장하는 내용을 담고 있습니다. 앞서 말했듯 일본에 역사서가 있음에도 일본 고대사 연구가 어려운 이유가 바로 이 때

동굴에서 나오는 태양신 아마테라스 오오미카미가 그려진 그림

문입니다. 두 역사서에는 신까지 거슬러 올라가는 허황된 황실 족보를 만들기 위해 존재하지도 않는 대왕이 끼워져 있기도 하고, 황실을 위대하게 만들기 위해 온갖 황실 인사들의 업적이 과장되게 묘사되어 있죠.

그렇게 일본열도에서 천황은 태양신의 후손으로 자리매김하게 됩니다. 그런데 일본의 천황들은 이걸로도 자신들의 권력을 강화하기에 부족하다 여겼던 것 같습니다. 아예 수도를 천도하기도 했죠. 보통 잘나가는 가문들은 대대로 수도에 머무르며 힘을 키워 강력한 중앙 귀족이 되곤 하죠. 수도가 그들의 권력 기반이 되는 셈입니다. 그런데 다른 곳으로 수도를 옮겨버리면 그들의 권력 기반도 약해지고 영향력도 축소되어 천황에게 더더욱 권력이 집중되는 효과가 생기는 것이죠. 그리하여 710년에 겐메이 천황이 수도를 아스카에서 **헤이죠쿄**平城京로 옮깁니다. 오늘날 일본의 **나라**奈良라는 도시에 해당하는 곳이기 때문에 헤이죠쿄가 일본의 수도였던 시기를 '**나라 시대**奈良時代(710년~794년)'라고 부르죠. 그런데 80여 년이 지나 다시 나라를 기반으로 한 정치 세력이 강력해지자 **헤이안쿄**平安京로 수도를 옮깁니다. 이곳이 바로 무려 794년부터 1869년까지 일본의 수도이자 온갖 역사 유적이 많이 남아 있는 교토京都입니다. 그리고 헤이안쿄가 정치의 중심이 되었던 시대를 '**헤이안 시대**平安時代(794년~1185년)'라고 합니다.

이와 같이 천황들은 왕권을 강화하기 위해 오만가지 짓을 다했지만 생각보다 효과가 크진 않았던 것 같습니다. 이후로도 천황 주변에서 여러 가문들의 음모가 끊이지 않았으니 말이죠. 842년에는 여러 가문들이 각자 자신들과 가까운 천황 일가 사람을 황태자로 만들기 위해 내전을 벌였고(죠와承和의 변), 866년에는 황궁(천황이 거주하는 궁)의 정문에 화재가 났는데 이걸 두고 여러 가문들이 서로가 한 짓이라며 음해 공작을 펼치기도 했습니다(오텐문応天門의 변).

이런 혼란 속에서 **후지와라**藤原 가문이 천황의 외척 세력이 되어 영향력을 키우게 됩니다. 어린 나이로 즉위한 **세이와**清和 **천황**(재위: 858년~876년)을 대신하여 외조부였던 **후지와라노 요시후사**藤原良房(생몰: 804년~872년)가 섭정[1]을 맡아 국정을 운영했던 거죠. 후지와라 가문은 200여 년 전 나카노오에 왕자가 외척 세력을 처단할 때 큰 역할을 했던 가문입니다. 그런 후지와라 가문이 이제 새로운 외척 세력이 되어 천황을 쥐락펴락하기 시작한 겁니다.

[1] 군주가 아직 어리다거나 병을 앓는 등의 이유로 정치를 할 능력이 없을 때, 군주를 대신해 다른 사람이 정치를 도맡아 처리하는 것을 의미한다.

상황 정치의 시작

후지와라 가문은 오랫동안 천황을 앞세워 일본 정치계를 장악했습니다. 어린아이를 천황에 앉혀 '**섭정**' 자리를 해먹고, 천황이 다 크면 '**관백**'이라는 특별 보좌직에 앉아 권력을 휘둘렀던 거죠. 이런 식으로 무려 150여 년 간 해먹은 후지와라 가문의 정치 방법을 두고 '섭관정치'라고 따로 부를 정도입니다. 당연히 천황 가문은 이게 마음에 들지 않았겠지만 후지와라 가문이 워낙 강력했기에 어쩔 도리가 없었습니다. 그런데 천황 가문에 예기치 못한 기회가 찾아옵니다. 천황에게 시집을 간 후지와라 가문의 여성들이 왠지 모르게 '아들'을 낳지 못하게 되어 외척으로서의 구실을 못하게 된 겁니다. 이 때문에 후지와라 가문의 피가 섞이지 않은 **고산죠**後三条 **천황**(재위: 1068년~1073년)이 즉위하게 되었죠.

천황 가문 입장에서는 결코 놓쳐선 안 될 기회가 찾아온 겁니다. 이때 뭔가 조치를 취하지 않으면 다음 천황은 다시 후지와라 가문의 피가 섞인 꼭두각시 천황이 될지 모르니 말이죠. 고산죠 천황은 천황의 권위를 강화하면서 동시에 안정적으로 자신의 아들에게 천황 자리를 물려줄 방법을 찾기 시작했습니다. 그리고 결론을 내렸죠.

——— **"내 아들한테 천황 자리 물려주고 난 내려올게. ㅎㅎ."**

갑자기 자기 아들한테 천황의 자리를 '양위[1]'하기로 한 겁니다. 도대체 고산죠는 무슨 생각을 했던 것일까. 고산죠 천황이 노리던 건 바로 '**상황**上皇'이라는 자리였습니다. 상황은 천황직을 다른 사람한테 물려준 천황을 가리키는 말입니다. 당장 몇 년 전까지 일본의 천황이었던 **아키히토**明仁(재위: 1989년~2019년)도 아들에게 천황 자리를 넘겨주고 내려왔으니 현재는 '아키히토 천황'이 아니라 '아키히토 상황'입니다. 즉, '상황'은 일종의 은퇴한 천황입니다. 고대 일본의 상황들도 보통은 정치에서 한 걸음 물러나 황실의 웃어른 느낌으로 여생을 편히 보내거나, 불교에 귀의하거나 했죠. 심지어 병든 어머니를 보살피려고 천황직을 내려놓은 천황도 있었습니다. 그러나 특별한 이유가 없다면 대부분의 천황들은 죽을 때까지 천황으로 살았고, 보통은 천황이 죽어야 후계자가 다음 천황이 되는 식이었습니다. 이 때문에 일본사를 통틀어서 상황은 흔히 볼 수 있는 작위가 아니었죠. 아키히토의 경우에도 무려 200여 년 만에 등장한 상황이었습니다.

> **1**
> 군주의 자리를 물려줌.

이렇게 권력과는 아무 관련도 없어 보이는 자리를 고산죠는 오히려 정치적으로 이용하기로 합니다. 고산죠의 논리는 대략 이러합니다.

(1) 후지와라 가문의 힘을 누르기 위해서는 후지와라의 피를 잇지 않은 내 아들이 다음 천황이 되어야 한다.

(2) 그런데 아들이 황태자라는 신분에 머물러 있으면 내가 죽은 후에 강력한 가문들이 누구를 천황으로 추대할지 모른다.

(3) 그러니까 아예 그냥 아들한테 바로 천황 자리를 물려주고 나는 상황이 되어 정치를 이어가자.

고산죠 천황은 아들에게 안정적으로 천황 자리를 물려줄 방법을 찾다가 본인이 살아 있을 때 아들을 천황으로 만들어버리고 자신은 상황이 되기로 한 겁니다. 앞서 설명했듯 원래 상황들은 정치에 관여하지 않는 편이었지만, 그렇다고 정치에 관여해선 안 된다는 법도 없었습니다. 그렇게 고산죠의 열아홉 살짜리 아들은 **시라카와**白河 **천황**(재위: 1073년~1087년)으로 즉위하게 되고, 실권은 고산죠 상황이 계속 휘두르게 됩니다. 이때부터 일본 천황들이 자신의 아들을 일찌감치 천황으로 즉위시키고 본인은 상황이 되어 뒤에서 정치를 하는 이상한 전통이 생기게 됩니다. 이런 정치 방식[1]은 헤이안 시대가 끝날 때까지 이어지죠.

[1] 상황들은 '원院'이라는 장소에서 정치활동을 했기 때문에 상황들이 정치를 하는 시스템을 '원정院政'이라고 부르기도 하며, 일본어로는 '인세이'라고 한다.

천황과 상황의 권력쟁탈전

고산죠가 고안한 방법도 일본 정치의 혼란을 막을 순 없었습니다. 몇 대가 지나자 천황과 상황들끼리 권력쟁탈전을 벌이면서 황실 스스로 위기를 자초하게 되죠. 여기엔 상당히 복잡한 막장 드라마 같은 이해관계가 얽혀 있습니다. 이야기가 다소 복잡하기 때문에 아래의 계보도를 참고해주시기 바랍니다.

시라카와 천황 이후의 천황 계보

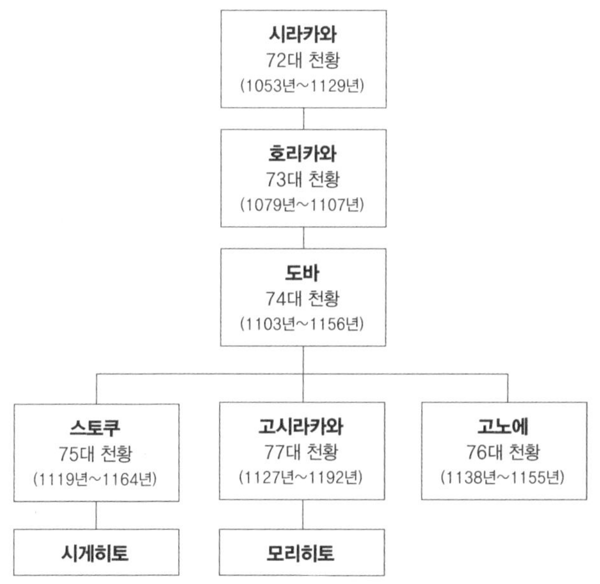

*괄호는 각 인물들의 생몰년도이다.

시라카와의 손자인 **도바**鳥羽 **천황**(재위: 1107년~1123년)은 상황으로 내려오면서 아들인 **스토쿠**崇德(재위: 1123년~1142년)에게 천황직을 물려줍니다. 그런데 사실 도바는 스토쿠가 마음에 들진 않았습니다. 정확한 이유는 알 수 없으나 스토쿠가 사실은 도바의 아들이 아니라 도바의 할아버지인 시라카와의 아들이라는 소문이 돌았던 것과 관련이 있는 게 아니냐는 말이 있습니다. 이런 상황 속에서 도바의 후궁이 아들 **고노에**近衛를 낳았고, 도바는 스토쿠에게 이상한 오더를 내립니다.

——— **"스토쿠야! 아무리 생각해봐도 넌 천황 감이 아닌 것 같다야. 그 이복동생 고노에 있지? 걔 양자로 들이고 넌 그냥 내려와!"**

이복동생인 고노에를 '양자'로 들인 후 천황 자리까지 물려주고 너도 상황이 되라는 기상천외한 명령을 내린 겁니다. 스토쿠가 천황이기는 했으나 실질적인 권력은 상황이 쥐고 있었으니 얌전히 말을 따라야 했죠. 그런데 분위기가 또 이상하게 흘러갑니다. 도바가 예뻐하던 고노에가 천황이 된 지 얼마 안 되어 16세 나이로 요절해버린 겁니다. 스토쿠는 내심 기대하기 시작했습니다.

——— **"내 아들 자격으로 천황이 됐던 고노에가 죽었으니까, 이제 진짜 내 친아들이 천황 될 차례겠지? ㅎㅎ."**

스토쿠에게는 친아들이 있었습니다. 아마 도바가 오더만 내리지 않았더라면 고노에가 아니라 스토쿠의 친아들이 차기 천황이 되었겠죠. 그런데 고노에가 갑자기 죽어버렸으니 당연히 스토쿠 입장에선 자신의 친아들이 천황이 될 차례라고 생각했을 겁니다. 문제는 도바가 가만히 있질 않았다는 거죠. 도바는 갑자기 스토쿠가 고노에를 죽인 게 아니냐는 의심을 하면서 스토쿠의 친아들이 아니라 스토쿠의 친동생인 **고시라카와**後白河(재위: 1155년~1158년)를 천황 자리에 앉혀 버립니다. 그러더니 얼마 후 사망해버리죠. 이제 황실에는 스토쿠 상황과 고시라카와 천황이 남았습니다. 두 형제는 각자 자신의 아들에게 천황 자리를 넘겨주기 위해 죽도록 싸우게 되죠. 또다시 권력을 두고 일본 권력자들이 내전을 벌인 겁니다. 당시의 연호가 '호겐保元'이라서 이 내전을 '**호겐의 난**'이라고 하죠.

호겐의 난은 천황과 상황, 둘만의 싸움이 아니었습니다. 예전만큼 절대 권력을 휘두르진 못하지만 그래도 아직 세력이 건재했던 후지와라 가문마저 양쪽 편으로 나뉘어버렸죠. 최종 승자는 고시라카와 천황이었습니다. 고시라카와 천황은 친형인 스토쿠를 유배 보내고, 자신의 아들에게 천황직을 물려주며 상황 자리에 오릅니다. 그렇게 일본은 다시 안정을 되찾는가 싶었습니다. 하지만 호겐의 난은 의도치 않게 일본 국내정치에 엄청난 격변을 야기하게 되죠.

무사 세력의 등장

호겐의 난은 천황과 상황의 싸움이긴 했지만, 사실 전투에서 가장 활약한 이들은 천황과 상황의 군대가 아니었습니다. 각자가 포섭한 무사, 즉 사무라이들이 전쟁에 나섰던 거죠.

사무라이들은 헤이안 시대에 성장한 세력입니다. 앞서 설명했듯, 일찍이 덴무 천황이 율령을 도입해서 국가의 위계질서를 세우려고 노력했지만, 이후 섭정과 관백, 그리고 상황들이 나타나 율령은 무시하고 서로 싸워대고, 이기면 그냥 자기 마음대로 권력을 휘두르곤 했습니다. 외척이든 황실이든 지들끼리만 중앙정부에서 싸우고 해쳐먹기 바쁘니 지방의 영주들은 간섭도 덜 받고 케어도 덜 받아서 스스로 알아서 살아남아야 했습니다.

대표적으로 지방의 치안이 문제가 됩니다. 중앙정부가 자기들끼리 싸우느라 군사력을 낭비하고 있었으니 지방의 치안 관리는 소홀해졌고, 각 지역 영주들은 자신의 땅과 목숨을 지키기 위한 방법을 스스로 찾아야만 했습니다. 이때 누군가가 등장하죠.

——— **"영주님! 칼 좀 잘 다루는 사람들 필요하지 않으세요? ㅎㅎ."**

영주들에게 경호인력과 사병이 필요해졌다는 걸 알게 된 사람들이 직업적으로 칼을 잡기 시작한 거죠. 이 사무라이들은 단체를 꾸리고 조직화되기 시작합니다. 아예 귀족, 심지어 황실 가문 사람들까지 나서서 사무라이 집단을 통솔하기도 했습니다. 대표적으로 **미나모토**源 가문과 **다이라**平 가문이 있죠.

이쯤 되자 중앙에서도 권력다툼을 벌일 때 사무라이들을 불러오기도 했는데, 호겐의 난 때도 마찬가지였습니다. 미나모토 가문과 다이라 가문도 이 내전에 참가해서 큰 활약을 보여줬죠. 그런데 갑자기 미나모토 가문 쪽에서 들고 일어납니다. 호겐의 난에서 쌓은 전공에 비해 보상이 너무 적다면서 1159년에 난을 일으킨 거죠. 이 사건이 발생했을 때 일본의 연호가 '헤이지平治'였기 때문에 보통 **'헤이지의 난'**이라고 부르죠.

반란 자체는 쉽게 진압됩니다. 문제는 이 난을 천황의 군대가 아니라 또 다른 사무라이 세력인 다이라 가문이 진압했다는 데 있었죠. 다이라 가문은 호겐의 난 때 활약해 이미 권력을 좀 얻었는데 헤이지의 난을 통해 강력한 라이벌 가문인 미나모토 가문마저 제거한 겁니다. 이제 다이라 가문이 중앙정부에서 가장 강력한 군사력을 지닌 집단이 되었고, 실질적인 권력도 황실이 아니라 다이라 가문에게 있는 것이나 마찬가지가 되어버렸죠. 다이라 가문은 실권을 갖고 있던 고시라카와 상황을 유폐시켜버리고, 태정대신(조선의 영의정과 같은 자리) 자리를 비롯해 온갖 고위 관료직을 차지하며 권력을 마구 휘두릅니다.

다이라 가문의 위세는 20년도 못 가서 꺾여버립니다. 다이라 가문이 권력을 독점하니 기존 귀족들과 황실 입장에서는 불만이 계속 쌓일 수밖에 없었죠. 결국 온갖 곳에서 다이라 가문에 대항하는 쿠데타가 일어나 다이라 가문은 쫓겨나게 됩니다. 문제는 여기서 활약한 게 얼마 전에 헤이지의 난을 일으켰던 미나모토 가문이라는 겁니다. 미나모토 가문 역시 군사력이 강력했기에 원한다면 실권도 가질 수 있었습니다. 그런데 미나모토 가문은 다이라 가문과는 다른 방식으로 권력을 확보해나갑니다.

막부의 시작

일본사를 공부하다 보면 '**막부**幕府'라는 용어가 반드시 등장합니다. 대표적으로 임진왜란 후 일본을 지배하게 된 도쿠가와 이에야스德川家康의 '**에도**江戶 **막부**'가 있죠. 막부는 원래 군 지휘관이 머물며 작전을 지시하던 곳을 의미합니다. 커다란 천막(幕)을 쳐서 만들었다고 해서 막부라고 하죠. 그런데 일본에서 막부라는 말은 좀 더 정치적인 뜻을 갖고 있습니다. 무사 가문이 통치를 하는 정부나 정치체제를 의미하죠. 막부의 수장도 **쇼군**將軍, 즉 **장군**입니다. 특이한 점은 막부 시대에도 천황과 조정은 그대로 남아 있었다는 겁니다. 천황과 조정이 사실상 허수아비가 되고 실질적인 통치는 막부의 쇼군이 담당하는 이 특이한 정치 시스템을 일본에 뿌리내린 게 바로 미나모토 가문이었습니다.

다이라 가문을 몰아낸 미나모토 가문은 누가 봐도 가장 강한 권력을 갖게 되었죠. 하지만 웬일인지 수도인 교토로 가지 않았습니다. 다이라 가문을 몰아낸 후 원래 자신들의 근거지였던 **가마쿠라**鎌倉❶로 돌아갔죠. 앞서 다이라 가문이 수도에서 온갖 관직을 해쳐먹고 권력을 휘두르다 온 세상에 미움을 사서 몰락했던 걸 생각하면 현명한 선택일지도 모르겠습니다. 그렇게 교토는 다시 황실과 귀족들이 차지하게 됩니다.

물론 미나모토 가문이 가마쿠라에서 가만히 앉아만 있었던 건 아닙니다. 미나모토 가문의 권력 기반은 누가 뭐래도 군사력이었죠. 미나모토 가문은 자신을 따르는 사무라이들을 계속 모으기 시작합니다. 충성서약을 한 사무라이[2]에게는 땅을 내주며 주종관계를 맺었죠. 그리고 미나모토 가문은 천황에게 연락을 넣었습니다.

[1] 천황이 머물던 교토에서 무려 350킬로미터 정도 떨어진 곳이다.

미나모토 가문의 수장 미나모토노 요리토모의 초상

[2] 충성서약을 한 사무라이를 일본어로 '고케닌御家人'이라고 한다.

"천황 폐하, 국가 관리하기 힘드시죠? 제가 사람들을 보내서 천황 사시는 곳 경비도 세워드리고, 다른 지역 땅이나 세금도 관리하고, 치안 문제도 해결할까 하는데 허락 좀 해주세요! ㅎㅎ."

천황과 조정은 미나모토 가문의 요청을 승낙해줍니다. 이 덕분에 미나모토 가문은 충성서약을 맺은 가신들을 일본 전역에 심어둘 수 있게 되었습니다. 정치적으로, 군사적으로 영향력을 행사할 수 있는 토대를 마련하게 된 거죠. 그리고 미나모토 가문의 수장이었던 **미나모토노 요리토모**源頼朝(재위: 1192년~1199년)는 1192년에는 일본 조정으로부터 **정이대장군**征夷大將軍, 즉 **쇼군**이라는 직책에 임명됩니다. 훗날 이 '쇼군'이라는 직책이 일본 최고 권력자의 자리가 되죠.

미나모토 가문이 다이라 가문을 멸망시킨 1185년부터 일본은 미나모토 가문의 막부, 즉 **가마쿠라 막부**(1185년~1333년)의 시대에 들어섭니다. 이 시기부터 일본은 약 700여 년간 막부 체제를 유지하게 되죠.

껍데기만 남은 천황

가마쿠라 막부의 시대가 열리긴 했으나 막부가 곧바로 모든 실권을 쥐게 된 건 아닙니다. 그랬으면 황실과 조정이 가만히 당하고만 있지는 않았겠죠. 그저 막부가 일본 전역에 자기 사람을 심어두고 영향력을 행사할 수 있었을 뿐입니다. 여전히 온갖 국가정책은 교토의 조정에서 결정되었죠.

심지어 가마쿠라 막부는 초기에 큰 위기를 겪기도 합니다. 1대 쇼군인 미나모토노 요리토모가 사망한 후 막부 내에서 내부 분열이 일어나 쇼군이 살해당하는 일까지 벌어진 겁니다. 이 모습을 본

고토바後鳥羽 **상황**(생몰: 1180년~1239년)은 다시 황실이 권력을 독점하기 위해 막부를 쳐내려고 시도합니다. 1221년에 사무라이들에게 막부를 타도하라는 오더를 내린 거죠. 당시 연호가 '조큐承久'였기에 이 사건을 '**조큐의 난**'이라고 합니다.

고토바 상황의 초상

조큐의 난은 의외의 결말을 맞이하게 됩니다. 사무라이들이 상황의 토벌 명령을 실행하지 않은 거죠. 오히려 사무라이들은 가마쿠라 막부에 붙는 게 더 이득이라고 계산하고 막부 측에 붙었습니다. 결국 토벌을 당하는 건 고토바 상황이 되었죠. 막부는 조큐의 난을 일으킨 고토바 상황을 유배 보내고 관련자들을 처형합니다.

가마쿠라 막부가 조큐의 난을 진압한 뒤부터 천황과 조정은 정말 완전히 허수아비가 되어버립니다. 일본 전역의 무사들이 천황이 아니라 막부의 명령을 듣는다는 게 확실해진 거죠. 천황은 일반 백성들에게나 신적인 존재로 추앙받았을 뿐, 실권은 없고 그저 상징적인 존재로 전락하고 말죠. 막부라는 시스템이 완전히 자리 잡게 된 겁니다. 훗날 14세기에 가마쿠라 막부가 멸망하고 **무로마치**室町 **막부**(1336년~1573년)가 새로 등장하지만 여전히 실권이 천황이 아닌 막부에게 있다는 점은 변하지 않습니다.

그런데 무로마치 막부가 등장하고 100여 년의 시간이 흐르자 또

다시 막부 내에서 큰 권력쟁탈전이 벌어집니다. 이걸 시작으로 일본에는 분열과 전쟁이 끊이질 않는 **전국시대**戰國時代(1467년~1573년)가 시작되죠.

제9장

전국시대와 임진왜란

동아시아를
흔들어놓은 계기

우리나라와 일본은 지리적으로 인접한 만큼 역사 내내 서로 영향을 주고받았습니다. 때론 가깝게 교류하기도 했고, 때론 원수와도 같은 관계로 지내기도 했죠. 특히나 일본과의 관계를 논할 때 절대 빠지지 않고 언급되는 역사 사건 중 하나는 단연 **임진왜란**(1592년~1598년)입니다. **도요토미 히데요시**豊臣秀吉(생몰: 1537년~1598년)의 오더로 시작된 이 전쟁은 조선에 큰 피해를 남겼을 뿐만 아니라 명나라 몰락의 원인 중 하나로 꼽히기도 합니다. 일본 국내적으로도 크나큰 정치 변동을 일으킨 사건이죠. 심지어 임진왜란 때문에 여진족이 힘을 모아 후에 청나라를 건국할 수 있었다는 견해도 있습니다. 그만큼 임진왜란은 동아시아 역사를 공부할 때 절대 빠뜨릴 수 없는 대형 사건이었던 거죠. 그런데 좀 이상합니다. 앞서 8장을 보면 일본의 권력자들은 백제를 구원하러 병력을 파견한 후로는 일본열도 안에서만 지들

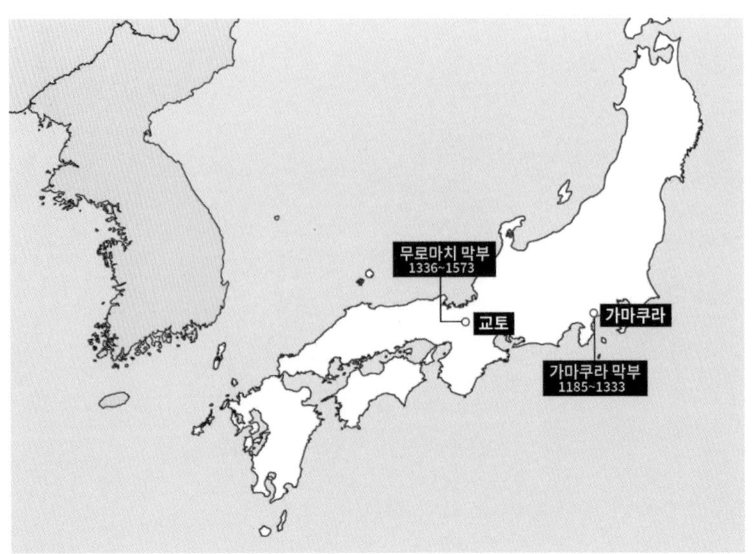

가마쿠라 막부와 무로마치 막부의 근거지

끼리 싸우느라 바빴습니다. 도대체 어쩌다 갑자기 힘을 합쳐 어마무시한 병력을 이끌고 한반도를 침략하게 된 것일까. 9장에서는 임진왜란이 벌어지게 된 배경을 살펴보겠습니다.

무로마치 막부의 등장과 몰락

앞서 8장에서 설명했듯 12세기부터 일본은 천황이 아니라 막부의 쇼군이 지배하게 됩니다. 막부의 시대를 열었던 **가마쿠라 막부**(1185년~1333년)는 약 150여 년간 존속한 후 **무로마치 막부**(1336년~1573년)[1]에 자리를 내어줍니다.

막부가 교체되는 과정은 꽤 복잡했습니다. 14세기 들어 가마쿠라 막부는 권력을 마구잡이로 휘두르게 되고, 사무라이들 사이에 불만이 싹트기 시작하죠. 이를 본 **고다이고**後醍醐 **천황**(재위: 1318년~1339년)은 막부를 몰아낼 절호의 찬스라고 판단하여 사무라이들을 동원해 막부를 타도할 계획을 세웁니다. 이걸 눈치챈 가마쿠라 막부는 고다이고 천황을 유배 보내고 그 대신 **고곤**光厳 **천황**(재위: 1331년~1333년)이라는 허수아비 천황을 앉혀버리죠. 하지만 막부에 불만을 품은 사무라이들이 들고일어나 가마쿠라 막부를 무너트렸고, 고다이고 천황이 교토로 돌아오게 됩니다. 그런데 고다이고 천황은 천황의 권력을 강화시키기만 할 뿐이었고 자신

1
무로마치는 교토의 한 구역이었으며, 막부 본부(어소)가 있던 자리에는 현재 도시샤同志社 대학교가 들어서 있다. 도시샤 대학교는 윤동주와 정지용이 다녔던 대학교다.

고다이고 천황의 초상

고곤 천황의 초상

을 도와준 사무라이들에게 제대로 된 보상을 내려주지 않았습니다. 결국 **아시카가**足利 가문이 교토를 제압하여 새로운 막부를 세워버리죠. 그게 무로마치 막부❶입니다.

❶
당시 무로마치 막부는 고다이고 천황을 쳐내고 새로운 천황을 세웠는데 고다이고 천황이 남쪽으로 도망쳐 자기가 진짜 천황이라며 버틴다. 이후 54년 동안 일본에는 두 명의 천황이 대립했으나 막부의 승리로 다시 통일된다.

시간이 흘러 무로마치 막부의 8대 쇼군 **아시카가 요시마사**足利義政(재위: 1449년~1473년)가 즉위합니다. 그는 사치를 부리고 유흥을 즐기며 정치는 등한시하는 인물이었죠. 하필 그런 자가 쇼군일 때 일본열도에 대기근이 닥칩니다. 기근 때문에 백성은 백성대로 힘들고, 막부는 막부대로 재정난을 겪게 되죠. 중앙정부가 제 역할을 하지 못하자 또다시 지방 세력, 즉 각 지역 **다이묘**大名❷들이 중앙정부의 견제를 피해 힘을 키우기 시작합니다.

❷
정확히 말하면 **슈고 다이묘**守護大名이다. 앞서 8장에서 가마쿠라 막부와 주종관계를 맺고 각 지역의 세금 및 치안 문제를 담당하는 사무라이들이 있다고 설명했었다. 이 중에서 치안을 담당하는 게 '슈고'였는데, 슈고의 영향력이 점점 커지면서 무로마치 막부 시대에 와서는 막부조차 함부로 대하지 못할 정도의 **다이묘**(**영주**)로 성장한다. 이들을 슈고 다이묘라고 칭한다.

이런 상황에서 쇼군의 후계자 문제가 발생하게 됩니다. 쇼군의 자리를 놓고 요시마사의 아들, 요시마사의 동생이 다투게 된 거죠. 둘은 쇼군 자리를 차지하겠다고 다이묘들의 힘을 빌렸고, 다이묘들도 각자의 이해관계에 따라 양쪽 진영으로 나뉩니다. 결국 1467년, 교토에서 내전이 시작됩니다. 이 사건을 **오닌**

応仁**의 난**이라고 하죠. 내전은 무려 10년이나 이어지다가 1477년에 겨우 화의가 맺어지고 끝나게 됩니다. 이 내란 때문에 교토는 초토화되었고 교토의 귀족들도 타격을 입었죠. 한편 오닌의 난은 막부가 힘이 없다는 걸 드러낸 사건이었습니다. 막부 내의 권력싸움이 다이묘들의 힘에 좌지우지되었으니 말이죠. 오닌의 난 이후 막부의 위신이 크게 추락합니다. 교토 주변만 벗어나도 막부의 말을 잘 안 듣는 분위기가 생겨버렸죠. 권위를 상실한 막부는 더 이상 믿고 따를 필요가 없는 존재가 되었고, 막부 중심의 위계질서가 무너지자 각 지역의 다이묘들은 각자도생하게 됩니다. 그렇게 일본에서는 피와 배신이 난무하는 약육강식의 시대가 시작되죠. 약 100여 년간 이어지는 이 시기를 **전국시대**戰國時代(1467년~1573년)라고 합니다. 일본어 발음을 그대로 가져와서 **센고쿠시대**라고 부르기도 하죠.

아시카가 요시마사의 초상

전국시대와 오다 노부나가

일본의 전국시대는 고대 중국의 춘추전국시대와 비슷했습니다. 사

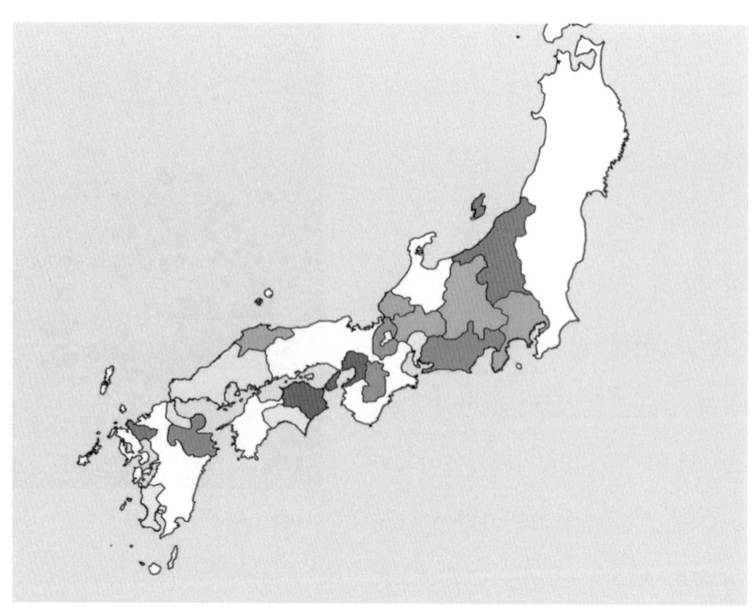

일본의 전국시대(센고쿠시대) 주요 세력

방팔방에서 강력한 다이묘들이 나타나 일본열도의 최고 권력자가 되기 위해 전쟁을 벌였죠. 이 과정에서 다이묘끼리 동맹을 맺기도 하고, 배신하기도 했으며, 다이묘들의 신하들이 주군의 등에 칼을 꽂는 일 또한 빈번히 벌어졌죠. 전국시대의 일본열도는 그야말로 카오스 그 자체였습니다.

이런 전쟁통에 목숨을 잃고 역사 너머로 사라지는 다이묘들도 많았지만, 오히려 새롭게 힘을 얻어 성장하는 다이묘[1]들도 있었습니다. **오다 노부나가**織田信長(생몰: 1534년~1582년)도 그 중 한 명이었죠.

[1] 전국시대(센고쿠시대)에 성장한 다이묘이기 때문에 '**센고쿠 다이묘**戰國大名'라고 한다.

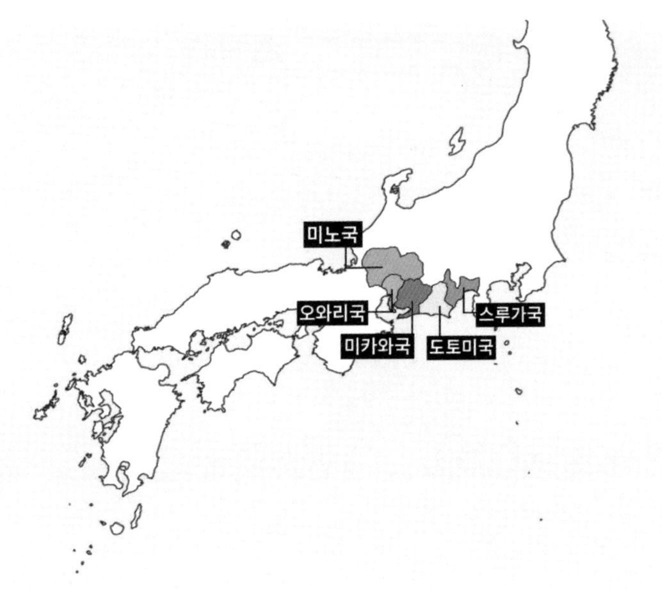

오와리국의 주변 세력도

오다 노부나가는 **오와리국**尾張国[2](현재의 **나고야**名古屋 인근)을 다스리던 다이묘의 아들이었습니다. 1551년에 아버지가 사망하자, 동생과 권력쟁탈전을 벌여 승리하고 오와리국의 다이묘가 됩니다. 몇 년 후 노부나가는 **스루가국**駿河国의 침략을 겪게 됩니다. 스루가국은 오와리국 동쪽에 있던 도토미국遠江国, 미카와국三河国을 흡수한 후 오와리국까지 넘보고 있었죠. 1560년, 스루가국은 2만 여 명의 대군을 이끌고 오와리국으로 쳐들어옵니다. 여기서 기적과도 같은 일이 벌어지죠. 노부나가는 고작 2000명의 군대로

[2] 여기서 '국(일본식 한자: 国, 한국식 한자: 國)'은 '나라'라는 의미를 갖고 있지만, 여기서는 일종의 행정구역 단위, 제후가 다스리는 지역 정도로 보면 된다.

오케하자마 전투를 그린 그림. 1560년

2만 대군을 무찌르며 오케하자마 전투桶狭間の戦い에서 승리를 거둡니다. 이때부터 노부나가는 본격적으로 세력을 넓혀가며 전국 통일의 꿈을 꾸기 시작합니다. 이를 위해 노부나가는 천황과 쇼군을 이용하기로 하죠.

오다 노부나가의 설계

혼란스러운 전국시대가 시작되자 천황도 살기 위해 새로운 정치적 동맹을 찾아야 했습니다. 전국시대 이전까지는 막부가 권력은 다 가져갔을지언정 그래도 황실을 보호해주긴 했는데 이제 무로마치 막부도 껍데기만 남았으니 말이죠. 반대로 다이묘들도 자신들이 합법적으로 권력을 차지하고 있다는 이미지를 만들기 위해 천황과 접촉하곤 했습니다. 만백성이 신적 존재로 추앙하는 천황을 자신들도 떠받들고 있다고 이미지 메이킹을 해야 사람들의 신뢰를 얻게 될 테니 말이죠. 오다 노부나가도 마찬가지였습니다. 1566년 4월, 노부나가는 선물 보따리와 돈 봉투를 들고 천황에게 접근합니다.

오다 노부나가의 초상

노부나가는 무로마치 막부에도 접근했습니다. 당시 무로마치 막부에서는 반란으로 13대 쇼군이 살해당하고, 그의 사촌인 **아시카가 요시히데**足利義栄(재위: 1568년 3월~1568년 10월?)가 즉위한 상태였죠. 13대 쇼군에게는 **아시카가 요시아키**足利義昭(생몰: 1537년~1597년)라는 남동생이 있었는데, 형이 살해당한 이후 떠돌이 생활을 하고 있었습니다. 그런 요시아키를 노부나가가 데려와서 보호해주었습니다. 그로부터 약 2개월 뒤인 1568년 9월, 노부나가는 교토로 진격하여 반란 세력이 세워놓은 14대 쇼군(요시히데)을 내쫓고 요시아키를 15대 쇼군으로 앉힙니다. 일본 천황의 지지를 받으면서 말이죠.

이미 천황과 쇼군과도 친해진 노부나가지만 그의 정치적 설계는 여기서 끝이 아니었습니다. 노부나가는 자신이 막부와 천황의 신하에 불과하다는 점을 계속 강조했죠. 노부나가는 요시아키를 15대 쇼군

아시카가 요시아키의 초상

자리에 앉히고는 교토에 얼마 머물지 않고 곧장 자기 동네로 돌아갑니다. 심지어 요시아키가 제안한 부쇼군副將軍(부장군) 자리도 거절했죠. 교토에서 멀리 떨어진 곳에 머물다가 쇼군에 반하는 세력이 교토로 쳐들어갈 때면 군사를 움직여 쇼군을 보호해줬죠. 동시에 조정에 선물도 보내고, 쇼군의 저택도 지어주고, 천황의 거처를 수리해주기도 했습니다. 이런 식으로 노부나가는 대외적으로 쇼군과 천황에 충성하는 충신이라는 이미지를 만들어나갔죠.

물론 뒤에서는 조용히 실리를 챙기고 있었습니다. 1569년 1월 16일, 노부나가는 총 9개조로 이루어진 '**덴추온오키테**殿中御掟(전중어정)'라는 법을 작성해 쇼군에게 허가를 받아냅니다. 9개조의 핵심 포인트는 '아무나 쇼군을 만날 수 없게 한다'입니다. 경비, 잡일을 보는 하급 관리나 조정의 관리들을 제외하면 함부로 쇼군을 만나서도 안 되고 편지 한 통도 마음대로 전달해서는 안 된다는 거였죠. 명분이야 막부를 보호하기 위해서라고 합니다. 배신과 암살이 판치는 시대인 만큼 쇼군을 보호하기 위해 함부로 막부에 외부인을 출입하지 못하게 한다는 것도 이해가 되죠. 물론 노부나가가 자기가 세운 쇼군을 통제하기 위해 만든 법이라는 견해가 많습니다. 사실상 보호라는 명목 하에 쇼군이 외부와 교류하는 것을 차단하여 노부나가가 마음대로 쇼군을 좌지우지하고, 또한 쇼군이 다른 권력자들과 만나 몰래 뭔가를 결탁하거나 계략을 꾸미는 것을 방지하려 했다는 거죠.

그런데, 이 9개조 조항들 중 상당히 흥미로운 내용이 포함된 조항도 있습니다.

> **제9조. 몬제키門跡❶나 승려, 히에이잔 엔랴쿠지比叡山延暦寺의 승병, 의사, 음양사를 함부로 쇼군의 거처 안으로 들여보내지 않을 것.**

❶ 황실 및 고관 자제가 출가하여 머무는 사찰 또는 그 주지

노부나가는 승려들까지도 쇼군을 만나지 못하도록 했습니다. 도대체 노부나가는 왜 종교인의 출입까지 막았던 것일까.

사람을 죽이는 스님?

일본의 역사 드라마나 영화, 애니메이션을 보면 칼과 창을 들고 전투를 벌이는 승려들을 심심찮게 볼 수 있습니다. 실제로 전국시대의 일본 승려들은 우리가 현재 생각하는 그런 스님들이 아니었습니다. 무장을 한 '**승병**僧兵(일본어로 소헤이)'이었죠. 전국시대 이전부터 일본의 각 사찰들은 각자도생을 위해 스스로 무력을 갖춰야 했습니다. 쉽

게 말해 절을 지키기 위해 승려들이 무장을 했다는 거죠. 문제는 이게 점점 선을 넘게 되었다는 겁니다. 승려들이 안전을 확보하는 걸 넘어서 아예 자신들의 이익과 권력을 위해 무력을 휘두르게 됩니다. 나중에 가서는 절 하나가 거의 웬만한 다이묘급의 영향력을 행사할 정도였죠.

가장 강력했던 절 중 하나가 바로 앞서 '덴추온오키테'라는 법에도 언급된 **히에이잔 엔랴쿠지**입니다. 짧게 엔랴쿠지라고 많이 부르죠. **히에이**라는 산[1]에 위치하고 있는 이 절은 8세기에 세워진 곳으로 일본 천태종의 중심입니다. 중세 일본에서는 많은 일본 승려들이 종파를 가리지 않고 불교 공부를 하러 들렀던 절이기도 했죠. 이런 엔랴쿠지도 시간이 지나며 무장한 정

[1] 교토 북동쪽에 위치한 산이며 해발고도는 약 848미터이다. 참고로 대한민국의 남산은 270미터, 북한산은 836미터이다.

일본 시가현 오쓰시에 있는 엔랴쿠지

치 세력이 되어버립니다. 자신들의 이권을 위해서라면 다른 종파는 물론이고 같은 종파를 상대로도 마구 폭력을 휘둘렀죠. 심지어 다른 절을 공격해 불태워버리기도 했습니다.

다이묘들 입장에서도 수많은 승병을 거느리며 힘을 키운 절들이 영 거슬렸습니다. 승병들이 종교권 내에서만 힘을 쓴 게 아니기 때문이죠. 조정으로 우르르 몰려가 압박을 주기도 하고, 다이묘들과 동맹을 맺고 전쟁에 참여하기도 했던 겁니다. 심지어 민간인들을 무장시키고 민란을 일으켜 본인들 세력 확장에 이용하기도 했죠. 겉으로만 종교 단체였을 뿐 사실상 하나의 다이묘나 마찬가지였던 겁니다. 노부나가 입장에서 만약 전국통일을 목표로 한다면 꼭 기강을 잡고 가야 할 대상이었던 거죠. 그리하여 노부나가는 칼을 뽑아듭니다.

1570년에 노부나가와 불교계 간의 전쟁이 시작됩니다. 여기서 노부나가는 일본 역사에 길이길이 남을 사건을 벌였죠. 1571년 9월, 엔랴쿠지가 자리 잡고 있는 히에이산에 불이 납니다. 노부나가의 오더로 병사들이 산 전체를 둘러 싼 후 불을 지른 거였죠. 사찰 건물, 불상, 고문서 등이 불에 타 사라졌고, 불길에서 도망쳐 나온 사람들은 산 주위에 대기 중이던 병사들 손에 죽게 됩니다. 승병뿐만 아니라 여성과 아이들까지 포함해서 3000~4000명가량의 사람들이 몰살당했죠. 그야말로 대학살이었습니다. 3년 뒤인 1574년에는 다른 불교 세력이 점유하고 있던 **나가시마성**長島城도 공격합니다. 이때도 노부나가는 성 주위에 불을 붙여 농성하던 2만여 명의 사람들을 산 채로 태워 죽여버렸죠.

싸함을 감지한 쇼군

한편, 쇼군은 노부나가를 점점 경계하게 됩니다. 겉으로는 충신이라는데 자기가 권했던 부쇼군 자리를 거절하고는 돌아가서 따로 세력을 자꾸 키우질 않나, 덴추온오키테라는 수상한 법을 만들지 않나. 심지어 덴추온오키테가 도입된 지 두 달 쯤 후인 1569년 3월에 이번엔 천황이 노부나가한테 부쇼군 자리 받아들이라고 오더를 내렸는데 노부나가는 천황의 명령마저 읽씹해버립니다. 쇼군도 슬슬 노부나가에 대한 의심을 품을 수밖에 없었을 겁니다. 그러던 1569년 10월, 오다 노부나가는 어느 군사작전을 마치고 보고를 올리기 위해 잠시 쇼군을 접견합니다. 이 자리에서 쇼군은 노부나가가 자신과는 다른 생각을 품고 있단 걸 확실히 알게 됩니다.

—— **노부나가: "강력한 나의 군사력으로 천하를 통일해 쇼군께 바치겠습니다."**

—— **쇼군: "말만 잘 듣게 하면 되지, 굳이 왜 전쟁을 일으켜서 정복하려는 거야?"**

둘은 서로의 입장 차이를 확인한 후 헤어집니다. 두 달 뒤 1570년 1월 오다 노부나가는 쇼군에게 편지를 보내 다섯 가지 조항을 인정해 달라고 합니다.

(1) 쇼군이 각국 다이묘에게 명령서(御内書)를 보낼 때는 반드시 노부나가에게 말하고 노부나가의 편지도 첨부할 것.

(2) 지금까지 쇼군이 다이묘들에게 내렸던 명령을 모두 무효 처리하고, 재검토한 뒤에 확정할 것.

(3) 쇼군은 공을 세운 자에게 보답으로 내릴 토지가 없으면 노부나가가 다스리고 있는 땅을 내어줄 수 있음.

(4) 쇼군이 천하의 정무를 노부나가에게 위임했으니 쇼군의 허락을 일일이 얻지 않아도 노부나가가 일을 처리할 수 있음.

(5) 천하평화를 위해 천황의 일에 매사 소홀하지 않을 것.

위에서 조항 (1)과 조항 (2)에는 노부나가가 쇼군의 권한에 간섭하겠다는 의도가 노골적으로 드러납니다. 조항 (4) 역시 쇼군이 찬성하든 반대하든 노부나가가 알아서 정복전쟁을 벌이겠다는 의미로 해석할 수 있죠. 조항 (5)의 내용은 노부나가가 천황과 쇼군을 제거하지 않고 정치적 명분으로 계속해서 이용해먹겠다는 의미라고 볼 수 있을 것 같습니다. 조항 (3)이 그나마 쇼군에게 도움이 되는 조항이었습니다. 당시 쇼군은 영지는커녕 제대로 된 집조차 없었기 때문에 가신들에게 줄 땅이 없었죠. 반대로 말하면 쇼군은 노부나가가 없으면 가신들에게 제대로 된 보상조차 해줄 수 없는 상태였다는 겁니다. 즉, 쇼군은 계속해서 노부나가에게 의존해야만 했던 겁니다. 정말 충신이라면 그냥 자기 땅을 쇼군에게 바쳤겠죠.

당장 노부나가의 말을 따를 수밖에 없었던 쇼군은 위의 다섯 조항을 승인해줍니다. 그러나 이쯤 되니 쇼군도 가만히 당하고만 있진 않았습니다. 1572년에 다른 다이묘들을 끌어들여 노부나가를 견제하려 시도했죠. 이렇게 쇼군과 노부나가의 관계는 틀어지게 됩니다. 이때 노부나가는 조항 (5)를 근거로 내세우며 쇼군을 비판하죠.

——— "나는 천하의 평화를 위해 천황 폐하께 충성했다.
그러나 천황에게 소홀히 하는 쇼군으로 인해 세상의 평화가 사라지고 있다."

1573년 오다 노부나가는 쇼군 **요시아키**를 교토에서 추방시켜버리고 무로마치 막부를 끝장내버립니다. 이후 자신에게 저항하던 다이묘들과 불교계를 토벌하는 일에 집중하죠.

오다 노부나가의 사망

1580년대에 이르면 오다 노부나가는 원래 자신의 본거지였던 나고야 부근은 물론 무로마치 막부의 수도였던 교토와 그 주변 지역까지 거의 다 장악해버립니다. 아직 동쪽과 서쪽에 큰 세력들이 남아 있었지만 누군가 일본을 통일한다면 누가 뭐래도 노부나가가 가장 유력해 보였죠. 그러던 1582년, 서쪽 주고쿠中国 지역의 세력과 싸우고 있던 **하시바 히데요시**羽柴秀吉로부터 지원군 요청이 들어옵니다. 오다 노부나가는 신하 **아케치 미쓰히데**明智光秀(생몰: 1516년~1582년)에게 지원군을 파병할 것을 명령하고 자신도 교토로 상경하여 **혼노지**本能寺[1]라는 절에 머물렀죠. 그런데 서쪽 전선으로 이동하던 아케치 미쓰히데는 갑자기 자신의 부하들에게 이상한 말을 하기 시작합니다.

[1] 현재는 교토 시청 맞은편에 재건되어 있다.

[2] 현재까지 일본에서 널리 알려진 문장이다. 하지만 미쓰히데가 실제로 이 말을 했는지는 불분명하다. 또한 미쓰히데가 군대를 돌린 이유 역시 오늘날까지 명확하지 않다.

——— "적은 혼노지에 있다!"[2]

미쓰히데가 갑자기 군사를 돌려 노부나가가 머물던 혼노지로 진격합니다. 예상치 못한 공격에 노부나가는 궁지에 몰리게 되었고, 버틸 수 없게 되자 혼노지에 불을 질러 자살해버리죠. 이 사건을 **혼노지**本能寺**의 변**이라고 합니다. 그런데 노부나가가 사망한 후 실권을 장악한 것은 군사를 돌린 미쓰히데가 아니라 서쪽에서 지원군을 요청했던 하시바 히데요시였습니다.

혼노지의 변을 그린 일본의 목판화

도요토미 히데요시의 등장

모리 데루모토의 초상

하시바 히데요시는 자신의 주군 오다 노부나가의 사망 소식을 듣자마자 서쪽에서 진행되던 전쟁을 빠르게 마무리하고 교토로 돌아가려 했습니다. 이를 위해 노부나가의 사망 소식을 숨긴 채 전쟁의 상대이자 주고쿠 지역 일대를 지배하던 **모리 데루모토**毛利輝元(생몰: 1553년~1625년)에게 딜을 걸죠.

———"야, 데루모토야! 지금 내가 공격하고 있는 다카마쓰성高松城 **있잖아. 어차피 곧 있으면 함락될 거 같은데 굳이 서로 힘들일 필요가 있을까? 거기 성 주인만 할복하면 나머지 백성들은 안 건드릴게! 대충 그렇게 전쟁 끝내자 그냥."**

실제로 당시 **다카마쓰성**[1]은 히데요시 측의 수공水攻 작전[2]으로 물난리가 나 오래 버티기 힘든 상태였습니다. 결국

[1] 오늘날 오카야마현 오카야마시에 있던 성이며, 현재는 남아 있지 않다.

[2] 물을 활용한 전술을 의미한다. 히데요시는 다카마쓰성 근처의 강에 제방을 쌓아 물을 모은 후 제방을 터뜨려 다카마쓰성을 물에 잠기게 만들었다.

데루모토는 히데요시의 딜에 응하게 되고, 다카마쓰의 성주는 할복합니다. 그렇게 히데요시는 데루모토와 화의를 맺고 교토로 향했죠. 교토에 도착한 후에는 노부나가의 뒤통수를 친 미쓰히데를 공격해 승리를 거둡니다.

히데요시는 여기서 멈추지 않았습니다. 노부나가의 사망 이후 후계자 자리를 놓고 분열한 오다 가문도 제압하고 세력을 흡수해버리죠. 1584년에는 정치적 라이벌이었던 **도쿠가와 이에야스**德川家康(생몰: 1543년~1616년)와도 전투를 벌였죠. 도쿠가와 이에야스 또한 오다 노부나가가 사망한 틈을 타 세력을 확장해놓은 상태였죠. 이제 사실상 이 둘이 일본에서 가장 큰 세력들이었기 때문에 정면으로 부딪치면 양측 다 큰 피해를 볼 수밖에 없었습니다. 이를 잘 알았던 히데요시와 이에야스는 적당히 합의를 보기로 합니다. 이에야스가 히데요시에게 충성을 맹세하는 대신 히데요시는 자신의 이복동생을 이에야스와 정략결혼 시키고, 어머니까지 이에야스에게 인질로 보냈죠. 다만 얼마 뒤에 이에야스의 영지를 멀리 황무지나 다름없는 곳으로 옮겨버립니다.

도쿠가와 이에야스의 초상

히데요시는 중앙정치도 장악해나갔습니다. 1585년에는 관

1
앞서 8장에서 관백이라는 자리는 섭정과 함께 천황 뒤에서 해먹는 주요 요직 중 하나라고 설명했었다. 하지만 이 무렵 관백이라는 자리는 일종의 명예직이 되어 있었다.

백**1**, 이듬해에는 일본 최고 관직인 태정대신(조선의 영의정과 유사한 자리)이 되죠. 그리고 태정대신이 되기 몇 개월 전 히데요시는 천황에게 **도요토미**豊臣라는 새로운 성을 받습니다. 하시바 히데요시가 바로 임진왜란의 주역 **도요토미 히데요시**였던 거죠. 교토에 짓고 있던 '**주라쿠다이**聚楽第'라는 대저택도 딱 이 무렵에 완공이 되면서 히데요시는 새 건물에서 정무를 보기 시작합니다. 2년 뒤에는 천황과 다이묘들을 초대해서 자기 집에서 다이묘들이 천황에게 충성을 맹세하도록 했죠. 오다 노부나가와 마찬가지로 천황을 이용해 자신의 권력을 정당화하려고 한 것입니다. 그런데 무언가 이상합니다. 그는 왜 막부의 최상위 지도자 '쇼군'이 아니라 태정대신이 된 것일까.

도요토미 히데요시의 초상

당시 일본의 쇼군은 여전히 **요시아키**였습니다. 노부나가에 의해 추방되긴 했으나 쇼군 자리에서 해임된 건 아니었기 때문에 일단은 요시아키가 아직 쇼군이긴 했던 겁니다. 그는 노부나가가 죽고 히데요시가 정권을 잡게 되면서 1587년 10월에 교토로 돌아올 수 있었습니다. 추방

병풍에 그려진 주라쿠다이

된 지 약 15년이 지난 뒤였죠. 그리고 1588년 1월, 요시아키는 조정에 쇼군직을 반납했습니다. 그런데 히데요시는 이 자리를 차지하지 않습니다. 공석인 채로 내버려둔 거죠. 현재까지 그 이유가 명확하게 알려지진 않았지만 도요토미 히데요시의 '출신 성분' 때문이라는 설이 가장 유력해 보입니다. 전통적으로 쇼군은 황실과 귀족 가문의 사람만 오를 수 있었습니다. 그런데 도요토미 히데요시는 천민 출신이었죠. 만약 도요토미 히데요시가 쇼군 자리에 오를 경우 전국의 사무라이들은 천민을 자기 윗사람으로 모시게 되는 겁니다. 어차피 쇼군 자리 안 먹어도 실권은 히데요시가 쥐고 있는데 언제 쿠데타 일으킬지 모르는 사무라이들 기분을 굳이 더럽게 만들 필요는 없었던 거죠.

도요토미 히데요시는 1590년에 일본을 통일하는 과업까지 이뤄냅니다. 그러나 전국을 재패한 후에도 안심할 수 없었습니다. 당장 겉으로는 통일된 것처럼 보여도 잠시 힘으로 찍어 눌러놓은 것일 뿐, 언제

다시 배신과 전쟁이 난무해도 이상할 게 없었으니 말이죠. 분열을 막기 위해 히데요시는 여러 정책을 시행합니다. 예를 들어 민간인들의 무기를 싹 걷어오라는 오더[1]를 내립니다. 앞서 살펴봤듯 전국시대 때는 사무라이뿐만 아니라 농민이나 승려들도 무기를 들고 무장봉기를 일으켜 세력을 형성하곤 했습니다. 히데요시는 이런 세력이 또 생길 걸 방지하고자 했던 거죠. 이 외에도 토지제도를 정비하고 불필요한 성을 철거하고 도로검문소를 없애는 등 일본을 다시 하나의 통합된 나라로 만들기 위해 애씁니다. 그런데 일본을 통일한 지 불과 2년 뒤인 1592년, 히데요시는 대륙을 정벌하겠다면서 임진왜란을 일으켜버립니다.

[1] '칼을 사냥해오라는 명령'이라는 의미로 '도수령刀狩令'이라 칭한다.

히데요시가 임진왜란을 일으킨 이유

히데요시는 사실 임진왜란을 일으키기 한참 전부터 대륙을 정벌하겠다는 야욕을 수차례 드러냈습니다. 기록에 따르면 조선을 넘어 중국뿐만 아니라 심지어 인도까지 정복할 생각을 갖고 있었다고 하죠. 따라서 히데요시의 개인적인 야망도 임진왜란의 주된 원인 중 하나라고 보는 것이 타당해 보입니다. 그런데 좀 이상한 부분이 있습니다. 과거 일본의 다른 권력자들에 비해 히데요시는 갑자기 지나칠 정도로 거대한 월드클라스급 야망을 보여줬기 때문입니다. 때문에 최근에는 16세기 중반부터 일본이 포르투갈 및 스페인 상인들과 교류하면서 세계를 보는 시각에 큰 변화가 생겼을지 모른다는 주장도 제기되고 있죠. 서양과의 교류 덕분에 중국 중심의 중화질서 세계관에서 벗어날 수 있었고, 이 무렵 히데요시가 권력을 잡게 되며 이전 권력자들보다 훨씬 더 스케일 큰 야망을 가질 수 있게 되었다는 말이죠.

물론 히데요시의 사적인 욕망이 전쟁의 유일한 원인이라고 보는 건 무리가 있습니다. 일본의 국내정치 상황에서도 전쟁의 이유를 충분히 찾아낼 수 있죠. 앞서 살펴보았듯 히데요시가 일본열도를 통일하기는 했으나 그저 여러 다이묘들을 힘으로 찍어 눌러놓은 것에 불과했습니다. 게다가 히데요시는 천민 출신이라 귀한 가문 출신의 무사들 위에 군림하기에 정통성이 부족했죠. 언제든 다이묘들이 반기를 들고일어날 수도 있었던 겁니다. 여기서 다양한 가설이 제기됩니다. 모두가 인정할 만한 위대한 업적을 이뤄내기 위해 해외진출을 시도했다는 가설도 있고, 언제 반기를 들지 모를 다이묘들의 군사력을 소진시키기 위해 전쟁을 벌였다는 가설도 있고, 혹은 자신에게 충성하는 다이묘들에게 보상으로 더 많은 땅을 나눠주기 위해 새로운 땅이 필요했다는 가설도 있습니다.

이와 같이 여러 가설이 제기되지만 확실한 건 히데요시의 개인적인 야망 이외에도 히데요시가 전쟁을 일으킬 이유는 충분했다는 것입니다. 물론 효기심은 히데요시가 위대한 인물로 역사에 남고 싶어서 일으켰든, 일본 내부의 안정을 도모하기 위해 꼭 필요했든 간에 임진왜란은 결국 히데요시의 권력욕 때문에 일어났다고 보고 있습니다.

임진왜란에서 의외로 중요한 인물, 쓰시마 영주

1587년, 히데요시는 규슈를 완전히 정벌하고 쓰시마対馬섬(대마도)의 항복도 받아낸 후 쓰시마 영주에게 엄청난 명령을 내립니다.

——— "조선 국왕한테 가서 천황 폐하 한번 찾아뵈러 오라고 전해!"

여기서 찾아뵈러 오라는 건 정말 단순히 국빈 방문을 하라는 게 아니었습니다. 앞서 중국대륙의 역사에서 살펴봤듯 예로부터 동아시아에서는 약소국이 강대국에 복종한다는 걸 보여주기 위해 강대국의 군주 앞에 가 머리를 조아리기도 했습니다. 이른바 '입조'라고도 하죠. 근데 이걸 중국대륙도 아닌 일본이 요구하고 나선 겁니다. 조선의 왕더러 일본의 다이묘마냥 천황을 찾아와서 머리를 조아리라는 건 정말 말도 안 되는 요구사항이었죠.

쓰시마 영주는 난감해졌죠. 쓰시마는 조선과 일본 사이에서 중계무역으로 먹고 살던 섬입니다. 조선에 조공을 바치고 관직을 받기도 했죠. 조선이 어떤 나라인지 잘 알았던 겁니다. 일본에 입조하라는 말을 곧이곧대로 조선에 전하면 일본과 조선 사이에 갈등이 생길 게 뻔했죠. 그랬다간 무역길 다 끊겨서 쓰시마 섬의 생계가 곤란해질지도 모를 상황이었던 겁니다. 결국 쓰시마 영주는 히데요시의 말을 바꿔서 전달하기로 합니다.

——— "조선의 임금님! 일본에 새로운 왕이 탄생했습니다. 축하인사 해주실 겸 통신사 좀 파견해주시면 안 될까요? ㅎㅎ."

1587년 12월, 쓰시마 영주는 통신사 파견을 요청합니다. 하지만 쓰시마 영주도 아마 알고 있었을 겁니다. 조선이 그렇게 호락호락한 국가가 아니라는 걸 말이죠. 앞서 설명했듯 조선은 소중화 사상을 갖고 있던 국가였습니다. 조선 입장에서 일본이라는 오랑캐 동네에 새로운 왕이 등극했다고 국왕이 가는 건 당연히 말도 안 되고 굳이 통신사를 파견해줄 이유도 없었죠. 심지어 《선조실록》의 1588년 1월 기록에 따르면 도요토미 히데요시를 두고 '주인(쇼군)을 폐위시킨 왜노倭奴'[1]라고 칭하며 아예 정벌해버려야 한다는 얘기까지 합니다. 완전히 역적 취급을 하고 있었던 거죠. 성리학 국가 조선에서 통신사를 파견한다는 건 역적을 왕으로 인정해준다는 말이나 마찬가지입니다. 당연히 보내지 않죠.

[1] 일본인을 낮잡아 부르는 말

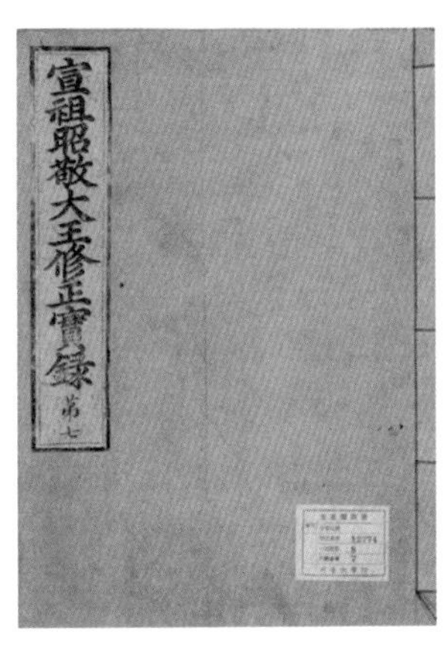

선조실록

임진왜란이 일어나기 3년 전인 1589년 3월, 히데요시는 조선의 국왕이 왜 오지 않느냐며 쓰시마 영주에게 조선 국왕을 빨리 데려오라고 재촉합니다. 결국 1589년 6월 쓰시마 영주는 직접 조선을 방문합니다.

——— "저기… 통신사 좀 파견해주시면 안 될까요?"

똑같은 상황이 반복됩니다. 조선은 역적에게 통신사를 보내줄 수 없다며 또 거절하죠. 그러면서 한편으로는 계속 거절했다간 일본이 열 받아서 한반도를 침략하지 않을까 걱정하기 시작합니다. 그래서 조선은 일본에 통신사를 파견하기 위한 '명분'을 찾기로 합니다. 역적이 왕이 된 걸 축하하는 사절을 보낼 순 없고 다른 명분이 있다면 사절을 보낼 수도 있다는 거죠. 고심 끝에 그럴 듯한 핑계를 고안해 냅니다.

1) 1587년에 전라도 손죽도 등을 습격했던 왜구들과 그들을 도운 조선인, 그리고 그때 납치해 간 조선인들을 조선에 보내라고 먼저 요구한다.

2) 만약 일본으로부터 긍정적인 답변이 온다면 일본의 정성에 '보답'하기 위해 통신사를 파견하자.

당시 조선의 영의정이었던 **류성룡**柳成龍(생몰: 1542년~1607년)은 위의 내용을 쓰시마 영주에게 전합니다. 쓰시마 영주는 바로 자신의 일본 인맥을 총동원해 직접 조선의 요구를 들어줍니다. 그렇게 1590년 2월에 왜구 앞잡이들과 납치된 조선인들이 조선으로 송환되고, 3월에 조선은 통신사를 파견합니다.

쓰시마 영주 입장에서는 너무 가슴 졸이는 순간이었을 겁니다. 쓰시마 영주가 백방으로 노력한 덕분에 조선이 일본에 통신사를 파견하기는 했으나, 히데요시는 조선에서 '입조'의 의미로, 즉 자신에게 복종을 맹세하기 위해 사신을 파견한 거라 믿고 있었습니다. 쓰시마 영주에게 그렇게 전하라고 했으니 말이죠. 서로 말 한마디 잘못 오고 가면 바로 쓰시마 영주의 거짓말이 들통날 판이었죠.

실제로 조선 통신사와 히데요시가 만났을 때의 상황을 묘사한 기록을 보면 쓰시마 영주의 거짓말이 탄로 나지 않은 게 용할 지경입니다. 조선 통신사와 히데요시의 미팅은 앞서 언급했던 주라쿠다이에서 이루어졌습니다. 이때 히데요시는 편한 복장에 아기까지 안고 통신사를 맞이했죠. 그러다 아기가 옷에 오줌을 쌌는데 히데요시는 그 자리에서 옷을 갈아입었습니다. 머리 숙이러 온 사신 앞에서 굳이 예의 차릴 필요가 없다고 생각한 거죠. 그저 조선이 사신을 보내 입조했다는 사실 자체만으로 즐거워했다고 합니다.

히데요시는 조선에 답서를 보내는데 답서엔 충격적인 내용이 포함되어 있었습니다. 조선을 낮춰 부르는 말이 적혀 있기도 했지만 무엇보다 **정명향도**征明嚮導, 즉 '**명나라를 정벌할 것이니 길을 안내하라**'라는 내용이 가장 큰 문제였습니다. 결국 쓰시마 영주가 다시 나서서 내용을 고칩니다. 정명향도를 **가도입명**假道入明, 즉 '**명나라로 들어가려는데 길을 빌려달라**'라고 바꾼 겁니다. 이렇게 쓰시마 영주는 나름대로 두 나라 사이에서 끝까지 전쟁을 피해보려고 노력한 것 같습니다.

수정된 답서를 들고 조선 통신사는 조선에 귀국합니다. 통신사를 이끌었던 **황윤길**黃允吉(생몰: 1536년~?)과 **김성일**金誠一(생몰: 1538년~1593

년)은 일본에서 있었던 일을 조정에 보고하죠. 그런데 두 사람은 서로 딴소리를 합니다.

――― **황윤길: "이거 전쟁 일어날 각입니다!! 히데요시의 눈빛이 심상치 않습니다!!"**

――― **김성일: "딱히 전쟁이 날 것 같지도 않고, 히데요시도 그다지 위험해 보이지 않습니다!"**

두 사람의 의견이 나뉘게 된 게 보통 '당파성' 때문이라는 말이 많습니다. 김성일은 동인, 황윤길은 서인이었기에 서로 정치 싸움을 벌이느라 다른 보고를 올렸다는 거죠. 그러나 이건 좀 억지스러운 주장입니다. 조선 통신사에 같이 따라갔던 **허성**許筬(생몰: 1548년~1612년)이라는 인물도 동인이었지만, 서인이었던 황윤길처럼 일본이 쳐들어올 것 같다고 보고했습니다. 같은 동인인 류성룡이 김성일에게 왜 다른 소리를 하느냐 물어보니, 김성일은 전쟁이 난다는 말이 퍼지면 사람들이 불안해할까봐 우려된다고 대답했죠.

또 당시 동인의 힘이 강했기 때문에 김성일의 주장이 받아들여졌고, 조선이 전쟁 대비를 하지 않아 일본에게 호되게 당했다는 말도 널리 퍼져 있는 것 같습니다. 그러나 조선은 **을묘왜변**乙卯倭變(1555년)이 터졌을 때부터 일본이 조만간 다시 쳐들어올 것을 우려해 나름대로 대비를 하고 있었습니다. 특히 무명에 가까웠던 **이순신**李舜臣(생몰: 1545년~1598년)이 초고속으로 승진해 전라도 바다를 지키게 된 게 임진왜란이 일어나기 불과 1년 2개월 전의 일이었죠. 설령 조선 통신사의 보고가 없었어도 조선은 왜란에 대비를 했을 거라는 겁니다. 더구나 당시 기약 없는 전쟁 준비로 인해 민심도 좋지 않았다고 합니다. 실제로《선조실록》24년 11월 기록에 따르면, 조선 조정이 통신사의 보고를 받은 후 왜란을 대비하기 위해 영남 지역의 성을 보수하고, 병사들을 선발했더니 백성들의 원성이 심해졌다는 기록이 남아 있습니다. 결과적으로 잘못된 보고를 올린 꼴이 되었지만 김성일의 우려도 나름대로 일리가 있었다는 말이죠.

다만 조선은 일본의 국력이 어느 정도인지, 동원할 수 있는 병력이 얼마나 되는지, 하물며 일본이 쳐들어온다면 그 목적이 무엇일지 파악하지는 못한 것 같습니다. 정말 명나라를 정복할 작정으로 그렇게 많은 군대가 쳐들어올 것이라고는 상상하지 못한 것이죠. 조선뿐만이 아닙니다. 명나라 역시 조선이 일본의 침입을 받고 심지어 크게 밀려 위태롭게 되었다는 사실을 믿지 못했죠.

명나라가 참전한 이유

임진왜란은 조선과 일본만의 전쟁이 아니었습니다. 명나라도 참전했죠. 그런데 임진왜란은 명나라 멸망의 단초가 되었다는 말도 있을 만큼 명나라가 막대한 국력을 소모해가며 치러낸 전쟁입니다. 정작 일본은 명나라에 쳐들어가지도 않았는데 명나라가 조선을 지키기 위해 자국이 휘청거릴 정도로 무리했다는 말이죠. 때문에 당시 명나라 황제였던 만력제의 꿈에 관우가 나타나 조선을 도우라 했다는 야사가 나돌기도 했죠.

명나라 내부에서도 조선을 지원할지 말지 논쟁이 많았습니다. 심지어 임진왜란 초기에는 조선이 일본이랑 짜고서 같이 명나라를 치려는 건 아닌지 의심하기도 했죠. 명나라도 나름 조선이 약한 국가는 아니라고 생각했는데 불과 20일 만에 일본군이 한양을 점령했다고 하니 조선을 수상하게 여긴 것도 이해가 갑니다. 바꿔 말하자면 명나라 역시 일본이 그렇게 본격적으로 해외정복에 나설 줄도 몰랐고, 일본의 군사력이 그만큼 강할 거라고 예상하지 못한 것이죠. 이런 이유들 때문에 명나라는 곧바로 참전하진 않았습니다. 조선에 소규모 부대를 보내서 정찰을 하고, 조선과 일본이 주고받은 문서도 보고, 정말로 일본이 조선은 물론 명나라까지 정복할 속셈이라는 사실을 파악하고 나서야 대규모 파병을 결정합니다.

물론 명나라가 단순히 조선을 도와주기 위해 참전한 것은 아니었습니다. 어디까지나 명나라의 국익을 위해 참전을 결정한 것이죠. 당시 참전을 주장한 명나라 관료들은 명나라의 안전을 위해 조선이 필요하다고 주장합니다. 명나라 수도인 북경(베이징)이 안전하려면 요동을 지켜야 하고, 요동을 지키기 위해선 조선을 구원해야 한다는 논리였죠. 또 광활한 요동의 평야지대보다는 지형이 험준해 방어가 용이한 한반도에서 일본을 막는 게 효율적이라는 주장도 제기됩니다. 게다가 고려 및 조선과 마찬가지로 명나라 역시 왜구에게 크게 시달린 경험이 있었습니다. 그러나 왜구들의 침입과 약탈은 주로 수도로부터 멀리 떨어진 중국 동남부 지역에서 발생했죠. 명나라도 왜구들로 인해 꽤 피해를 입기는 했으나 명나라 조정 권력자들의 안위가 위협받지는 않았던 겁니다. 그런데 만약 한반도가 왜구의 전진기지가 된다면 명나라의 수도권 지역마저도 약탈로부터 안전하지 않게 되리란 우려가 있었던 거죠.

임진왜란 이후의 일본

임진왜란은 1592년부터 1598년까지 약 6년 동안 벌어진 전쟁이었습니다. 이 전쟁에서 승자는 없었죠. 조선, 일본, 명나라 모두 막대한 피해를 입었습니다. 이 때문에 동아시아 3국은 임진왜란 이후 큰 변화를 겪게 되죠. 조선은 수많은 사람들이 죽고 국토도 황폐해져서 한동안 국력을 회복하지 못합니다. 또 명나라의 도움으로 위기를 벗어났다는 의식을 공유하며 외교적으로 보다 명나라에 의존하게 되죠. 명나라는 안 그래도 약해져가던 국력이 임진왜란 이후 급격히 떡락하면서 민심이 박살 나 수많은 민란으로 고생하게 됩니다. 결국 얼마 안 가 이자성과 여진족(청나라)에 의해 멸망하게 되죠.

일본 역시 정치적 격변을 겪습니다. 새로운 리더가 등장하죠. 바로 **도쿠가와 이에야스**입니다. 앞서 살펴본 대로 이에야스는 도요토미 히데요시에게 충성을 맹세했지만 임진왜란에 참전하지는 않았습니다.

새로운 영지를 정비하고 반란에 대비해야 된다는 핑계를 댔죠. 사실 과거에 히데요시가 이에야스를 견제하기 위해 이에야스의 영지를 교토로부터 먼 곳에 있는 넓은 황무지 깡촌으로 옮겨버렸습니다. 그러니 말이 되는 핑계였던 셈이죠. 이에야스는 임진왜란 동안 황무지에 도시를 건설하고 군사를 모으며 힘을 기르고 있었습니다. 이때 이에야스가 키워낸 도시가 바로 **에도**, 지금의 **도쿄**東京죠.

그러던 1598년에 이에야스가 기다리던 순간이 찾아옵니다. 히데요시가 사망하고 후계자 자리를 놓고 도요토미 가문에서 내분이 일어난 거죠. 그제야 이에야스는 군대를 움직입니다. 다른 다이묘들이 임진왜란으로 힘을 많이 써버린 상황이었으니 이에야스 입장에서는 정권을 잡기에 이만한 찬스가 없었죠. 그렇다고 해서 쉬운 일은 아니었습니다. 이에야스에 대한 반발도 상당히 컸죠. 앞서 히데요시가 노부나가의 사망 소식을 듣고 빅딜을 제시하며 화의를 맺었던 **모리 데루모토**, 임진왜란의 선봉장이었던 **고니시 유키나가**小西行長(생몰: 1555년?~1600년) 등이 힘을 모아 이에야스의 반대쪽에 섰습니다. 그렇게 일본은 '이에야스를 따르는 세력 VS 이에야스에 반대하는 세력'으로 나뉘어 내전을 벌이죠. 이에야스는 **세키가하라 전투**関ヶ原の戦い(1600년)에서 승리를 거두며 명실상부 일본열도의 1인자가 됩니다. 이에야스는 새로운 쇼군 자리에 오르고 **에도**를 막부의 본거지로 정했죠. 그렇게 1603년에 **에도 막부**의 시대가 열리게 됩니다.

세키가하라 전투를 그린 그림. 1600년

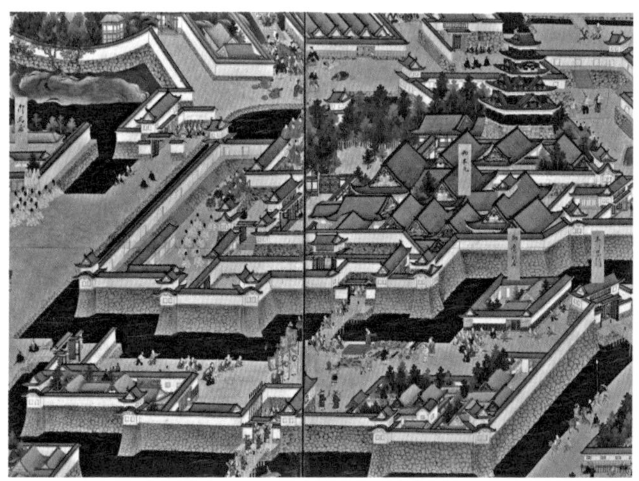

에도성을 그린 그림. 17세기

제10장

메이지유신과 천황

허수아비를 벗어나기 위한 몸부림

17세기부터 시작된 에도 막부 시대에 일본은 안정적으로 성장을 해냅니다. 경제가 발전하고, 도시화도 이루어졌으며, 문화적으로도 융성하게 되죠. 안정적인 성장의 비결은 '철저한 통제'였습니다. 막부는 다이묘, 절, 신사는 물론이고 천황과 조정까지도 무력화시켜 막부의 통제 하에 두었죠. 또 농민들 역시 매우 가혹하게 통제한 덕분에 안정적으로 세금을 걷고 그 돈으로 눈부신 발전을 이룩할 수 있었습니다. 다만 극심한 착취와 수탈로 인해 농민들의 삶은 처참했다고 하죠. 또한 대외적으로는 쇄국정책을 펼쳐 해외, 특히 서양의 배들이 일본에 들어오지 못하도록 했습니다. 이 역시 쇼군 중심의 봉건체제를 유지하기 위한 수단이었습니다. 쇼군의 자리를 위협하는 서양의 사상이 유입되는 걸 막으려고 한 거죠. 그렇게 안정적으로 국가를 운영하던 에도 막부는 19세기에 이르러 위기를 맞게 됩니다. 서구열강이 들

이닥쳐 강제로 에도 막부의 문을 열어버린 것이죠. 결국 쇼군은 자리에서 물러나고 뜬금없이 천황이 다시 권력의 중심에 서게 됩니다. 이번 장에서는 어쩌다 에도 막부가 몰락하고 천황이 권력을 갖게 되었고, 그 이후엔 어떻게 됐는지 살펴보도록 하겠습니다.

에도 막부의 쇄국정책

에도 막부도 처음에는 일본을 폐쇄적인 국가로 만들 생각이 없었습니다. 조선 및 명나라에 접촉해 전국시대와 임진왜란 때문에 망가진 관계를 회복하려고 노력했고, 덕분에 부산에 다시 왜관이 설치되어 조선과 일본의 상업적인 교류가 재개됩니다. 뿐만 아니라 일본 상인들은 조선, 명나라는 물론 필리핀, 베트남, 캄보디아, 태국 등 동남아시아 국가들과도 무역을 했죠. 유럽 상인들과의 무역에도 우호적이었습니다. 에도 막부를 열었던 도쿠가와 이에야스는 네덜란드인과 영국인을 에도로 초청해 조언을 구하고 두 유럽국가와 무역을 시작했죠. 전국시대부터 지속된 스페인 및 포르투갈 상인들과의 교류도 여전히 이어졌습니다. 이 과정에서 유럽인들이 일본에 기독교를 전파하고 다녀도 이에야스는 묵인해줬습니다. 덕분에 17세기 초 수십만 명의 일본인이 기독교로 개종하죠.

그런데 시간이 지날수록 기독교가 일본에서 어그로를 오지게 끌게 됩니다. 신 앞에 모두가 평등하다는 기독교의 교리는 철저한 신분질서를 통해 백성들을 통제하고 있던 막부의 심기를 건드리죠. 게다가 기독교인들이 신은 오직 자기들이 믿는 유일신밖에 없다며 기존 일본의 전통종교를 믿던 사람들과 대립하기 시작합니다. 결국 1612년 에도 막부는 수도에 기독교 금지령을 내렸고, 이후 외국인 선교사가 일본에 들어오는 걸 사전에 막기 위해 유럽의 배들이 아예 일본에 정박하지 못하게 만들기 시작합니다.[1] 일본인들조차 함부로 배를 띄워서 나가거나 들어오지 못하게 막았죠. 아예 나라 문을 걸어 잠그는 **쇄국정책**을 시행한 겁니다. 그나마 선교에 관심이 없던 네덜란드 상인들만 막부의 허락 하에 **나가사키**長崎의 **데지마**出島라는 섬에서 활동할 수 있었습니다. 그렇게 에도 막부는 철저하게 통제할 수 있는 아주 좁은 틈을 통해서 계속 서양의

[1] 1623년에 스페인, 1639년에는 포르투갈 배(상선)의 내항이 금지됐다. 일반적으로 포르투갈의 배가 금지된 시점부터 에도 막부의 쇄국이 시작되었다고 본다.

나가사키 데지마의 풍경. 1897년

문물도 접하고 세계 돌아가는 이야기도 들을 수 있었죠. 그 좁은 틈을 제외하곤 굳건하게 문을 걸어 잠그고 쇼군 중심의 봉건제로 국가를 운영했습니다. 그런데 19세기에 이르자 서구열강이 강제로 에도 막부의 문을 열어버립니다.

페리 제독과 구로후네

약 200년간 쇄국정책을 고수하던 에도 막부에 위기가 찾아옵니다. 아편전쟁(1840년)을 일으켜 강제로 청나라를 개항시킨 서구열강들이 일본을 노리기 시작한 겁니다. 일본의 문을 열어젖히기 시작한 건 미국이었죠. 1853년 미국의 동인도함대 사령관인 페리Matthew Calbraith Perry 제독은 함선 네 척을 끌고 에도 막부의 수도 코앞에 있는 우라가浦賀(현재의 요코스카橫須賀) 앞바다에 정박합니다. 시커먼 쇠로 만들어진 거대한 증기선을 난생 처음 본 일본인들은 '**구로후네**', 즉 '**흑선**黑船(검은 배)'이라고 불렀습니다. 증기선은 그 외형만으로도 어마무시한 충격을 줬죠. 그런데 페리 제독은 거기서 그치지 않았습니다. 미국 독립기념일(7월 4일)을 기념한답시고 함선에서 축포를 쏘면서 난리

페리 제독의 사진

1854년 3월 9일 일본에 들어선 구로후네(흑선)

를 피웠죠. 일본인들을 상대로 확실하게 어그로를 끌었던 겁니다. 그러고는 일본 측에 13대 미국 대통령인 **필모어**Millard Fillmore(재임: 1850년~1853년)의 편지를 전달하죠.

필모어 대통령 편지의 주요 내용

1. 미국과 무역하자.
2. 태평양에서 어업활동을 하다가 조난당한 미국의 선원들을 일본이 발견하면 도와달라.
3. 미국 선박들이 석탄과 식수, 식량 등을 일본에서 공급받을 수 있게 해달라.

일본 측에서는 우라가 지역을 담당하던 관리가 파견됩니다. 그러

미국 13대 대통령 필모어

나 페리 제독은 미국 대통령이 보낸 편지인 만큼 '급'에 맞는 사람과 대화하겠다며 일본 관리를 돌려보내죠. 일본 막부는 다시 사람을 보내 메시지를 전달합니다.

———— **"지금 쇼군께서 병상에 누워 있어서 큰 사안을 처리할 수 없으니 1년 정도만 기다려줘!"**

실제로 당시 쇼군이었던 **도쿠가와 이에요시**德川家慶(재위: 1837년~1853년)는 하필 이때 병에 걸려 드러누워 있었습니다. 페리 제독은 알겠다며 미국으로 돌아가죠. 그런데 약 반년 만에 다시 일본을 찾아오더니 이번에는 무려 아홉 척의 함대를 끌고 좀 더 일본 깊숙이 들어와 에도 바로 앞에 배를 정박시키고는 일본을 협박합니다.

도쿠가와 이에요시의 초상

———— **"우리 대통령께서 너희 왕이랑 친하게 지내자고 편지를 보내신 지 몇 달이 지났는데 아직도 답장을 안 해? 우리 무시하냐?"**

페리 제독은 일본이 미국 대통령과 미국을 모욕하고 있다며 트집을 잡기 시작합니다. 일본 입장에서는 앞서 미국이 요구했던 사항들을 거절할 명분도 없을 뿐더러, '구로후네'로 대표되는 오랑캐(미국)의 힘도 너무나도 막강해 보였기 때문에 미국의 요구 사항을 들어주기로 합니다. 그리하여 1854년 3월에 에도 막부는 미국과 **미일화친조약**을 맺게 되죠.

미일화친조약의 첫 페이지. 출처 미국 연방기록보관소

미일화친조약의 주요 내용

–일본은 시모다下田, 하코다테函館를 개항하고, 미국은 여기서 식수, 식량, 석탄 등의 물자를 공급받을 수 있음.

–미국 선박이 좌초되거나 난파될 경우 선원들은 시모다 및 하코다테로 이송돼 신병을 인도받음.

–미국 영사가 시모다에 주재할 수 있게 해줌.

–미국에 대한 일방적인 최혜국 대우를 약속함[1]

[1] 쉽게 말해 다른 국가들과 차별하지 말라는 말이다. 예컨대 미국이 조약을 통해 일본으로부터 어떤 혜택을 받았는데, 나중에 일본이 영국과 조약을 맺으며 영국에게 더 큰 혜택을 제공한다면 미국에게도 자동으로 영국이 받는 혜택과 동일한 혜택을 적용해달라는 것이다.

미국이 일본으로 향한 이유

오늘날 미국 영토는 북아메리카대륙을 가로질러 대서양과 태평양을 모두 접하고 있지만, 1783년에 영국으로부터 독립할 때까지만 해도 미국은 북아메리카 동쪽 지역만 차지하고 있었습니다. 시간이 지나며 미국은 서쪽으로 영토를 넓혀갔고 1850년대 전후가 되면 활발히 서부 지역을 개척하기 시작하죠. 특히 1848년에 미국 영토로 편입된 **캘리포니아**에서 대규모 금광이 발견되자 너도나도 캘리포니아로 향했습니다. 이른바 '**골드러시**Gold rush'가 벌어진 거죠. 하지만 캘리포니아의 금맥은 1853년에 고갈되었고, 금을 노리고 캘리포니아에 눌러앉았던 사람들은 새로운 일거리를 물색해야만 했습니다. 그들 눈에 들어온 건 캘리포니아 바로 옆에 펼쳐져 있는 **태평양**이었죠. 바다로 나가기로 한 겁니다.

1850년대 캘리포니아로 향하는 선박을 홍보하는 카드. 왼쪽에 골드러시를 묘사해 그렸다.

19세기 미국인들이 태평양에서 할 수 있었던 일은 크게 두 가지 정도가 있었습니다. 먼저 '무역'이 있죠. 광활한 태평양 너머에는 아시아, 특히 청나라라는 어마어마한 제국이 있었으니 항로만 잘 연결되면 무역으로 꽤 짭짤한 수익을 얻을 수 있었습니다. 두 번째는 어업, 특히 '고래사냥'이었죠. 19세기에는 고래가 매우 매우 중요한 자원이었습니다. 석유가 자원으로 활용되기 이전에는 고래 기름이 길거리 가로등이나 가정집 조명을 밝히는 연료로 쓰였고, 기계의 윤활유로도 사용되었죠. 뿐만 아니라 고래의 뼈는 각종 생필품의 소재로 쓰였고, 고래 머리에서 뽑아낸 경랍은 양초, 연고, 화장품 재료로 활용되었습니다. 고급 향수 재료인 용연향은 워낙 귀해서 지금까지도 고가에 거래되고 있죠. 한마디로 고래는 19세기 사람들의 삶에 없어서는 안 되는 존재였던 겁니다. 유명한 전략시뮬레이션 게임 시리즈인 〈문명〉에서 고래가 사치자원으로 등장하는 게 다 이런 사실이 반영된 것이죠.

무역이든 고래사냥이든 떼돈을 벌 수 있는 사업인 건 확실해 보였습니다. 문제는 태평양이 넓어도 너무 넓다는 거죠. 당시 기술력으로는 미국에서 청나라까지 무역선을 보내려면 중간에 석탄을 리필해야 했다고 합니다. 포경선도 비슷한 어려움을 겪었습니다. 빨라지는 산업화 속도에 맞춰 고래사냥도 활발해졌고, 기존 어장에서의 고래 어획량이 감소하자 미국인들은 태평양 한가운데로 가게 되죠. 현재도 마찬가지지만 원양어선은 길게는 몇 년 동안 바다에서 조업을 이어갑니다. 고래를 잡는 포경선(고래잡이배) 또한 고래 기름을 배에 가득

과거 미국의 포경선 사진. 1900년대 초 추정

채워 미국으로 돌아가기까지 대략 3~4년의 시간이 걸렸죠. 이 기간 동안 포경선들은 식수나 음식 등을 보급받거나 급히 수리를 할 수 있는 항구를 찾아야 했습니다. 미국인들은 무역선과 포경선이 머물 수 있는 항구를 찾아다니며 태평양의 여러 섬들에 접근하기 시작했죠. 그중에서 일본은 함선에 필요한 물품들을 확실히 보급해줄 수 있는 국가였습니다. 그래서 미국은 페리 제독을 일본에 보내, 미국인들이 각종 물자를 일본에서 보급받을 수 있게 해주고, 선박 사고를 당한 선원들을 일본이 발견하면 미국으로 인도해달라는 내용이 담긴 미일화친조약을 체결하려고 했던 겁니다. 그런데 미국은 이것으로 만족하지 않았습니다.

얼마 지나지 않아 미국은 일본에 서로 무역을 하자고 권합니다. 요즘 전 세계가 하나로 연결되어 서로 무역하며 다 같이 이득을 보고 있으니 일본도 동참하라는 거였죠. 물론 뒤로는 어마무시한 미국 함선들과 대포들을 깔아두고 에도 막부를 위협하고 있었습니다. 이를 두고 막부 내에서는 첨예한 의견 대립이 발생합니다. 도저히 막부가 결정할 수 없는 지경에 이르죠. 결국 막부는 지난 600여 년 간의 관례를 깨고 이례적인 방법을 채택합니다. 막부가 단독으로 결정하지 않고 다이묘들에게 의견을 물어본 거죠. 다이묘들은 미국과의 무역에 딱히 반대하진 않았지만 제3자를 거론합니다.

——— **"천황 폐하가 결정하셔야 하지 않을까요?"**

허수아비 천황을 또다시 이용하자

그동안 천황을 사실상 허수아비 취급하던 에도 막부가 간만에 천황을 찾아갑니다. 천황은 미국과의 무역에 반대하죠. 하지만 다이묘와 천황의 의견을 듣는 동안 막부의 관료들은 강력한 신식무기로 무장한 미국의 요구를 받아들일 수밖에 없다는 걸 깨닫습니다. 결국 에도 막부는 천황의 반대를 무시하고 1858년에 **미일수호통상조약**이라는 걸 체결하며 미국과 무역관계를 맺습니다. 문제는 미국과의 조약 이후 냄새를 맡은 다른 서구열강들까지 곧바로 일본에게 접근해 협박하기 시작했다는 겁니다.

——— **"야!!! 우리랑은 왜 조약 안 맺냐?"**

1
수호통상조약은 무역을 하기로 약속하고 서로 지켜야 할 사항을 정하는 것이다. 물론 대부분 서구열강에 유리하게 체결되었다.

에도 막부는 미국을 시작으로 네덜란드, 러시아, 영국, 프랑스와도 수호통상조약**1**을 맺게 됩니다. 흥미롭게도 에도 막부는 자신들이 불평등하고 굴욕적인 조약을 맺은 것을 인지하지 못했다고 합니다. 서구열강들이 총칼을 들이밀긴 했지만 조약의 내용만 보면 그냥 무역을 하자는 것이었으니 말이죠. 그런데 한번 조약을 맺은 국가들은 자꾸 일본에 계속해서 추가적인 요구를 해왔습니다. 네덜란드를 통해 나름대로 외부의 소식을 전해 듣고는 있었으나 근대적인 국제정치 시스템에 대해 제대로 지식을 갖추지 못했고, 서구열강에 맞서 싸울 만한 능력도 없었던 에도 막부는 서양 국가들의 무리한 요구를 계속 들어줄 수밖에 없었습니다. 그러자 일본 내부에서 난리가 나기 시작합니다.

"감히 천황 폐하의 말씀까지 무시하고 오랑캐들에게 굴복을 해?!"

1장에서 다룬 내용을 떠올려봅시다. 춘추시대에 강력한 제후가 '**진정한 신하라면 왕을 받들어 모시고 오랑캐를 박살내야 한다**'는 명분으로 패권을 잡았다고 했죠. 이 일화는 《**공양전**》이라는 역사서를 통해 유교적 가르침으로 승화됩니다. 이른바 '**존왕양이**' 사상으로 발전한 겁니다. 에도 막부가 서구열강과 무리한 조약을 연달아 체결하자 반발하는 사람들이 생겨났습니다. 이들은 '존왕양이'라는 개념을 이용하기로 하죠.

——— **"천황 폐하를 받들어 모시고 오랑캐를 몰아내자!"**

무능한 막부가 아니라 천황이 직접 일본을 통치하도록 해야 한다며 **존'황'양이**라는 구호를 외치기 시작한 겁니다. 그동안 형식적으로 천황이 막부의 쇼군에게 권력을 '위임'한 것으로 되어 있었으니, 이제 그 위임을 철회하고 막부는 천황에게 권력을 돌려주어야 한다는 것이죠.

존황양이를 외친 자들

존황양이를 적극적으로 주장한 세력은 주로 하급 사무라이들이었습니다. 하급 사무라이들은 에도 시대에 꽤나 불행한 계층이었습니다. 도무지 상위 계층으로 올라갈 수가 없었기 때문이죠. 사무라이는 검을 휘둘러 부와 명예를 얻어야 했는데 에도 막부가 다스리던 일본은 너무나도 평화로웠기 때문에 사무라이들은 그야말로 백수나 다름없는 계층이 되죠. 그나마 가문이라도 빵빵했으면 상황이 괜찮았겠지만, 대부분의 하급 사무라이들은 다이묘의 영지 관리, 즉 행정 업무를 맡거나 밭일 등 잡일거리를 찾아가며 입에 풀칠을 해야 했습니다. 상급 사무라이들이야 전쟁이 없어도 원래 갖고 있던 부와 권력으로 할 수 있는 일이 많았지만 하급 사무라이들은 계속 빈곤하게 살아야만 했던 거죠. 그런데 가난한 티는 안 내려고 오지게 노력했습니다. 하급 사무라이들은 사무라이라는 신분에 대한 자부심이 높았습니다. 때문에 떠돌이 생활을 하며 굶주리고 있어도 사람들 앞에서는 괜찮은 척, 배부른 척하면서 허구한 날 입에 이쑤시개를 물고 돌아다니며 허세를 부렸죠. 실제 일본 사극이나 애니메이션을 보면 검을 찬 사무라이들이 떠돌이 생활을 하며 입에 나뭇가지나 이쑤시개를 물고 돌아다니는 장면을 종종 보셨을 겁니다.

이렇게 하급 사무라이들은 일반 백성들보다 명목상으로 신분은 높지만 생활 형편은 나을 것이 없었습니다. 그러니 더더욱 신분에 집착하고 점차 자존심과 가오가 몸을 지배하는 경지에 오르죠. 그런데 에

일본의 한 사무라이 무리

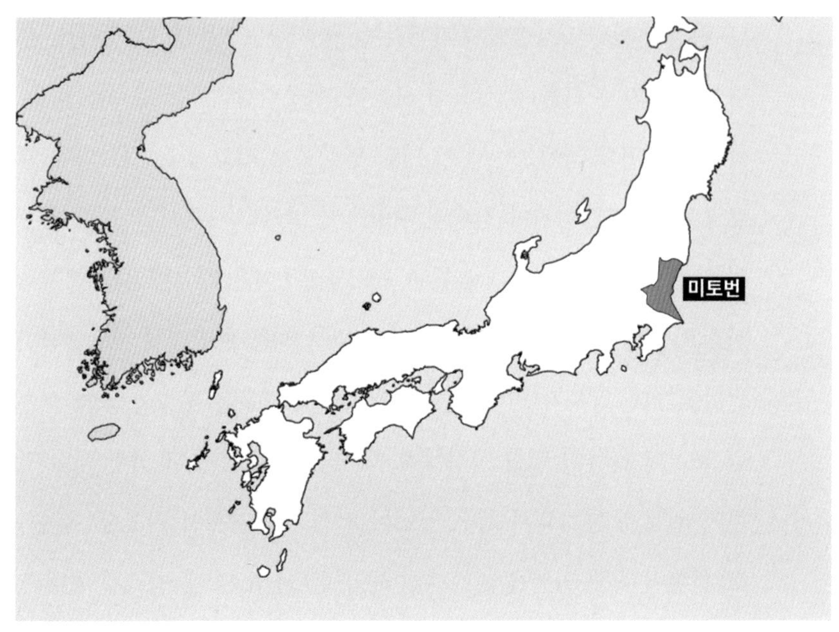

미토번의 위치

도 시대는 성리학을 비롯한 유교의 연구와 보급이 활발히 이루어진 시대이기도 했습니다. 특히 **미토**水戸**번** 사람들은 유교를 연구하고 일본식으로 새롭게 해석하려고 시도하여 '미토학水戸学'이라는 학문을 탄생시킬 정도로 유교에 진심이었죠. 미토학은 한국이나 중국의 유교와 마찬가지로 군주를 향한 충성을 강조하는 학문이었습니다. 미토학이 사무라이들 사이에서 유행하며 자연스럽게 하급 사무라이들은 천황을 향한 충성심을 본인들 가오의 필수요소로 삼게 됩니다.

그런데 하급 사무라이들 입장에서 볼 때 세상 돌아가는 꼴이 이상합니다. 누가 뭐래도 일본의 최고 존엄은 천황인데, 아무리 형식적으로 위임을 받았다지만 막부가 일본을 통치하고 있었으니 말이죠. 그나마 막부가 통치를 잘 했으면 모를까, 서구열강에 굴복을 했으니 하급 사무라이들 눈에는 막부가 나라 망신을 시키고 있는 걸로밖에 안 보였을 겁니다. 심지어 천황이 개항하지 말라고 했는데 막부가 천황의 말도 무시하고 오랑캐 놈들과 수호통상조약을 맺어버리죠. 천황을 진심으로 섬기고 충성하는 본인들은 막부 때문에 이렇게 개고생하며 살아왔는데, 막부가 천황의 명도 어겨가며 일본을 망치고 있는 것처럼 보이니 열불이 터질 지경에 이릅니다. 결국 이게 다 천황 대신 막부가 일본을 통치해서 생긴 일이니 자신들이 나서서 막부를 제거하고 천황이 직접 일본을 다스리게 해야 한다는 생각에 이르게 됩니다. 즉, 존황양이를 주장하기 시작한 거죠.

점차 하급 사무라이들뿐만 아니라 상급 사무라이나 심지어 다이묘까지 존황양이를 주장하는 번들이 생겨납니다. 대표적으로 일본 서남지방의 **사쓰마**薩摩**번**과 **조슈**長州**번**이 있죠. 사실 사쓰마번과 조슈번은 원래 막부에 반감이 많던 번입니다. 에도 막부의 초대 쇼군인 도쿠가와 이에야스는 충성심 깊은 자들에게 에도와 가까운 영지와 여러 혜택을 주었고, 그렇지 않은 자들은 멀리 떨어져 있는 지역의 다이묘 자리에 앉혔습니다. 사쓰마번과 조슈번이 그런 지역이었죠. 특히 조슈번은 **모리 데루모토**(생몰: 1553년~1625년)의 영지였습니다. 앞서 9장에서 살펴봤듯 데루모토는 세키가하라 전투에서 도쿠가와 이에야스에 대항하던 세력의 우두머리였죠. 전쟁 책임을 묻지 않겠다는 이에야스의 약속을 받은 데루모토는 이에야스에 항복을 했으나, 이에야

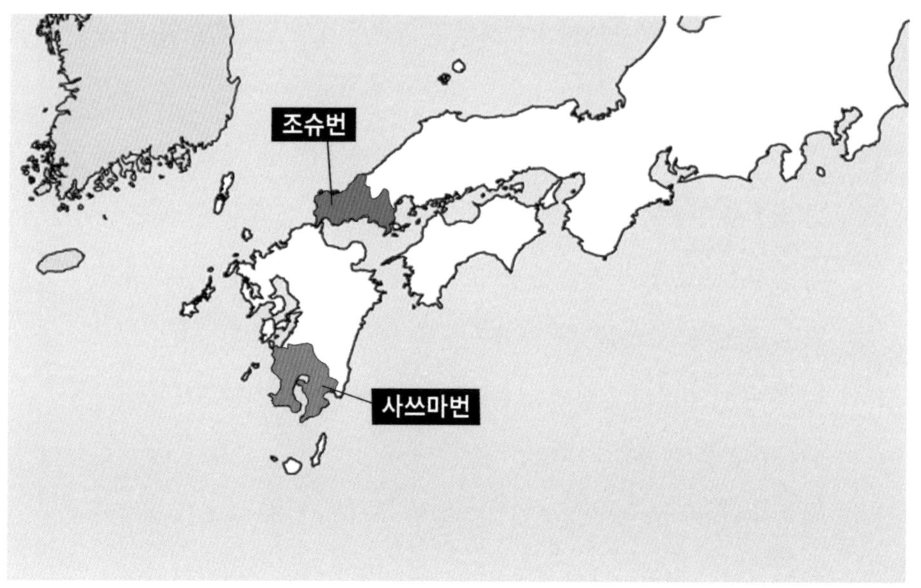

사쓰마번과 조슈번

스는 약속을 지키지 않았습니다. 모리 가문의 영지 대다수를 빼앗아 버리고 나가토국長門国+스오국周防国만 남겨준 거죠. 조슈번은 태생부터 에도 막부와 상극이었던 겁니다. 이 때문에 일본인들 사이에서는 이상한 소문이 나기도 했습니다. 새해마다 모리 가문 사람들은 다이묘에게 "**올해 막부 타도의 기회는 어떠합니까**(今年の倒幕の機はいかに?)"라고 묻고 영주는 "**시기상조**(時期尚早)"라고 답한다는 거죠. 그저 속설에 불과하지만 그만큼 조슈번이 에도 막부와 사이가 안 좋았다는 걸 보여주는 사례라고 할 수 있겠습니다. 그런 조슈번 입장에서 막부가 천황의 명을 어기고 똥볼을 차고 있으니 드디어 막부를 타도할 기회가 왔다고 생각할 만했죠.

정작 미토학을 유행시킨 미토번은 입장이 살짝 달랐습니다. 하급 사무라이, 조슈번, 사쓰마번 등은 애초에 막부에 불만이 많았던 세력이었죠. 미토번 역시 미토학의 본고장답게 존황양이를 주장하긴 했지만 막부체제를 부정하진 않았습니다. 애초에 미토번의 다이묘도 쇼군과 동일한 도쿠가와 가문 출신이고, 종종 미토번에서 차기 쇼군 후보가 나올 만큼 미토번은 에도 막부 시대 권력의 중심에 있는 번이었으니 말이죠. 따라서 천황의 권위를 회복시키되 여전히 막부가 중심이 되어 일본을 개혁해나가야 한다는 입장이었습니다. 그러나 미토번의 의도와 달리 미토번이 유행시킨 존황양이 사상이 막부를 타도하고자 하는 세력을 결집시키는 원동력이 되어버린 것이죠.

물 들어와서 노 젓는 천황

에도 막부가 서구열강에 굴복해 개항하고, 일본 내 여러 세력들이 막부 타도를 위해 존황양이를 외치는 이 혼란스러운 상황 속에서 천황이 움직이기 시작합니다. 약 1000년간 허수아비였던 천황 입장에서는 막부로부터 권력을 가져올 수 있는 둘도 없는 찬스였기 때문이죠. 앞서 에도 막부가 미일수호통상조약 체결할 수 있게 허락해달라고 했을 때 "안 된다!"라고 거절했던 것도 천황이 권력을 잡기 위한 작업의 일환이었죠. 그런데 막부가 천황의 말을 무시하고 조약을 체결하자 약 한 달 뒤인 1858년 9월에 천황은 막부 몰래 미토번에 비밀

칙서(**무오밀칙**戊午の密勅)를 내립니다.

> 1) 에도 막부는 서양 오랑캐들과의 조약에 천황의 허락도 없이 도장을 찍은 이유를 설명해야 한다.
> 2) 각 지역 다이묘들은 에도 막부와 협력하고, 막부는 오랑캐를 내쫓도록 하라.
> 3) 미토번은 위의 내용을 각 번에 전달하라.

천황 입장에서는 이 밀칙을 내리는 행위가 꽤 큰 도전이었습니다. 일단 천황이 막부가 아니라 미토번에 오더를 내린 것 자체가 막부의 위신을 떨어뜨리는 일이었고, 밀칙의 내용도 결국은 막부를 공격하라는 말이었기 때문이죠. 당연히 천황의 밀칙 내용을 알게 된 막부는 빡칠 수밖에 없었습니다. 안 그래도 13대 쇼군의 후계자 문제를 놓고 쇼군의 방계 친척들이 둘로 나뉘어 싸우고 있어서 정신도 사나운데 천황까지 멋대로 행동했으니 말이죠. 막부는 결국 칼을 빼듭니다. 막부 내에 있는 존황파도 걸러낼 겸, 천황도 견제할 겸 막부에 반항적인 사람들을 대거 숙청해버리죠. 이 사건을 **안세이 대옥**安政の大獄(1858년)이라고 합니다.

안세이 대옥은 막부의 의도와 전혀 다른 결과를 초래합니다. 안 그래도 천황의 허락도 없이 오랑캐와 손을 잡았다, 무능해서 오랑캐에 굴복하고 일본 망신 다 시켰다며 욕을 먹고 있던 에도 막부였는데, 자기편을 더 포섭하기는커녕 오히려 반감을 불러일으키는 짓을 해버린 겁니다. 결국 곳곳에서 무장투쟁이 발생하죠. 가장 먼저 무장투쟁을 시작한 집단은 미토번의 사무라이들이었습니다. 1860년 3월, 그들은 에도 막부의 본진 에도성 남쪽에 있는 **사쿠라다문**桜田門 [1]에서 당시 최고위급 관료이자, 안세이 대옥을 지시하고 미일수호통상조약 체결을 주도한 **이이 나오스케**井伊直弼(생몰: 1815년~1860년)를 암살합니다(**사쿠라다문 밖의 변**). 2년 뒤에는 나오스케의 자리를 이어 받은 **안도 노부마사**安藤信正(생몰: 1820년~1871년)도 미토번 사무라이들의 습격 때문에 부상을 입고 관직에서 내려오게 되죠.

[1] 에도성은 에도 막부 쇼군의 거처이며 최고정무기관이 있던 성이다. 현재 일본 천황의 거처로 사용되고 있다. 에도성 남쪽의 사쿠라다문은 독립운동가 이봉창이 히로히토裕仁 천황을 암살하려다 실패한 곳이다.

무오밀칙은 일본 내부뿐만 아니라 외교 문제에도 트러블을 일으키게 됩니다. 밀칙의 내용은 결국 천황이 대놓고 오랑캐를 몰아내라고 좌표를 찍은 것이었고, 천황의 오더가 떨어졌다며 일본 전역에서 서양인을 피습하는 사건들이 우후죽순 일어나기 시작합니다. 심지어 에도 한복판에서도 말이죠.

이이 나오스케의 초상

에도에서 발생한 주요 피습 사건들

–1861년 1월, 미국 영사관의 미국인 통역사가 피습당해 사망

–1861년 5월, 영국 공사관 피습(제1차 도젠

지東禅寺 사건)

–1862년 5월, 영국 공사관 2차 피습(제2차 도젠지 사건)

–1863년 1월, 영국 공사관 방화 사건❶

❶ 여기에 참가했던 이들 중 한 명이 '이토 히로부미'다

점점 강력해지는 존황양이 세력 때문에 에도 막부는 위기감을 느끼게 되죠. 반대로 자신의 영향력이 점차 커지는 것을 체감하고 있던 천황은 에도 막부의 쇼군을 자신이 있던 '교토'로 소환합니다. 쇼군이 교토로 상경한 것은 **3대 쇼군 도쿠가와 이에미쓰**德川家光(재위: 1623년~1651년) 이후 200년 만의 일이었습니다. 결국 쇼군은 천황에게 서양 오랑캐들을 몰아내겠다고 약속하고, 1863년 6월에 양이攘夷 명령을 내립니다. 각 다이묘들에게 서양인들을 몰아내라고 명령한 것이죠.

양이 정책의 결과

앞서 7장에서 청나라가 제대로 된 준비 없이 서구열강을 상대로 무력을 행사했을 때 어떤 결과를 맞이하게 되었는지 살펴봤었습니다. 오랑캐를 쫓아내야 한다는 분위기가 팽배해진 일본에서도 비슷한 상황이 펼쳐지게 되죠. 막부의 양이 명령이 떨어지기 전인 1862년 9월, 사쓰마번에서는 영국인들이 말을 타고 다이묘의 행렬에 멋모르고 난입했다가 살해당하는 일(**나마무기 사건**生麦事件)이 벌어집니다. 영국은 사

나마무기 사건을 그린 그림

쓰마번에 공식적인 사죄와 범인 처벌, 배상 등을 요구했죠. 사쓰마번이 이를 거절하자 영국은 1863년에 함대를 이끌고 와 사쓰마번의 배를 나포하며 압박합니다. 사쓰마번은 영국이 선전포고를 했다고 보고 대포를 쏴버리죠. 이른바 **사쓰에이 전쟁**薩英戰争이 시작된 겁니다. 당연히 이 전쟁에서 박살난 건 사쓰마였습니다.

같은 해에 조슈번에서도 일이 터집니다. 쇼군이 양이 명령을 내리자 조슈번은 기다렸다는 듯 지나가는 외국배들을 공격하기 시작합니다. 당연히 서구열강은 보복을 하기로 결정했고 이듬해인 1864년에 영국, 프랑스, 미국, 네덜란드의 연합함대가 조슈번을 박살 냈죠. 이 사건을 **시모노세키 전쟁**下関戰争이라고 합니다.

서구열강과 전쟁을 치른 후 사쓰마번과 조슈번은 자세를 고쳐 앉게 되었습니다. 주제넘게 나대다가 서구열강의 대포 맛을 몸소 체험한 그들은 양이는 불가하다는 걸 느끼게 되었죠. 그 대신 서구열강과

조슈번의 포대를 점령한 서구열강 연합군

의 활발한 교류를 통해 서양의 신식문물을 배우고, 그 기술로 에도 막부를 타도하자고 목표를 수정하죠.

에도 막부의 몰락

일본의 국내외 정세가 급변하던 이 시기에 하필이면 막부의 쇼군들은 병을 앓고, 연달아 단명하며 요단강을 건너고 있었습니다. 19세기 중후반의 쇼군들의 최후를 간단히 정리하면 아래와 같습니다.

- **도쿠가와 이에요시**(재위: 1837년~1853년): **45세에 쇼군이 되어 60세에**

사망.

- **도쿠가와 이에사다**德川家定(재위: 1853년~1858년): 원래 병약했는데 29세에 쇼군이 된 뒤로는 더 약해져서 막부의 최고 관료가 대신 정사를 봐야 했음. 이후 5년 만에 34세의 나이로 사망.
- **도쿠가와 이에모치**德川家茂(재위: 1859년~1866년): 고작 13세에 쇼군이 되어 21세에 병으로 사망.
- **도쿠가와 요시노부**德川慶喜(재위: 1867년~1868년): 마지막 쇼군. 1913년까지 장수함.

일본열도의 혼란을 수습하려고 노력했어야 할 타이밍에 하필 에도 막부 말기 쇼군들은 자신들에게 주어진 권력을 제대로 활용할 수 없었습니다. 페리 제독이 찾아왔던 1853년, 미국이 미일화친조약을 맺자고 겁박하던 1858년에는 쇼군들이 앓아누워 있었고, 한창 존황양이 세력이 외국인들을 습격하던 60년대에는 10대에 불과한 어린아이가 쇼군 업무를 보고 있었죠. 그나마 막부의 관료와 신하들이 쇼군 대신 국가를 운영하고는 있었지만 위기를 피하기엔 역부족이었습니다. 막부에 반대하는 반反막부 세력이 점차 강해지고 있었으니 말이죠.

에도 막부의 마지막 쇼군 도쿠가와 요시노부

그런데 조슈번이 확실한 어그로를 끌어버립니다. 조슈번은 애초에 막부와 사이도 좋지 않았고 시모노세키 전쟁 때문에 군사력도 많이 소진되어 위기감을 느끼고 있었죠. 그런 조슈번이 냅다 천황이 사는 교토에서 천황에게 권력을 돌려주자는 명분으로 정변을 일으켰다가 실패해버린 것입니다. 이 사건을 **금문**禁門**의 변**(1864년)이라고 하죠. 그러나 정작 천황 입장에서 금문의 변은 너무나 당혹스러운 사건일 뿐이었습니다. 조슈번이 혼자 천황 핑계를 대며 정권을 잡으려고 시도한 것일 뿐이니 말이죠. 오히려 천황은 교토에서 난리가 나는 걸 보고 '와, 저것들 선 넘네'라고 생각했던 것 같습니다. 천황은 막부에 정벌 오더를 내리죠. 그렇게 막부는 교토 조정의 명을 받아 조슈번을 정벌하기 시작합니다.

1864년에 이뤄진 조슈 정벌은 조슈번이 금문의 변 주도자를 막부

금문의 변을 그린 그림. 1893년

에 넘기기로 하며 전투 없이 허무하게 끝났습니다. 조슈번이 급히 꼬리를 내렸기 때문이기도 하지만 사실 막부만 진심으로 빡쳐 있었을 뿐, 정벌에 동참한 다른 번들은 굳이 내전으로 국력을 소모하고 싶지 않았기 때문이죠. 문제는 2차 조슈 정벌이었습니다. 2년 뒤인 1866년에 여전히 반항적인 조슈번을 막부가 다시 정벌하려고 했지만 이때는 분위기가 달랐습니다. 조슈번도 만반의 준비를 해놨던 거죠. 일단 조슈번은 막부 몰래 사쓰마번과 동맹을 맺었습니다. 조슈번보다 먼저 서구열강의 대포 맛을 느꼈던 사쓰마번은 한창 서구문물을 받아들여 국력을 키우고 있었고, 막부와도 친하게 지내고 있었죠. 그러나 막부가 굳이 조슈번을 토벌하려고 하는 것을 보곤 다음은 자기 차례가 될까 불안해진 것입니다. 그런 사쓰마번과 몰래 손을 잡은 조슈번은 사쓰마번을 통해 신식무기들을 제공받아 군사력을 키웠습니다. 이 때문에 막부는 조슈번을 상대로 고전을 면치 못하게 되죠. 일본 전체를 통치하는 에도 막부가 고작 다이묘 하나를 정리하지 못하고 있었으니 막부의 위상은 나락까지 떨어집니다. 이 와중에 쇼군이 갑자기 사망하면서 2차 조슈 정벌도 흐지부지 마무리되죠.

막부의 이미지가 완전 바닥을 치는 상황에서 미토번 출신의 **도쿠가와 요시노부**가 쇼군이 됩니다. 앞서 설명한 대로 미토번 사람들은 천황의 권위는 회복시키되 여전히 권력의 중심은 막부가 되어야 한다는 입장이었죠. 그런데 미토번 출신 인물이 쇼군이 되어 막부를 타도하려는 세력들을 상대하게 된 겁니다. 이때 도사土佐번이 한 가지를 제안합니다.

———— "이대로 가다간 내전 크게 벌어질 거 같은데, 그냥 국가 통치 권을 천황한테 반환하는 게 좋지 않을까요?"

도사번[1]은 오늘날 고치高知현에 있었던 번으로, 역시 조슈번, 사쓰마번과 함께 존황양이 세력의 일원이었습니다. 다만, 에도 막부를 무력으로 전복시키려던 조슈번과 달리 평화적인 방법을 모색했죠. 그래서 쇼군이 스스로 통치권을 천황한테 넘기는 게 좋겠다고 건의한 겁니다.

[1] 투견으로 유명한 '도사견'이 이곳에서 탄생한 견종이다.

의외로 요시노부 쇼군은 그 건의를 승낙합니다. 도사번 말대로 통치권을 계속 쇼군이 쥐고 있어봐야 반막부 세력이 들고 일어날 명분만 될 거라 생각한 거죠. 또한, 설령 쇼군이 천황한테 통치권을 넘긴다고 해도 천황과 조정은 실무 경험이 부족하기 때문에 결국은 쇼군과 막부에 일을 맡길 가능성이 크다고 본 것 같습니다. 그렇게 1867년 11월에 요시노부는 **메이지**明治 **천황**(재위: 1867년~1912년)에게 통치권을 반납하는 **대정봉환**大政奉還을 선언합니다. 실제로 국가 통치권이 천황에게 넘어간 뒤로도 조정은 외교 문제를 비롯해 많은 실무를 막부가 처리하게 했죠.

사쓰마번과 조슈번을 비롯한 반막부 세력은 이 모습을 아니꼽게 바라봤습니다. 쇼군이 국가 통치권을 천황에게 넘기긴 했지만 여전히 실질적인 권력은 쇼군에게 있는 것이나 마찬가지였으니 말이죠. 반막부 세력은 막부를 아예 없애버리고 천황 중심의 새로운 정치체계를

1872년 촬영한 메이지 천황의 사진

수립해야 한다고 생각했습니다. 무력을 사용해서라도 말이죠. 반막부 세력은 우선 천황이 거주하는 교토어소京都御所를 포위한 후 메이지 천황에게 '**왕정복고 대호령**王政復古の大号令'이라는 칙령을 받아냅니다(1868년 1월). 여기엔 쇼군은 물론이고 섭정, 관백 같은 기존의 제도들을 싹 다 없애버린다는 내용이 포함되어 있었죠. 아예 새로운 구조의 정부를 세운다는 말입니다. 그리고 그 신정부의 실권은 당연히 자기들이 쥐려 했죠.

반막부 세력이 신정부를 세우려 하자 막부 세력은 반발합니다. 두 세력은 약 1년 5개월간 내전을 벌이게 되죠. 무진년(1868년)에 시작되었다고 해서 **무진전쟁**戊辰戰争, 또는 일본식 발음으로 **보신전쟁**이라고 합니다. 내전은 막부 세력의 패배로 끝났죠. 이제 일본 역사에서 쇼군과 막부는 완전히 사라지게 됩니다.

또 이용당하는 천황

막부를 없앤 이들은 천황 중심의 새로운 국가를 세우겠다며 여러 근대화 개혁을 추진합니다. 흔히 이 일련의 개혁 과정을 **메이지유신**

무진전쟁(보신전쟁)을 그린 그림. 1869년

明治維新이라고 하고, 신정부를 세운 세력을 메이지유신 세력이라고 하죠. 주요 개혁 내용은 다음과 같았습니다.

메이지유신의 주요 개혁 내용

- 태정관을 중앙통치기구로 부활시키고 그 아래에 입법기관, 사법기관, 행정기관을 설치하여 삼권분립을 구성한다.
- 에도의 명칭을 도쿄로 바꾸고, 수도를 교토에서 도쿄로 천도한다.
- 연호를 메이지로 개원한다.
- 천황과 관련된 국경일을 추가한다.(ex. 천황의 생일)
- 음력을 폐지하고 양력을 도입한다.
- 하루를 24시간으로 정하고, 일요일은 휴무로 한다.
- 신분제를 철폐한다.
- 징병제를 실시하고 폐도령[1]을 내린다.

– 근대식 학교를 설립하며, 소학교는 의무교육과정으로 정한다.

❶ 칼을 차고 다니지 못하게 하는 법령

메이지유신의 중심에는 우리에게 너무나도 익숙한 인물도 있었습니다. 바로 일본의 제1대 총리 **'이토 히로부미**伊藤博文(생몰: 1841년~1909년)'죠. 이토 히로부미는 서구열강이 발전할 수 있었던 원동력 중 하나가 '입헌군주제'❷라고 생각했습니다. 왕(군주)과 의회(헌법을 만드는 기구)가 정치권력을 나눠 가져야 한다는 거죠. 특히 히로부미는 여기에 종교라는 걸 가미할 필요가 있다고 봤습니다.

❷ 왕과 헌법이 함께 존재하며 정치권력을 나눠 가지는 정치체제. 대표적인 입헌군주국 국가는 영국과 일본이다.

——— **'유럽에서 헌법이 먹혀들어갈 수 있었던 건 종교라는 정신적 구심점이 딱 바로잡혀 있기 때문인 거 같아. 우리 일본에서 정신적 구심점으로 삼을 만한 건 천황이니까 천황을 부각시켜야겠다!'**

히로부미는 기독교라는 종교가 유럽인들의 중심을 잡아줬기 때문에 유럽 국가들이 강력해질 수 있었다고 판단했습니다. 그리고 일본도 정신적 구심점을 만들고 입헌군주제까지 도입하면 서구열강처럼 강대국이 될 수 있다고 생각했죠. 이런 생각을 가진 히로부미가 헌법 초안을 완성하는 데 주도적으로 참여했고, 1889년 발표된 《대일본국헌법》[3]에는 제3조로 "천황은 신성하여 침해하여서는 아니 된다"라는 내용이 들어갑니다.

다른 메이지유신 세력들도 천황을 부각시키는 작업에 동참했죠. 우선 천황의 호칭[4]을 통일했고, 천황과 관련된 역사들을 대대적으로 첨삭하며 왜곡하기 시작합니다. 당시에나 지금이나 일본 민중들은 '신토神道'라고 하는 일본의 전통 종교를 많이 믿는데 신토는 인도의 힌두교처럼 수많은 신을 모시는 종교죠. 그리고 신토의 신 중 최고신은 태양신 '**아마테라스**'입니다. 앞서 8세기 초에 천황이 《일본서기》, 《고사기》를 편찬하며 천황의 조상이라고 주장한 신이죠. 메이지유신 세력은 이 신화를 다시 강조하며 당시 민중들의 신앙생활에 천황을 향한 숭배정신이 스며들도록 애씁니다. 또한, 역사책을 뒤적거리더니 앞서 우리 책 8장에서도 언급했던 '**다이카 개신**'[5]을 꺼내 들죠.

[3] '메이지헌법'이라고도 한다.

[4] 이전까지 일본 군주에 대한 호칭은 황제, 국제, 천자 등 다양하게 혼재되어 사용되고 있었다. 현재 사용되는 '천황'이란 단어는 메이지유신 때 확정된 것이다.

[5] 7세기 야마토 왕권에서 시행했던 개혁이며 주요 내용은 왕권 강화였다.

—— **"이거 봐라! 우리 일본에는 천황(대왕)을 중심으로 국가 시스템을 만들려고 했던 유구한 역사가 있다! 다시 천황을 중심으로 단결하자!"**

메이지유신 세력의 행보는 여기서 끝이 아니었습니다. 천황을 데리고 일본 전역을 돌아다녔죠. 천황은 이전까지 일반 백성들 앞에 모습을 드러낸 적이 거의 없었습니다. 모습을 감춘 채 신비로운 존재감만 뽐내고 있었죠. 메이지유신 세력은 그런 천황을 궁 밖으로 데리고 나와 1868년에 일본 역사 최초로 온 국민들 앞에 천황의 모습을 공개했습니다. 그리고 메이지유신의 개혁을 천황과 연결시키죠.

—— **"친애하는 일본 국민 여러분! 그동안 막부 밑에서 얼마나 고생 많았습니까? 바로 이 천황 폐하 덕분에 저희들이 메이지유신을 진행하여 봉건제, 신분제, 막번제 등 악습들을 다 없앨 수 있었습니다!! 천황 폐하 만세 한번 외쳐주세요!"**

천황의 가마 행렬을 그린 그림. 알프레드 루신, 1869년

메이지유신 세력은 천황을 치켜세워준다고는 하지만 그들 역시 일본의 이전 권력자들과 다를 바 없었습니다. 천황을 이용해 메이지유신이 정당하다는 걸 강조하고 민중의 지지를 얻고 싶었던 것이죠. 결과적으로 메이지유신 세력의 천황 마케팅은 상당히 잘 먹혀들었습니다. 큰 탈 없이 수많은 개혁이 시행되었고 일본은 엄청난 속도로 근대화를 이룩하게 되죠.

어느 정도 힘을 키운 일본은 이제 외부로 눈길을 돌립니다. 지난날 서구열강에게 탈탈 털리며 온갖 불평등한 조약을 맺어야 했던 과거에서 벗어나기 위해 서구열강들과 똑같이 제국주의를 앞세워 확장 정책을 펼치기 시작했죠. 첫 타깃은 바로 옆에 있던 조선이었습니다. 이 과정에서 벌어진 전쟁이 바로 **청일전쟁**(1894년~1895년)과 **러일전쟁**(1904년~1905년)이죠. 각각 청나라, 러시아로부터 일본이 조선에 대한 영향력을 빼앗아오기 위해 벌인 전쟁입니다. 두 전쟁 모두 일본이 승리하자 당시 일본인들의 국뽕은 그야말로 치사량으로 차올랐죠.

——— **'천황 폐하께서 정치를 시작하시니까 실제로 일본이 발전하고 있구나!'**

청일전쟁과 러일전쟁의 승리 이후 일본 정부는 '**천황께서 일본군을 각별히 돌봐주셨다**'라는 내용을 담은 보도를 뿌리기 시작합니다. 점차 일본인들의 머릿속에서 일본이란 국가의 발전과 천황의 은혜는 동일시되기 시작했죠. 시간이 지날수록 점점 더 많은 일본인들이 자

1887년 조선을 둘러싼 일본과 청나라, 러시아의 분쟁을 풍자한 그림. 조르주 페르디낭 비고 Georges Ferdinand Bigot, 1887년

신들을 '천황이라는 신적 존재가 다스리는 전 세계 유일무이한 국가의 국민'으로 여기게 됩니다. 한 걸음 더 나아가 '일본은 서구열강으로부터 아시아를 지켜내야만 하는 사명을 가진 국가'라는 이상한 사명감을 갖는 일본인들도 나타났죠. 그 어떤 주변 국가들도 원치 않던 일을 멋대로 자신들의 사명으로 삼으며 제국주의적 침략의 명분을 쌓은 겁니다. 이들에게 일본의 앞길을 막는 자들은 일본인들의 사명을 막는 놈들이고, 천황 폐하의 은혜를 방해하는 악마일 뿐이었죠. 물론 메이지유신 세력의 개혁과 일본의 초고속 근대화 발전이 순탄하게만 흘러가지는 않았습니다.

빠른 성장의 이면에 감춰진 그림자

메이지유신을 거친 일본은 거듭 성장하여 조선을 식민지화하는 데까지 성공합니다. 천황을 이미지 메이킹 하는 작업도 착실히 진행되었죠. 하지만 일본 민심이 좋기만 했던 건 아닙니다. 오히려 불만이 터져나오기 시작했죠. 계속되는 전쟁으로 세금은 꾸준히 높아지고 있었고, 근대화가 진행될수록 빈부격차가 극심해졌던 겁니다. 게다가 1907년 미국발 경제위기의 여파로 부도를 맞는 기업들이 생기기 시작했죠.[1] 이런 상황에 메이지 천황이 사망하고, **다이쇼**大正 **천황**(재위: 1912년~1926년)이 즉위합니다. 그리고 몇 년 뒤에는 **제1차 세계대전**(1914년~1918년)까지 터지죠.

> [1]
> 이때 미쓰비시, 야스다, 스미토모와 같이 정부의 보호를 받던 재벌기업들은 오히려 더욱 몸집을 불리게 된다.

일본에 있어서 1차 세계대전은 일단 겉으로 보면 호재가 되었습니다. 연합국, 특히나 미국에 군수품을 수출하며 자본을 쌓을 수 있었고, 유럽에서 전쟁을 치르느라 시구열강이 아시아와 아프리카 지역에서 철수하기도 했는데 그 빈자리에 일본이 진출하기도 했죠. 덕분에 일본의 경제는 어마어마한 성장세를 보입니다. 예를 들어 1914년에 일본의 자본금 500만 엔 이상 회사는 62개였고 공장은 3만 2000개였습니다. 그런데 1919년에 이르면 자본금 500만 엔 이상의 회사가 293개, 공장은 4만 4000여 개로 급격히 증가합니다. 일본 노동자 수는 85만여 명에서 181만여 명으로 두 배 이상 증가했죠.

다이쇼 천황의 사진

일본이라는 나라의 성장세는 화려했지만 그 이면은 그렇지 않았습니다. 일본 국민들은 인플레이션에 허덕이느라 고통받고 있었죠. 1차 세계대전 이후 폭등한 쌀값으로 일본 곳곳에서는 1918년 7월부터 9월까지 쌀값 인하를 요구하는 시위와 폭동[1]이 일어납니다. 일본이라는 국가가 잘나가는 건 모르겠고 당장 먹고 살기가 힘들었으니 너도 나도 들고일어난 거죠. 동시에 일본 국민들은 노동권과 참정권을 보장해달라는 사회운동도 시작합니다. 당시 일본은 일정 이상의 재산세를 내는 25세 이상의 남성에게만 선거권을 부여하고 있었습니다. 1920년 수만 명이 보통 선거권을 요구하는 대규모 시위를 일으켰고 1925년에 재산세 조건이 폐지되죠.[2]

[1] 1918년 일본 쌀소동

[2] 일본의 여성참정권은 1946년 미군에 의해 도입된다.

선거권이 확대되면서 일본에 민주주의가 움트고 뭔가 또 한 번 일본인들의 삶이 나아질 것 같았지만 세상은 그리 호락호락하지 않았습니다. 보통선거권이 도입되기 전인 1923년 9월에 관동대지진이 발생하여 도쿄, 요코하마橫浜 등 대도시가 초토화되었고, 1929년에는 세계대공황의 여파로 일본 경제도 큰 타격을 받았

1918년 쌀값 인하를 요구하는 폭동 과정에서 불에 탄 일본 고베의 상점들

죠. 이 와중에 일본 재벌과 정치인들은 서로 붙어먹기 바빴고 일본 서민들의 삶은 더 어려워지기만 했습니다. 이 타이밍에 사무라이 정권 막부 시절을 잊지 못했는지 일본 군인들 사이에서 자신들이 정권을 잡아야 한다는 주장이 나오기 시작합니다.

일본 군부의 등장

일본의 군인들은 자기들 나름대로 위기에 빠진 일본을 구하기 위한 방법을 모색했습니다. 그 결과 대륙에 진출해야 한다는 생각을 하

대공황 시기 일본의 뱅크런

게 되었죠. 그리고 정부가 아니라 천황을 중심으로 똘똘 뭉쳐야 한다고 생각했습니다. 즉, 의회나 총리의 말 따위 듣지 않고 군인들 스스로가 멋대로 판단해 행동하기로 한 거죠. 그러나 천황은 군인들에게 직접적인 오더를 내리지 않았습니다. 그러자 군인들은 무엇이 천황을 위한 일인지 자기 멋대로 생각해내고는 "천황을 위해!"라고 외치며 독자적으로 움직이기 시작합니다. 이게 다 과거 메이지유신 세력이 자신들의 집권을 정당화하기 위해 천황을 신격화했던 선동의 후폭풍이죠.

예컨대 1931년 만주에서 벌어진 **만주사변**은 일본 군부가 천황과 총리의 오더도 없이 지들 멋대로 일으킨 전쟁이었습니다. 다짜고짜 중국 영토인 만주에 쳐들어가 아예 만주국이라는 괴뢰정부까지 세웠죠. 당시 일본 정부는 가뜩이나 경제도 어려운데 갑작스럽게 전쟁을 크게 벌이면 안 된다고 군부를 뜯어 말렸지만 군부는 정부의 말을 따르지 않았습니다. '**정부가 무능하니 우리가 알아서 하겠다**'라는 생각을 갖고 정말 지들 멋대로 행동했죠. 1932년에는 일본 정부를 몰아내고 새로운 군부 정권을 세운다면서 현직 총리를 암살하는 일(**5.15 사건**)까지 벌어졌습니다. 1936년에도 군사봉기(**2.26 사건**)가 일어났죠.

——— 일본 군부: "천황 폐하 주변에 간신배들이 너무 많다. 싹 다 쳐내라!"

일본 군부는 천황을 팔아먹으며, 혹은 이게 정말로 천황을 위한 일이라고 믿으며 도쿄를 헤집어놓고 새로운 정부를 구성해야 한다고 주장했지만 천황은 그런 혼란을 원하지 않았습니다. 천황은 쿠데타를 일으키는 군부를 향해 "**나대지 말고 원대로 복귀하라**"라고 명령했죠. 천황 핑계를 대며 봉기를 일으킨 만큼 군인들은 천황의 명령에 따를 수밖에 없었죠. 결국 군부의 쿠데타는 모두 실패로 돌아갔지만 이

만주사변을 일으킨 일본 관동군 사령부 건물

1932년 5월 15일 암살당한 이누카이 쓰요시犬養毅 총리

경찰서를 장악한 일본 반란군

후 일본 정치계에서 일본 군부의 목소리가 강해지기 시작합니다. 애초에 언제든 군부가 민간정부를 뒤엎을 수 있다는 걸 보여주기도 했고, 민간정부는 더 이상 만주사변과 같이 군부가 해외에서 일으키는 전쟁을 전혀 통제하지 못했으니 말이죠. 결국 세월이 흘러 정치인과 재벌들이 군부의 암살을 두려워하며 정치권력을 내놓는 지경에 이르게 됩니다.

군부가 정치권력까지 장악해버린 일본은 우리가 잘 알고 있듯 객기를 부리기 시작합니다. 독일, 이탈리아와 함께 동맹을 맺고 **제2차 세계대전**(1939년~1945년)을 일으키더니, 미국을 상대로 **진주만 폭격**(1941년)까지 감행하며 잠자는 사자의 코털까지 건드린 겁니다. 사실상 2차 세계대전 당시 일본의 군부는 집단 세뇌에 빠진 상태라고 봐도 무방할 것 같습니다. 국제 정세나 미국을 비롯한 해외 각국의 입장 따위는 고려하지 않고 그저 '천황'이라는 종교적 망상에 빠져 '천황 폐하의 안녕'을 위한답시고 '천황 폐하의 앞길을 막는 악마'를 없애야 한다고 생각한 게 아닌가 합니다. 그리고 그 과정에서 '천황'을 위해 목숨을 바칠 각오로 열심히 노력하면 불가능해 보이는 난관도 다 헤쳐 나갈 수 있다고 믿은 것 같죠. 현실감각을 잃어버린 군부는 심지어 항복할 타이밍도 놓쳐버립니다.

일본의 항복

2차 세계대전 당시 일본의 천황은 **히로히토**裕仁, 즉 **쇼와**昭和 **천황**(재위: 1926년~1989년)이었습니다. 정치 전면에 잘 나서지 않았던 메이지 천황, 다이쇼 천황과 달리 쇼와 천황은 천황 말이라면 끔뻑 죽는 군부를 옆에 두고 있었죠. 천황은 군부를 통해 전쟁의 세부사항을 보고받았고 웬만하면 군부가 알아서 하게끔 놔뒀으나 때때로 군부에 지시를 내리는 모습도 보이죠. 예컨대 일본이 진주만을 폭격하기 석 달 전인 1941년 9월 6일에 쇼와 천황은 어전회의에 참석했는데, 이때 천황은 섣부른 전쟁을 경계하는 모습을 보여줍니다. 하지만 전쟁 자체를 반대하지는 않았죠. 덕분에 어전회의에서 '**제국국책수행요령**'이라는 게 결정됩니다. 주요 내용은 일본은 쇼와 천황을 지키기 위해서라면 미국과 네덜란드를 상대로도 전쟁을 불사할 것이고, 1941년 10월

일본의 진주만 폭격으로 침몰한 USS 애리조나

하순을 목표로 전쟁준비를 끝낸다는 거였죠. 그리고 정말로 1941년 12월에 진주만 공습이 시작되었습니다.

미국과 태평양전쟁까지 벌인 일본은 점점 한계에 다다르고 있었습니다. 결국 전직 총리였던 **고노에 후미마로**近衛文麿(생몰: 1891년~1945년)는 항복해야 한다는 글을 천황에게 올립니다(1945년 2월).

고노에 후미마로 상주문

일본이 미국에 항복해야만 황실도 살고, 국민도 살 수 있습니다.

하루라도 빨리 전쟁을 종결해야 합니다.

쇼와 천황은 후미마로의 말을 수용하여 언제든 군부를 제어할 수

2차 세계대전 항복 이후 맥아더Douglas MacArthur 장군(왼쪽)과 쇼와 천황(오른쪽)

있는 위치에 있었습니다. 하지만 쇼와 천황은 군부의 전쟁을 방해하지 않기로 하죠. 전 국민이 목숨을 바쳐서 천황을 지켜야 한다는 군부의 결정을 지켜만 보고 있었던 겁니다. 5개월 뒤에는 미국이 영국, 중국과 함께 포츠담에 모여 '일본이 항복하지 않으면 즉각적이고 완전한 파괴를 맛보게 될 것'이라는 의미심장한 선언을 하죠. 이게 바로 **포츠담선언**입니다. 하지만 역시나 쇼와 천황과 일본은 이를 무시했습니다. 결국 일본은 1945년 8월 6일 히로시마広島에, 8월 9일에는 나가사키에 원자폭탄을 맞게 됩니

고노에 후미마로의 사진

다. 심지어 소련도 만주로 진격해서 일본을 압박했죠. 이 와중에도 일본 수뇌부는 '전쟁을 끝까지 해야 한다 VS 항복해야 한다'로 나뉘어 합의를 이루지 못하고 있었습니다. 보다 못한 총리가 쇼와 천황한테 찾아가 결정해달라고 부탁하죠. 쇼와 천황은 포츠담선언을 수용하기로 합니다. 이렇게 일본은 항복하는 것 같았습니다. 하지만 일본은 갑자기 미국에 조건을 겁니다.

——— **"다 좋은데, 천황 폐하가 계속 일본을 통치하게 해주라… ㅎㅎ…"**

쌩뚱맞게 천황의 권력을 보장해달라는 조건을 제시한 겁니다. 심지어 이건 천황이 아니라 일본의 군부가 끈질기게 요구해서 생긴 조건이었습니다. 이에 대해 미국은 이렇게 답장을 보내죠.

——— **"천황과 일본 정부는 연합군 총사령관[1]의 명령에 따르고, 앞으로 일본 정부는 자유롭게 표현하는 일본 국민의 의지에 의해 결정될 것이다."**

[1] 일본의 항복 이후 더글러스 맥아더가 맡았다. 이후 맥아더는 한반도에서 벌어진 6.25 전쟁에도 참전한다.

미국은 상당히 애매모호한 대답을 합니다. 어찌됐든 일본은 이제 세 번째 원자폭탄이 언제 떨어질지 모르는 상황에서 빨리 항복 여부를 결정해야 했습니다. 8월 14일에 다시 어전회의가 열렸고 그제야 천황은 무조건 항복을 결정합니다. 그리고 8월 15일 정오가 되자 전날 녹음한 쇼와 천황의 항복 방송이 한반도와 일본 전역에 송출되며 2차 세계대전은 끝나게 됩니다.

1945년 9월 2일 일본의 항복문서 사인 이후 연설하는 더글러스 맥아더

일본을 점령한 미군은 일본인들의 반발을 우려해 천황을 끌어내리지는 않습니다. 다만 천황이 더는 권력을 가질 수 없도록 하고, 천황으로 하여금 자신이 신의 자손이 아니라 한낱 평범한 인간임을 선언하도록 하죠. 그리하여 천황은 다시 모든 정치권력을 잃고 상징적인 존재로만 남게 됩니다.

일본 역사에서 천황은 대부분 허수아비와 같은 존재였습니다. 천황 일가 이외의 가문이나 정치 세력들 간의 권력쟁탈전이 일본사 대부분을 채우고 있죠. 그러다 서구열강의 침략으로 일본이 개항하게 되면서 오랜 세월 구석에 처박혀 있던 천황이 갑자기 권력의 중심으로 떠오르기 시작합니다. 그러나 천황에게 권력을 돌려주자며 등장한 새로운 정치 세력들도 결국은 천황을 자신들의 집권을 위한 도구로 이용할 뿐이었습니다. 결국 수십 년의 세월이 지나 일본정치가 엉망이 되고 광기에 물든 일본 군부가 폭주하고 나서야 천황은 얼떨결에

2차 세계대전 당시 원자폭탄이 떨어졌던 히로시마에 방문한 쇼와 천황. 1947년

최고 권력자가 됩니다. 그러나 천 년 넘게 권력을 휘둘러본 적이 없는 천황은 갑자기 주어진 권력을 올바르게 활용하는 법을 몰랐던 것 같습니다. 일본 국민들의 목숨 따위에는 관심이 없었고 그저 자신의 안위를 지키기에 급급해 일본을 패망의 구렁텅이로 몰아넣는 군부의 결정들을 승인해주었죠. 그 결과는 다들 알다시피 수많은 국민들의 개죽음과 원자폭탄으로 인한 참상이었습니다.

마치는 글

나는《효기심의 권력으로 읽는 세계사: 유럽 편》을 통해 유럽의 권력자들이 자신들의 권력을 정당화하기 위해 '종교'나 '민족'과 같은 추상적인 개념들을 활용해왔음을 얘기한 바 있다. 동아시아의 권력자들 역시 마찬가지였다. 대표적으로 유럽의 권력자들이 기독교를 이용해 교황과 황제의 권위를 드높였듯, 고대 동아시아의 권력자들 역시 군주를 종교적으로 신성한 존재로 만들어 '천자'나 '천황'과 같은 단어들을 만들어냈다.《효기심의 권력으로 읽는 세계사: 한중일 편》에서는 동아시아 권력자들이 다양한 정치 도구들을 어떻게 이용해왔는지를 쭉 살펴보았다.

1장에서는 현재까지 중국인들의 정체성을 형성하고 있는 중화사상의 시작에 대해 살펴봤다. 상나라와 주나라는 '제후국'을 거느리며 봉건제를 갖추기 시작한다. 이와 함께 자신들의 군주를 '하늘신의 아들', 즉 '천자'라 주장하며, 천자의 말을 어기는 것은 곧 하늘의 뜻을 거스르는 것이니 말을 잘 들을 것을 강요했다. 만백성을 상대로 종교적 가스라이팅을 했던 것이다. 기원전부터 시작된 중국대륙의 '천자' 가스라이팅은 중국대륙 전반으로 확대되었다. 춘추전국시대가 도래하고 주나라가 쇠퇴하며 '천자'라는 상징도 힘을 잃어가는 듯했다. 이 무렵 수많은 사상들이 등장했는데 유교 역시 이때 등장했다. 혼란스러운 중국대륙을 통일한 진나라와 한나라의 군주들은 '천자' 시스템을 다시 가동시켰고 훗날 유교가 이를 합리화해주는 주요 근거 중 하나가 된다.

한나라는 유교를 받아들이고 오늘날 중화사상의 시작점인 '화이사상'을 만들어냈다. 2장에서는 화이사상을 내세우는 중국대륙 국가들과 한반도의 국가들이 어떤 방식으로 관계를 맺었는지를 다뤘다. 점차 중국대륙의 '천자'들은 자신들이 오랑캐로 취급하는 주변 국가들을 상대로 '조공책봉관계'를 요구했다. 여기에 응한다는 것은 곧 천자가 다스리는 국가에 고개를 숙이겠다는 걸 의미했다. 어찌 보면 약소국이었던 국가들이 천자가 다스리는 강대국에 완전히 종속되어 속국이 되는 것처럼 보이기도 한다. 그러나 아직 절대적이고 항시적인 종속 관계가 정립된 것은 아니었다. 상황에 따라서는 천자의 국가도 주변 국가에 조공을 바치기도 했고, 다른 약소국들도 시대적 상황과 각자의 이해득실에 따라 조공을 거부하기도 했기 때문이다. 고대시대에는 중국을 중심으로 한 조공책봉관계라는 게 아직 '당연한 질서'까지는 아니었던 것이다.

3장에서는 중국대륙의 기나긴 분열과 통일의 역사를 다뤘다. 중국대륙은 워낙 땅덩어리가 넓은 만큼 쉽사리 뭉쳐지지 않았고 역사 내내 분열과 통일을 반복했다. 또 중국이 분열되어 있을 때마다 강력한 이민족들이 침입해 중국대륙을 더 혼란스럽게 만들기도 했다. 긴 분열의 역사 동안 한족 군주들은 물론 이민족 군주들 역시 중국대륙의 수많은 한족을 지배하기 위해 유교, 천자, 조공책봉과 같은 기존 정치 시스템을 필요에 따라 받아들이고 활용하곤 했다. 역사상 가장 거대한 육상제국을 건설한 몽골의 군주마저도 중국대륙을 통치하기 위해 중국식 국호를 따로 만들고 스스로 천자가 되었다.

4장에서는 명나라와 조선이 건국 초창기에는 서로 어떤 관계였으며, 이후 어떠한 계기를 통해 조선이 명나라를 사대하는 국가가 되었는지 살펴보았다. 명나라는 조선이 건국되자마자 중국대륙의 전통적인 '중화질서'와 '조공책봉'을 이용해 숨이 막힐 정도의 압박을 가했다. 때문에 조선 건국 초기에는 명나라와의 사이가 악화되어 전쟁이 일어나기 직전까지 가기도 했다. 그런데 갑작스레 양국의 군주가 교체되는 과정에서 서로가 서로를 필요로 하게 된다. 정당하지 않은 방법으로 왕위를 찬탈한 두 군주는 서로가 서로를 인정해줌으로써 부족한 정통성을 채울 수 있었고 그렇게 명나라와 조선 사이에 사대관계가 시작된 것이다. 더구나 성리학을 통치이념으로 삼았던 조선에서는 시간이 지나며 점점 사대주의가 당연한 것이 되어버리고 만다.

5장에서는 급부상하는 청나라와 저물어가는 명나라, 그리고 그 사이에 있던 조선의 난처한 처지에 대해 살펴봤다. 조선은 여진족에 함부로 머리를 숙이지 않았다. 천자가 아닌 오랑캐에 굴복하는 것은 덜 배운 오랑캐나 할 짓이라 생각했기 때문이다. 그러나 여진족은 빠른 속도로 성장했고 조선은 점점 위기의 순간에 다가간다. 쿠데타로 광해군을 몰아내고 왕이 된 인조는 왕권을 안정시키기 위해 명나라의 책봉이 너무나 간절했다. 그래서 겉으로는 임진왜란 때의 은혜를 저버리는 것은 도리가 아니라며 친명배금 정책을 실시한다. 결국 청나라는 조선을 공격했고 조선은 항복할 수밖에 없었다.

여진족의 국가인 청나라는 비교적 손쉽게 중국대륙을 얻어냈지만 시간이 지나면서 내부에서 다양한 문제가 발생하기 시작한다. 6장과 7장에서는 청나라의 흥망성쇠를 살펴봤다. 초기에는 개혁을 추진하고 영토도 크게 확장하며 전성기를 누렸지만, 민족 갈등이 이어지고, 부정부패가 만연하는 등 여러 사회 문제를 겪으며 곳곳에서 민중봉기가 터지게 된다. 국고는 국고대로 비게 되고, 그럴수록 청나라는 세금을 늘려만 갔다. 살기 힘들어진 백성들은 백련교나 태평천국과 같은 사이비종교 세력에 합류하기도 했다. 이때 서구열강이 쳐들어온다. 무능한 청나라 조정은 제대로 된 대책을 마련하지 못했고, 결국 신해혁명이 발발하며 청나라는 무너지게 된다. 신해혁명을 일으킨 자들은 처음에 한족을 중심으로 새로운 국가를 건설하려고 했으나, 청나라의 영토를 그대로 물려받기 위해 '중화민족'이라는 새로운 민족 개념을 들고 나오게 된다. 기원전 고대 중국에서 시작된 중화사상이 먼 훗날 20세기의 한족 지식인들에게 다른 민족의 독립을 막아도 된다고 합리화를 시켜준 꼴이다. 중화사상과 중화민족 개념은 오늘날까지도 중국인들의 정체성으로 남아 주변 국가와 소수민족을 대하는 태도의 근간을 이루고 있다.

8장부터 10장까지는 권력의 이동을 중심으로 일본열도의 전반적인 역사를 살펴봤다. 우선 8장에서는 '천황'이 어떤 배경에서 탄생되었는지를 다루었다. 천황은 야마토 정권이 자신들의 군주를 중국대륙의 천자와 마찬가지로 신의 자손이라고 포장하면서 등장한 개념이다. 천황이라는 신적 존재를 내세우면서 야마토 정권이 일본열도의 질서를 주도할 수 있는 권력을 잡으려고 했던 것이다. 그러나 천황 가문은 금세 외척 세력과 사무라이 세력(막부)으로 인해 정치권력을 잃어버리면서 약 1000년간 정치 전면에 제대로 등장하지도 못한 채 허수아비로 지내게 된다.

이후 수백 년간 천황 대신 가마쿠라 막부, 이어서 무로마치 막부가 일본열도를 다스렸다. 하지만 이들 역시 무너지자 천황과 막부의 권위가 사라진 일본열도에서는 각 지역의 다이묘들이 권력을 잡기 위해 너도나도 들고일어나면서 전국시대가 시작되었다. 제9장에서는 바로 이 전국시대를 통일하려고 했던 오다 노부나가, 그리고 통일을 완성해낸 도요토미 히데요시에 대해 알아보며 임진왜란의 발발 배경을 살펴봤다.

마지막 장인 10장에서는 일본이 근대화를 거치는 동안 천황이라는 존재가 다시 부각된 과정을 알아봤다. 도쿠가와 이에야스가 열었던 에도 막부는 18세기 말 미국에 의해 강제로 개항되며 격변기를 맞게 된다. 이때 하급 사무라이들을 중심으로 막부에 불만을 품은 세력들이 결집하여 막부를 무너뜨리고 메이지유신이라는 개혁을 추진하며 천황중심의 근대 국가를 건설하게 된다. 하지만 메이지유신 세력도 결국 천황을 허수아비로 삼았을 뿐이었다. 이후 일본 정치계를 장악한 군부 역시 천황을 앞세우며 전쟁을 일으켰고, 2차 세계대전에서 미국을 상대로 태평양전쟁을 일으키는 만용을 저지른다. 일본은 전쟁에서 패배했고, 천황 역시 정치권력을 다시 잃게 된다.

이와 같이 동아시아의 역사 또한 유럽의 역사와 크게 다르지 않았다. 유럽의 권력자들이 그러했던 것처럼 동아시아의 권력자들 역시 사람들이 믿고 싶어 할 만한 그럴듯한 명분을 끊임없이 제공해왔다. 결국 중국인들은 오랫동안 스스로를 '천자'의 통치를 받는 위대한 민족으로 여겼고, 중국이 세상의 중심이라 믿었으며, 옆 나라 조선 사람들마저 그렇게 믿도록 만들었다. 또 일본에서는 1000년 전에 권력을 잃은 천황이 명맥만 이어오더니 19~20세기에 이르면 수많은 사람들이 천황을 위해서라면 목숨을 바쳐도 좋다고 믿게 되었다.

이 시점에서 내가《호기심의 권력으로 읽는 세계사: 유럽 편》말미에 남겼던 문구를 다시 떠올려보고자 한다.

——— **지금이라고 무엇이 다르겠는가?**

나는 21세기를 살아가는 현대인들조차 '믿고 싶은 것'을 믿으며 살아가고 있다고 생각한다. 특히 정치에 과몰입하는 사람들에게서 이런 모습을 쉽게 찾아볼 수 있다. 극단적인 유권자들은 자신이 지지하는 후보를 거의 종교와 같이 추앙하며 그가 당선만 되면 대한민국의 모든 일이 해결될 것처럼 여기기도 한다. 하지만 1권에 이어 2권에서 동아시아의 역사를 살펴봐도 권력자들은 하나같이 겉만 번지르르한 명분만 앞세울 뿐 뒤에서는 자신들의 이득을 위해 행동하는 경우가 많다. 오늘날 권력을 가진 자, 또는 권력을 가지고자 하는 자들도 21세기 유권자들의 마음을 홀릴 수 있는 새로운 '천자'나 '천황'을 앞세우고만 있는 것은 아닐지 조심스레 바라볼 필요가 있을 것이다.

끝으로 감사인사를 전하며 '한중일 편'을 마무리 짓고 싶다. 효기심을 잊지 않고 사랑해주신 효기심 시청자분들 덕분에 지난 2023년 3월초 출간된 《효기심의 권력으로 읽는 세계사: 유럽 편》이 빠른 속도로 판매되어 2023년 8월 기준 5쇄를 출판하게 되었다. 효기심의 책을 읽어주신 많은 독자 여러분께 진심으로 감사한 마음을 전하고 싶다. 그리고 지리멸렬하게 진행된 집필과정을 꾸준히 서포트해준 다산북스 관계자 분들, 나의 직원들 김성건, 조성우, 한상원, 장진원 덕분에 '한중일 편'도 완성할 수 있었다. 이 자리를 빌려 모든 분들께 감사의 인사를 전한다.

참고문헌

단행본

강톨가 외. (2009). 몽골의 역사(김장구, 이평래 번역). 동북아역사재단.

개번 매코맥. (2008). 종속국가 일본(이기호, 황정아 옮김). 창비.

김용구. (2006). 세계외교사. 서울대학교출판부.

김호동. (2007). 몽골제국과 고려: 쿠빌라이 정권의 탄생과 고려의 정치적 위상. 서울대학교출판문화원.

김호동. (2010). 몽골제국과 세계사의 탄생. 돌베개.

다카시로 고이치. (2006). 일본의 이중권력, 쇼군과 천황. 살림.

동북아역사재단 한국외교사편찬위원회. (2018). 한국의 대외관계와 외교사_조선 편. 동북아역사재단.

동북아역사재단 한국외교사편찬위원회. (2019). 한국의 대외관계와 외교사_고대 편. 동북아역사재단.

디터 쿤. (2015). 하버드 중국사 송_유교 원칙의 시대(육정임 번역). 너머북스.

류쩌화 외. (2019). 중국정치사상사1(장현근 옮김). 글항아리.

류쩌화 외. (2019). 중국정치사상사2(장현근 옮김). 글항아리.

류쩌화 외. (2019). 중국정치사상사3(장현근 옮김). 글항아리.

마리우스 B.잰슨. (2006). 현대일본을 찾아서 1(김우영, 강인황, 허형주, 이정 옮김). 이산.

마리우스 B.잰슨. (2006). 현대일본을 찾아서 2(김우영, 강인황, 허형주, 이정 옮김). 이산.

마쯔마루 미찌오 외. (1989). 중국사 개설(조성을 옮김). 한울아카데미.

마크 에드워드 루이스. (2016). 하버드 중국사 남북조_분열기의 중국(조성우 번역). 너머북스.

마크 에드워드 루이스. (2017). 하버드 중국사 당_열린 세계 제국(김한신 번역). 너머북스.

마크 에드워드 루이스. (2020). 하버드 중국사 진·한_최초의 중화제국(김우역 번역). 너머북스.

미나미 히로시. (2000). 일본인의 심리(남근우 옮김). 소화.

박한제, 김형종, 김병준, 이근명, 이준갑. (2007). 아틀라스 중국사(HISTORICAL ATLAS SERIES 3-개정증보판). 사계절.

반고. (2020). 완역 한서 1 본기(이한우 옮김). 21세기북스.

서울대학교동양사학연구실. (1996). 강좌 중국사 I. 지식산업사.

서울대학교동양사학연구실. (1989). 강좌 중국사 II. 지식산업사.

서울대학교동양사학연구실. (1989). 강좌 중국사 III. 지식산업사.

서울대학교동양사학연구실. (1989). 강좌 중국사 IV. 지식산업사.

서울대학교동양사학연구실. (1989). 강좌 중국사 V. 지식산업사.

서울대학교동양사학연구실. (1989). 강좌 중국사 VI. 지식산업사.

서울대학교동양사학연구실. (1989). 강좌 중국사 VII. 지식산업사.

앤드루 고든. (2015). 현대일본의 역사 2: 도쿠가와 시대에서 현대까지. 개정판(문현숙, 김우영 옮김). 이산.

야스마루 요시오. (2002). 천황제 국가의 성립과 종교변혁(이원범 옮김). 소화.

야스마루 요시오. (2008). 근대 천황상의 형성(박진우 옮김). 논형.

에드윈 오 라이샤워. (2010). 일본_과거 그리고 현재(조윤수 옮김). 대부등.

연민수. (1998). 일본역사. 보고사.

오카 요시타케. (1996). 근대 일본 정치사(장인성 옮김). 소화.

와타나베 히로시. (2017). 일본 정치사상사(김선희, 박홍규 옮김). 고려대학교출판문화원.

유원수. (2004). 몽골비사(유원수 역). 사계절.

이영옥. (2019). 중국근대사. 책과 함께.

장폴 루. (2008). 칭기즈 칸과 몽골제국(김소라 옮김). 시공사.

정재남. (2008). 중국의 소수민족. 살림.

티모시 브룩. (2014). 하버드 중국사 원·명_곤경에 빠진 제국(조영헌 번역). 너머북스.

폴 인그램. (2008). 티베트 말하지 못한 진실. 알마.

프랑수아즈 포마레. (2011). 티베트(김희진 옮김). 시공사.

하버드대학 중국연구소. (2018). 하버드대학 중국 특강(이은주 옮김). 미래의 창.

후지타 쇼조. (2009). 천황제 국가의 지배원리(김석근 옮김). 논형.

홍순민, 한상권, 손병규, 김성우, 고동환, 한명기, 배우성, 노대환. (2015). 조선시대사1

– 국가와 세계. 푸른 역사.

Benedict, R. (1947). The Chrysanthemum and the Sword-Patterns of Japanese Culture. Secker & Warburg.

Crossley, P.K. (2002). The Manchus. Blackwell Publishers.

Elliott, M.C. (2001). The Manchu Way: The Eight Banners and Ethnic Identity in Late Imperial China. Stanford University Press.

Fairbank, J.K. (Ed.). (1968). The Chinese World Order: Traditional China's Foreign Relations. Harvard University Press.

Fairbank, J.K., Goldman, M. (2006) China: A New History. The Belknap Press of Harvard University Press.

Fay, P.W. (1997). The Opium War, 1840-1842. The University of North Carolina Press.

Hucker, C.O. (1978). The Ming Dynasty: Its Origins and Evolving Institutions. Center for Chinese Studies, The University of Michigan.

Lovell, J. (2011). The Opium War: Drugs Dreams and the Making of China. Picador.

Rice, C. (2011). No Higher Honor: A Memoir of My Years in Washington. Crown Publishers.

Rowe, W.T. (2007). Crimson Rain: Seven Centuries of Violence in a Chinese County. Stanford Universityt Press.

陈高华, 张帆, 刘晓, 党宝海. (2011). 元典章. 中华书局, 天津古籍出版社.

王瑞明, 雷家宏. (1999). 湖北通史: 宋元卷. 华中师范大学出版社.

徐中约. (2002). 中国近代史(完整港版). 香港中文大学出版社.

전자책

김희영. (2013). 이야기 일본사. 청아출판사.

김희영. (2013). 이야기 중국사1. 청아출판사.

김희영. (2013). 이야기 중국사2. 청아출판사.

김희영. (2013). 이야기 중국사3. 청아출판사.

류성룡. (2021). 징비록(오세진, 신재훈, 박희정 역). 홍익출판 미디어그룹.

맥세계사편찬위원회. (2021). 맥을 잡아주는 세계사11_일본사. 느낌이 있는 책.

사마천. (2016). 사마천 사기 56(소준섭 편역). 현대지성.

요시다 유타카. (2012). 일본 근현대사 시리즈 ⑥ 아시아 태평양전쟁(최혜주 옮김). 어문학사.

이경수, 강상규, 동아시아 사랑방 포럼. (2021). 알면 다르게 보이는 일본 문화 – 45인의 덕후가 바라본 일본 이야기. 한국방송통신대학교출판문화원.

이민환. (2018). 책중일록: 1619년 심하 전쟁과 포로수용소 일기(중세사료강독회 옮김). 서해문집.

전용신. (1989). 日本書紀(전용신 역). 一志社.

정혜선. (2011). 일본사 다이제스트100. 가람기획.

한명기. (2008). 임진왜란과 한중관계. 역사비평사. https://www.krpia.co.kr/viewer?plctId=PLCT00004859&tabNodeId=NODE03883501

논문

강소원. (2017). 다이쇼 낭만 삼부작 : 유령과 아나키. 영상문화, 22, 41-56.

강정인, 이상익. (2015). 유교적 국제질서의 이념과 그 현대적 함의. 한국철학논집, 47, 171-206.

강판권. (2003). 청대 사천성 성도부의 곡물과 잠상 농업 - 장종법의 『삼농기』를 중심으로 -. 대구사학, 70, 129-156.

고명수. (2013). 쿠빌라이 집권 초기 관리등용의 성격. 동국사학, 0(55), 81-127.

고명수. (2016). 대몽관계 속에서 고찰한 고려의 국왕위상과 권력구조 - 이명미, 『13~14세기 고려 몽골 관계 연구』(혜안, 2016) -. 한국중세사연구, 47, 499-510.

고명수. (2018). 쿠빌라이 즉위 초 王文統의 개혁정치. 역사학보, 0(240), 217-242.

공봉진. (2006). 한족의 민족정체성에 관한 연구. Journal of China Studies, 1, 1-32.

공봉진. (2007). '중화민족' 용어의 기원과 정체성에 관한 연구. Journal of China Studies, 2, 1-31.

공봉진. (2009). 고대 중국의 '화하족'과 '동이족' 기억 만들기. 사회과학연구, 22(1),

97-129.

구범진. (2020). 병자호란 전야 외교 접촉의 실상과 청의 기만 작전, 그리고 『청태종실록』의 기록 조작. 동양사학연구, 150, 253-298.

구범진. (2020). 1636년 〈金國外藩各蒙古貝勒奉朝鮮國王書〉의 서식과 인장: 실물 문서로 드러나는 병자호란 전야 후금·조선 관계의 이면. 동아문화, 58, 179-206.

권만혁. (1996). 일본의 무사도와 생활철학. 시민인문학, 3, 19-31.

권선홍. (2014). 유교의 예(禮)규범에서 본 전통시대 동아시아국제관계. 한국정치외교사논총, 35(2), 139-170.

권은나. (2020). 광해군대 척신의 세력화와 상호갈등. 대구사학, 141, 113-168.

권혁래. (2019). 심하전투 전쟁포로 강홍립의 두 형상 - 『책중일록』과 〈강로전〉의 대비를 중심으로 - . 열상고전연구, 68, 41-75.

김강녕. (2014). 임진왜란의 배경·원인과 현대적 함의. 군사발전연구, 8(2), 21-54.

김강훈. (2013). 고구려 영류왕의 對唐 조공책봉관계 수립 정책의 의미. 동북아역사논총, 0(39), 93-140.

김경록. (2012). 홍무제의 대외인식과 조공제도의 정비. 명청사연구, 0(37), 1-31.

김경록. (2016). 명초 홍무제의 종교정책과 통치구상 - 불교와 도교를 중심으로 -. 명청사학회, 46, 171-211.

김경록. (2023). 만력 전반기 명의 정세와 임진전쟁 참전과정. 만주연구, 35, 165-200.

김경숙. (2012). 李适의 난과 『호남모의록』. 숭실사학, 28, 59-93.

김기섭. (2017). 4~5세기 동아시아 국제정세와 백제의 외교정책. 백제문화, 56, 271-295.

김남균. (2013). 19세기 미국의 포경업, 태평양, 그리고 아시아. 미국학논집, 45(1), 5-30.

김두현. (2020). 1900년 義和團 사건과 東南濟急善會의 戰爭難民 구조활동. 중국학보, 91, 269-304.

김말식. (2009). 日本 古代 모노노베씨(物部氏)硏究 - 韓日關係를 中心으로 -. 동의대학교 대학원 박사학위논문.

김문자. (2020). 임진왜란 연구의 제 문제 - 임진·정유재란 발발 원인에 대한 재검토 -. 한일관계사연구, 67, 139-175.

김민호. (2020). '치욕의 의식' 三跪九叩頭禮 연구. 중국소설논총, 62, 145-173.

김석근. (2007). 전국(戰國)과 통일(統一)의 리더십. 오늘의 동양사상, 17, 153-170.

김석주. (2013). 19세기 중국 개신교가 홍수전과 태평천국운동에 끼친 영향. 피어선 신학 논단, 2(2), 89-119.

김성순. (2010). 렌뇨(蓮如)와 잇코잇키(一向一揆). 일본불교문화연구, 0(3), 111-146.

김승욱. (2022). 근현대 중국에서 민족 담론의 전개 - 다양한 지식 기반과 내적 긴장. 동북아역사논총, 0(78), 383-455.

김연주. (2019). 일본 아베 총리의 평화헌법(平和憲法) 개정 가능성에 관한 연구. 한양대학교 대학원 석사학위논문.

김영진. (2016). 전통 동아시아 국제질서 개념으로서 조공체제에 대한 비판적 고찰. 한국정치외교사논총, 38(1), 249-280.

김영진. (2019). 임진왜란 초기 명의 파병과 조명관계의 실제. 한국정치외교사논총, 41(1), 5-45.

김윤순. (2014). 누르하치의 호륜(扈倫)4부(部) 통합과 후금의 건국. 강원사학, 26, 147-172.

김정의. (1988). 홍건적의 침입에 관한 고찰. 군사, 0(17), 141-165.

김정희. (2008). 중국의 "다민족 통일 국가론"과 당대의 국제질서. 사림(성대사림), 31, 255-284.

김종건. (2018). 양계초(梁啓超)의 의화단운동(義和團運動) 인식(認識). 중국사연구, 116, 203-232.

김종미. (2007). 중국문헌(中國文獻)에 나타나는 치우(蚩尤)의 이중형상(1) - 제국(帝國)의 희생양, 치우(蚩尤)의 악마형상 -. 중국어문학지, 25, 205-231.

김종완. (2004). 高句麗의 朝貢과 册封의 性格. 고구려발해연구, 18, 621-642.

김진웅. (2013). 조공제도에 대한 서구학계의 해석 검토. 역사교육학회, 50, 409-432.

김창도. (2012). 사회질서와 통제를 강조한 유가와 법가사상. CHINDIA Plus, 72, 54-55.

김한규. (1989). 한대(漢代) 막부체제(幕府體制)의 사회경제적 기초. 중국학보, 29, 73-93.

김현선. (2022). 明淸時代 疫病과 정부의 대응 - 兩湖 지역을 중심으로. 중국학보, 101, 401-426.

김현주. (2014). 손문의 "중화주의적" 민족주의의 본질과 한계. 동방학, 31, 73-110.

김혜승. (2007). 동학농민운동의 정치학적 의의 - 국제정치 및 국내정치와의 연관성을 중심으로 -. 동학학보, 14, 35-66.

김호동. (2006). 몽골제국과 '大元'. 역사학보, 0(192), 221-253.

김호동. (2008). 高麗 後期 '色目人論'의 背景과 意義. 역사학보, 0(200), 277-303.

김효실. (2003). 『織田信長像』에 관한 考察 : 『信長公記』와 『フロイス日本史』를 중심으로. 경희대학교 대학원 석사학위논문.

노영돈, 최영춘. (2014). 중국의 민족식별작업에 관한 고찰. 재외한인연구, 32, 29-70.

노중국. (1985). 고구려대외관계사 연구의 현황과 과제. 동방학지, 49, 297-328.

다나카 토시미츠. (2017). 동아시아 공동유산으로서의 중국 율령. 저스티스, 167-176.

류석호. (2018). [기획연재] '과거의 틀을 깨는 革新' 노부나가 리더십. 월간군사, 2018(9), 73-77.

마츠모토 신스케. (2010). 일본문학(日本文學), 일본학(日本學) : 호류지(法隆寺)와 시텐노지(四天王寺)에서 작성된 쇼토쿠 다이시(聖德太子)전(傳)에 나타난 구세관음의 유래와 해석. 일어일문학연구, 75(2), 205-221.

마츠모토 신스케. (2012). 쇼토쿠 태자 신앙과 호쿠리쿠 지방의 약연기. 일어일문학연구, 83(2), 159-175.

바트바야르. (2012). 1911년 신해혁명과 몽골리아. 중국근현대사연구, 54, 37-42.

박구철. (2004). 사천보로운동(四川保路運動)과 동맹회원(同盟會員). 명청사연구, 22, 271-298.

박균섭. (2001). 쇼토쿠태자 독법: 전쟁, 평화, 교육. 교육사상연구, 10, 33-51.

박균섭. (2006). 니치렌(日蓮)의 불교사상 - 일본 국가주의 교육의 기원. 한국일본학술합회 제4회 국제학술발표대회 Proceedings, 901-905.

박민수. (2017). 1644년 산해관(山海關) 전투와 청군(清軍)의 북경(北京) 입성. 중국사연구, 110, 103-145.

박민수. (2018). 홍타이지 시기(1627-1643) 만주의 對 중국 전략. 군사, 0(107), 193-235.

박삼헌. (2022). 다이쇼(大正) 일본의 국가와 사회 그리고 유행성감모. 서울학연구, 0(89), 79-120.

박수철. (2019). 織田信長의 쇼군 追放 論理와 天皇. 동양사학연구, 147, 303-335.

박원길. (2015). 대몽골(원)제국의 백성분류체계. 몽골학, 0(41), 1-27.

박이진. (2021). 《귀멸의 칼날》 속 '경계' 이야기 - 다이쇼 모노가타리의 탄생. 137-159.

박준형. (2019). 고조선의 대외관계사 연구를 위한 새로운 모색 – 조공책봉관계를 중심으로 -. 한국고대사연구, 0(95), 5-32.

박지훈. (2008). 북송대 禦戎論과 華夷論. 역사문화연구, 0(30), 311-346.

박진우. (2015). 일본의 패전과 천황의 전쟁 책임. 동북아역사논총, 0(50), 121-157.

박진춘. (2018). 고려후기 홍건적의 침입과 安祐의 군사활동. 사학연구, 0(130), 97-135.

박창기. (2015). 호겐(保元) 난에 얽힌 왕비들. 일본사상, 28, 29-49.

박창희. (2015). 명의 유교적 전략문화. 국방정책연구, 108, 41-70.

박한제. (1994). 西魏·北周時代 胡漢體制의 展開 : 胡姓再行의 經過와 그 意味. 중국고중세사연구, 1, 35-135.

박한제. (2000). 서위-북주시대 '주체' 관제 채용의 경과와 그 의미. 중국학보, 42, 251-281.

박한제. (2004). 위진(魏晉)-수당시대(隋唐時代) 호족군주(胡族君主)의 중화제왕으로의 변신과정과 그 논리 - "다민족국가" 형성의 계기에 대한 탐색 -. 중앙아시아연구, 9, 1-28.

박현규. (2019). 姜弘立 조선군의 深河전투 참전지리 고찰. 한중인문학연구, 63, 101-127.

박혜정. (2021). 역사와 기후의 조우 - 지질적 행위자로서의 인류를 위한 기후사 -. 문화역사지리, 33(1), 92-105.

박훈. (2007). 『대일본사(大日本史)』 편찬에서 "등천파(藤田派)"의 역할 재고(再考). 대구사학, 86, 185-211.

박훈. (2015). 19세기 전·중반 사무라이의 정치화와 '學的 네트워크'. 동양사학연구, 132, 189-236.

방용철. (2020). 6-7세기 고구려의 대외 정책과 국왕 '親征'. 민족문화총론, 76, 165-199.

배경한. (2011). 동아시아역사 속의 신해혁명. 동양사학연구, 117, 219-256.

백광준. (2014). 청말, 한족 표상의 구축. 동아시아문화연구, 58, 87-118.

백운용. (2007). 일본 천황제의 역사적 변모 과정에 관한 연구. 동북아문화연구, 13, 399-421.

백진숙. (2008). 『헤이케모노가타리(平家物語)』에 나타난 불교 세력의 동향 - 엔랴쿠지(延曆寺)와 헤이케(平家) 멸망 구도의 관련성을 중심으로 -. 일본연구, 9, 99-123.

복기대. (2016). 동북아시아에서 한사군의 국제정치적 의미. 강원사학, 28, 27-48.

서광석. (2022). 7세기 말 日本의 政治變動과 百濟系 渡來人. 일본역사연구, 57(1), 5-39.

서길수. (2021). 漢과 匈奴의 화친에 관한 연구(I) - 北强南弱(B.C.198~B.C.133) 시기를 중심으로 -. 동양고전연구, 83, 125-164.

서을선. (2013). 한비자의 법치사상 - 유가의 덕치와의 비교 -. 고려대학교 교육대학원 석사학위논문.

서정흠. (1981). 명말(明末)의 건주여직(建州女直)과 팔기제(八旗制)의 기원. 역사교육논집, 2, 167-187.

서정흠. (1985). 청초의 국호문제. 대구사학, 28, 81-104.

서정흠. (2005). 팔기제와 만주족의 중국지배. 만주연구, 0(3), 79-104.

성기숙. (2006). 고구려시대 무용의 대외 교류양상 고찰. 대한무용학회, 47, 129-157.

성해준. (2003). 일본 주자학의 전래와 수용. 남명학연구, 15, 313-350.

손형섭. (2014). 일본 평화헌법 개정 논의의 현황과 쟁점. 의정연구, 41, 36-61.

송미령. (2007). 康熙帝의 清 帝國 구상과 滿洲族의 정체성. 역사학보, 196, 127-157.

송미령. (2020). 청(淸) 건륭제(乾隆帝)의 황위(皇位) 계승자 결정과 훈정(訓政). 명청사연구, 53, 215-243.

송송이. (2008). 영화 「라스트 사무라이」에 나타난 일본문화 고찰. 단국대학교 교육대학원 석사학위논문.

송완범. (2014). 임신(壬申)의 난과 일본(日本) - 동아시아세계의 재편과 관련하여 -. 사총, 83, 269-300.

송완범. (2019). '메이지(明治)유신'과 '다이카(大化)개신'. 일본사상, 36, 55-75.

송웅섭. (2017). 고려 말~조선 전기 '정치 세력의 이해' 다시 보기. 역사비평, 12-39.

송원찬. (2010). 청대(淸代) 한중 지식인 교류와 문자옥(文字獄) - 『건정동회우록(乾淨衕會友錄)』을 중심으로 -. 동아시아문화연구, 47, 89-121.

송인주. (2020). 옹정제(雍正帝)의 사상투쟁 - 『대의각미록(大義覺迷錄)』의 화이론(華夷論)과 '중외일통(中外一統)' 이론 -. 인문과학, 77, 123-159.

송휘칠. (2001). 근세 일본의 쇄국정책과 양학(洋學) 수용. 일본사상, 3, 161-182.

신나경. (2021). 일본의 전통도예에서 조선도공의 영향과 그 미학적 의의 - 피로사기장(被虜沙器匠)의 삶과 작품을 중심으로 -. 동양예술, 53, 75-99.

신정훈. (2014). 東晉의 北進과 高句麗의 對應. 백산학보, 98, 275-305.

양지하. (2015). 17세기 중엽 조선에 표류한 鄭成功(정성공) 계열 海商(해상)에 대한 조선 지배층의 인식과 그 성격. 이화사학연구, 50, 1-33.
오계늘, 윤들. (2012). 漢人이 주체가 되는 중화민국에 직면하여. 중국근현대사연구, 56, 139-165.
오금성. (2002). 1607年의 南昌教案과 紳士. 동양사학연구, 80, 63-95.
오수열. (2008). 태평천국의 성립배경과 성격에 관한 연구. 한국동북아논총, 0(47), 81-100.
오수열. (2009). 양무운동의 전개과정과 성격에 관한 연구. 한국동북아논총, 0(51), 55-74.
오수열. (2011). 신해혁명(辛亥革命)과 민국초기(民國初期)에서의 손문의 역할에 관한 연구. 한국동북아논총, 0(58), 23-41.
오이균. (2018). 중·근세 일본의 검지(檢地)에 관한 연구. 한국지적학회지, 34(4), 143-154.
우경섭. (2022). 1627~1637년 조선의 遼民 대책과 토벌론. 한국학연구, 66, 9-33.
위가야. (2016). '한사군 한반도설'은 식민사학의 산물인가. 역사비평, 0(114), 238-261.
유용태. (2020). [의화단운동 120주년] 120주년에 돌아보는 의화단운동 (1899~1901). 지식의 지평, 0(28), 96-105.
유지아. (2017). 1910-20년대 일본의 다이쇼 데모크라시와 제국주의의 변용. 한일관계사연구, 57, 431-467.
유지아. (2018). 메이지유신 150년과 천황의 '원수화'. 일본역사연구, 48, 73-102.
유지원. (2000). 사르후(Sarhu) 전투와 누르하치. 명청사연구, 13, 149-165.
유해리. (2006). 미륵하생신앙(彌勒下生信仰)과 원말 백련교(白蓮教)의 민중 동원. 역사교육논집, 36, 333-376.
육대연. (2015). 사르후 전투 이후 후금과 조선의 교섭 - 광해군 '중립외교'론에 대한 질의 -. 서울대 동양사학과논집, 39, 95-122.
윤대식. (2021). 고대 중국의 서진(西進) 전략에 혼재된 공사(公私) 동기의 실체 : 『사기』 「대원열전」과 「흉노열전」을 통해 본 대외정책의 단서들. 한국동양정치사상사연구, 20(1), 1-32.
윤양노, 이민주. (2009). 일본 여학생의 졸업예복에 관한 연구. 한복문화, 12(1), 117-126.
윤여석. (2022). 명의 책봉 지연과 광해군의 정통성 재정립. 지역과 역사, 50, 37-76.
윤유숙. (2007). 도요토미 히데요시의 조선침략 발발전 한일교섭 실태. 일본학보, 70,

347-362.

윤은숙. (2012). 14세기 말 만주의 역사상 - 옷치긴 왕가와 만주 -. 농업사연구, 11(1), 47-69.

윤은숙. (2014). 元 멸망 전후의 元·高麗·明 관계. 역사문화연구, 51, 121-152.

윤은숙. (2015). 14~15세기 우량카이 3위(衛)와 몽골·명(明) 관계. 명청사연구, 43, 1-29.

이경규, 이행화. (2013). 다이쇼 시대의 여성 복식에 나타난 서양화 현상. 일본근대학연구, 40, 291-308.

이계황. (1996). 오다 노부나가(織田信長) 정권과 朝廷. 일본역사연구, 3, 35-64.

이계황. (2010). 한국과 일본학계의 임진왜란 원인론에 대하여. 제2기 한일역사공동연구보고서, 2, 53-87.

이근명. (2020). 11세기 중반 宋-西夏의 대립과 和約 체결. 역사문화연구, 0(74), 55-80.

이근우. (2013). 일본 고대 율령제와 그 이후. 동양사학회 학술대회 발표논문집, 2013(1), 25-49.

이기천. (2020). 隋唐代 高句麗의 冊封號 변화와 그 의미. 중국학보, 0(94), 251-277.

이동욱. (2019). 『大義覺迷錄』에 나타난 청 옹정제의 滿漢갈등 해소 논리. 중앙사론, 50, 131-180.

이동훈. (2019). 고구려와 북조의 조공관계 성격. 한국사학보, 0(75), 7-54.

이명미. (2013). 몽골 복속기 권력구조의 성립. 한국사연구, (162), 293-330.

이미숙. (2010). 조선사기장 李參平의 피납과정과 활동에 관한 연구. 인문과학연구, 26, 227-248.

이상훈. (2013). 인조대 이괄의 난과 안현 전투. 한국군사학논집, 69(1), 59-82.

이석현. (2009). '전연의 盟'의 성립과 宋人의 認識. 동북아역사논총, 0(26), 165-203.

이성규. (2005). 中華帝國의 팽창과 축소 : 그 이념과 실제. 역사학보, 0(186), 87-133.

이성제. (2012). 4世紀 末 高句麗와 後燕의 關係 : 396년 後燕의 廣開土王 冊封 問題를 중심으로. 한국고대사연구, 68, 35-66.

이송은. (2014). 현대 일본사회와 무사도 연구 - 애니메이션 〈은혼〉을 중심으로 -. 부경대학교 교육대학원 석사학위논문.

이시이 코세이. (2007). 쇼토쿠태자의 작(作)으로 전하는『헌법17조』의 화(和)의 원류. 천태학연구, 10, 34-79.

이영옥. (2000). 아편전쟁 시기 道光帝의 아편정책. 동양사학연구, 69, 173-209.
이영옥. (2009). 건륭제의 '찬란한' 성세(盛世)와 맹자읽기. 동양사학연구, 108, 75-113.
이영옥. (2012). 건륭제의 시선, 만주인의 정체성. 내일을 여는 역사, 0(47), 267-281.
이영옥. (2015). 1900년 전후 자희태후의 불안, 격정 그리고 권력. 명청사연구, 44, 281-307.
이영춘. (2011). 인조반정(仁祖反正) 후에 파견된 책봉주청사(冊封奏請使)의 기록(記錄)과 외교 활동. 조선시대사학보, 59, 105-142.
이영학. (2018). 1920년대 조선총독부의 농업정책. 한국민족문화, 0(69), 303-336.
이왕무. (2018). 원명교체기 한중 외교 관계의 전환 고찰. 포은학연구, 21, 67-107.
이은경. (2020). 근대 일본 여성참정권 운동과 정당정치, 1924~1932 : 이치카와 후사에와 '부선획득동맹'의 운동 전략 및 그 변화를 중심으로. 일본비평, 22, 232-271.
이은자. (2006). 중국 비밀결사(秘密結社)의 역사와 현재. 중국학보, 53, 161-183.
이익주. (1996). 고려, 원 관계의 구조에 대한 연구 - 소위 "세조구제"의 분석을 중심으로 -. 한국사론, 36, 1-51.
이재경. (2014). 삼번(三藩)의 란(亂) 전후(1674~1684) 조선의 정보수집과 정세인식. 한국사론, 60, 185-237.
이재석. (2015). 고려 후기 사대 연구: 대외정책수단으로서의 사대. 한국동양정치사상사연구, 14(2), 61-100.
이정훈. (2019). 중국적 전통 국제질서론의 비판적 재해석 : 열국체제·제국체제·조공체제의 병존. 경기대학교 정치전문대학원 박사학위논문.
이종민. (2021). 상주 전환과 천명의 진실 - 서주시대를 보는 시각. 중국학보, 0(98), 173-197.
이종화. (2014). 중국의 "통일국가(대일통大一統)" 정체성 형성과 의미 : 중국의 통일과 분열의 역사 순환을 어떻게 볼 것인가?. 중소연구, 38(3), 63-98.
이준호, 이상임. (2017). 조선시대 기상이변에 따른 재해 발생과 공옥(空獄) 사상의 교정적 의미 고찰 – 소빙기 '경신대기근'을 사례로. 교정담론, 11(3), 269-296.
이준호. (2019). '일본(日本)'이라는 국호의 유래에 대한 일고찰 - 백제지역을 가리키는 타칭(他稱) 명사 '일본'의 재발견 -. 한일관계사연구, 64, 225-260.
이준호. (2020). 중국의 중앙-지방관계: 역사적 유산, 동학, 경향성 및 전망. 중국지식네트워크, 15(15), 141-174.

이창수. (2007). 『고사기』와 아마테라스(天照大御神). 일본사상, 12, 5-25.

이천석. (2010). 중화민족론의 성격과 전개과정. 아태연구, 17(3), 183-203.

이철호. (2012). 일본의 동아시아공동체론과 중국 : 구상과 현실. 일본비평, 6, 98-123.

이춘복. (2012). 청대 만주본위의 민족정책과 문화충돌. 다문화콘텐츠연구, 12, 225-256.

이춘식. (1995). 양한대의 제이책(制夷策)과 기미책(羈縻策)의 성격에 대하여. 동양학, 25(1), 169-209.

이혜경. (2009). 청인(淸人)이 만난 두 '보편' 문명 : 중화와 시빌라이제이션. 철학사상, 32, 3-44.

임기환. (2003). 南北朝期 韓中 冊封·朝貢 관계의 성격 - 고구려·백제의 冊封·朝貢에 대한 인식을 중심으로 -. 한국고대사연구, 32, 13-54.

임기환. (2015). 한사군은 '어디에 있었나' 그리고 '어떤 역사인가'. 내일을 여는 역사, 60, 164-180.

임태홍. (2011). 한중일 삼국의 "사(士)" 개념 비교 고찰 - 선비, 신사, 무사 개념의 형성을 중심으로 -. 동양철학연구, 65, 405-440.

장미숙. (2012). 중국 청대 변발에 대한 한족의 저항 이데올로기. 대한미용학회지, 8(3), 211-218.

전영진. (1998). 주원장집단과 명초전제주의 문제. 복현사림, 21, 477-510.

전형권. (2010). 청(淸) 후기(後期)~민국기 호남(湖南)의 천변재이(天變災異), 지방지 기록과 수한재(水旱災). 중국사연구, 64, 167-202.

정병진. (2019). 누르하치 시기 貳臣의 출현과 역할. 인문과학연구, 61, 219-239.

정용화. (2006). 조선의 조공체제 인식과 활용. 한국정치외교사논총, 27(2), 5-32.

정재정. (2007). 교토가 말하는 한일관계 2000년 - 중세편. 역사비평, 322-361.

정출헌. (2019). 원명교체기, 화이질서의 강화와 동국문명의 형성. 민족문학사연구, 69, 11-44.

정해은. (2021). 정조대 『어제전운시』의 유입과 병자호란 기억의 재구성 - 나덕헌 이확을 중심으로 -. 역사와 현실, 0(122), 239-278.

조병학. (2011). 18세기 초 청·준가르몽고 관계 연구 - 『청내각몽고당당』 중 체왕랍탄 [tsewang labtan]관련 기사 중심으로 -. 명청사연구, 36, 215-250.

조병학. (2019). 강희제의 몽골 친정(강희 35년)에 대한 서술 비교. 문화와 융합, 41(5), 1059-1086.

조병한. (1998). 清代 중기 부정부패의 구조와 제국의 쇠퇴. 한국사 시민강좌, 22, 176-202.

조세현. (2010). 청말신정 시기 만한갈등과 군주입헌론의 굴절 - 관제개혁에 따른 군주이미지의 변화에 주목하여 -. 동북아 문화연구, 23, 27-51.

조원. (2014). 쿠빌라이시기 강남지역 色目人의 任官과 활약 - 강절행성(江浙行省)지방관부 색목인(色目人)관원의 사례를 중심으로 -. 중앙아시아연구, 19(2), 107-132.

조원. (2022). 여말선초(麗末鮮初) 원제국 법전(法典) 『지정조격(至正條格)』의 활용과 그 의미. 포은학연구, 29(1), 91-120.

조정규. (1998). 갑신정변의 발생과 정강에 관한 연구. 한국시민윤리학회보, 11, 87-105.

조진희. (2006). 가까운 나라 낯선 이야기 - 일본사 ① 원시시대와 일본 문화의 발생. 역사&문화, 4, 22-29.

조희승. (2006). 동아시아세계에서 본 고구려 : '조공'과 '책봉'의 본질을 중심으로. 북방사논총, 9, 167-179.

차경애. (2004). 의화단운동진압전쟁이 한국의 사회·경제에 미친 영향. 중국근현대사연구, 23, 53-95.

최갑순. (1996). 백연교(白蓮敎)와 청대(淸代) 민중반란(民衆反亂) - 신시대 대망론(待望論)을 중심으로 -. 진단학보, 81, 157-193.

최관. (2008). 정성공(鄭成功)과 동아시아 -지카마쓰(近松)의 『고쿠센야 갓센(国性爺合戦)』을 중심으로-. 일본학보, 74(2), 331-338.

최광준. (2019). 오츠쿄(大津京)의 비극, 텐치천황(天智天皇)과 아리마왕자(有間皇子). 일본학연구, 57, 9-28.

최몽룡. (2021). 중국 삼황오제 시대와 고고학. 유라시아문화, 5, 1-56.

최병욱. (2008). 청조(淸朝)의 기독교(基督教) 제한정책(制限政策)과 태평천국(太平天國). 강원사학, 23(22, 23집 합본), 307-324.

최선아. (2015). 진용(眞容)의 유산(遺産): 청(淸) 건륭제(乾隆帝)의 오대산(五臺山) 옮기기. 중국사연구, 94, 145-187.

최승현. (2018). 중국공산당의 "중화민족"에 대한 인식 연구. 한국동북아논총, 23(1), 5-24.

최연식. (2007). 조공체제의 변동과 조선시대 중화-사대 관념의 굴절 - 변화 속의 지속. 한국정치학회보, 41(1), 101-121.

최자명. (2003). 러일전쟁 이후 일본의 지방개량운동과 군부·정당·농촌 삼각관계의 형성. 서울대 동양사학과논집, 27, 99-132.

최종석. (2010). 고려시대 朝賀儀 의례 구조의 변동과 국가 위상. 한국문화, 0(51), 223-264.

최종석. (2017). 고려후기 '자신을 이(夷)로 간주하는 화이의식'의 탄생과 내향화 - 조선적 자기 정체성의 모태를 찾아서 -. 민족문화연구, 74, 161-220.

최진규. (2007). 홍수전, 태평천국의 지도자. 내일을 여는 역사, 0(29), 94-104.

표교열. (1985). 西太后政權의 成立過程에 대하여: 辛酉政變의 再檢討. 동양사학연구, 21, 57-104.

한경자. (2013). 근대기 오다 노부나가 영웅상 형성에 대한 고찰. 일본연구, 20, 137-163.

한명기. (2010). 원명교체, 명청교체와 한반도. 세계정치, 12, 61-98.

한상돈. (2010). 중국 법제의 발전과 최근변화. 비교법현안분석, 78-93.

한승훈. (2018). 「조미수호통상조약(1882)」 체결 당시 미국의 '공평함'이 갖는 함의 - 조선의 관세자주권 확보 시도와 좌절을 중심으로 -. 전북사학, 52, 195-226.

한용진. (2016). 일본국 군주 호칭에 관한 일고(一考). 한국교육사학, 38(2), 55-78.

한정수. (2020). 고려시대 자기인식의 형성과 문명의식(文明意識)의 변화. 동양학, 79, 129-150.

한채민. (2020). 『헤이케모노가타리(平家物語)』에 나타난 사원 세력에 대한 일고찰 - 헤이케(平家)와 엔랴쿠지(延暦寺)의 연계를 중심으로 -. 일어일문학, 85, 199-218.

허태구. (2015). 丙子胡亂 이해의 새로운 시각과 전망 - 胡亂期 斥和論의 성격과 그에 대한 맥락적 이해 -. 규장각, 47, 163-200.

허혜윤. (2017). 이주와 개간 - 청대 '京旗屯墾' 정책을 중심으로 -. 중앙사론, 46, 511-537.

홍면기. (2018). 페어뱅크 조공체제론의 비판적 검토: 중국중심주의라는 엇나간 시선의 문제. 동북아연구, 33(2), 5-33.

홍승현. (2013). 魏晉南北朝時期 中華意識의 변용과 동아시아 국제질서. 동북아역사논총, 0(40), 253-312.

하타노 요시코, 김광식. (2012). 7세기까지 일본 고대사 개요. 한일교육연구, 30-45.

Lee, C.S. (2016). A Study on the Nature of Tributary System and 'Shih-ta':

Essentials of International Politics in 'Ch'un-ch'iu Chan-kuo' Period. Politics & Public Opinion, 18. 363-375.

Takamizawa, E. (2019). Christian Causation to Persecution in Shoku-Ho & Edo Period How Japanese Rulers Encountered with Christianity. The Journal of Korean Evangelical Missiological Society, 46, 391-423.

Wu, S., Wei, Y., Head, B., Zhao, Y. & Hanna, S. (2019). The Development of Ancient Chinese Argricultural and Water Technology from 8000 BC to 1911 AD. Palgrave Communications, 5(77).

方駿. (1996). 「九儒十丐」. 一個至今仍被香港中學中史教科書廣泛引用的神話. 教育曙光, 37, 110-113.

劉曉. (2013). 元代司法審判中種族因素的影響. 性別,宗教,種族,階級與中國傳統司法, 12, 199-227.

愛宕松男. (1941). 李璮の叛亂と其の政治的意義 : 蒙古朝治下に於ける漢地の封建制とその州縣制への展開. 東洋史研究, 6(4), 253-278.

기사문

강효백. "[강효백의 新아방강역고-17] 일본이 중국에 조공 바치던 조선을 구해줬다?", 아주경제, 2021.01.13. [URL] https://www.ajunews.com/view/20210112155732784

김종성. "'책봉' 받았다고 고구려가 중국 지방정권 아니다: 동북공정의 중국측 논거 비판 〈1〉", 오마이뉴스, 2004.08.05. [URL] https://www.ohmynews.com/NWS_Web/View/at_pg.aspx?CNTN_CD=A0000202126

김환영. "책임 다 못한 신하도 초과한 신하도 모두 벌하라", 중앙선데이, 2010.11.21. [URL] https://www.joongang.co.kr/article/4687690#home

김현경. "[팩트체크] 왜(倭)엔 '난쟁이'라는 뜻 없다", 뉴스톱, 2019.10.02. [URL] https://www.newstof.com/news/articleView.html?idxno=1990

류성무. "저우융캉 부패, 청나라 대탐관 화신과 '닮은꼴'", 연합뉴스, 2014.07.30. [URL] https://n.news.naver.com/mnews/article/001/0007043054?sid=104

박태균. "미국의 '도미노 이론'은 잘못된 판단이었다", 한겨레, 2014.04.04. [URL]

https://www.hani.co.kr/arti/society/society_general/631310.html
성현석. "북한은 '동북아시아의 베트남'이 될 수 있을까?", 프레시안, 2019.02.28. [URL] https://www.pressian.com/pages/articles/230631
신동준. "[동양의 근대를 만든 사람들] 쑨원(孫文). '중국판 조지 워싱턴'을 꿈꾼 몽상적 혁명가", 월간조선 뉴스룸, 2009.02. [URL] https://monthly.chosun.com/client/news/viw.asp?nNewsNumb=200902100079
예진수. "〈오후여담〉 조선 陶工 400년", 문화일보, 2016.03.18. [URL] http://www.munhwa.com/news/view.html?no=2016031801033811000001
윤병건. "유교, 한무제 그리고 정도전", 시니어신문, 2016.01.15. [URL] http://www.seniorsinmun.com/news/articleView.html?idxno=2381
이광수. "인도는 왜 영국의 식민지가 되었는가?", 프레시안, 2008.07.15. [URL] https://www.pressian.com/pages/articles/56464
이영희. "강건왕 아우구스투스가 아시아 도자기에 심취한 까닭", 중앙선데이, 2017.10.01. [URL] https://www.joongang.co.kr/article/21986942#home
최수문. "중원·만주 잇는 '천하제일관'… 전쟁터서 산·바다 복합관광지로", 서울경제, 2020.09.19. [URL] https://www.sedaily.com/NewsView/1Z7WK0XTTM

인터넷 자료

국사편찬위원회. 고려사. [URL] https://db.history.go.kr/KOREA/item/level.do?itemId=kr&types=r (최종접속일: 2023.10.23.)
국사편찬위원회. 고려사절요. [URL] https://db.history.go.kr/KOREA/item/level.do?itemId=kj&types=r (최종접속일: 2023.10.23.)
국사편찬위원회. 『명사』 권320 열전208. 고려에 3년에 한 번 조공할 것을 명하다. [URL] https://db.history.go.kr/KOREA/item/level.do?levelId=cnkb_070r_0220_0050 (최종접속일: 2023.10.23.)
국사편찬위원회. 명실록. 『태조고황제실록』 권124. 요동 수장에게 지시하여 고려의 계략에 넘어가지 말라고 하다. [URL] https://db.history.go.kr/KOREA/item/level.do?levelId=cnkb_080r_0440_0010 (최종접속일: 2023.10.23.)
국사편찬위원회. 삼국사기. [URL] https://db.history.go.kr/item/level.

do?itemId=sg (최종접속일: 2023.10.23.)

국사편찬위원회. 신당서(1). [URL] https://db.history.go.kr/item/level.do?sort=levelId&dir=ASC&start=1&limit=20&page=1&pre_page=1&setId=-1&totalCount=0&prevPage=0&prevLimit=&itemId=jo&types=&synonym=off&chinessChar=on&brokerPagingInfo=&levelId=jo_015r&position=-1 (최종접속일: 2023.10.23.)

국사편찬위원회. 수서. [URL] https://db.history.go.kr/item/level.do?sort=levelId&dir=ASC&start=1&limit=20&page=1&pre_page=1&setId=-1&totalCount=0&prevPage=0&prevLimit=&itemId=jo&types=r&synonym=off&chinessChar=on&brokerPagingInfo=&levelId=jo_013r_0010&position=-1 (최종접속일: 2023.10.23.)

국사편찬위원회. 신편한국사. [URL] https://db.history.go.kr/item/level.do?itemId=nh (최종접속일: 2023.10.23.)

국사편찬위원회. 조선왕조실록. [URL] https://sillok.history.go.kr/main/main.do (최종접속일: 2023.10.23.)

동북아역사넷. 중국정사외국전. 明史 卷329 열전 第217 서역 1. [URL] http://contents.nahf.or.kr/item/level.do?levelId=jo.k_0024_0329 (최종접속일: 2023.10.23.)

세계법제정보센터. 일본국헌법(日本国憲法). [URL] https://world.moleg.go.kr/web/wli/lgslInfoReadPage.do?A=A&searchType=all&searchPageRowCnt=10&CTS_SEQ=42403&AST_SEQ=2601&searchNtnl=JP&searchLgslCode=700001 (최종접속일: 2023.10.23.)

우리역사넷. 조공횟수의 문제. [URL] http://contents.history.go.kr/mobile/nh/view.do?levelId=nh_022_0030_0020_0020_0010#ftid_522 (최종접속일: 2023.10.23.)

KIET 중국산업정보. 지역내총생산. [URL] https://china.kiet.re.kr/kietstat/stat10.do (최종접속일: 2023.10.23.)

Weatherhead East Asian Institute of Columbia University. Asia for Educators-1750 to 1919: An Age of Revolutions. [URL] http://afe.easia.columbia.edu/tps/1750_jp.htm (최종접속일: 2023.10.23.)

郑思肖. 心史·下 [宋]郑思肖撰 (明崇祯本) [URL] https://ctext.org/wiki.pl?if=gb&chapter=327267&remap=gb (최종접속일: 2023.10.23.)

謝枋得. 疊山集 (四部叢刊本)/巻六. [URL] https://zh.wikisource.org/wiki/疊山集_(四部叢刊本)/巻六 (최종접속일: 2023.10.23.)

维基文库. 宋史/卷490 [URL] https://zh.wikisource.org/wiki/%E5%AE%8B%E5%8F%B2/%E5%8D%B7490 (최종접속일: 2023.10.16.)

维基文库. 周書/卷49 [URL] https://zh.wikisource.org/wiki/%E5%91%A8%E6%9B%B8/%E5%8D%B749 (최종접속일: 2023.10.16.)

维基文库. 後漢書/卷88 [URL] https://zh.wikisource.org/zh-hant/%E5%BE%8C%E6%BC%A2%E6%9B%B8/%E5%8D%B788 (최종접속일: 2023.10.16.)

维基文库. 元史/卷112 [URL] https://zh.wikisource.org/wiki/%E5%85%83%E5%8F%B2/%E5%8D%B7112 (최종접속일: 2023.10.23.)

维基文库. 元史/卷134 [URL] https://zh.wikisource.org/wiki/%E5%85%83%E5%8F%B2/%E5%8D%B7134 (최종접속일: 2023.10.23.)

维基文库. 元史/卷195 [URL] https://zh.wikisource.org/wiki/%E5%85%83%E5%8F%B2/%E5%8D%B7195 (최종접속일: 2023.10.23.)

コトバンク. 僧兵. [URL] https://kotobank.jp/word/%E5%83%A7%E5%85%B5-89671 (최종접속일: 2022.11.11.)

大日本史 目録 第1, 2. [URL] https://dl.ndl.go.jp/pid/769922/1/1 (최종접속일: 2023.10.23.)

萩ナビ. 毛利家の正月儀式は昭和まで続いていた？！ [URL] http://www.haginavi.com/archives/2014/01/%E6%AF%9B%E5%88%A9%E5%AE%B6%E3%81%AE%E6%AD%A3%E6%9C%88%E5%84%80%E5%BC%8F%E3%81%AF%E6%98%AD%E5%92%8C%E3%81%BE%E3%81%A7%E7%B6%9A%E3%81%84%E3%81%A6%E3%81%84%E3%81%9F%EF%BC%9F%EF%BC%81.html (최종접속일: 2023.10.23.)